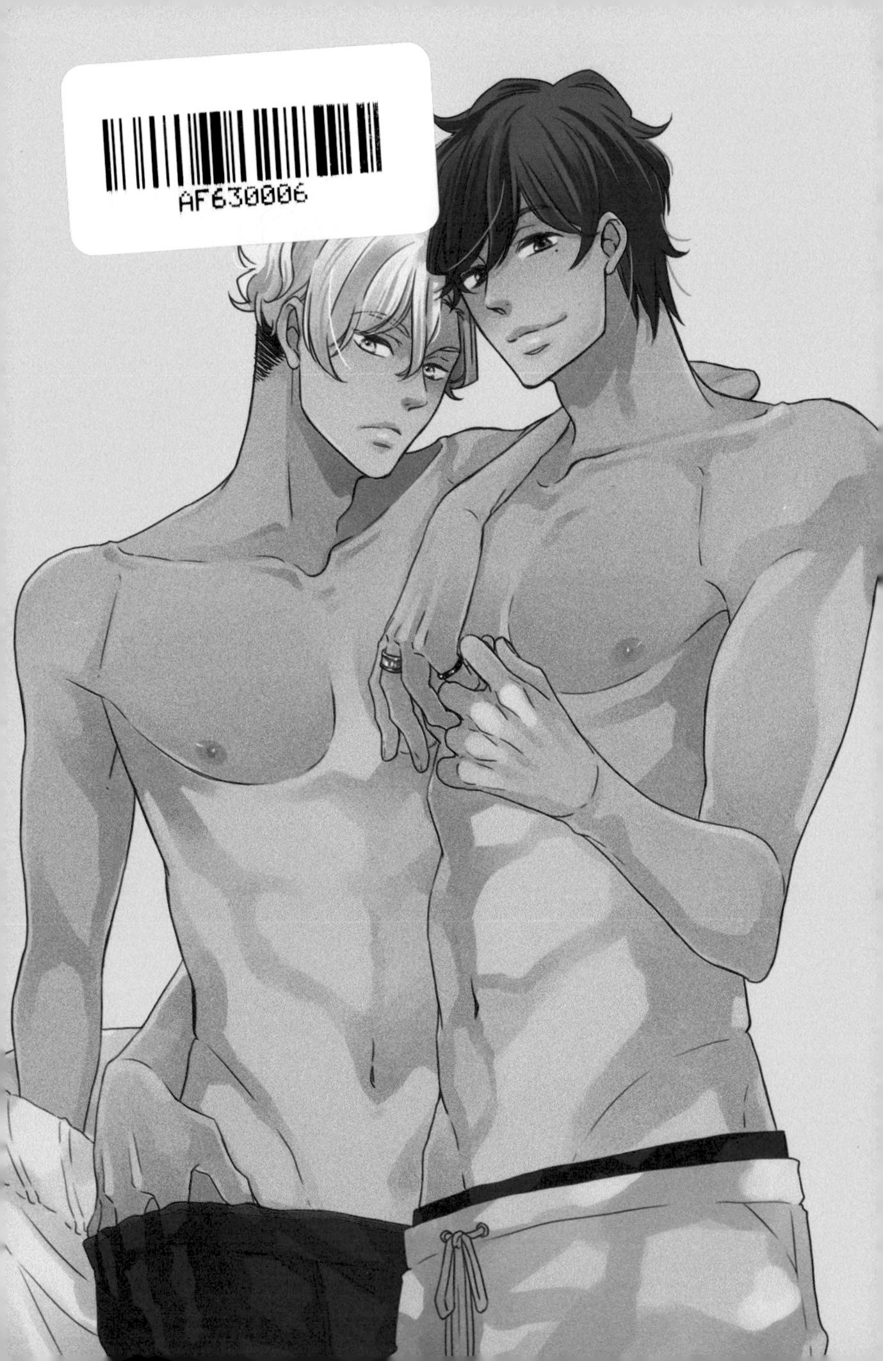

AF630006

MIDNIGHT
Scandal
Sex

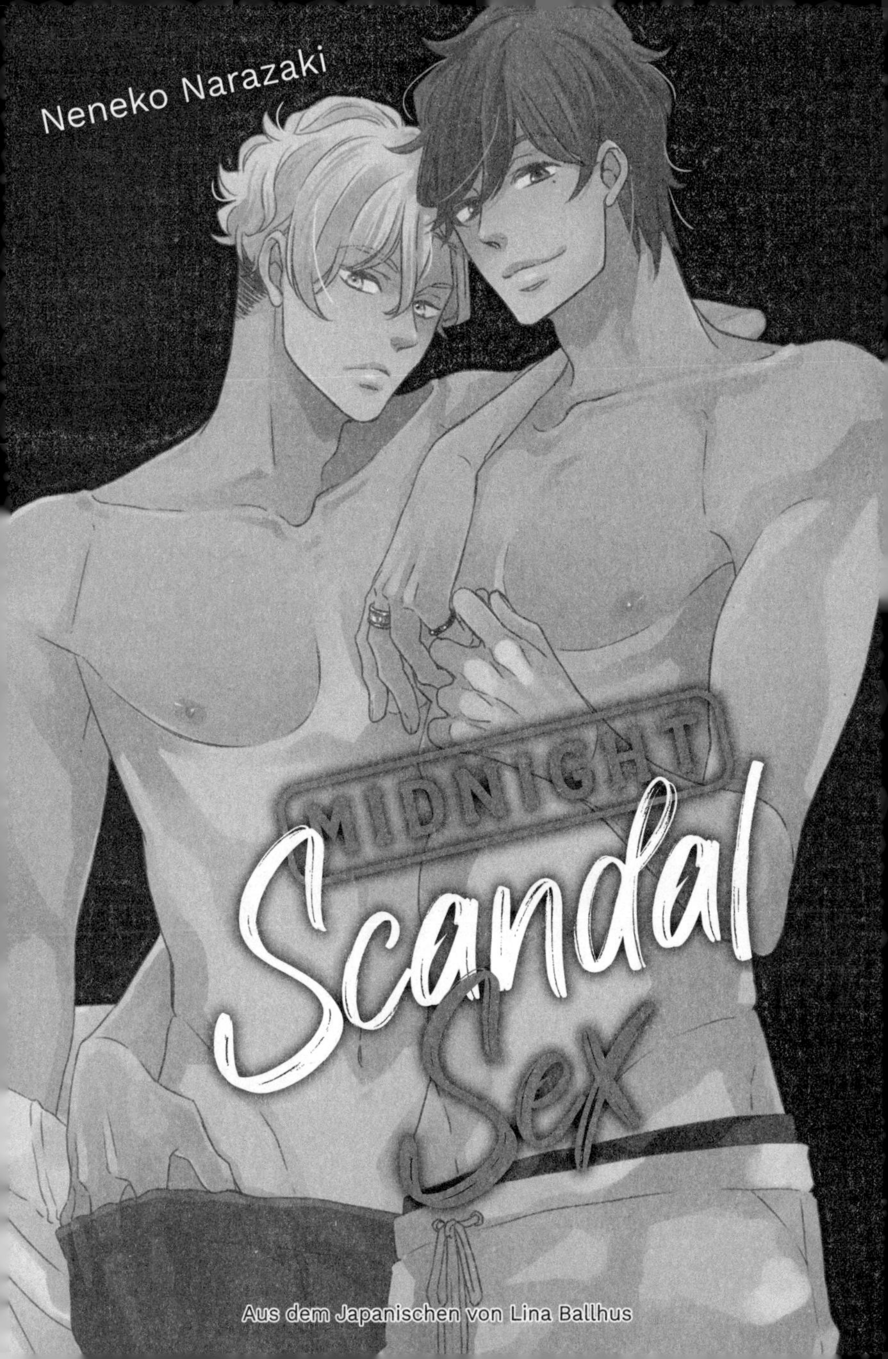
Neneko Narazaki
MIDNIGHT
Scandal
Sex
Aus dem Japanischen von Lina Ballhus

Inhalt

MIDNIGHT Scandal Sex

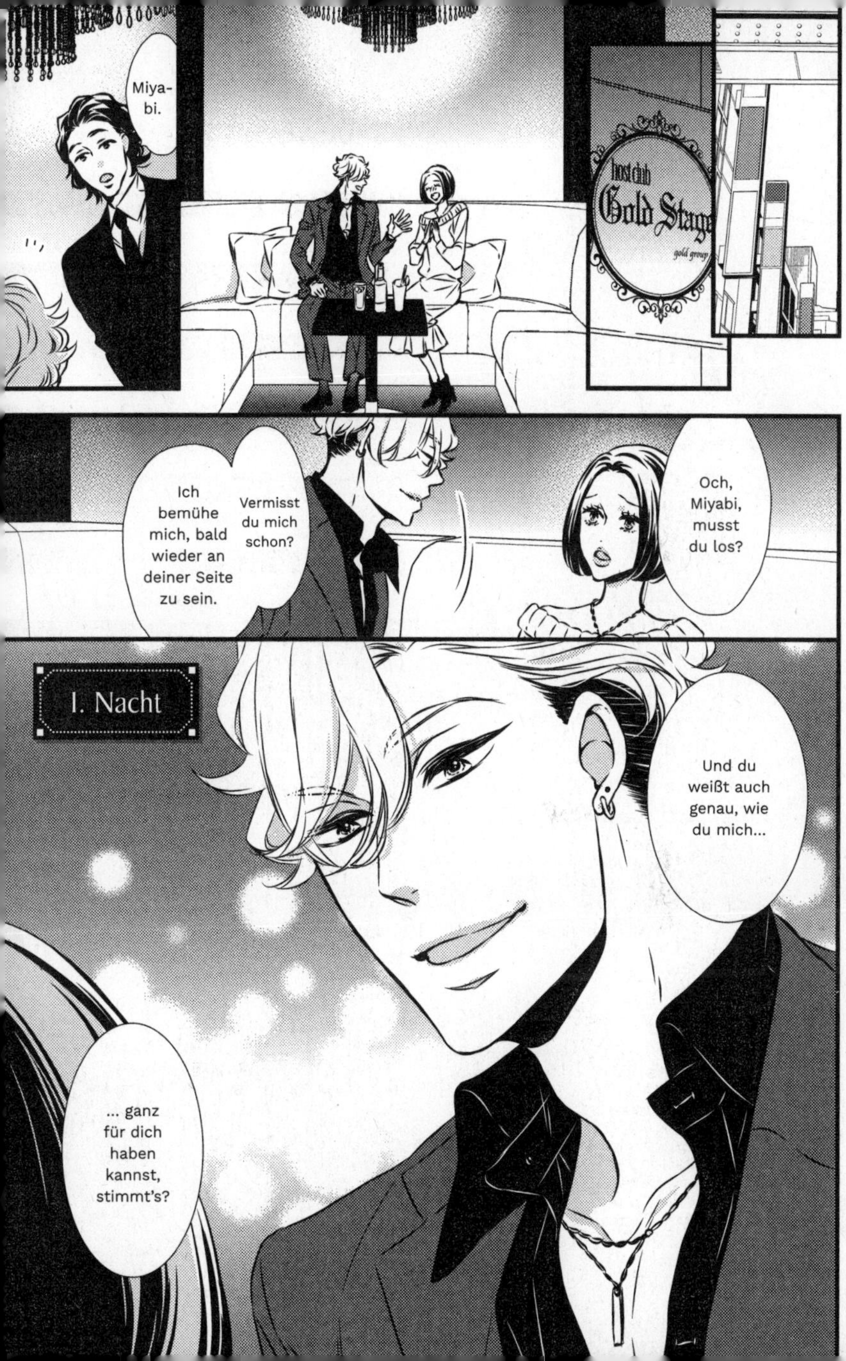
host club
Gold Stage
gold group
Miya-bi.
Och, Miyabi, musst du los?
Vermisst du mich schon?
Ich bemühe mich, bald wieder an deiner Seite zu sein.
1. Nacht
Und du weißt auch genau, wie du mich...
... ganz für dich haben kannst, stimmt's?

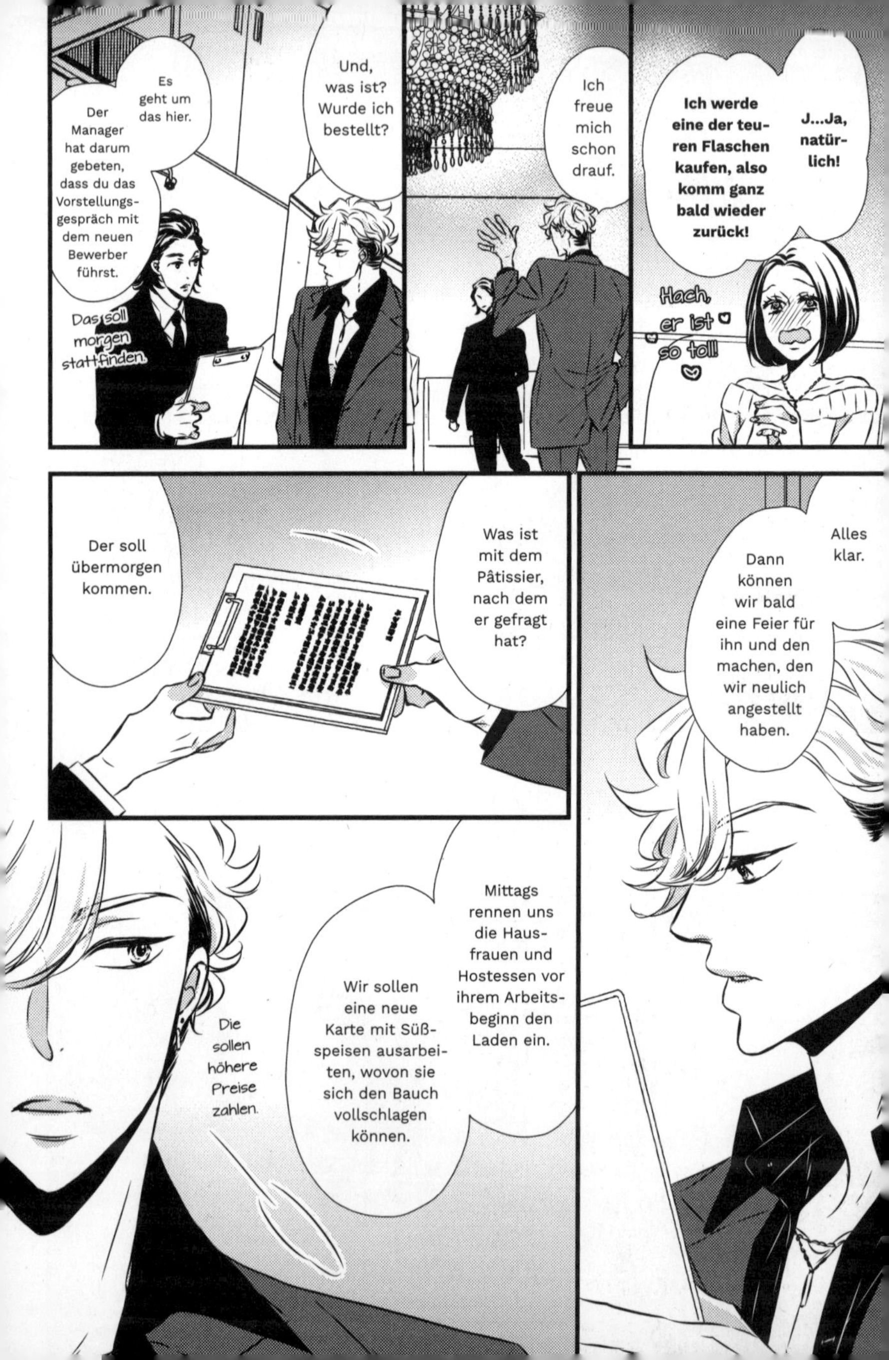
J...Ja, natürlich!
Ich werde eine der teuren Flaschen kaufen, also komm ganz bald wieder zurück!
Hach, er ist so toll!
Ich freue mich schon drauf.
Und, was ist? Wurde ich bestellt?
Es geht um das hier.
Der Manager hat darum gebeten, dass du das Vorstellungsgespräch mit dem neuen Bewerber führst.
Das soll morgen stattfinden.
Alles klar.
Dann können wir bald eine Feier für ihn und den machen, den wir neulich angestellt haben.
Was ist mit dem Pâtissier, nach dem er gefragt hat?
Der soll übermorgen kommen.
Mittags rennen uns die Hausfrauen und Hostessen vor ihrem Arbeitsbeginn den Laden ein.
Wir sollen eine neue Karte mit Süßspeisen ausarbeiten, wovon sie sich den Bauch vollschlagen können.
Die sollen höhere Preise zahlen.

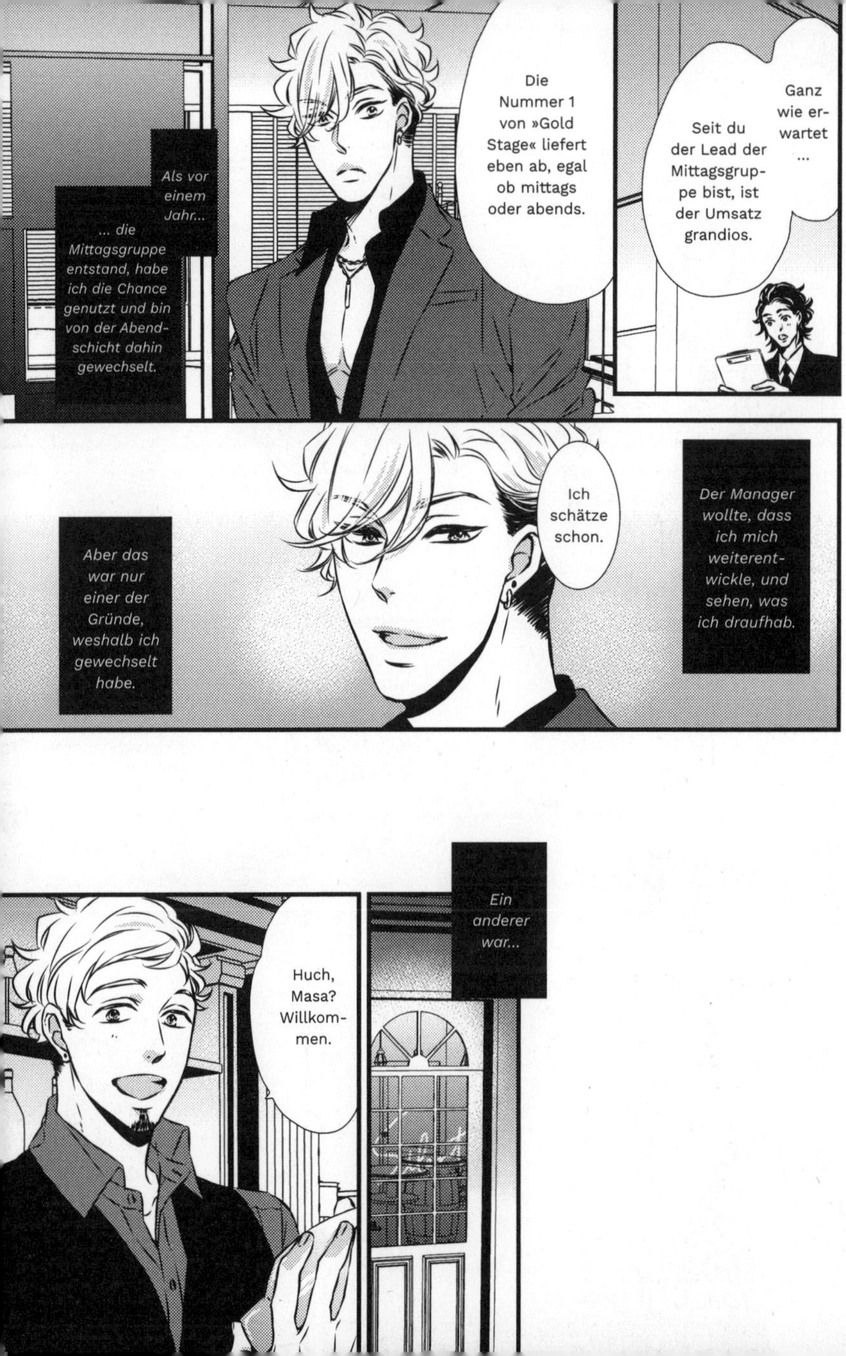
Ganz wie erwartet ...
Seit du der Lead der Mittagsgruppe bist, ist der Umsatz grandios.
Die Nummer 1 von »Gold Stage« liefert eben ab, egal ob mittags oder abends.
Als vor einem Jahr...
... die Mittagsgruppe entstand, habe ich die Chance genutzt und bin von der Abendschicht dahin gewechselt.
Der Manager wollte, dass ich mich weiterentwickle, und sehen, was ich draufhab.
Ich schätze schon.
Aber das war nur einer der Gründe, weshalb ich gewechselt habe.
Ein anderer war...
Huch, Masa? Willkommen.

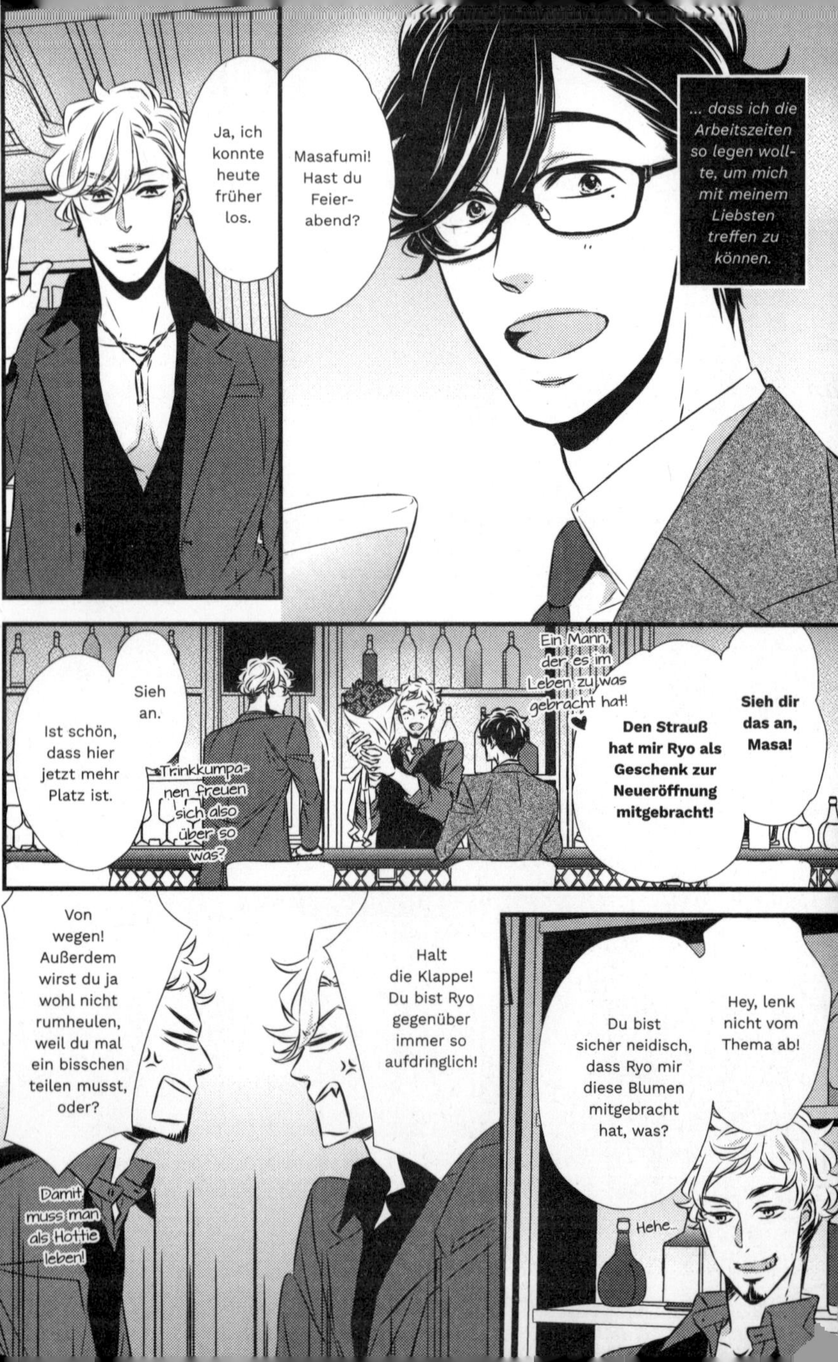
... dass ich die Arbeitszeiten so legen wollte, um mich mit meinem Liebsten treffen zu können.
Masafumi! Hast du Feierabend?
Ja, ich konnte heute früher los.
Sieh dir das an, Masa!
Den Strauß hat mir Ryo als Geschenk zur Neueröffnung mitgebracht!
Ein Mann, der es im Leben zu was gebracht hat!
Trinkkumpanen freuen sich also über so was?
Sieh an.
Ist schön, dass hier jetzt mehr Platz ist.
Hey, lenk nicht vom Thema ab!
Du bist sicher neidisch, dass Ryo mir diese Blumen mitgebracht hat, was?
Hehe...
Halt die Klappe! Du bist Ryo gegenüber immer so aufdringlich!
Von wegen! Außerdem wirst du ja wohl nicht rumheulen, weil du mal ein bisschen teilen musst, oder?
Damit muss man als Hottie leben!

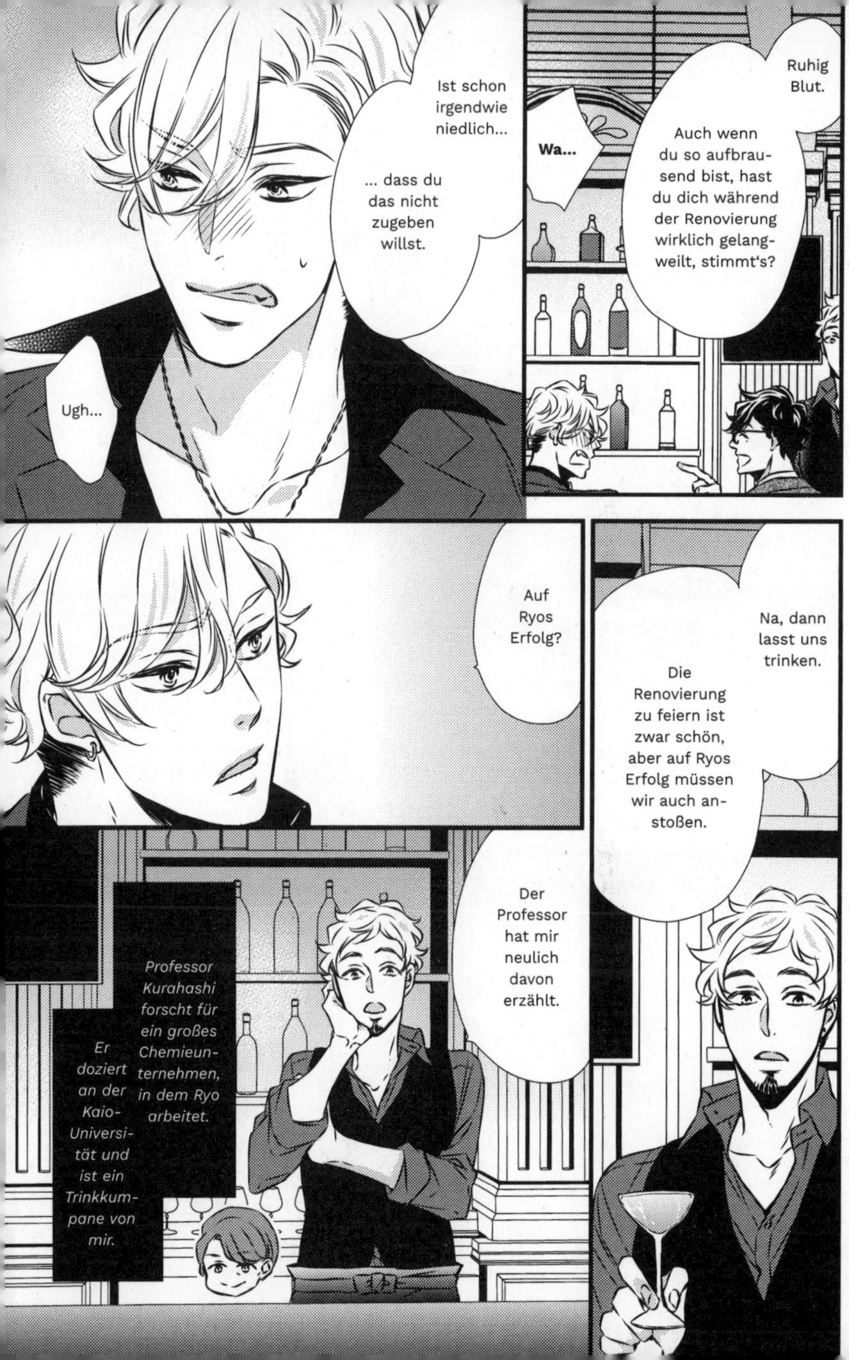
Ruhig Blut.
Auch wenn du so aufbrausend bist, hast du dich während der Renovierung wirklich gelangweilt, stimmt's?
Wa...
Ist schon irgendwie niedlich...
... dass du das nicht zugeben willst.
Ugh...
Na, dann lasst uns trinken.
Die Renovierung zu feiern ist zwar schön, aber auf Ryos Erfolg müssen wir auch anstoßen.
Auf Ryos Erfolg?
Der Professor hat mir neulich davon erzählt.
Professor Kurahashi forscht für ein großes Chemieunternehmen, in dem Ryo arbeitet.
Er doziert an der Kaio-Universität und ist ein Trinkkumpane von mir.

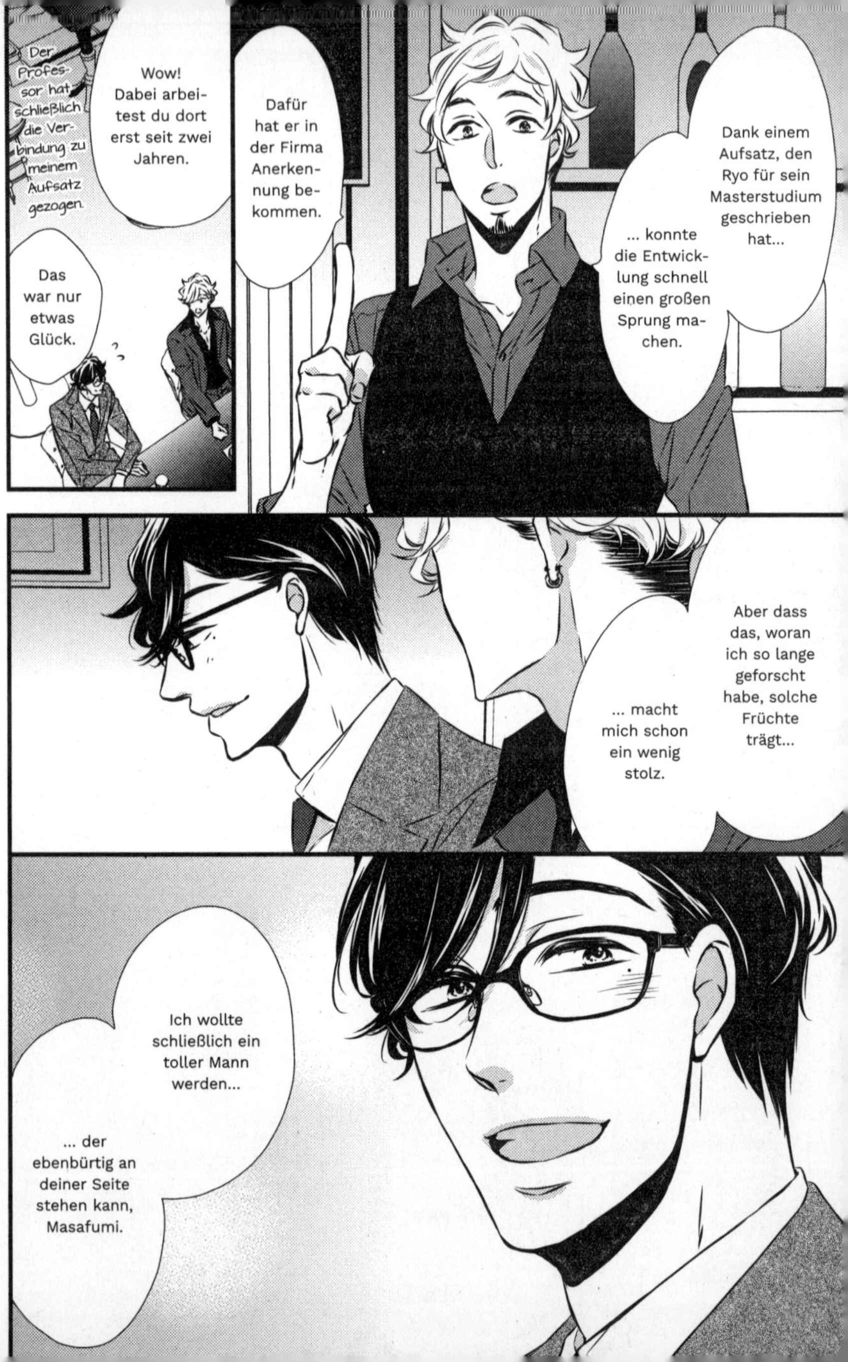

Dank einem Aufsatz, den Ryo für sein Masterstudium geschrieben hat...
... konnte die Entwicklung schnell einen großen Sprung machen.
Dafür hat er in der Firma Anerkennung bekommen.
Wow! Dabei arbeitest du dort erst seit zwei Jahren.
Der Professor hat schließlich die Verbindung zu meinem Aufsatz gezogen.
Das war nur etwas Glück.
Aber dass das, woran ich so lange geforscht habe, solche Früchte trägt...
... macht mich schon ein wenig stolz.
Ich wollte schließlich ein toller Mann werden...
... der ebenbürtig an deiner Seite stehen kann, Masafumi.

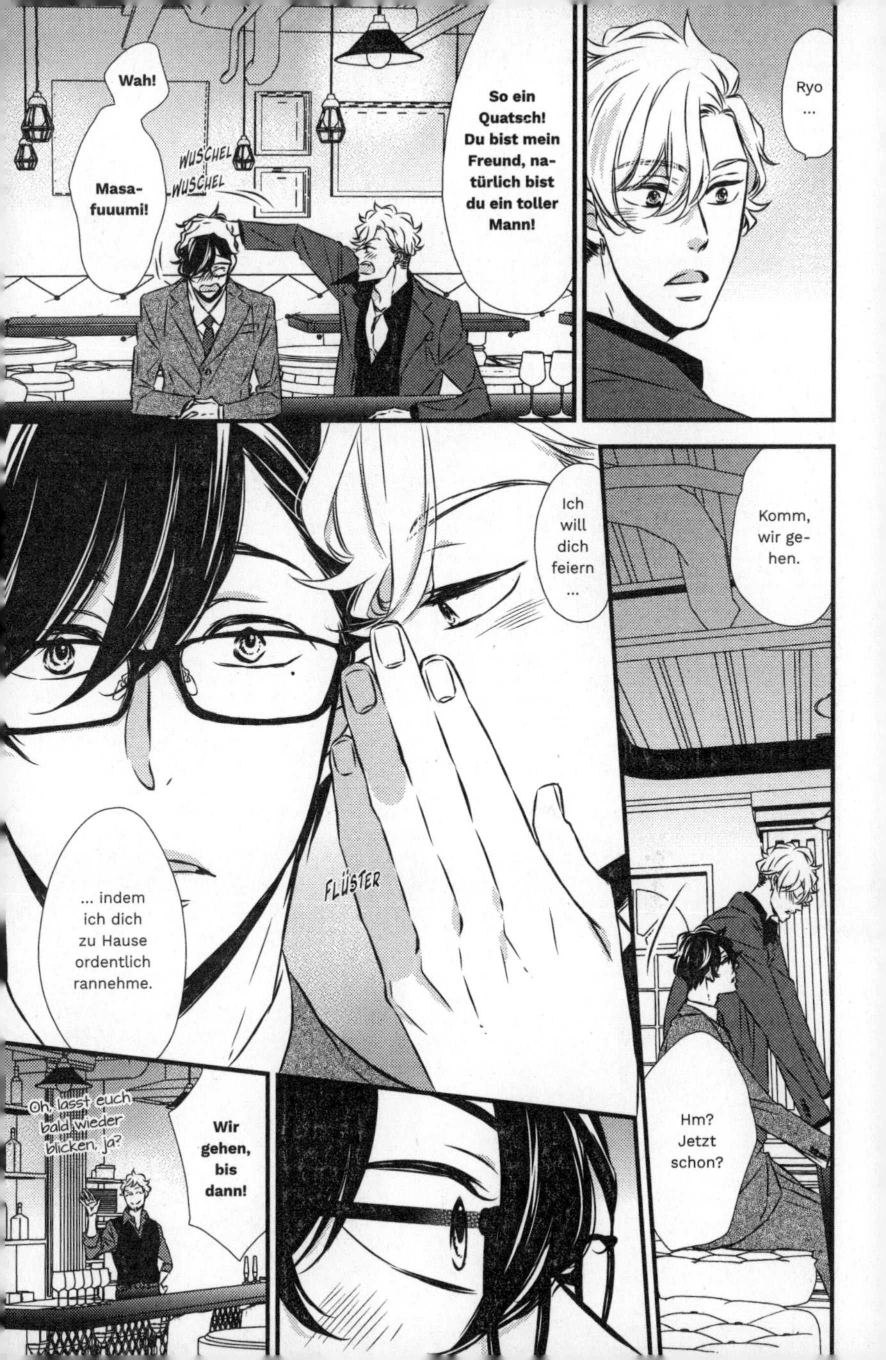
Ryo ...
So ein Quatsch! Du bist mein Freund, natürlich bist du ein toller Mann!
Wah!
WUSCHEL WUSCHEL
Masa-fuuumi!
Komm, wir gehen.
Hm? Jetzt schon?
Ich will dich feiern ...
FLÜSTER
... indem ich dich zu Hause ordentlich rannehme.
Wir gehen, bis dann!
Oh, lasst euch bald wieder blicken, ja?

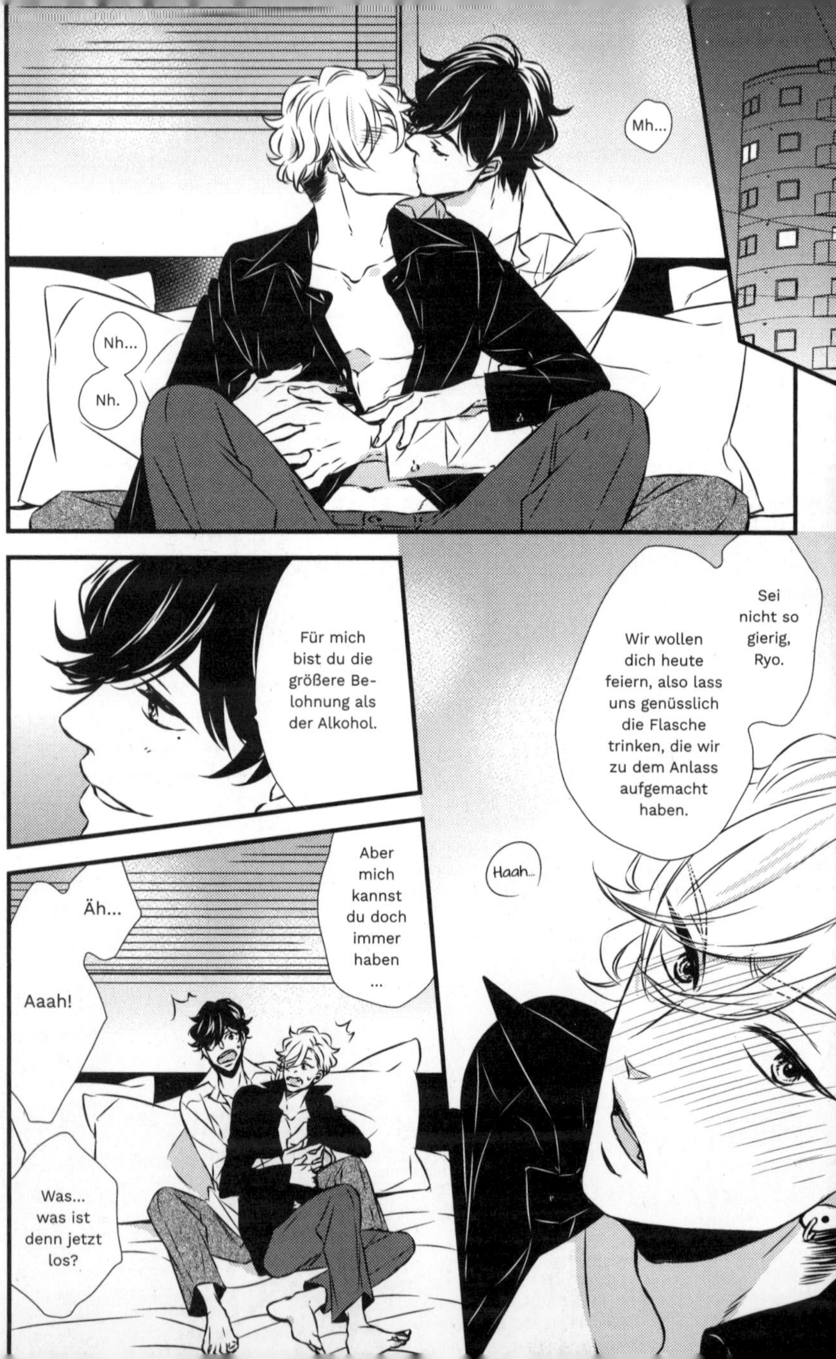
Mh...
Nh...
Nh.
Sei nicht so gierig, Ryo.
Wir wollen dich heute feiern, also lass uns genüsslich die Flasche trinken, die wir zu dem Anlass aufgemacht haben.
Haah...
Für mich bist du die größere Belohnung als der Alkohol.
Aber mich kannst du doch immer haben ...
Äh...
Aaah!
Was... was ist denn jetzt los?

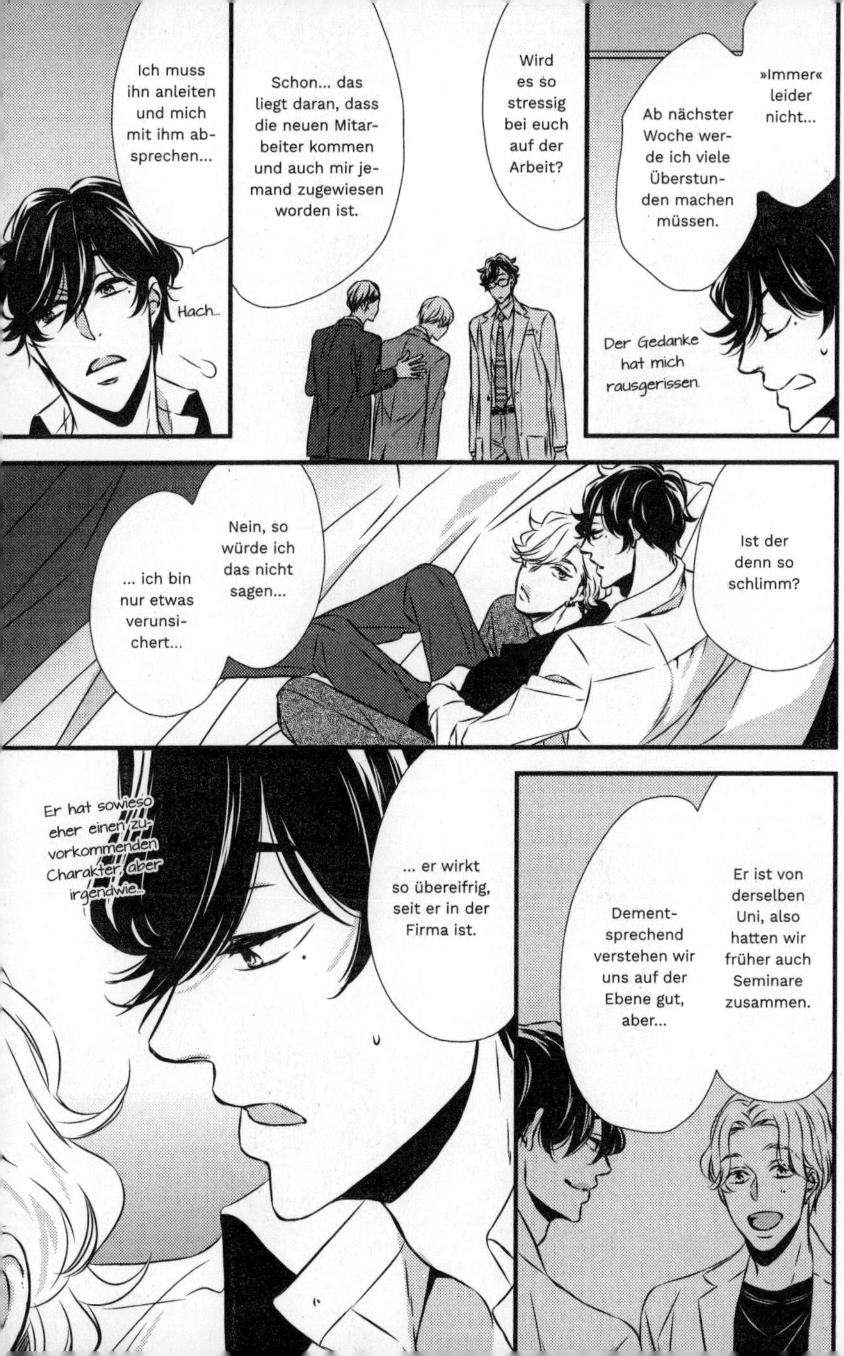

»Immer« leider nicht...
Ab nächster Woche werde ich viele Überstunden machen müssen.
Der Gedanke hat mich rausgerissen.
Wird es so stressig bei euch auf der Arbeit?
Schon... das liegt daran, dass die neuen Mitarbeiter kommen und auch mir jemand zugewiesen worden ist.
Ich muss ihn anleiten und mich mit ihm absprechen...
Hach...
Ist der denn so schlimm?
Nein, so würde ich das nicht sagen...
... ich bin nur etwas verunsichert...
Er ist von derselben Uni, also hatten wir früher auch Seminare zusammen.
Dementsprechend verstehen wir uns auf der Ebene gut, aber...
... er wirkt so übereifrig, seit er in der Firma ist.
Er hat sowieso eher einen zuvorkommenden Charakter, aber irgendwie...

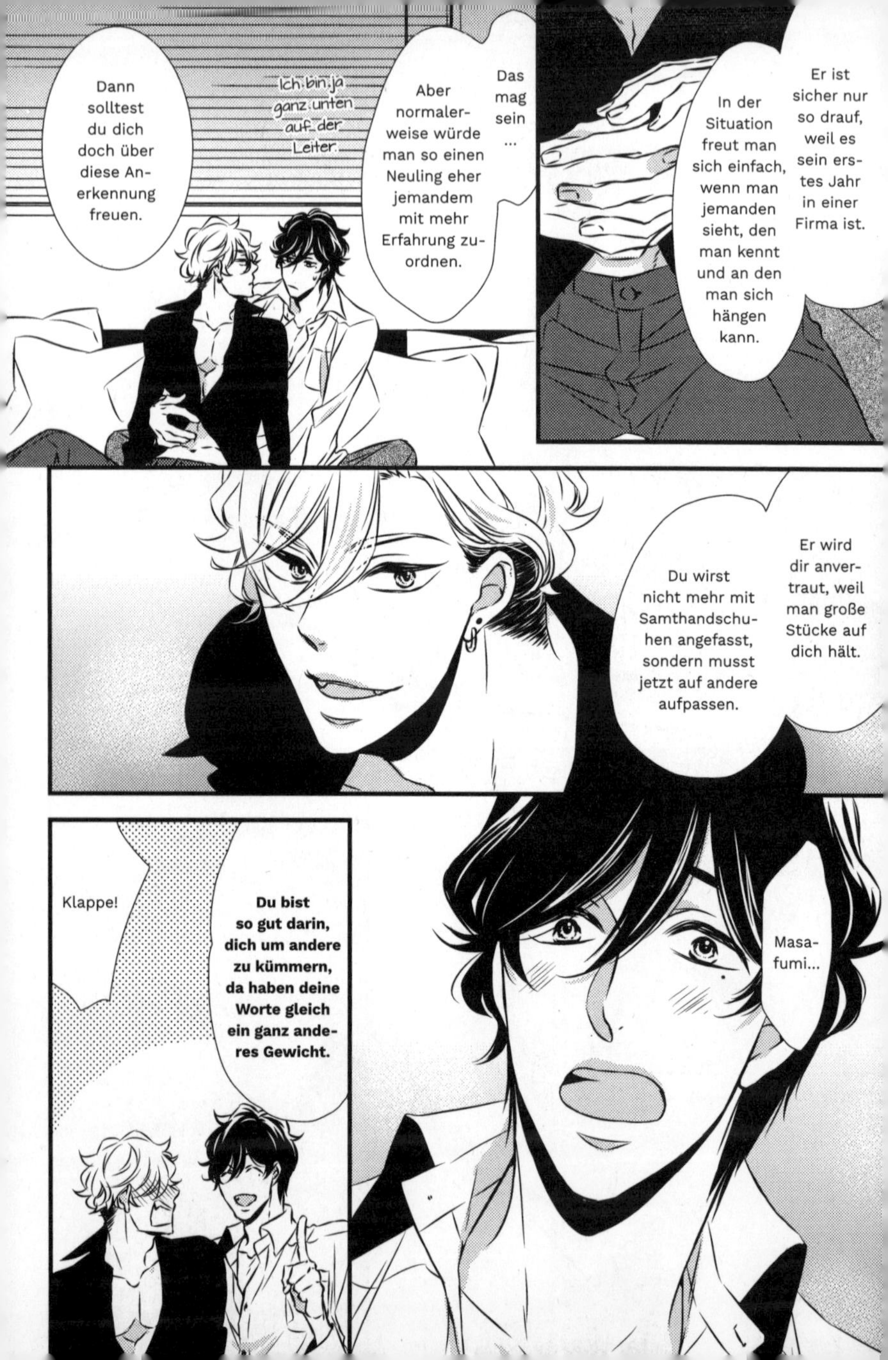
Er ist sicher nur so drauf, weil es sein erstes Jahr in einer Firma ist.
In der Situation freut man sich einfach, wenn man jemanden sieht, den man kennt und an den man sich hängen kann.
Das mag sein ...
Aber normalerweise würde man so einen Neuling eher jemandem mit mehr Erfahrung zuordnen.
Ich bin ja ganz unten auf der Leiter.
Dann solltest du dich doch über diese Anerkennung freuen.
Er wird dir anvertraut, weil man große Stücke auf dich hält.
Du wirst nicht mehr mit Samthandschuhen angefasst, sondern musst jetzt auf andere aufpassen.
Masafumi...
Du bist so gut darin, dich um andere zu kümmern, da haben deine Worte gleich ein ganz anderes Gewicht.
Klappe!

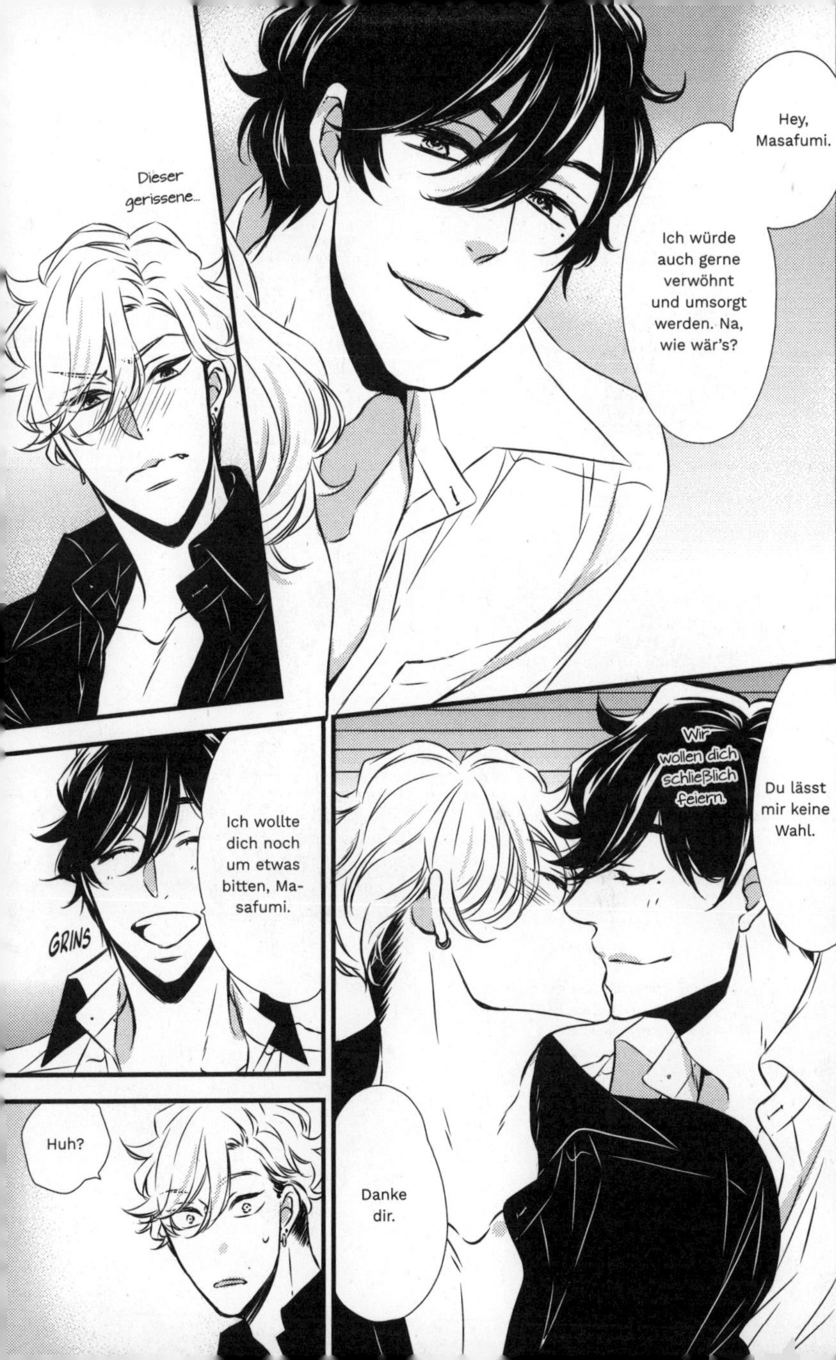

Hey, Masafumi.
Ich würde auch gerne verwöhnt und umsorgt werden. Na, wie wär's?
Dieser gerissene...
Du lässt mir keine Wahl.
Wir wollen dich schließlich feiern.
Danke dir.
Ich wollte dich noch um etwas bitten, Masafumi.
GRINS
Huh?

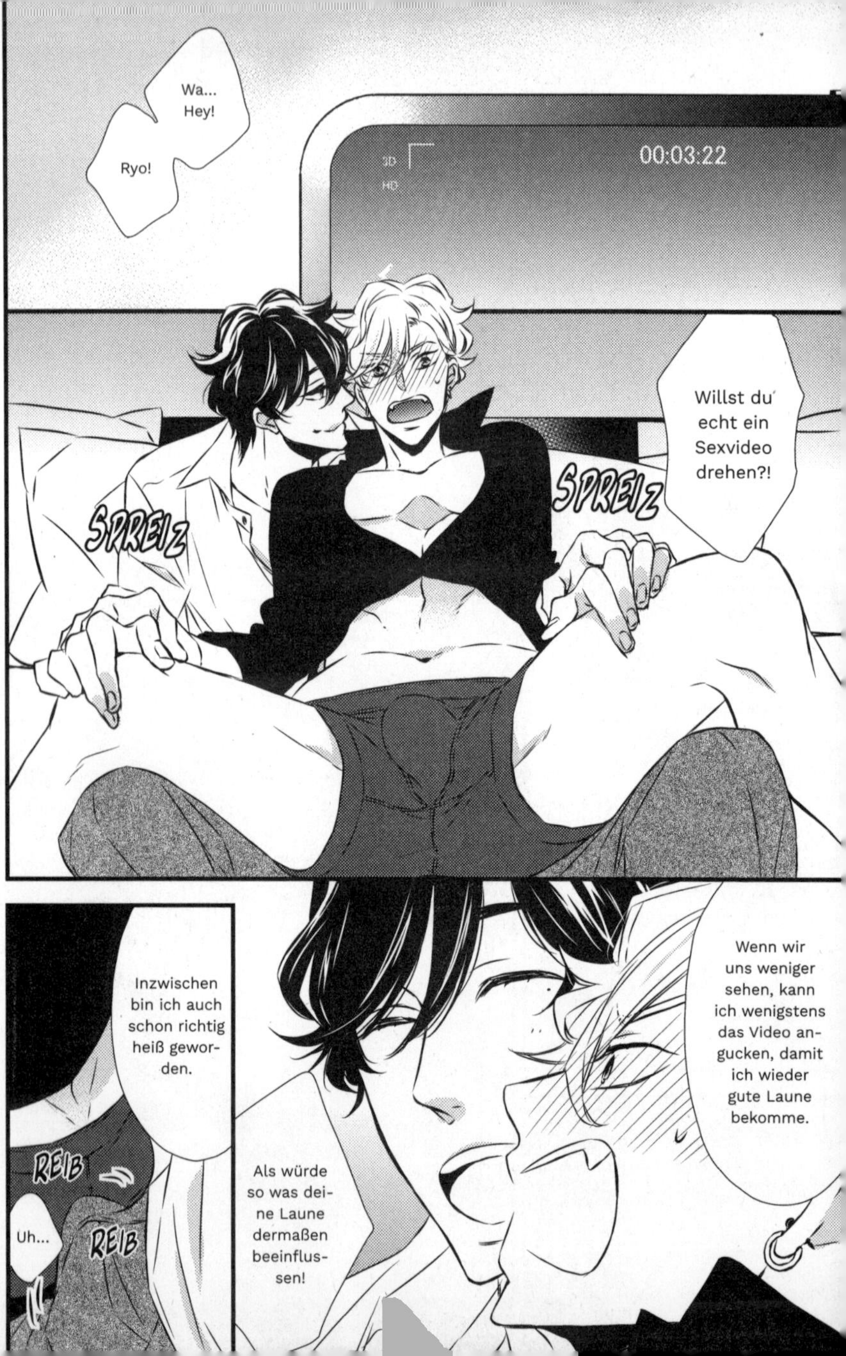
00:03:22
3D
HD
Wa... Hey!
Ryo!
Willst du echt ein Sexvideo drehen?!
SPREIZ
SPREIZ
Wenn wir uns weniger sehen, kann ich wenigstens das Video angucken, damit ich wieder gute Laune bekomme.
Als würde so was deine Laune dermaßen beeinflussen!
Inzwischen bin ich auch schon richtig heiß geworden.
REIB
REIB
Uh...

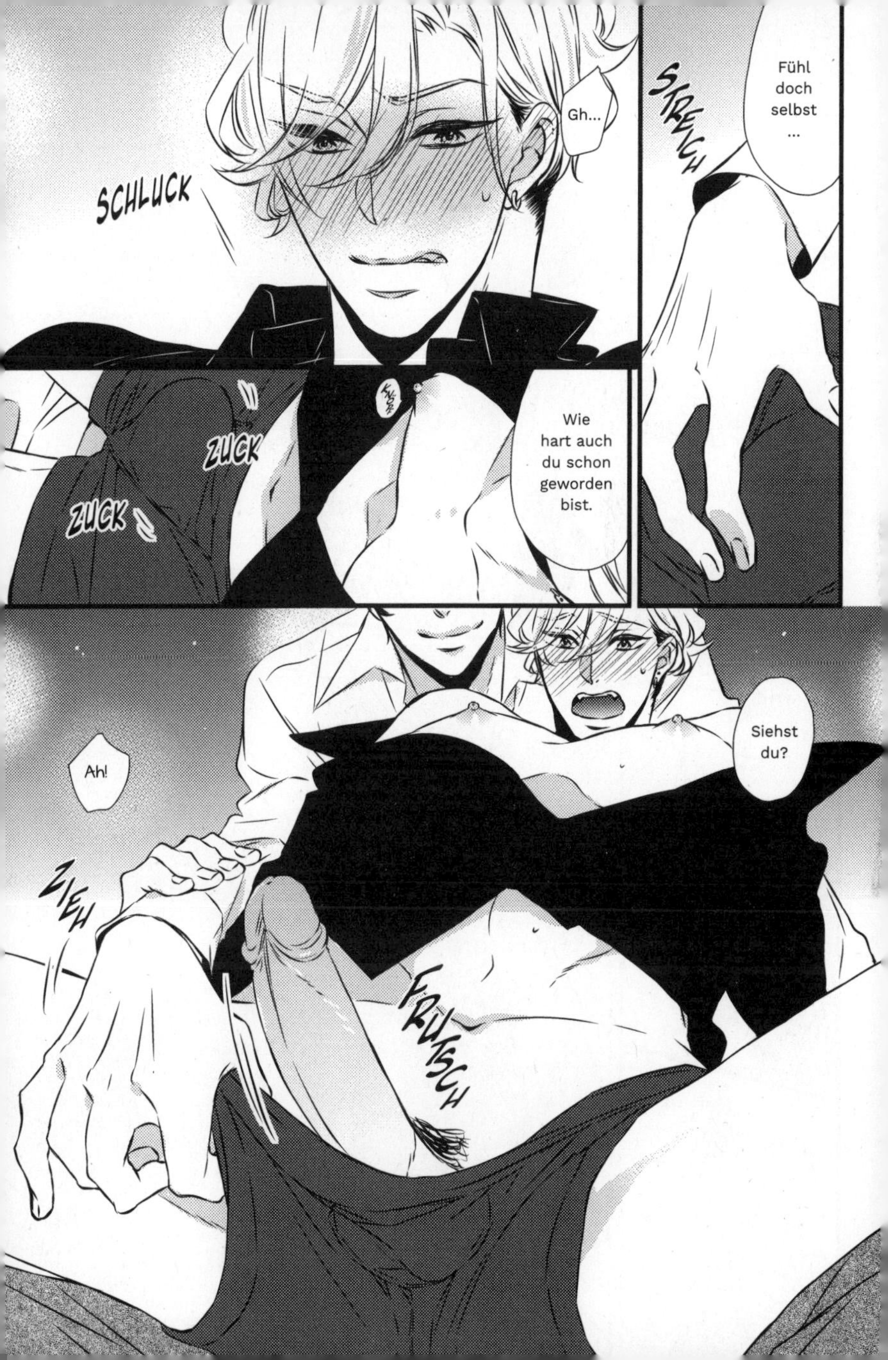
STREICH
Fühl doch selbst ...
Gh...
SCHLUCK
Wie hart auch du schon geworden bist.
ZUCK
ZUCK
Siehst du?
Ah!
FRUTSCH
ZIEH

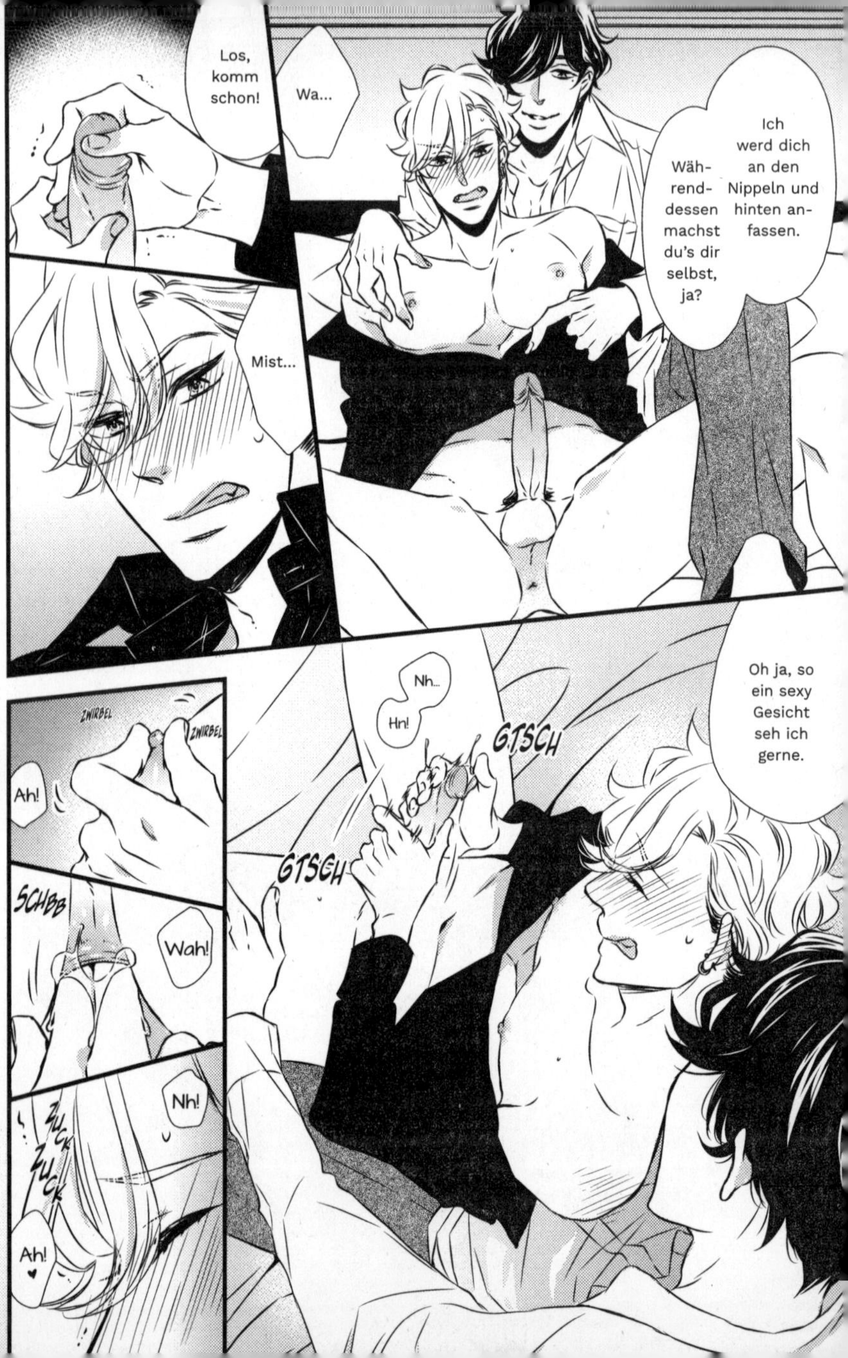

Ich werd dich an den Nippeln und hinten anfassen.
Wäh-rend-dessen machst du's dir selbst, ja?
Wa...
Los, komm schon!
Mist...
Oh ja, so ein sexy Gesicht seh ich gerne.
GTSCH
Nh... Hn!
GTSCH
ZWIRBEL
ZWIRBEL
Ah!
SCHBB
Wah!
Nh!
ZUCK ZUCK
Ah!♥

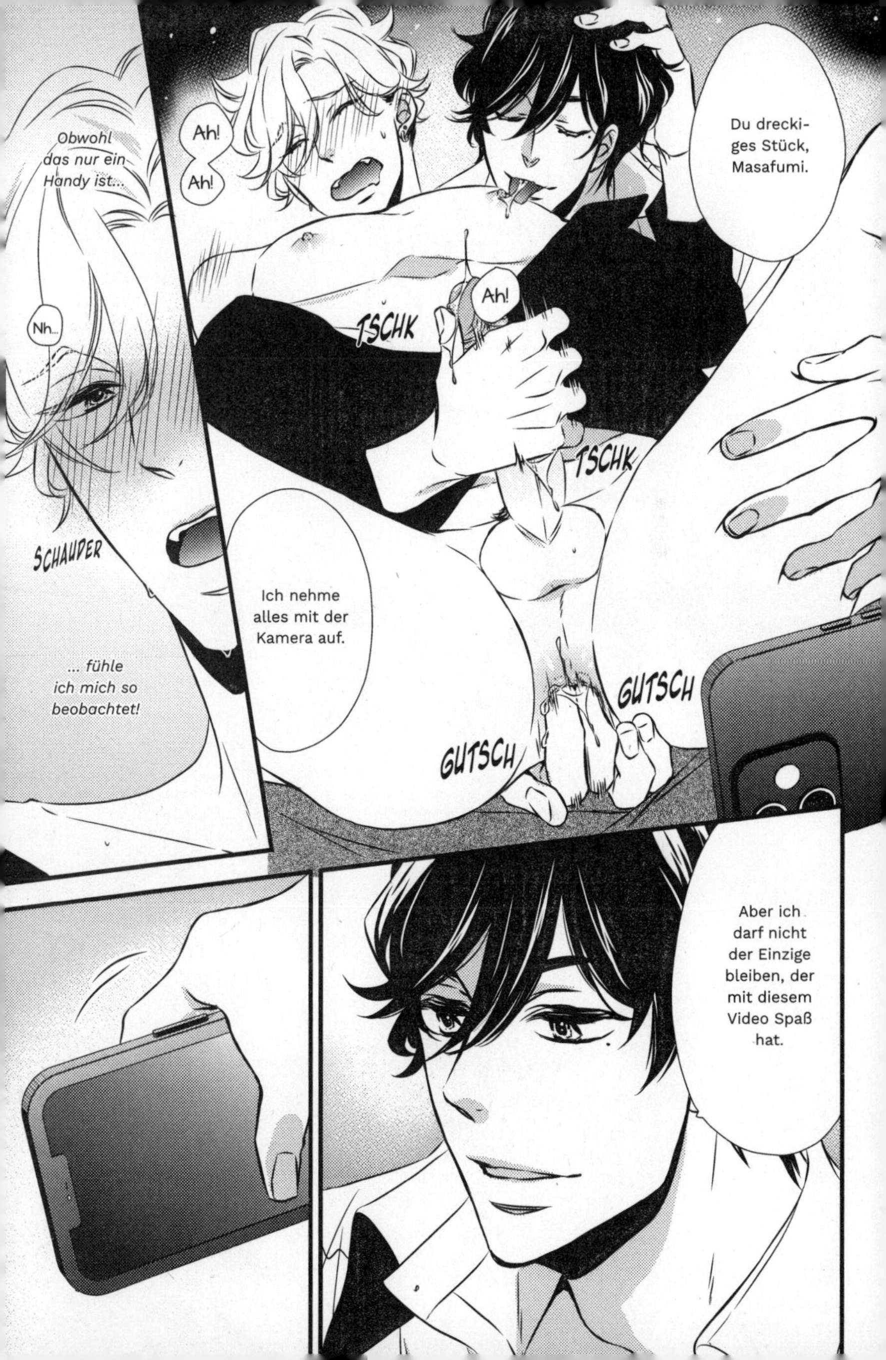
Du dreckiges Stück, Masafumi.
Ah! Ah!
Ah!
TSCHK
TSCHK
Ich nehme alles mit der Kamera auf.
GUTSCH
GUTSCH
Obwohl das nur ein Handy ist...
Nh...
SCHAUDER
... fühle ich mich so beobachtet!
Aber ich darf nicht der Einzige bleiben, der mit diesem Video Spaß hat.

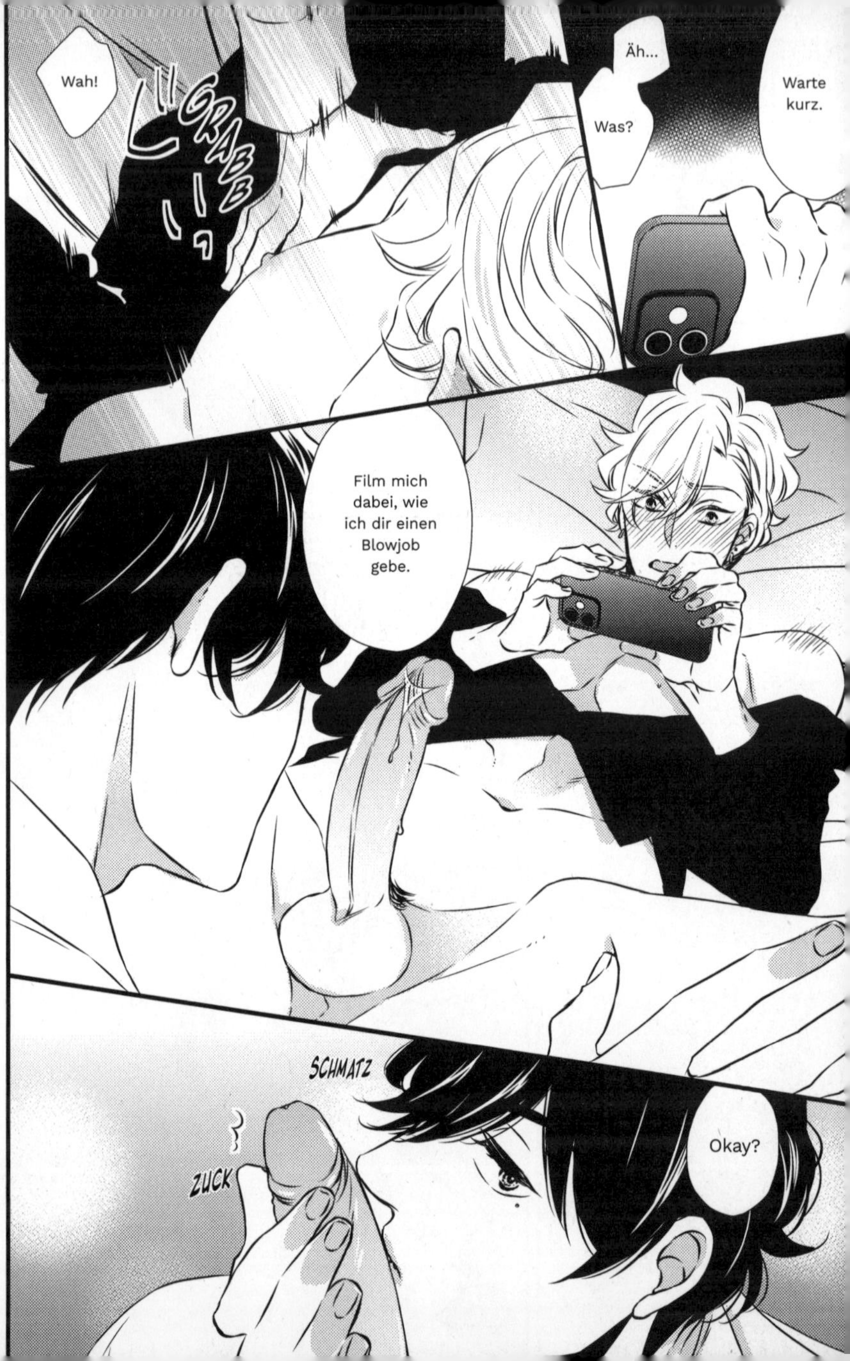
Warte kurz.
Äh...
Was?
Wah!
GRABB
Film mich dabei, wie ich dir einen Blowjob gebe.
Okay?
SCHMATZ
ZUCK

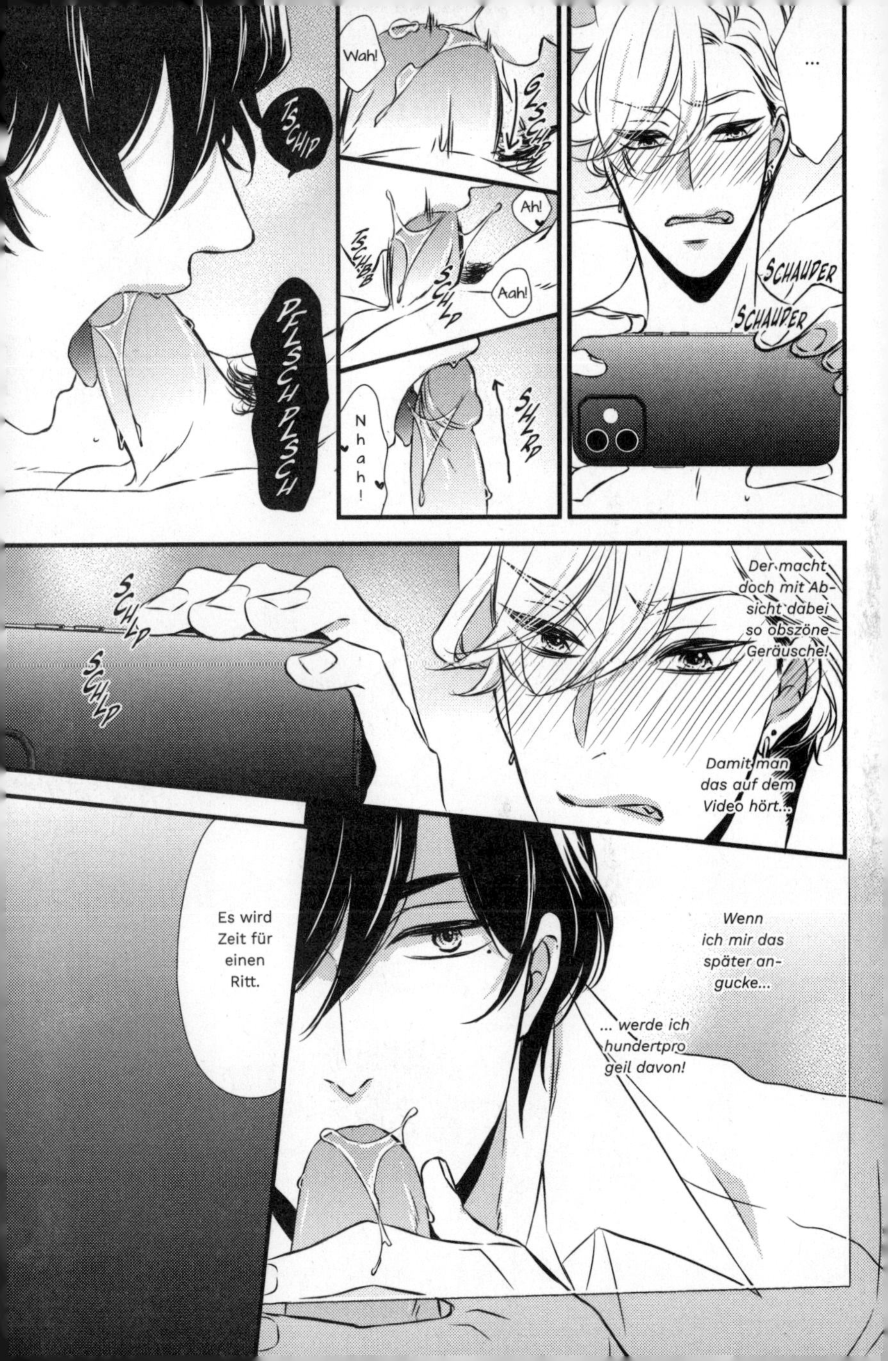
...
SCHAUDER
SCHAUDER
Wah!
Ah!
TSCHBB
SCHLP
Aah!
Nhah!
SHLRP
TSCHIP
PFLSCH PLSCH
Der macht doch mit Absicht dabei so obszöne Geräusche!
Damit man das auf dem Video hört...
SCHLP
SCHLP
Wenn ich mir das später angucke...
... werde ich hundertpro geil davon!
Es wird Zeit für einen Ritt.

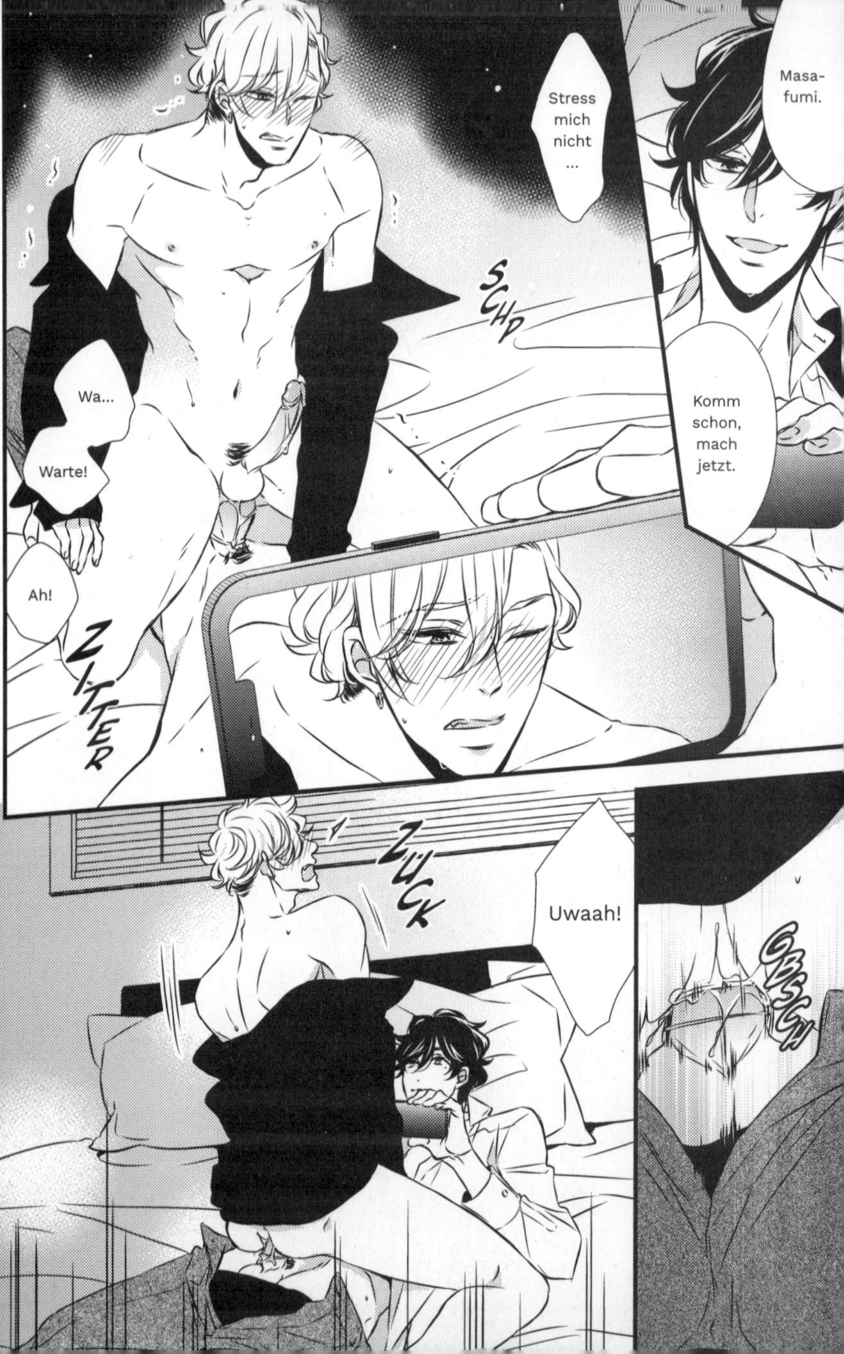
Masa-
fumi.
Komm schon, mach jetzt.
Stress mich nicht ...
SCHP
Wa...
Warte!
Ah!
ZITTER
Uwaah!
ZUCK

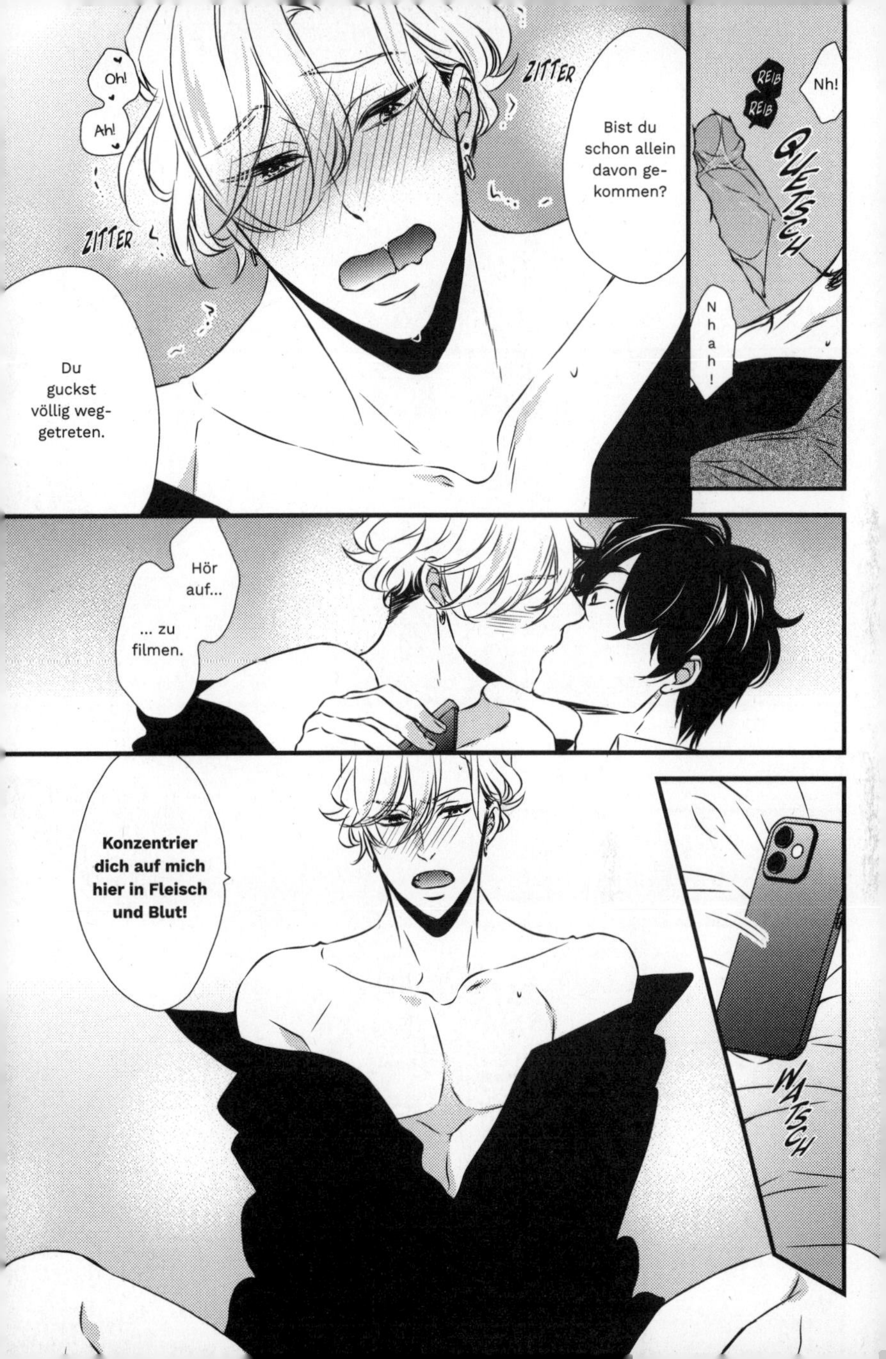
Nh!
REIB REIB
QUETSCH
Nhah!
Bist du schon allein davon gekommen?
ZITTER
Oh! Ah!
ZITTER
Du guckst völlig weggetreten.
Hör auf...
... zu filmen.
WATSCH
Konzentrier dich auf mich hier in Fleisch und Blut!

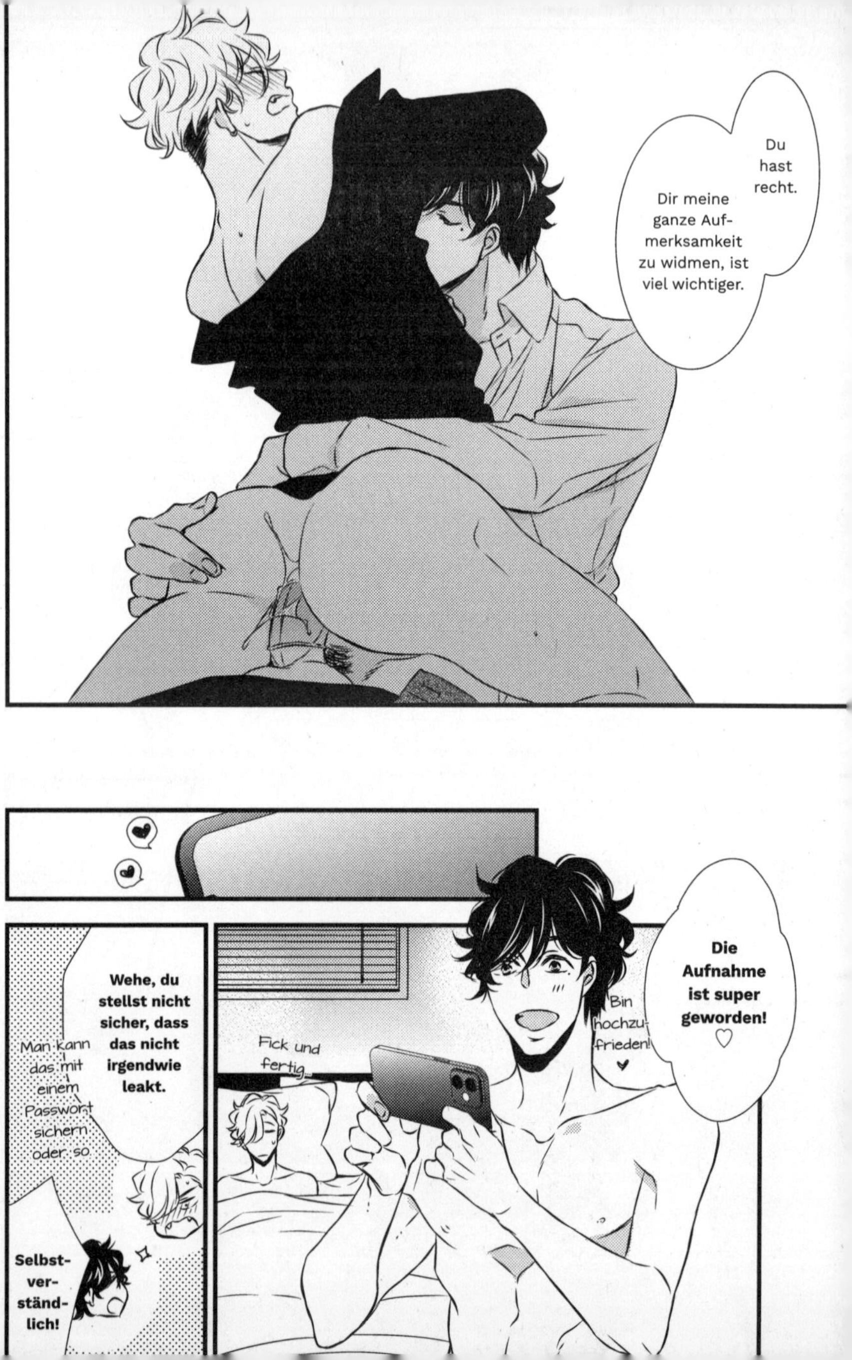

Du hast recht.
Dir meine ganze Aufmerksamkeit zu widmen, ist viel wichtiger.
Die Aufnahme ist super geworden! ♡
Bin hochzufrieden! ♥
Fick und fertig...
Wehe, du stellst nicht sicher, dass das nicht irgendwie leakt.
Man kann das mit einem Passwort sichern oder so.
Selbstverständlich!

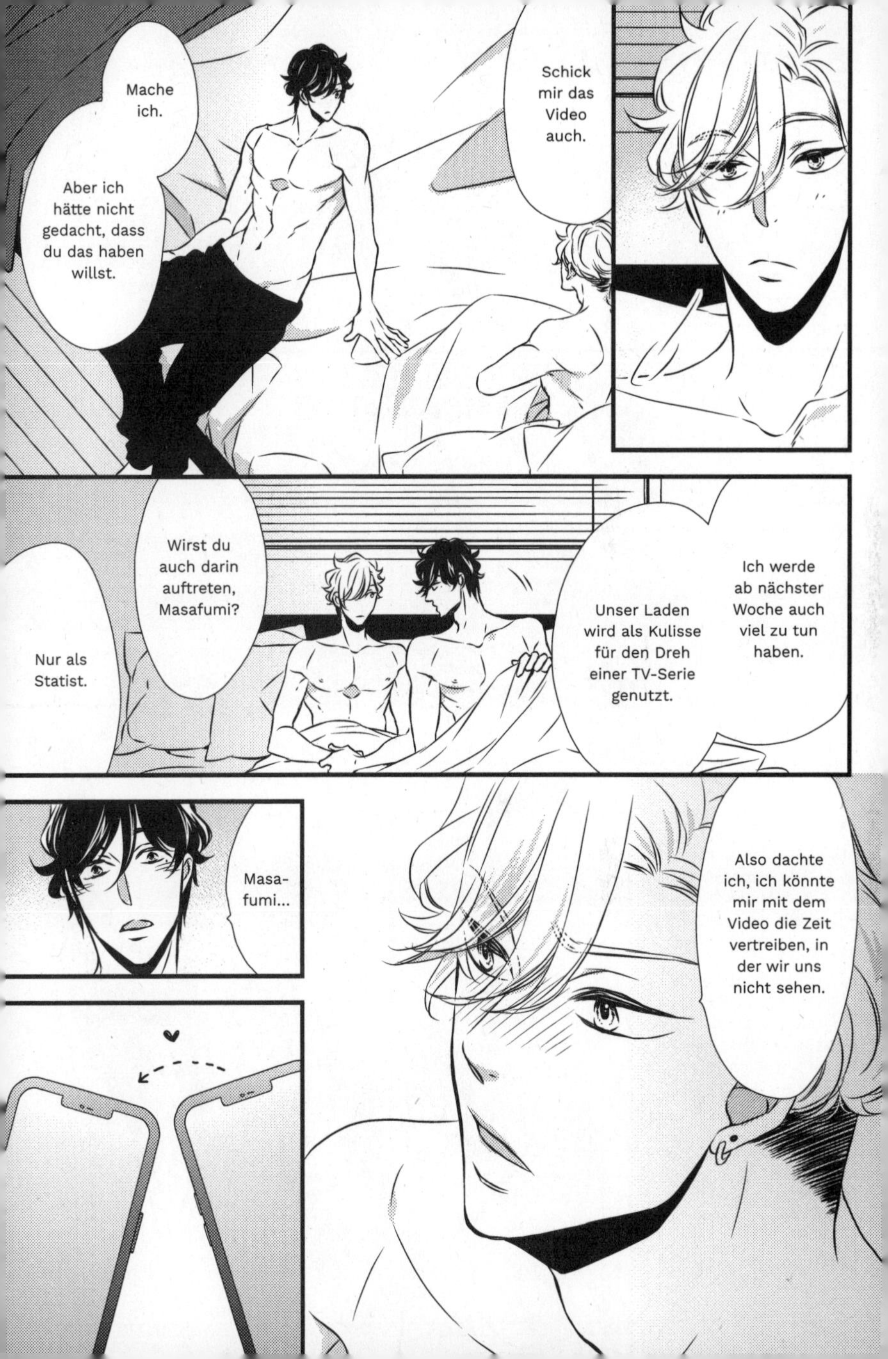
Schick mir das Video auch.
Mache ich.
Aber ich hätte nicht gedacht, dass du das haben willst.
Ich werde ab nächster Woche auch viel zu tun haben.
Unser Laden wird als Kulisse für den Dreh einer TV-Serie genutzt.
Wirst du auch darin auftreten, Masafumi?
Nur als Statist.
Also dachte ich, ich könnte mir mit dem Video die Zeit vertreiben, in der wir uns nicht sehen.
Masa-fumi...

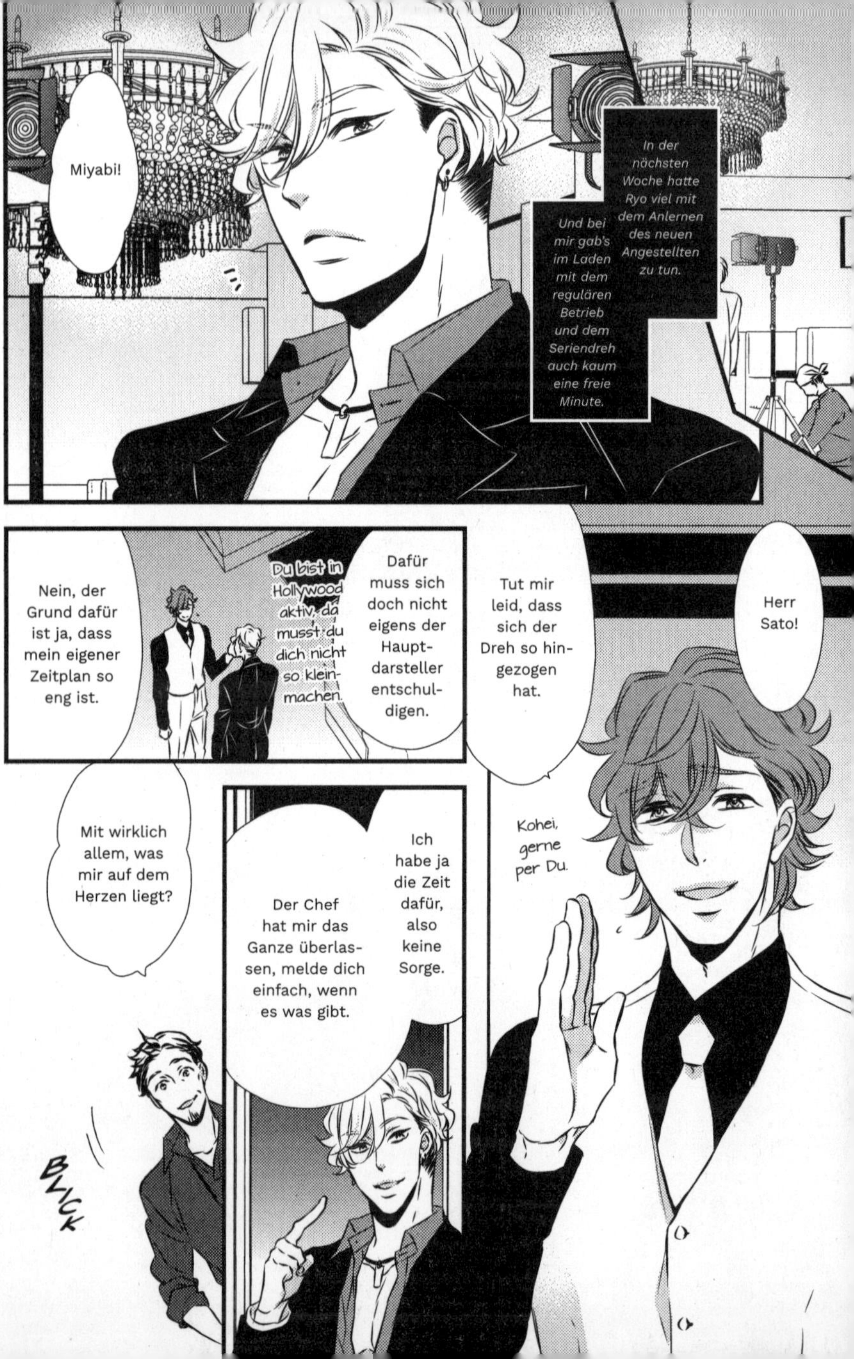

In der nächsten Woche hatte Ryo viel mit dem Anlernen des neuen Angestellten zu tun.
Und bei mir gab's im Laden mit dem regulären Betrieb und dem Seriendreh auch kaum eine freie Minute.
Miyabi!
Herr Sato!
Tut mir leid, dass sich der Dreh so hingezogen hat.
Kohei, gerne per Du.
Dafür muss sich doch nicht eigens der Hauptdarsteller entschuldigen.
Du bist in Hollywood aktiv, da musst du dich nicht so kleinmachen.
Nein, der Grund dafür ist ja, dass mein eigener Zeitplan so eng ist.
Ich habe ja die Zeit dafür, also keine Sorge.
Der Chef hat mir das Ganze überlassen, melde dich einfach, wenn es was gibt.
Mit wirklich allem, was mir auf dem Herzen liegt?
BLICK

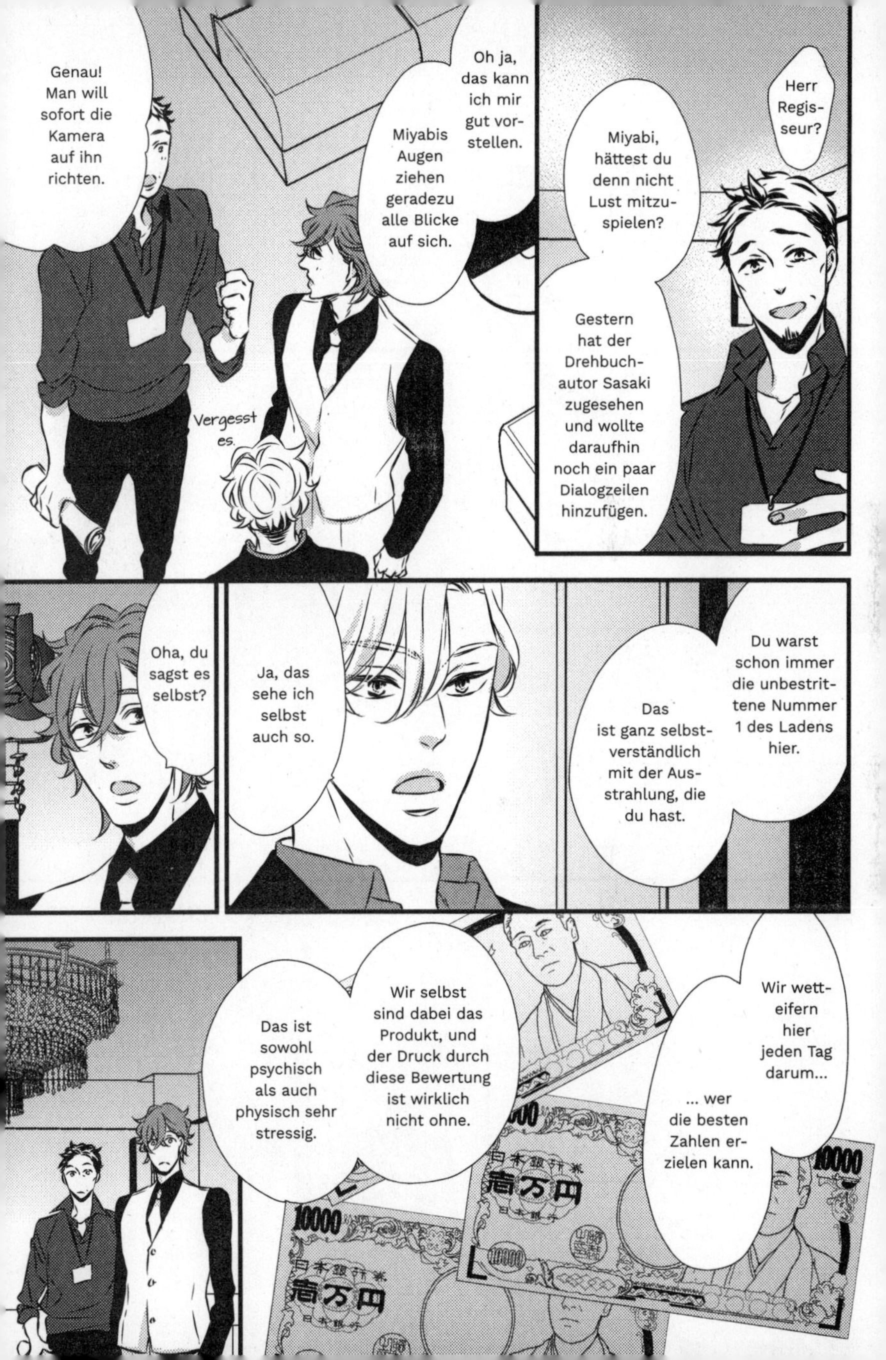
Herr Regisseur?
Miyabi, hättest du denn nicht Lust mitzuspielen?
Gestern hat der Drehbuchautor Sasaki zugesehen und wollte daraufhin noch ein paar Dialogzeilen hinzufügen.
Oh ja, das kann ich mir gut vorstellen.
Miyabis Augen ziehen geradezu alle Blicke auf sich.
Genau! Man will sofort die Kamera auf ihn richten.
Vergesst es.
Du warst schon immer die unbestrittene Nummer 1 des Ladens hier.
Das ist ganz selbstverständlich mit der Ausstrahlung, die du hast.
Ja, das sehe ich selbst auch so.
Oha, du sagst es selbst?
Wir wetteifern hier jeden Tag darum...
... wer die besten Zahlen erzielen kann.
Wir selbst sind dabei das Produkt, und der Druck durch diese Bewertung ist wirklich nicht ohne.
Das ist sowohl psychisch als auch physisch sehr stressig.

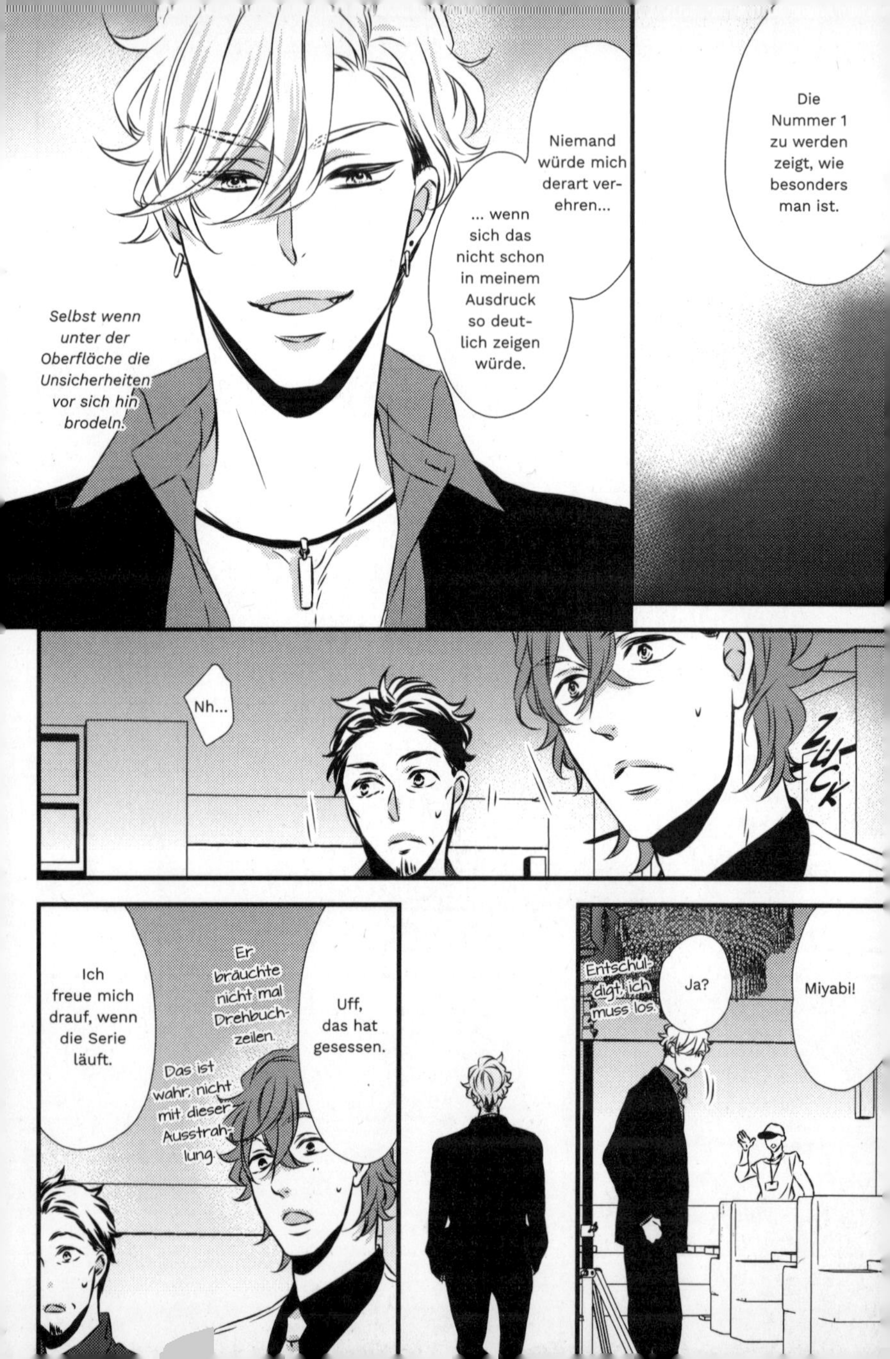
Die Nummer 1 zu werden zeigt, wie besonders man ist.
Niemand würde mich derart verehren...
... wenn sich das nicht schon in meinem Ausdruck so deutlich zeigen würde.
Selbst wenn unter der Oberfläche die Unsicherheiten vor sich hin brodeln.
ZUCK
Nh...
Miyabi!
Ja?
Entschuldigt, ich muss los.
Uff, das hat gesessen.
Er bräuchte nicht mal Drehbuchzeilen.
Das ist wahr, nicht mit dieser Ausstrahlung.
Ich freue mich drauf, wenn die Serie läuft.

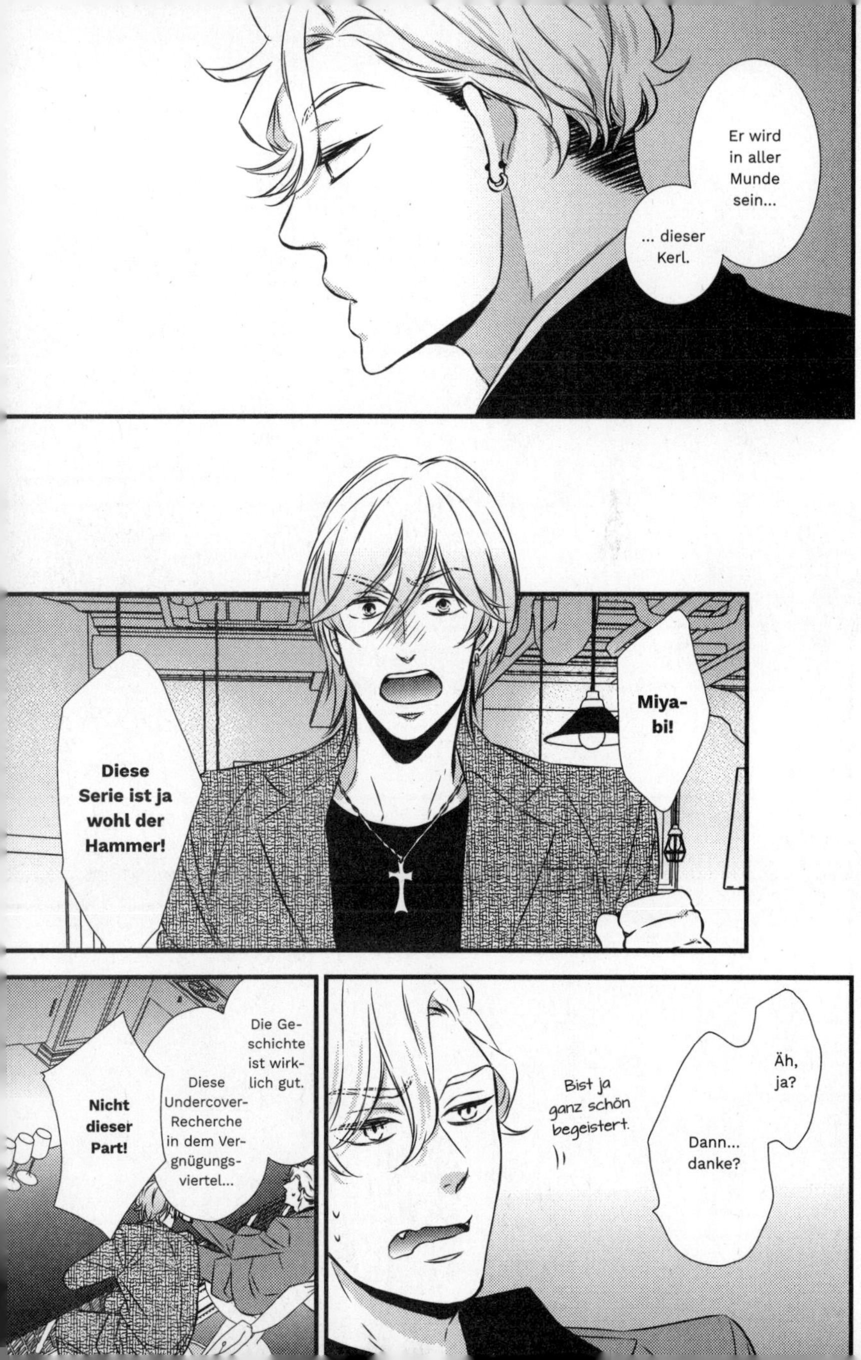
Er wird in aller Munde sein...
... dieser Kerl.
Miya-bi!
Diese Serie ist ja wohl der Hammer!
Die Geschichte ist wirklich gut.
Diese Undercover-Recherche in dem Vergnügungsviertel...
Nicht dieser Part!
Äh, ja?
Dann... danke?
Bist ja ganz schön begeistert.

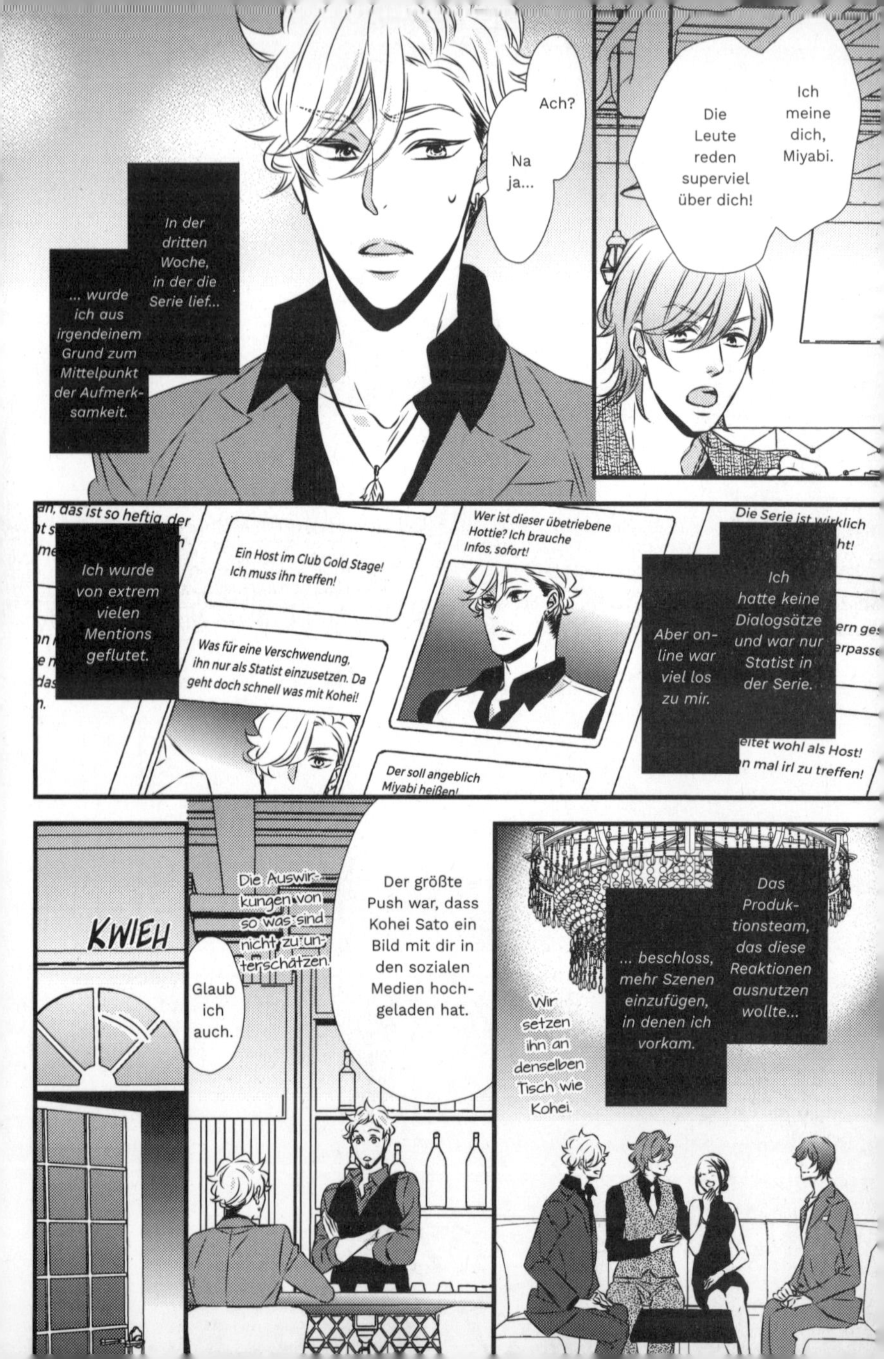
Ich meine dich, Miyabi.
Die Leute reden superviel über dich!
Ach? Na ja...
In der dritten Woche, in der die Serie lief...
... wurde ich aus irgendeinem Grund zum Mittelpunkt der Aufmerksamkeit.
Ich hatte keine Dialogsätze und war nur Statist in der Serie.
Aber online war viel los zu mir.
Wer ist dieser übetriebene Hottie? Ich brauche Infos, sofort!
Der soll angeblich Miyabi heißen!
Ein Host im Club Gold Stage! Ich muss ihn treffen!
Was für eine Verschwendung, ihn nur als Statist einzusetzen. Da geht doch schnell was mit Kohei!
Ich wurde von extrem vielen Mentions geflutet.
Das Produktionsteam, das diese Reaktionen ausnutzen wollte...
... beschloss, mehr Szenen einzufügen, in denen ich vorkam.
Wir setzen ihn an denselben Tisch wie Kohei.
Der größte Push war, dass Kohei Sato ein Bild mit dir in den sozialen Medien hochgeladen hat.
Die Auswirkungen von so was sind nicht zu unterschätzen.
Glaub ich auch.
KWIEH

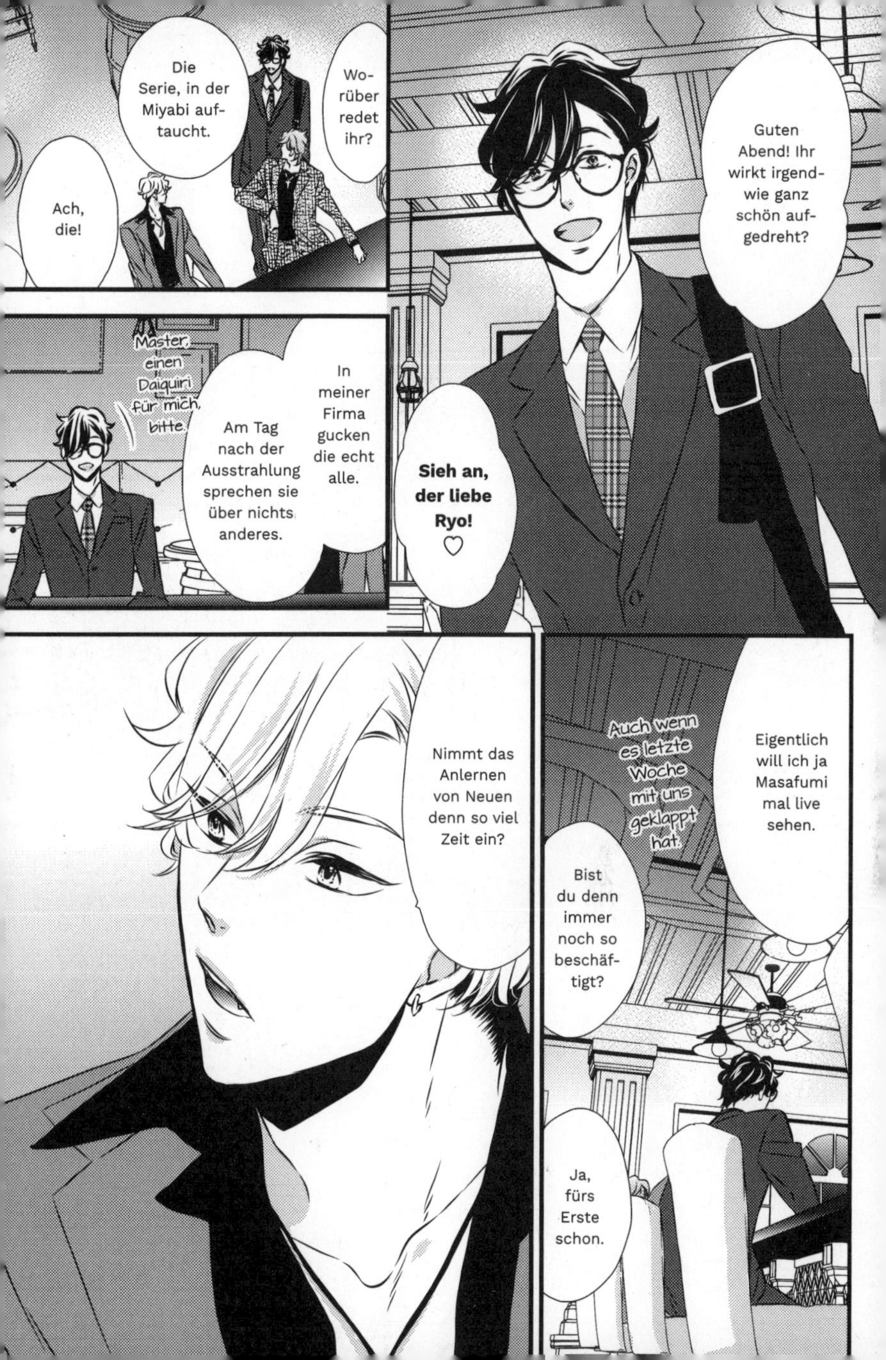

Guten Abend! Ihr wirkt irgendwie ganz schön aufgedreht?
Sieh an, der liebe Ryo! ♡
Worüber redet ihr?
Die Serie, in der Miyabi auftaucht.
Ach, die!
In meiner Firma gucken die echt alle.
Am Tag nach der Ausstrahlung sprechen sie über nichts anderes.
Master, einen Daiquiri für mich, bitte.
Eigentlich will ich ja Masafumi mal live sehen.
Auch wenn es letzte Woche mit uns geklappt hat.
Bist du denn immer noch so beschäftigt?
Ja, fürs Erste schon.
Nimmt das Anlernen von Neuen denn so viel Zeit ein?

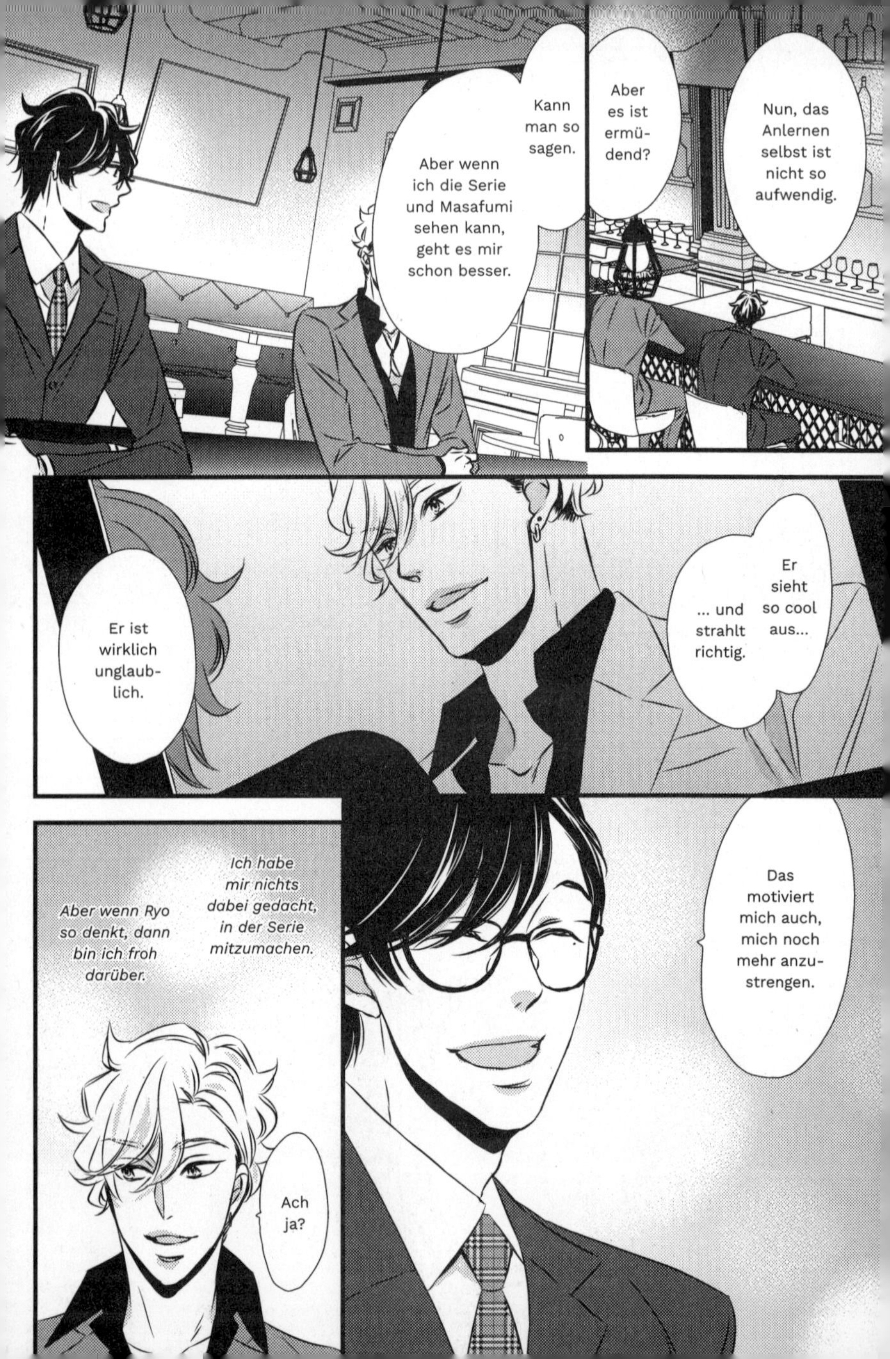

Nun, das Anlernen selbst ist nicht so aufwendig.
Aber es ist ermüdend?
Kann man so sagen.
Aber wenn ich die Serie und Masafumi sehen kann, geht es mir schon besser.
Er sieht so cool aus...
... und strahlt richtig.
Er ist wirklich unglaublich.
Das motiviert mich auch, mich noch mehr anzustrengen.
Ich habe mir nichts dabei gedacht, in der Serie mitzumachen.
Aber wenn Ryo so denkt, dann bin ich froh darüber.
Ach ja?

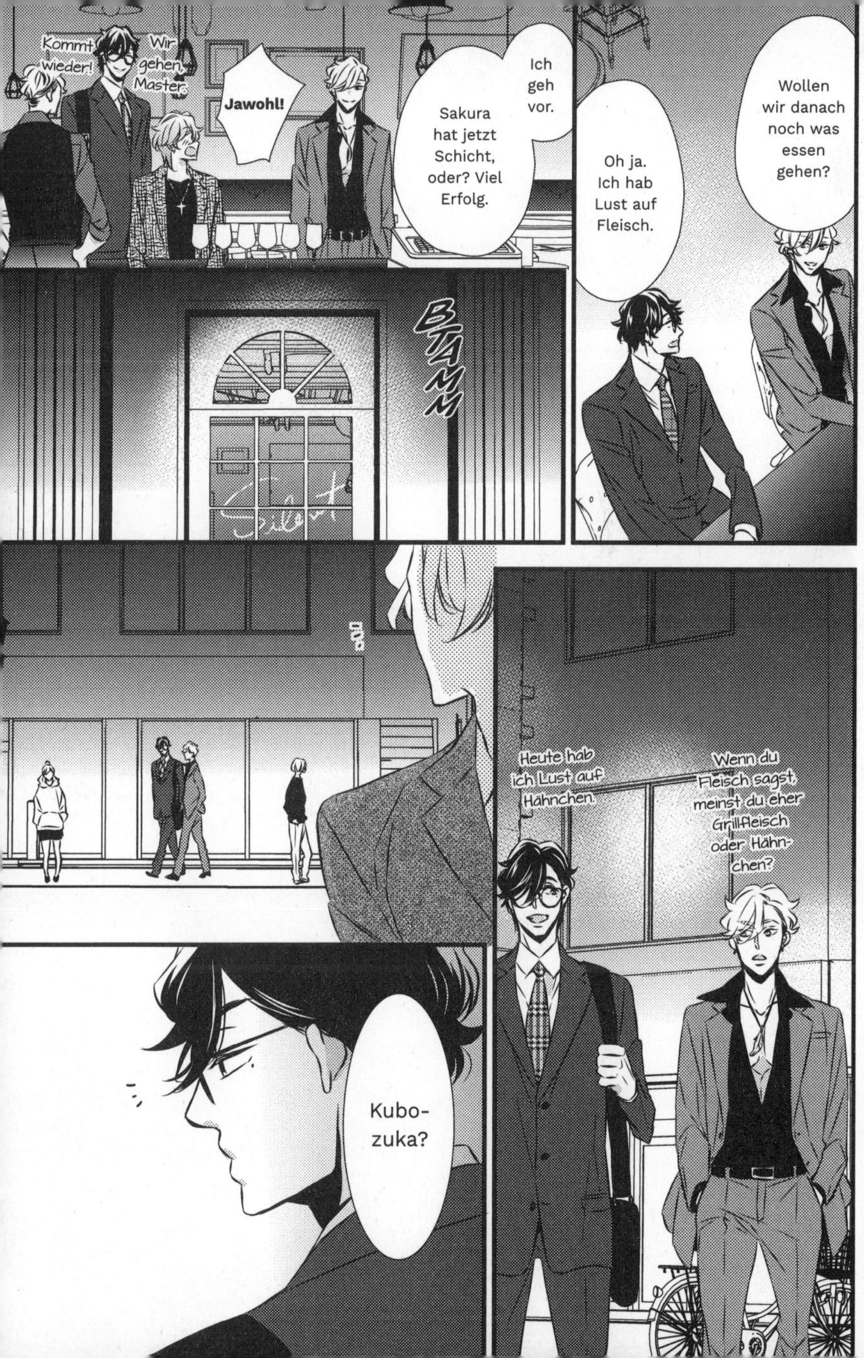
Wollen wir danach noch was essen gehen?
Oh ja. Ich hab Lust auf Fleisch.
Ich geh vor.
Sakura hat jetzt Schicht, oder? Viel Erfolg.
Jawohl!
Wir gehen, Master.
Kommt wieder!
BTAMM
Wenn du Fleisch sagst, meinst du eher Grillfleisch oder Hähnchen?
Heute hab ich Lust auf Hähnchen.
Kubozuka?

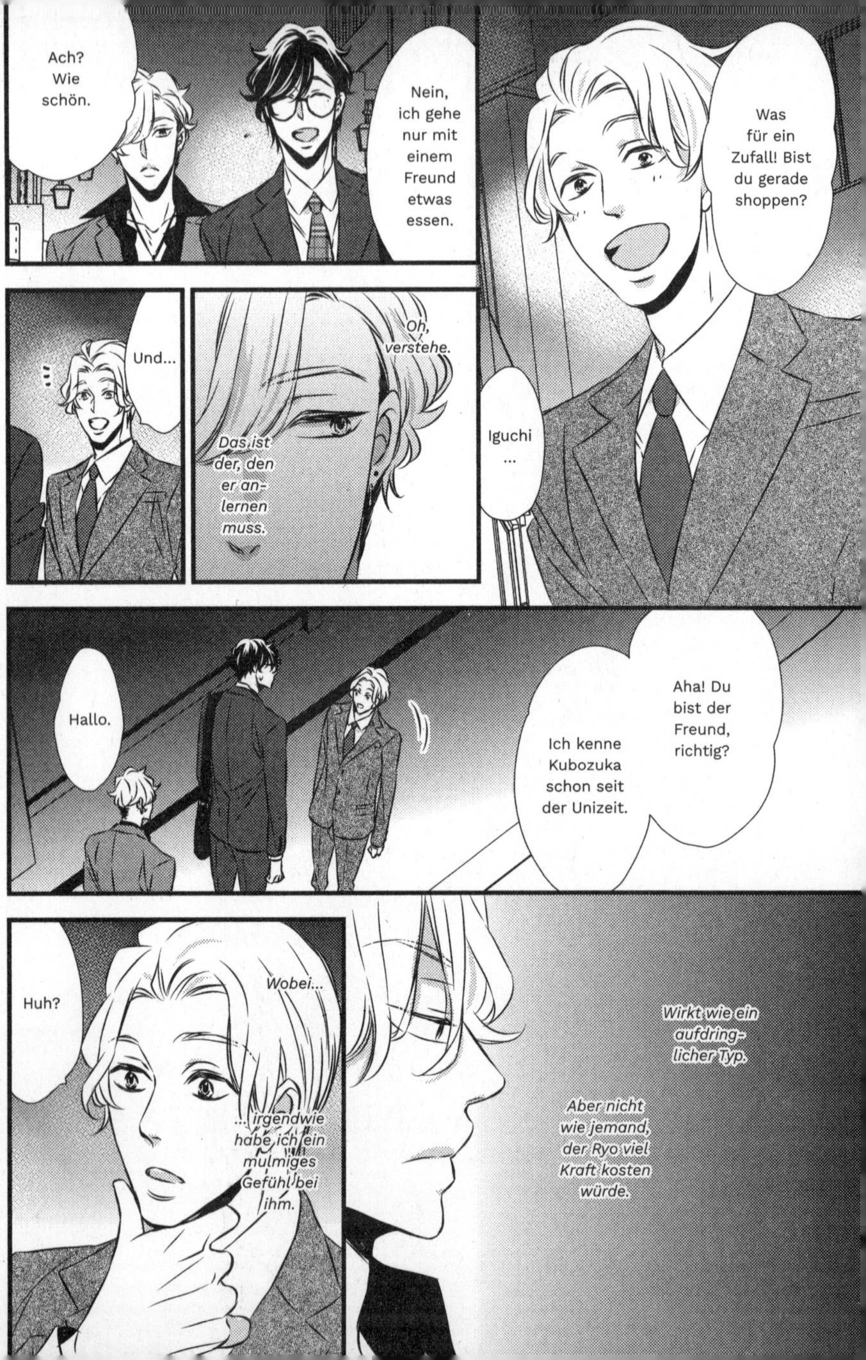
Was für ein Zufall! Bist du gerade shoppen?
Iguchi ...
Nein, ich gehe nur mit einem Freund etwas essen.
Ach? Wie schön.
Oh, verstehe.
Das ist der, den er an-lernen muss.
Und...
Aha! Du bist der Freund, richtig?
Ich kenne Kubozuka schon seit der Unizeit.
Hallo.
Wirkt wie ein aufdring-licher Typ.
Aber nicht wie jemand, der Ryo viel Kraft kosten würde.
Wobei...
... irgendwie habe ich ein mulmiges Gefühl bei ihm.
Huh?

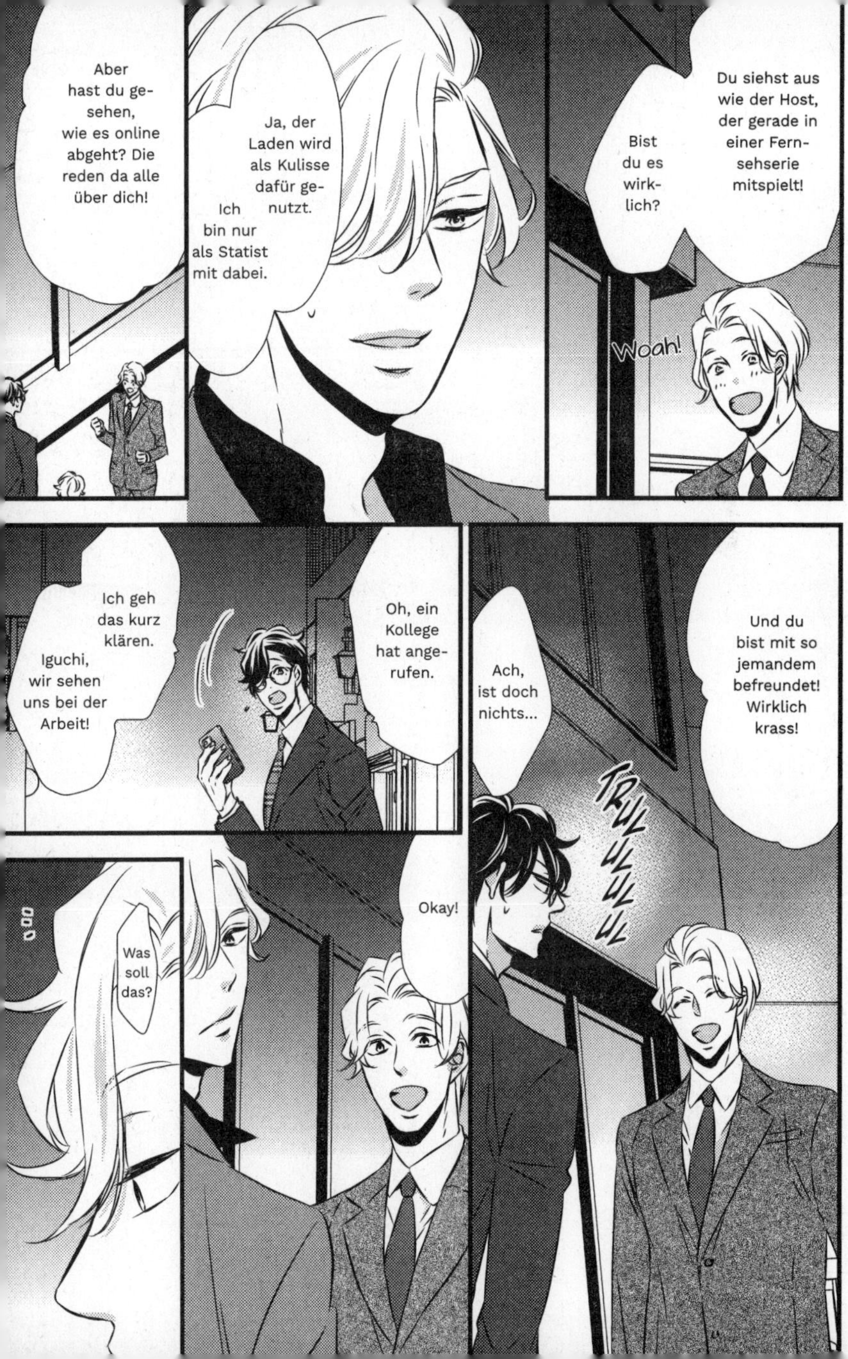
Du siehst aus wie der Host, der gerade in einer Fernsehserie mitspielt!
Bist du es wirklich?
Woah!
Ja, der Laden wird als Kulisse dafür genutzt.
Ich bin nur als Statist mit dabei.
Aber hast du gesehen, wie es online abgeht? Die reden da alle über dich!
Und du bist mit so jemandem befreundet! Wirklich krass!
Ach, ist doch nichts...
TRULULULU
Oh, ein Kollege hat angerufen.
Ich geh das kurz klären.
Iguchi, wir sehen uns bei der Arbeit!
Okay!
Was soll das?

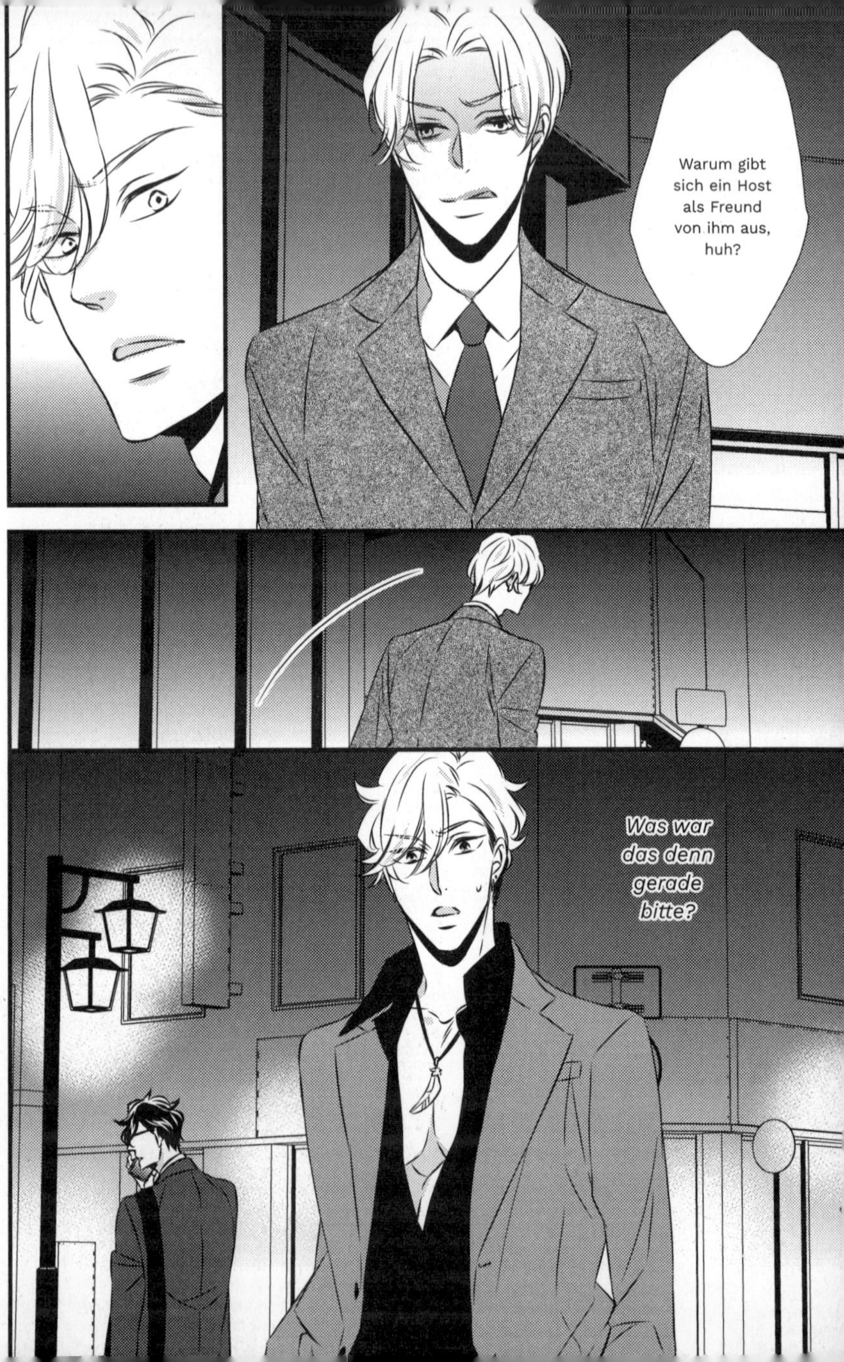
Warum gibt sich ein Host als Freund von ihm aus, huh?
Was war das denn gerade bitte?

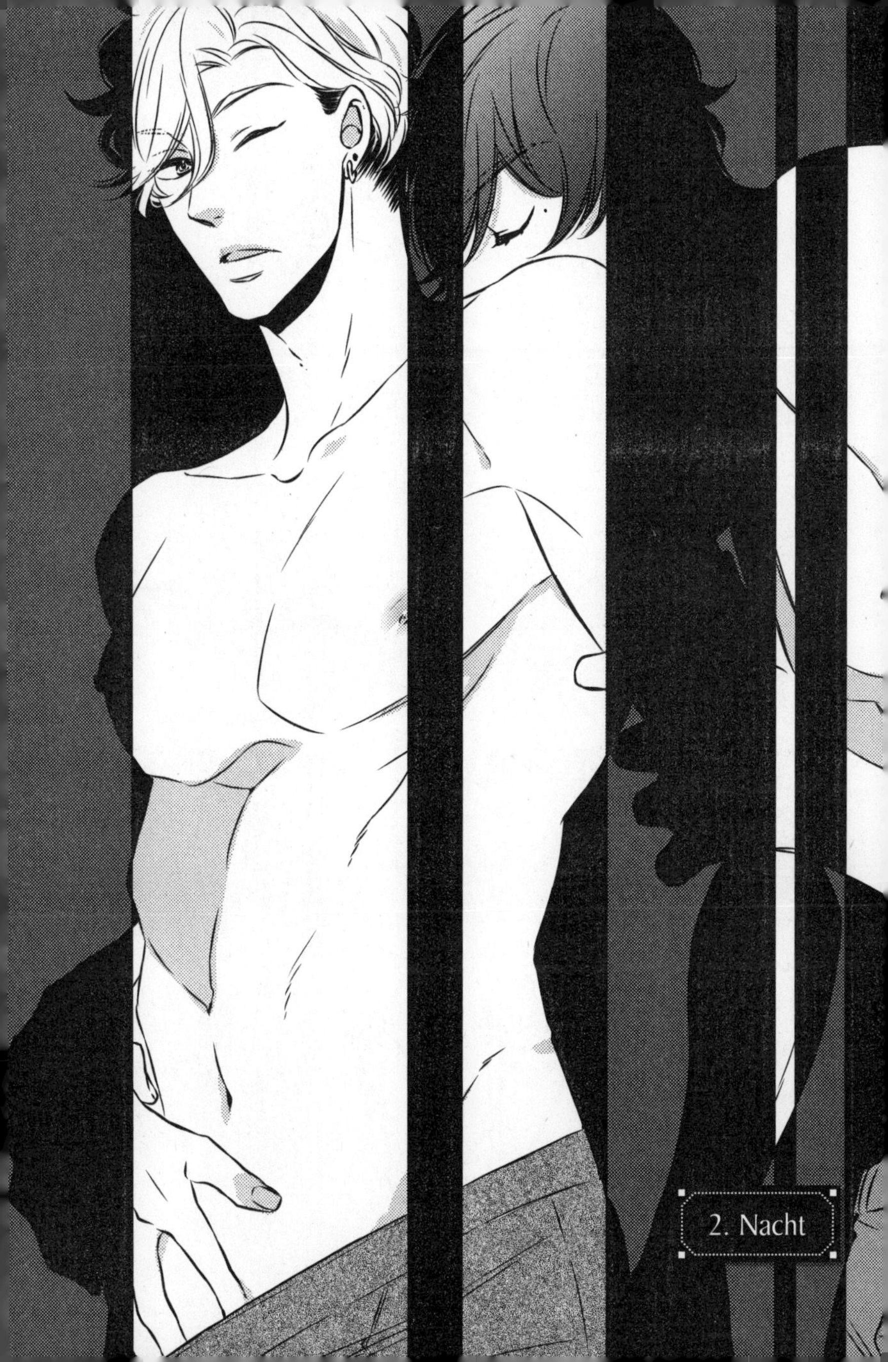
2. Nacht

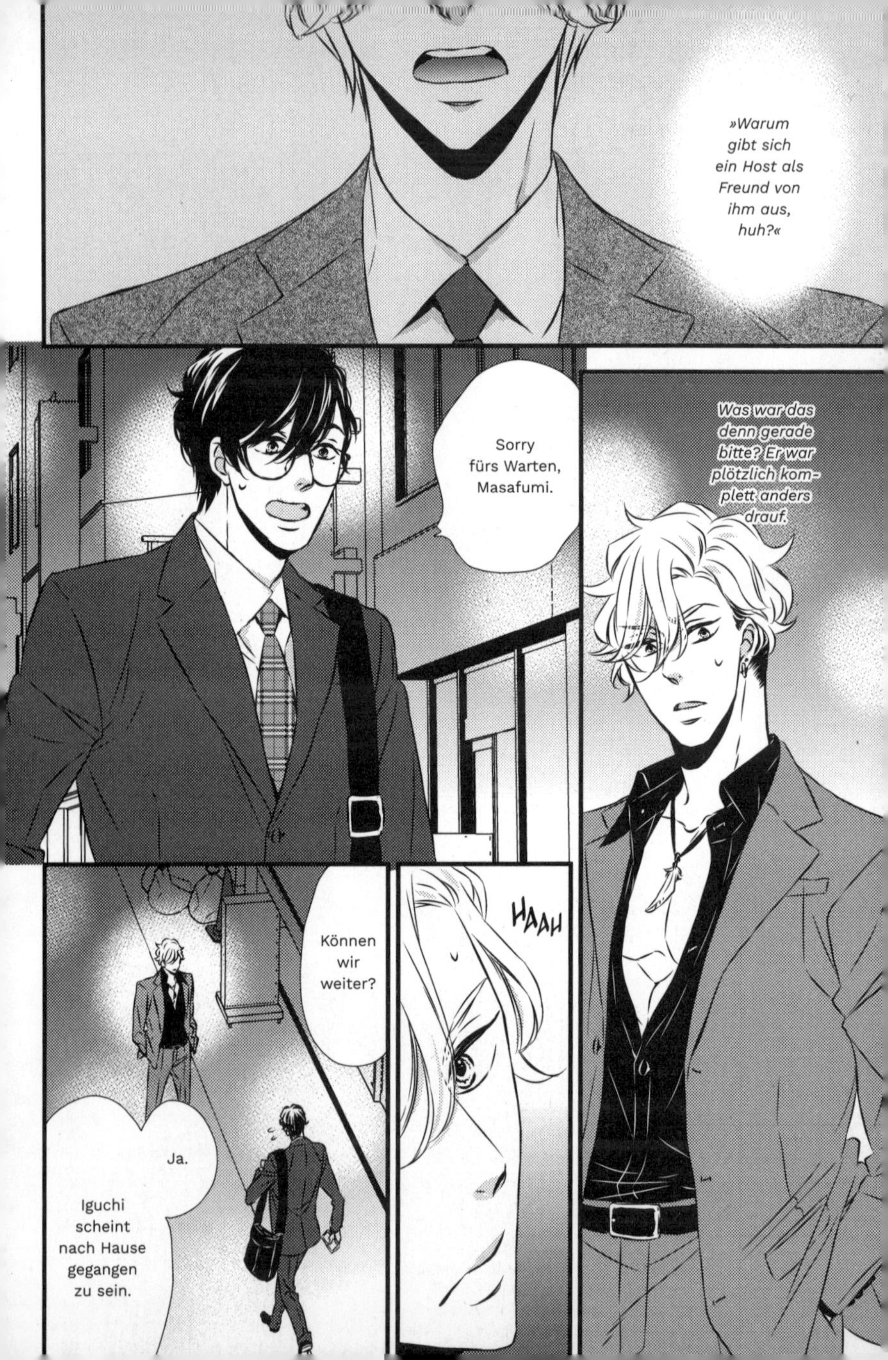
»Warum gibt sich ein Host als Freund von ihm aus, huh?«
Was war das denn gerade bitte? Er war plötzlich kom-plett anders drauf.
Sorry fürs Warten, Masafumi.
HAAH
Können wir weiter?
Ja.
Iguchi scheint nach Hause gegangen zu sein.

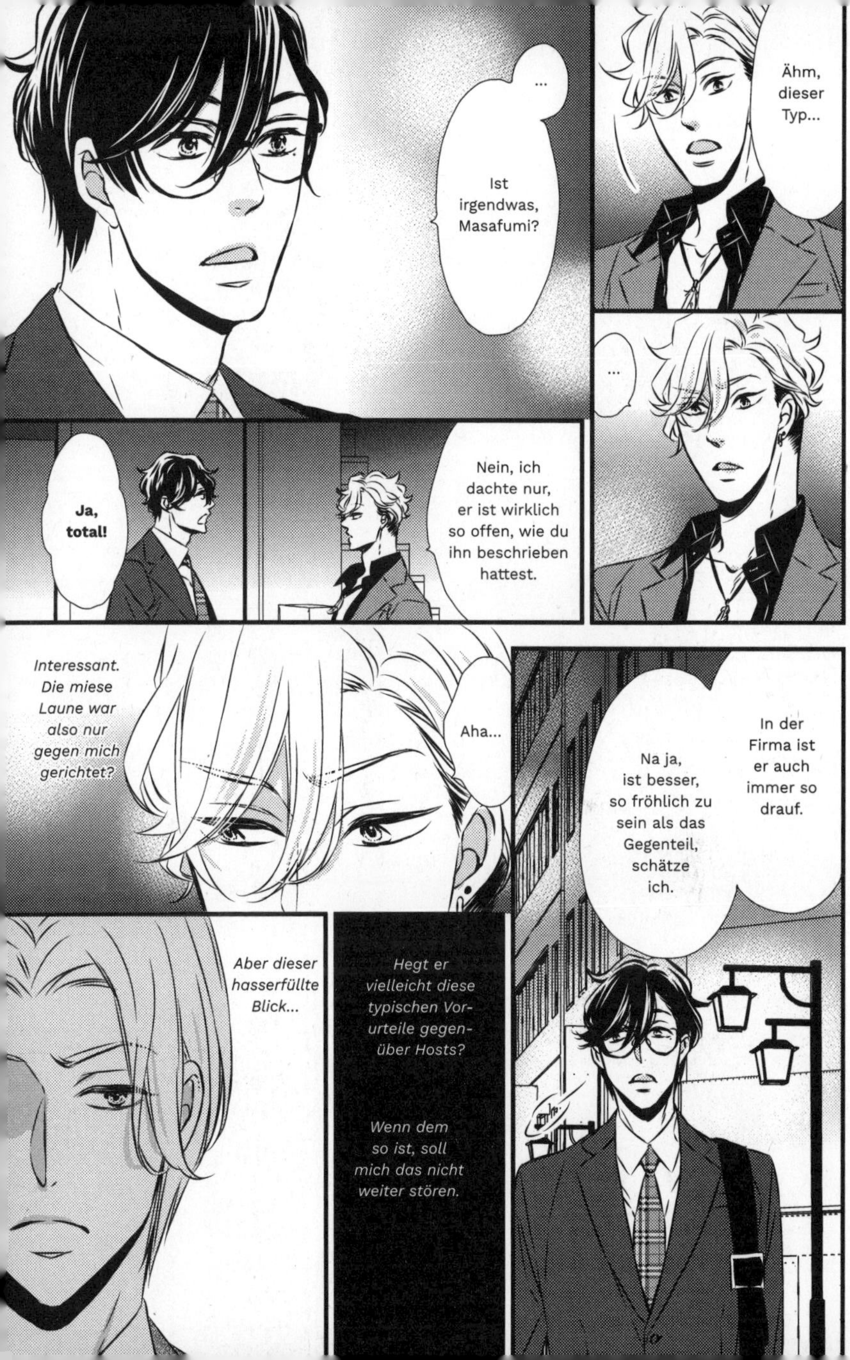
Ähm, dieser Typ...
...
Ist irgendwas, Masafumi?
...
Nein, ich dachte nur, er ist wirklich so offen, wie du ihn beschrieben hattest.
Ja, total!
In der Firma ist er auch immer so drauf.
Na ja, ist besser, so fröhlich zu sein als das Gegenteil, schätze ich.
Aha...
Interessant. Die miese Laune war also nur gegen mich gerichtet?
Hegt er vielleicht diese typischen Vorurteile gegenüber Hosts?
Wenn dem so ist, soll mich das nicht weiter stören.
Aber dieser hasserfüllte Blick...

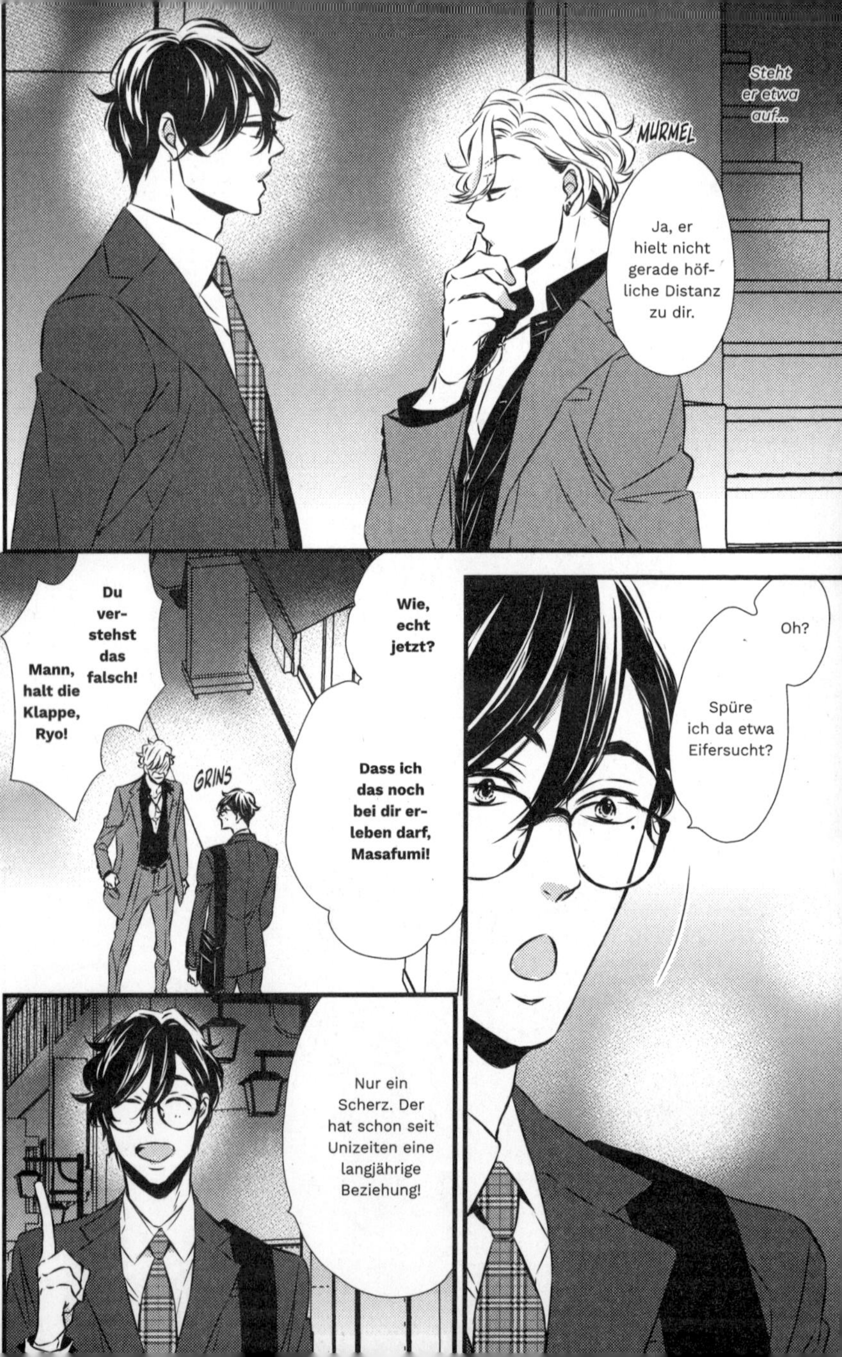
Steht er etwa auf...
MURMEL
Ja, er hielt nicht gerade höfliche Distanz zu dir.
Oh?
Spüre ich da etwa Eifersucht?
Wie, echt jetzt?
Dass ich das noch bei dir erleben darf, Masafumi!
Du verstehst das falsch!
Mann, halt die Klappe, Ryo!
GRINS
Nur ein Scherz. Der hat schon seit Unizeiten eine langjährige Beziehung!

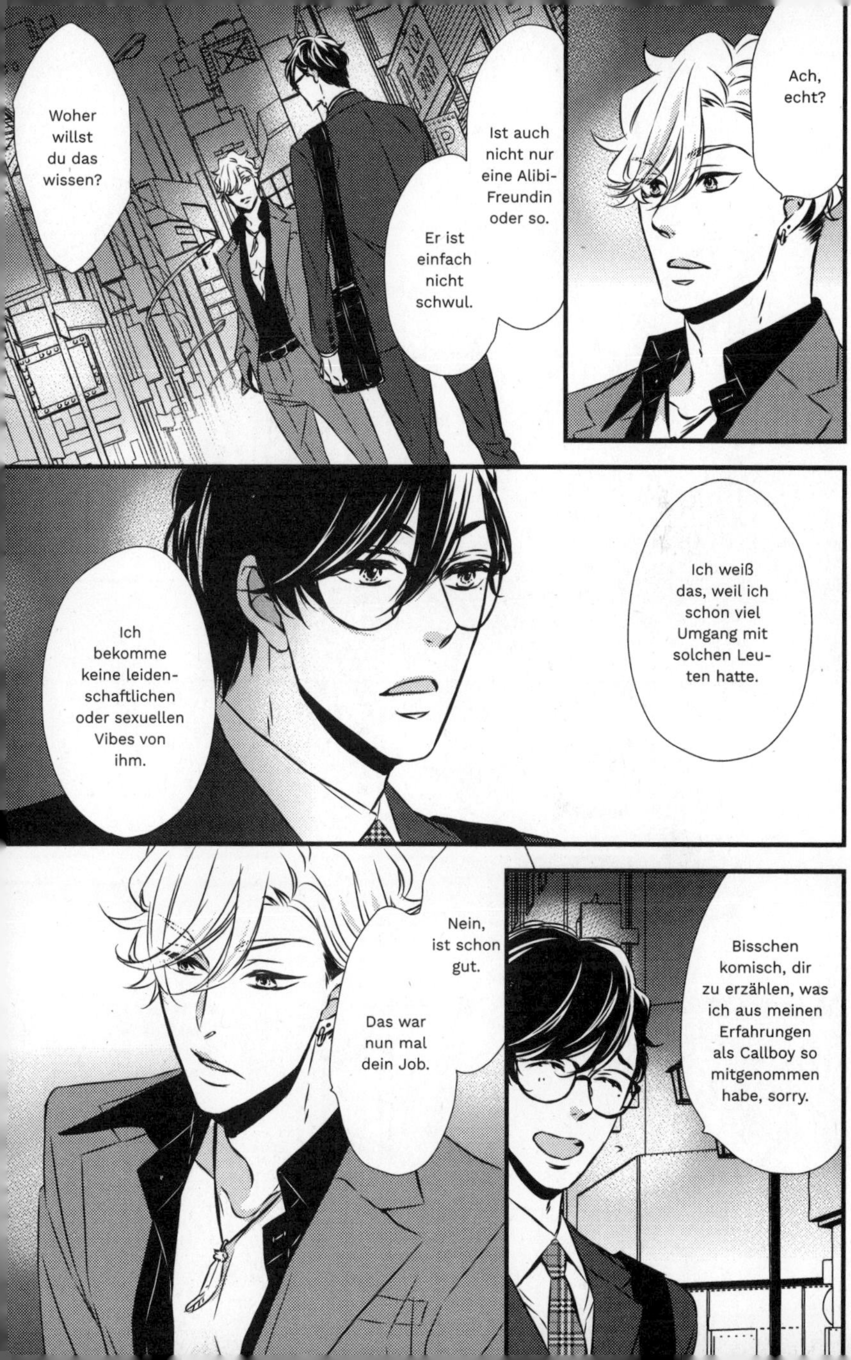
Ach, echt?
Ist auch nicht nur eine Alibi-Freundin oder so.
Er ist einfach nicht schwul.
Woher willst du das wissen?
Ich weiß das, weil ich schon viel Umgang mit solchen Leuten hatte.
Ich bekomme keine leidenschaftlichen oder sexuellen Vibes von ihm.
Bisschen komisch, dir zu erzählen, was ich aus meinen Erfahrungen als Callboy so mitgenommen habe, sorry.
Nein, ist schon gut.
Das war nun mal dein Job.

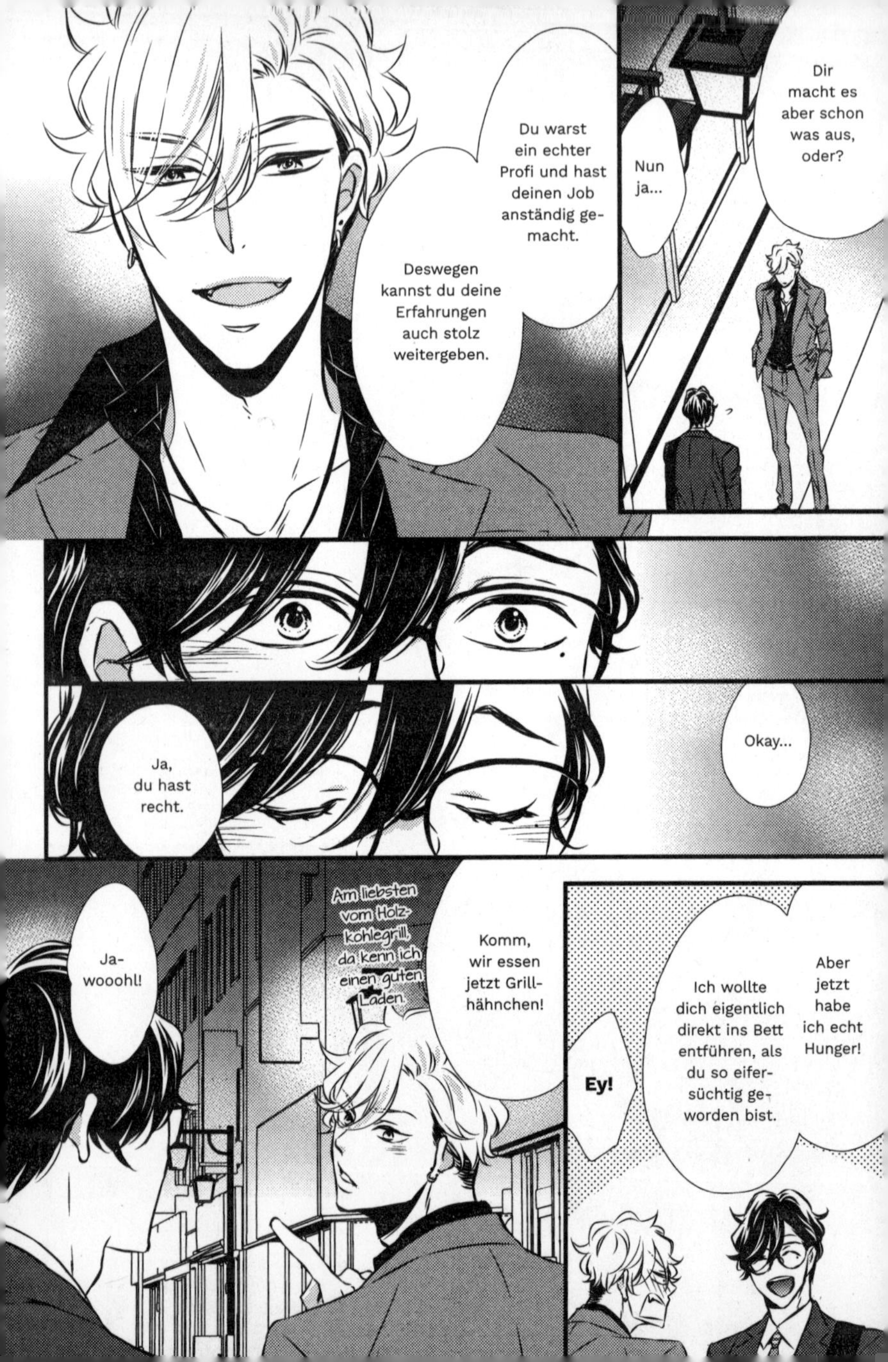
Dir macht es aber schon was aus, oder?
Nun ja...
Du warst ein echter Profi und hast deinen Job anständig gemacht.
Deswegen kannst du deine Erfahrungen auch stolz weitergeben.
Okay...
Ja, du hast recht.
Aber jetzt habe ich echt Hunger!
Ich wollte dich eigentlich direkt ins Bett entführen, als du so eifersüchtig geworden bist.
Ey!
Komm, wir essen jetzt Grillhähnchen!
Am liebsten vom Holzkohlegrill, da kenn ich einen guten Laden.
Ja-wooohl!

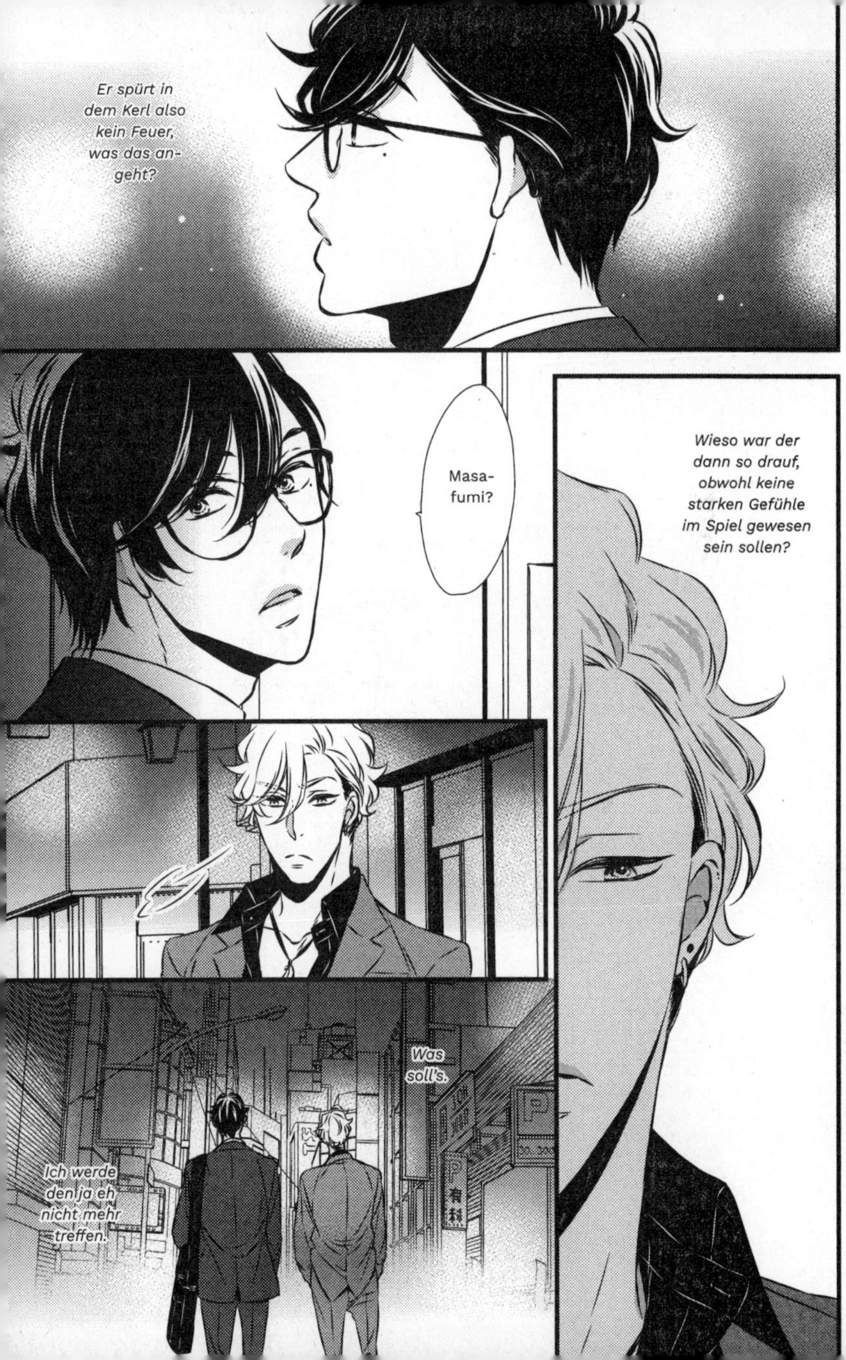
Er spürt in dem Kerl also kein Feuer, was das angeht?
Wieso war der dann so drauf, obwohl keine starken Gefühle im Spiel gewesen sein sollen?
Masafumi?
Was soll's.
Ich werde den ja eh nicht mehr treffen.

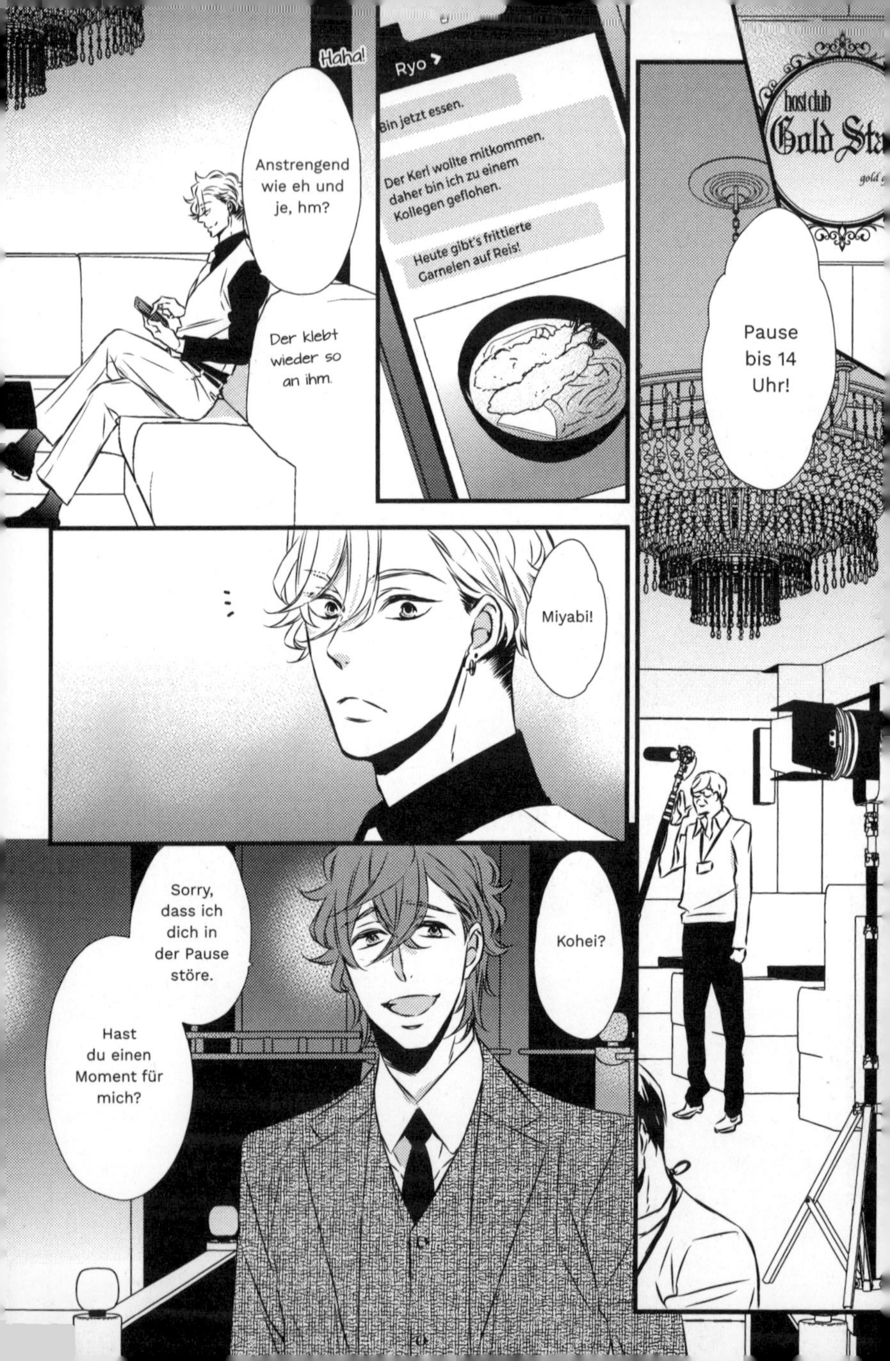
host club
Pause bis 14 Uhr!
Ryo
Bin jetzt essen.
Der Kerl wollte mitkommen, daher bin ich zu einem Kollegen geflohen.
Heute gibt's frittierte Garnelen auf Reis!
Haha!
Anstrengend wie eh und je, hm?
Der klebt wieder so an ihm.
Miyabi!
Kohei?
Sorry, dass ich dich in der Pause störe.
Hast du einen Moment für mich?

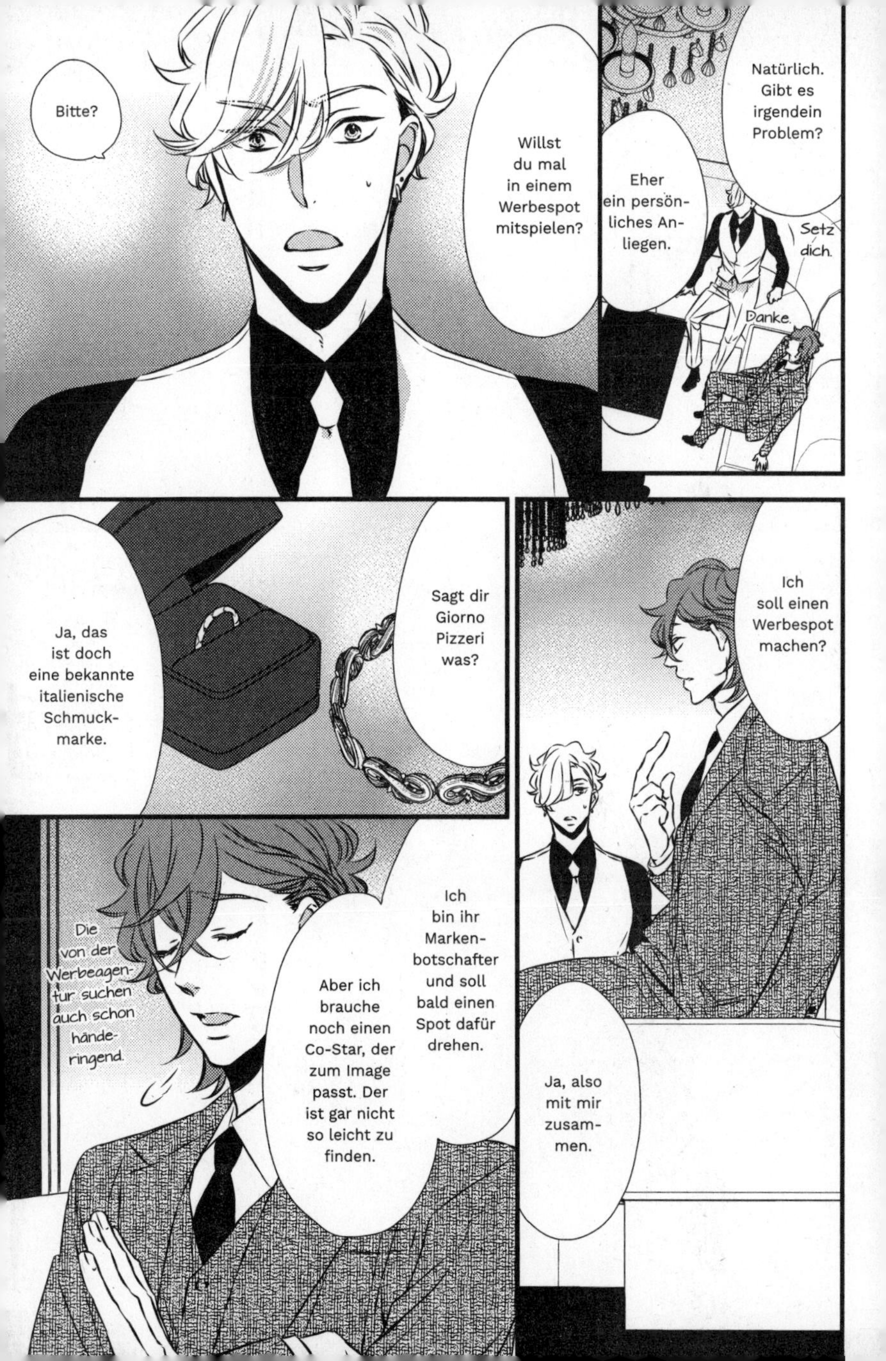
Natürlich. Gibt es irgendein Problem?
Setz dich.
Danke.
Eher ein persönliches Anliegen.
Willst du mal in einem Werbespot mitspielen?
Bitte?
Ich soll einen Werbespot machen?
Ja, also mit mir zusammen.
Sagt dir Giorno Pizzeri was?
Ja, das ist doch eine bekannte italienische Schmuckmarke.
Ich bin ihr Markenbotschafter und soll bald einen Spot dafür drehen.
Aber ich brauche noch einen Co-Star, der zum Image passt. Der ist gar nicht so leicht zu finden.
Die von der Werbeagentur suchen auch schon händeringend.

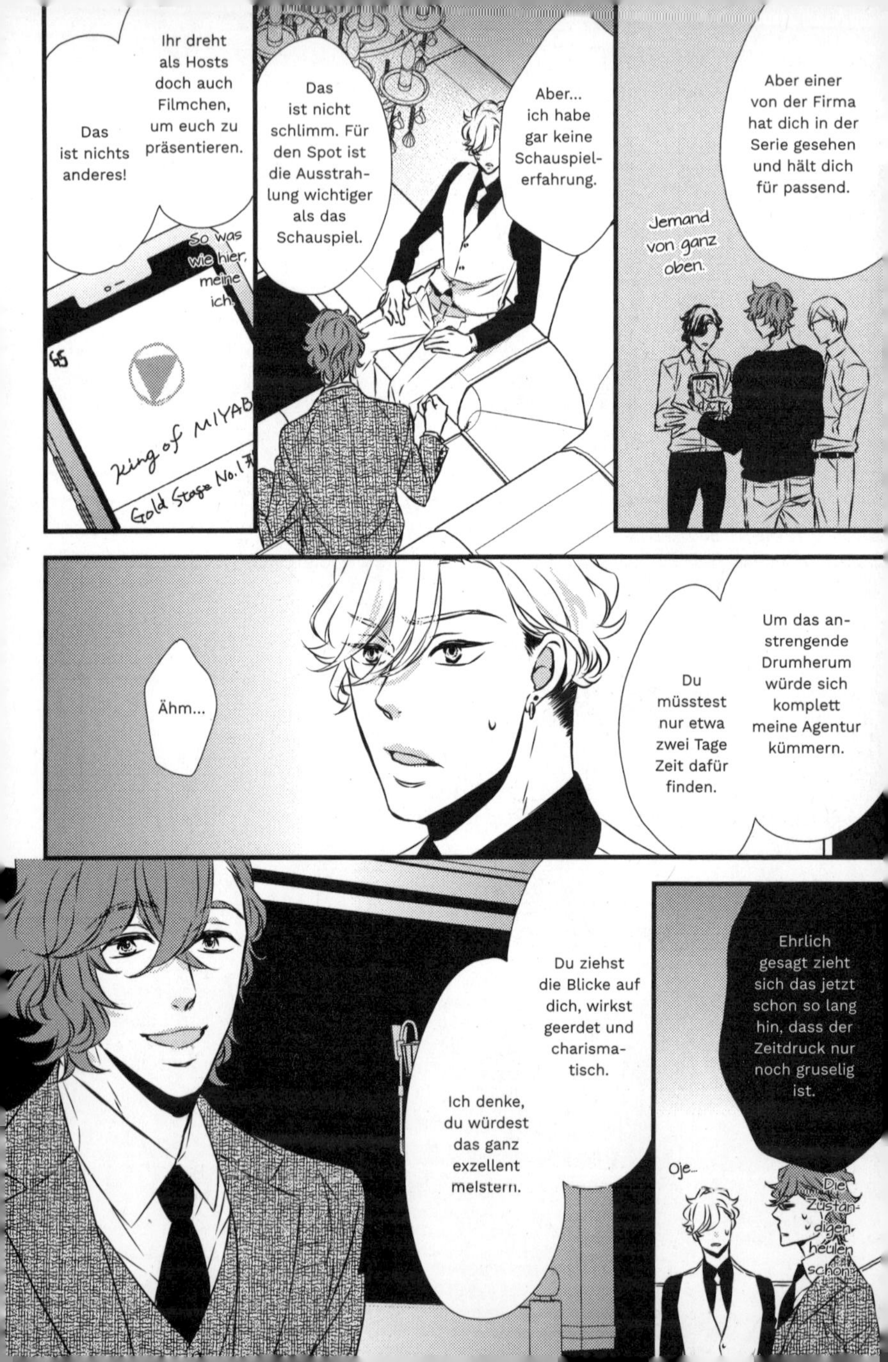

Aber einer von der Firma hat dich in der Serie gesehen und hält dich für passend.
Jemand von ganz oben.
Aber... ich habe gar keine Schauspielerfahrung.
Das ist nicht schlimm. Für den Spot ist die Ausstrahlung wichtiger als das Schauspiel.
Ihr dreht als Hosts doch auch Filmchen, um euch zu präsentieren.
Das ist nichts anderes!
So was wie hier, meine ich.
King of MIYAB
Gold Stage No.1
Um das anstrengende Drumherum würde sich komplett meine Agentur kümmern.
Du müsstest nur etwa zwei Tage Zeit dafür finden.
Ähm...
Ehrlich gesagt zieht sich das jetzt schon so lang hin, dass der Zeitdruck nur noch gruselig ist.
Die Zuständigen heulen schon.
Oje...
Du ziehst die Blicke auf dich, wirkst geerdet und charismatisch.
Ich denke, du würdest das ganz exzellent meistern.

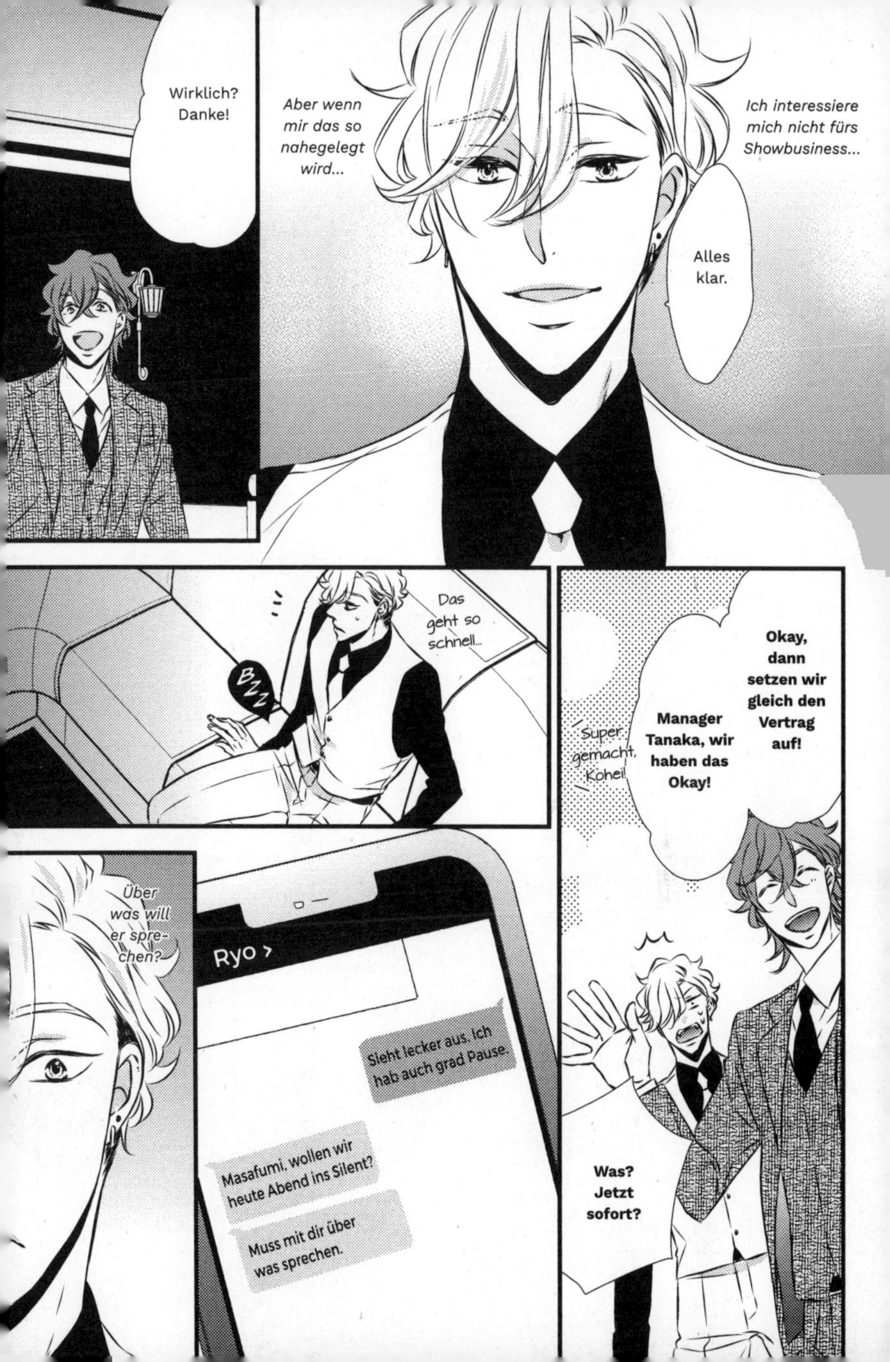
Ich interessiere mich nicht fürs Showbusiness...
Alles klar.
Aber wenn mir das so nahegelegt wird...
Wirklich? Danke!
Okay, dann setzen wir gleich den Vertrag auf!
Manager Tanaka, wir haben das Okay!
Super gemacht, Kohei!
Was? Jetzt sofort?
Das geht so schnell...
BZZ
Ryo ›
Sieht lecker aus. Ich hab auch grad Pause.
Masafumi, wollen wir heute Abend ins Silent?
Muss mit dir über was sprechen.
Über was will er sprechen?

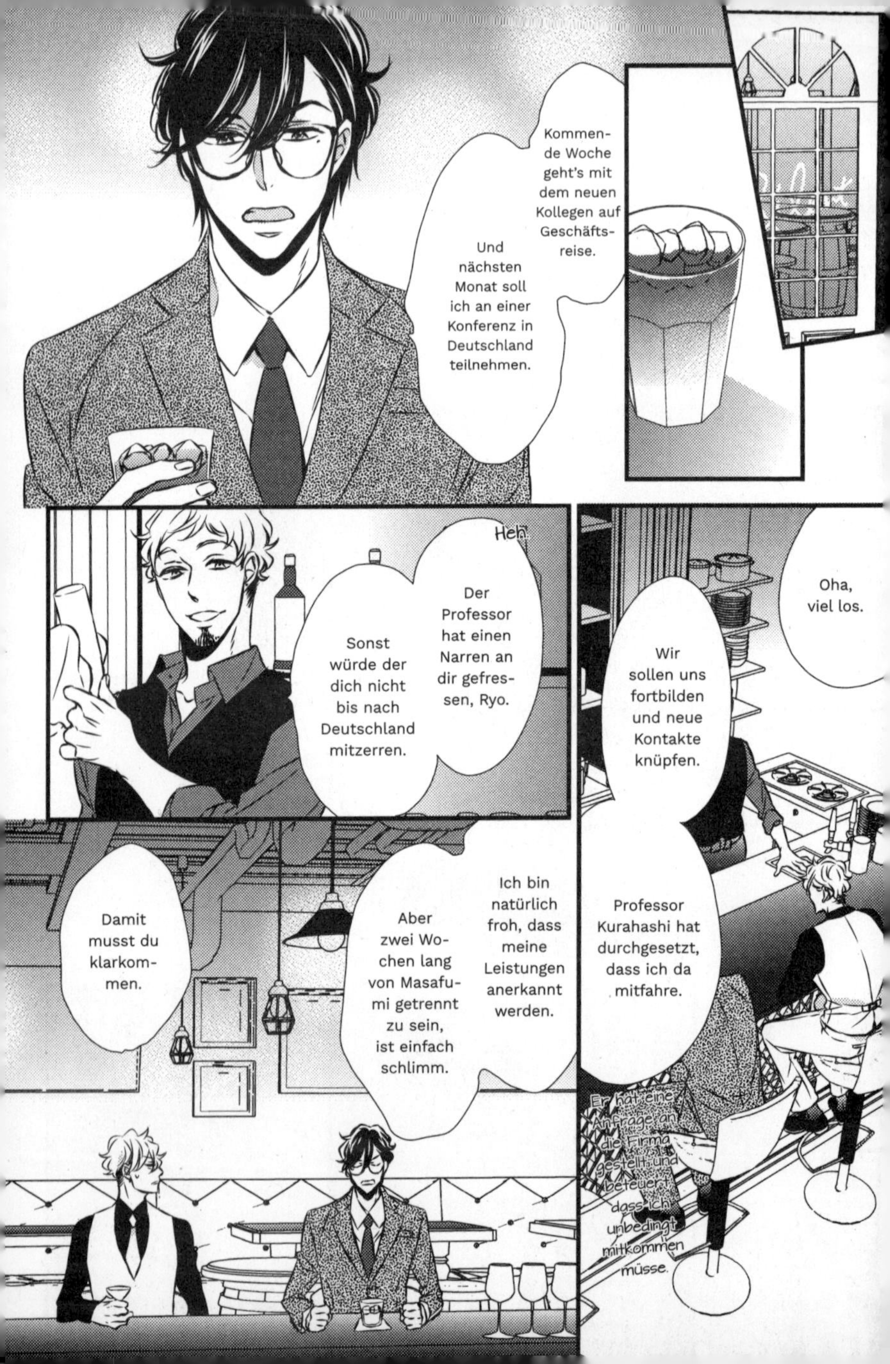
Kommende Woche geht's mit dem neuen Kollegen auf Geschäftsreise.
Und nächsten Monat soll ich an einer Konferenz in Deutschland teilnehmen.
Oha, viel los.
Wir sollen uns fortbilden und neue Kontakte knüpfen.
Professor Kurahashi hat durchgesetzt, dass ich da mitfahre.
Er hat eine Anfrage an die Firma gestellt und beteuert, dass ich unbedingt mitkommen müsse.
Heh.
Der Professor hat einen Narren an dir gefressen, Ryo.
Sonst würde der dich nicht bis nach Deutschland mitzerren.
Ich bin natürlich froh, dass meine Leistungen anerkannt werden.
Aber zwei Wochen lang von Masafumi getrennt zu sein, ist einfach schlimm.
Damit musst du klarkommen.

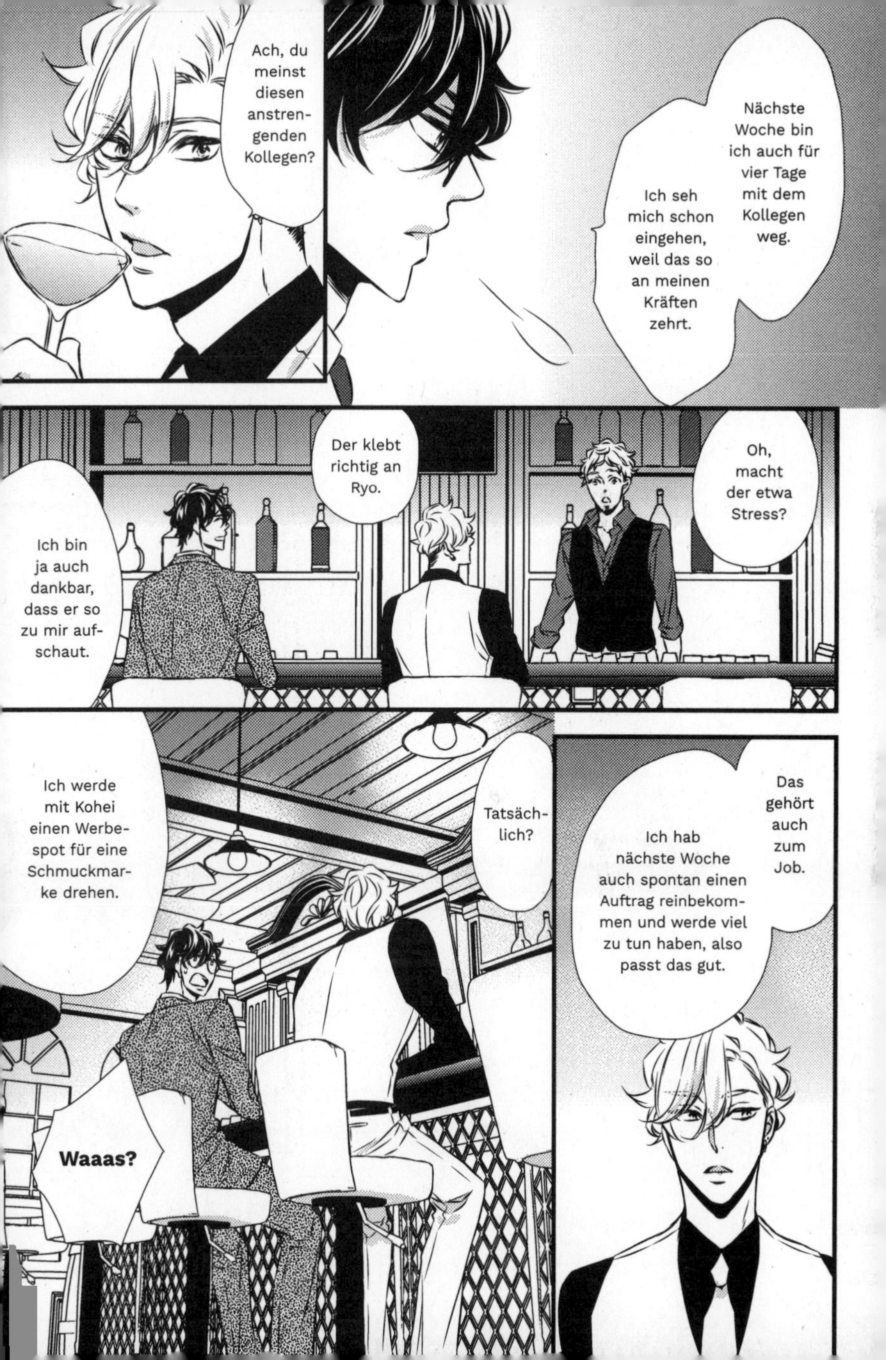

Nächste Woche bin ich auch für vier Tage mit dem Kollegen weg.
Ich seh mich schon eingehen, weil das so an meinen Kräften zehrt.
Ach, du meinst diesen anstrengenden Kollegen?
Oh, macht der etwa Stress?
Der klebt richtig an Ryo.
Ich bin ja auch dankbar, dass er so zu mir aufschaut.
Das gehört auch zum Job.
Ich hab nächste Woche auch spontan einen Auftrag reinbekommen und werde viel zu tun haben, also passt das gut.
Tatsächlich?
Ich werde mit Kohei einen Werbespot für eine Schmuckmarke drehen.
Waaas?

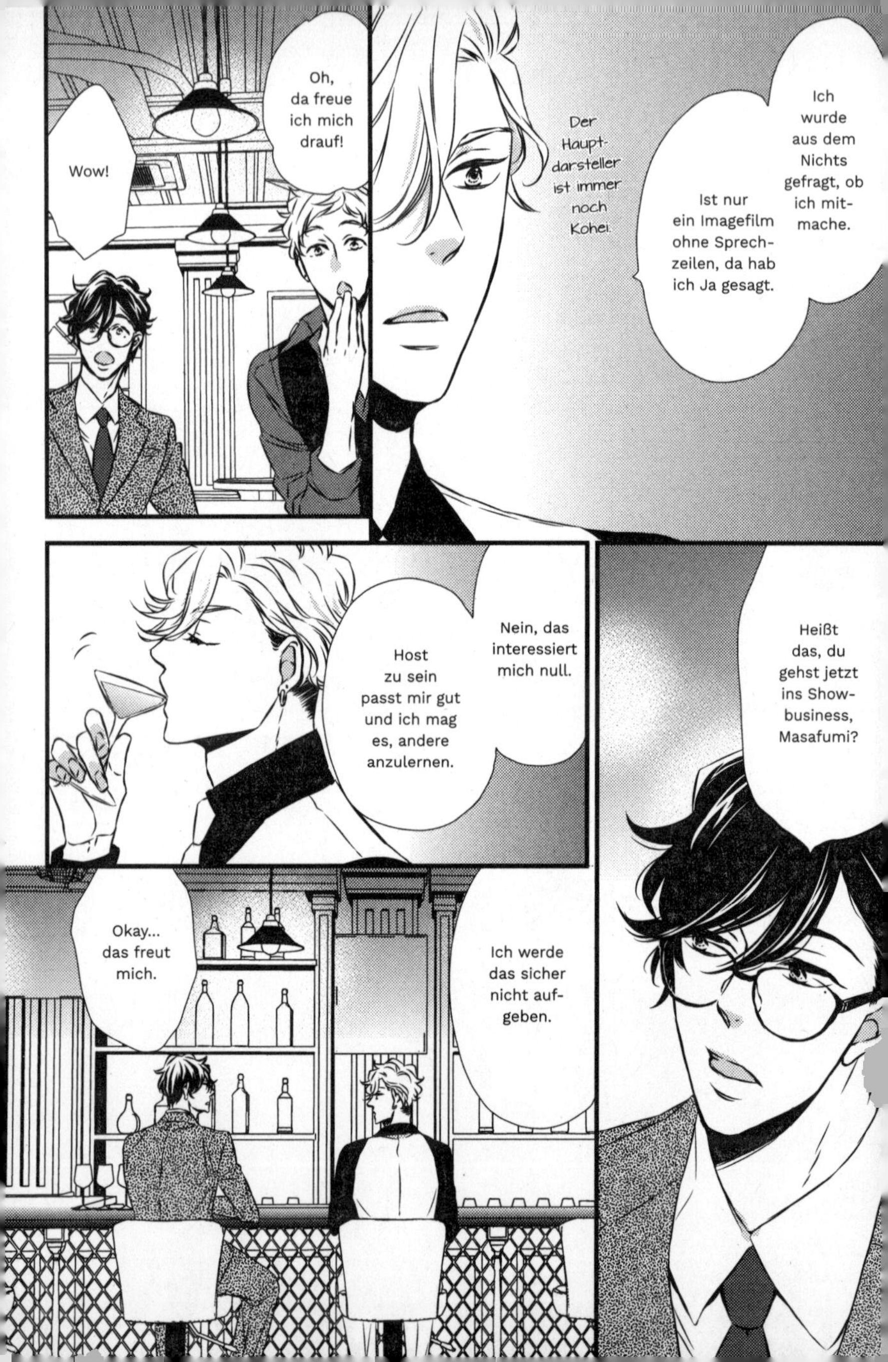
Ich wurde aus dem Nichts gefragt, ob ich mitmache.
Ist nur ein Imagefilm ohne Sprechzeilen, da hab ich Ja gesagt.
Der Hauptdarsteller ist immer noch Kohei.
Oh, da freue ich mich drauf!
Wow!
Heißt das, du gehst jetzt ins Showbusiness, Masafumi?
Nein, das interessiert mich null.
Host zu sein passt mir gut und ich mag es, andere anzulernen.
Ich werde das sicher nicht aufgeben.
Okay... das freut mich.

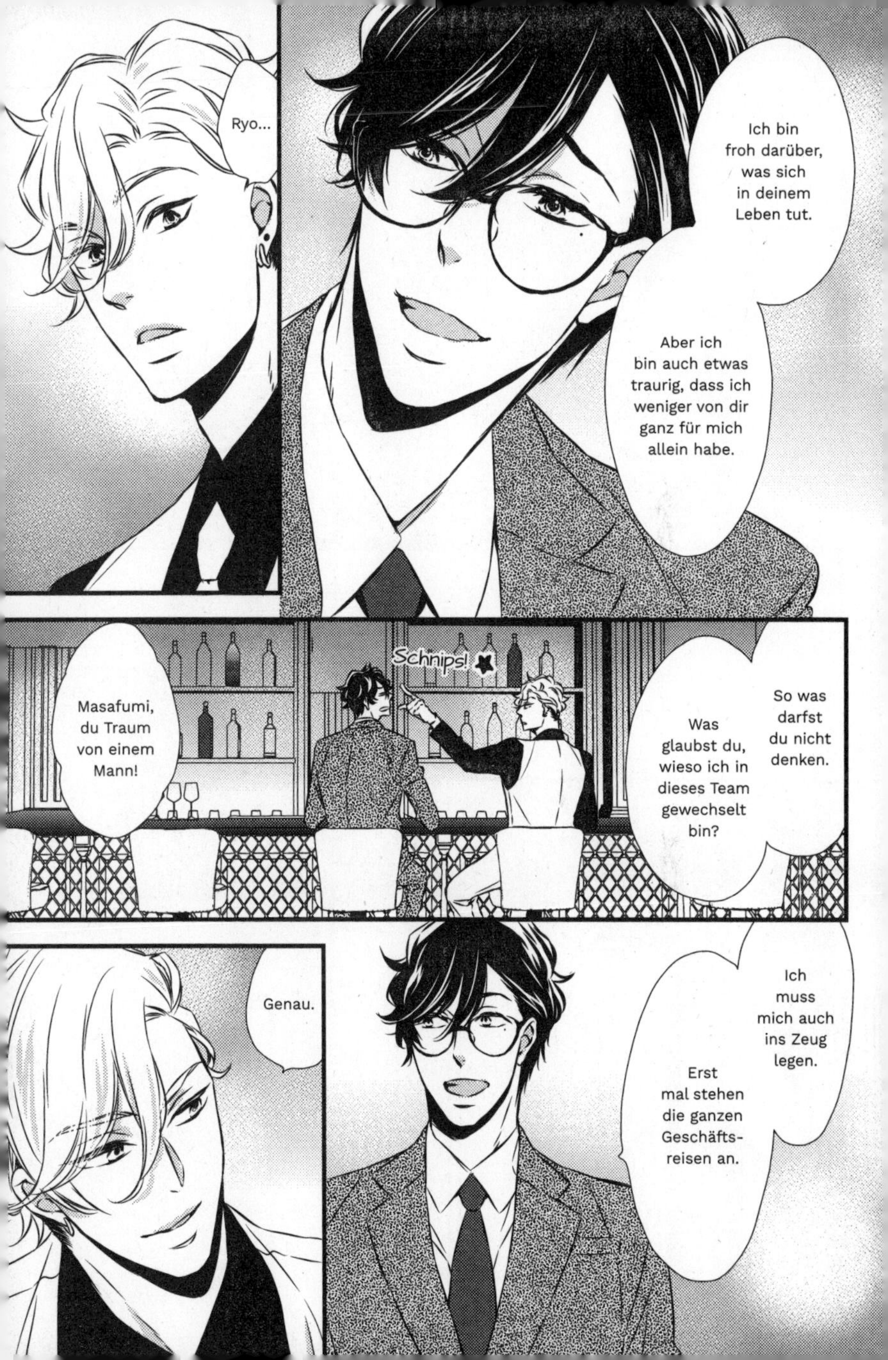
Ich bin froh darüber, was sich in deinem Leben tut.
Aber ich bin auch etwas traurig, dass ich weniger von dir ganz für mich allein habe.
Ryo...
So was darfst du nicht denken.
Was glaubst du, wieso ich in dieses Team gewechselt bin?
Schnips!
Masafumi, du Traum von einem Mann!
Ich muss mich auch ins Zeug legen.
Erst mal stehen die ganzen Geschäfts-reisen an.
Genau.

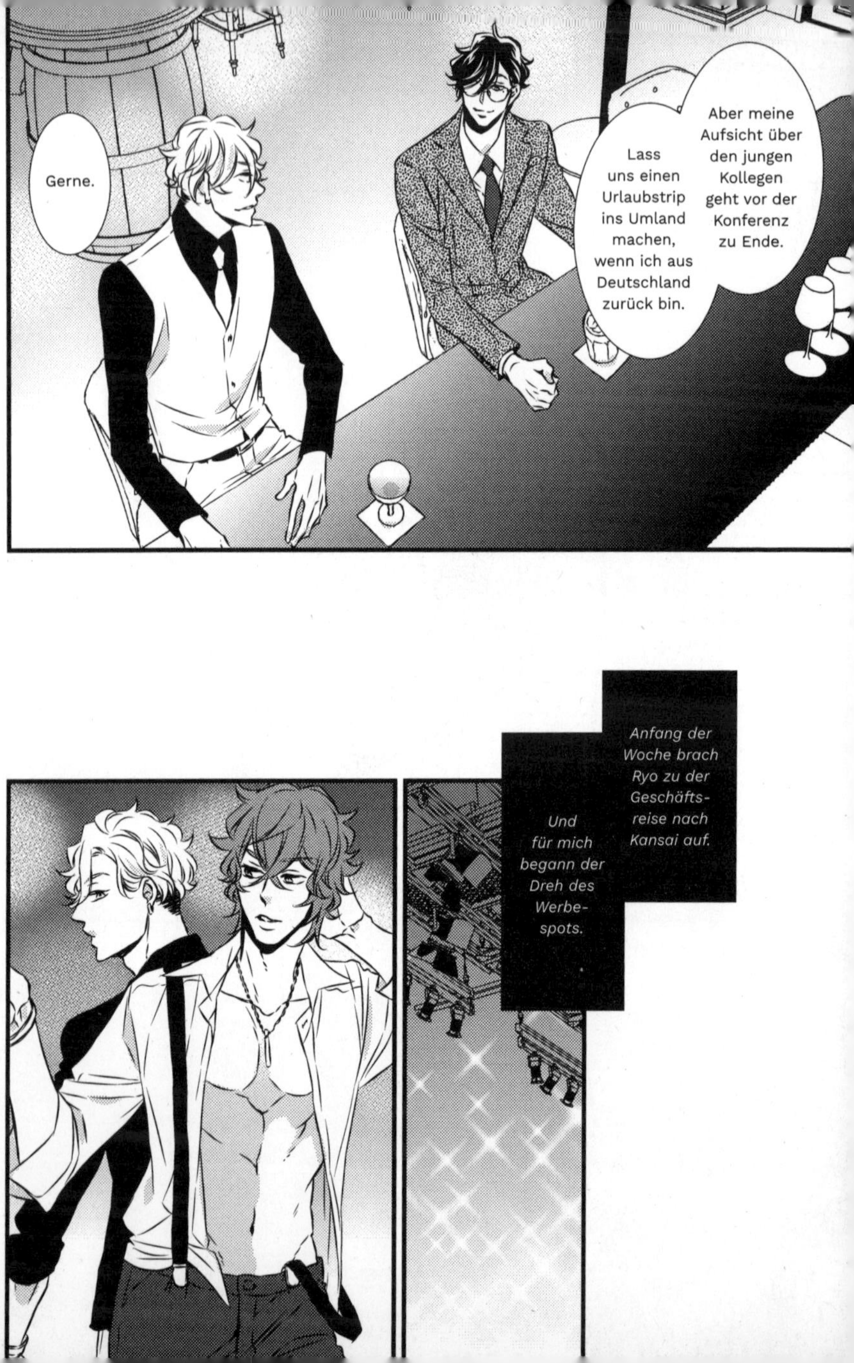

Aber meine Aufsicht über den jungen Kollegen geht vor der Konferenz zu Ende.
Lass uns einen Urlaubstrip ins Umland machen, wenn ich aus Deutschland zurück bin.
Gerne.
Anfang der Woche brach Ryo zu der Geschäftsreise nach Kansai auf.
Und für mich begann der Dreh des Werbespots.

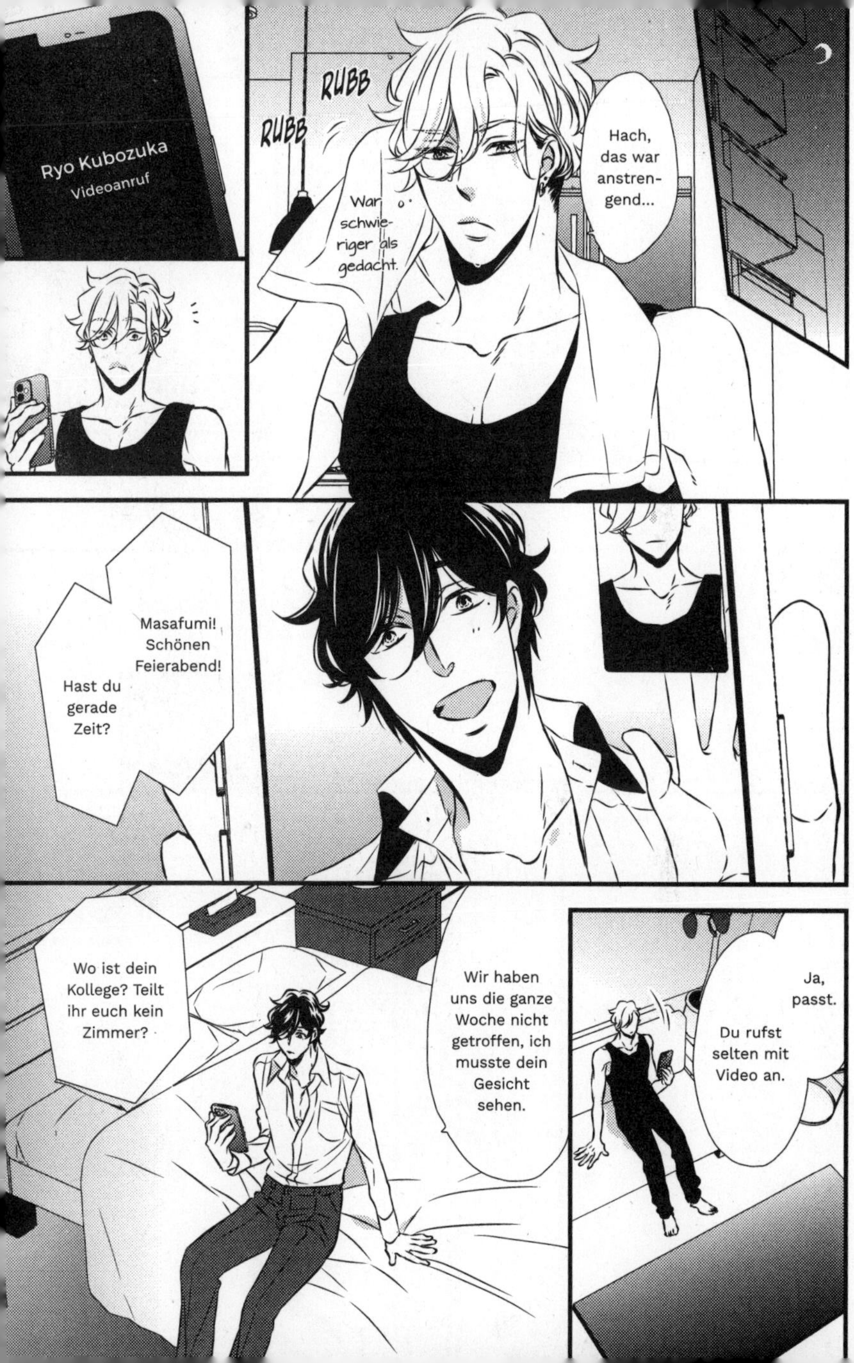
Hach, das war anstren-gend...
RUBB
RUBB
War schwie-riger als gedacht.
Ryo Kubozuka
Videoanruf
Masafumi! Schönen Feierabend!
Hast du gerade Zeit?
Ja, passt.
Du rufst selten mit Video an.
Wir haben uns die ganze Woche nicht getroffen, ich musste dein Gesicht sehen.
Wo ist dein Kollege? Teilt ihr euch kein Zimmer?

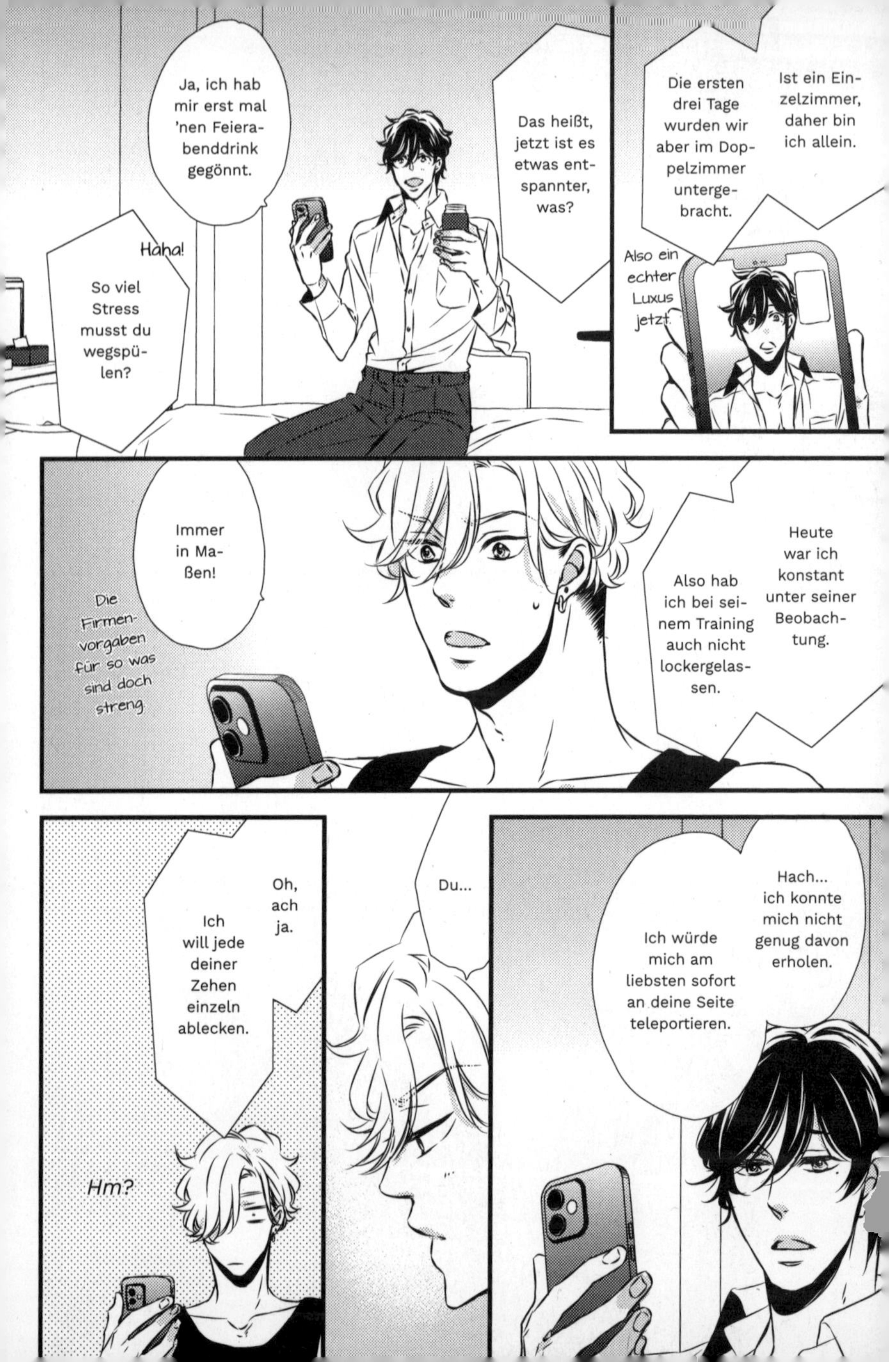
Ist ein Einzelzimmer, daher bin ich allein.
Die ersten drei Tage wurden wir aber im Doppelzimmer untergebracht.
Also ein echter Luxus jetzt.
Das heißt, jetzt ist es etwas entspannter, was?
Ja, ich hab mir erst mal 'nen Feierabenddrink gegönnt.
Haha!
So viel Stress musst du wegspülen?
Heute war ich konstant unter seiner Beobachtung.
Also hab ich bei seinem Training auch nicht lockergelassen.
Immer in Maßen!
Die Firmenvorgaben für so was sind doch streng
Hach... ich konnte mich nicht genug davon erholen.
Ich würde mich am liebsten sofort an deine Seite teleportieren.
Du...
...
Oh, ach ja.
Ich will jede deiner Zehen einzeln ablecken.
Hm?

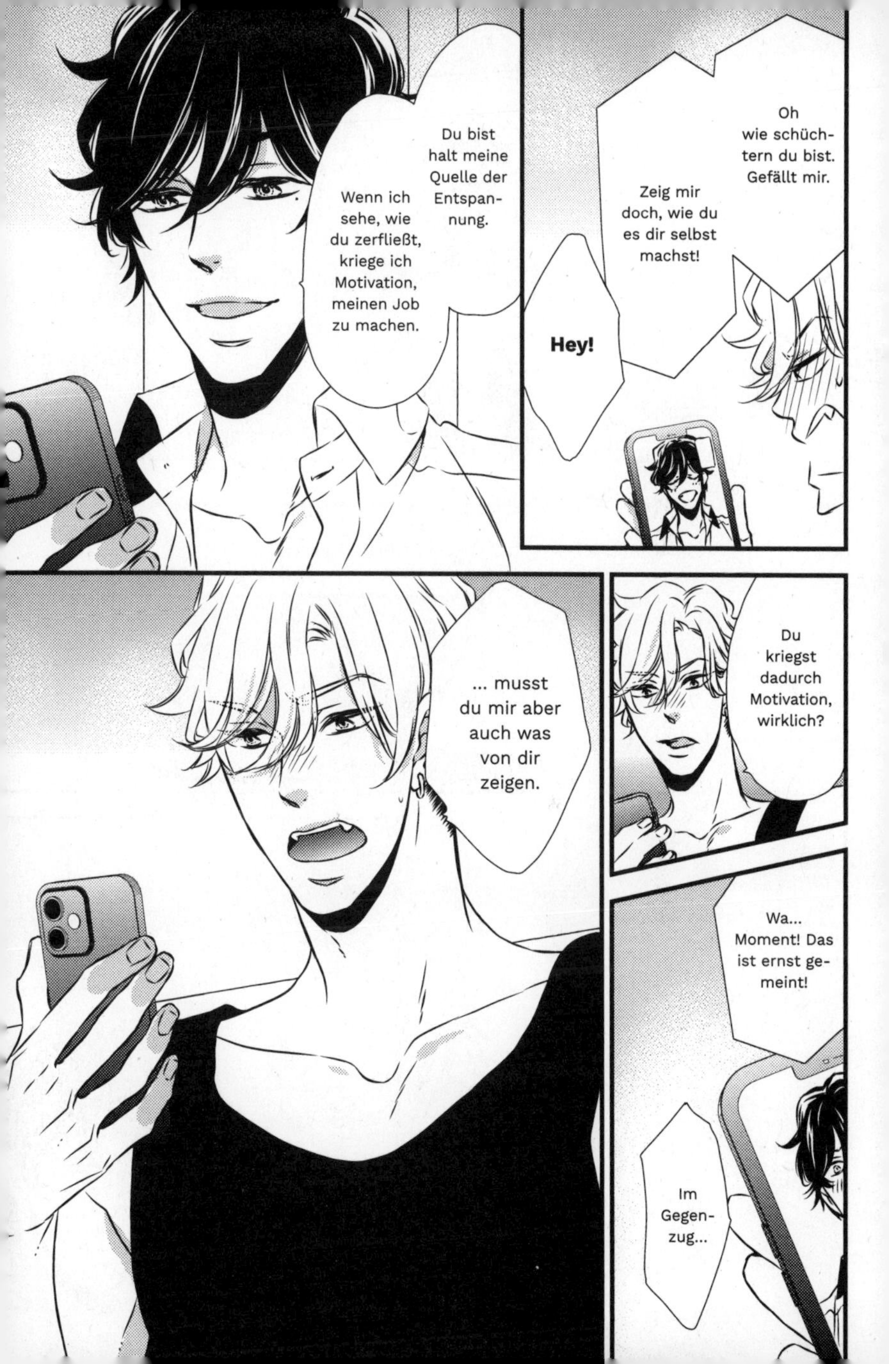
Oh wie schüchtern du bist. Gefällt mir.
Zeig mir doch, wie du es dir selbst machst!
Hey!
Du bist halt meine Quelle der Entspannung.
Wenn ich sehe, wie du zerfließt, kriege ich Motivation, meinen Job zu machen.
Du kriegst dadurch Motivation, wirklich?
Wa... Moment! Das ist ernst gemeint!
Im Gegenzug...
... musst du mir aber auch was von dir zeigen.

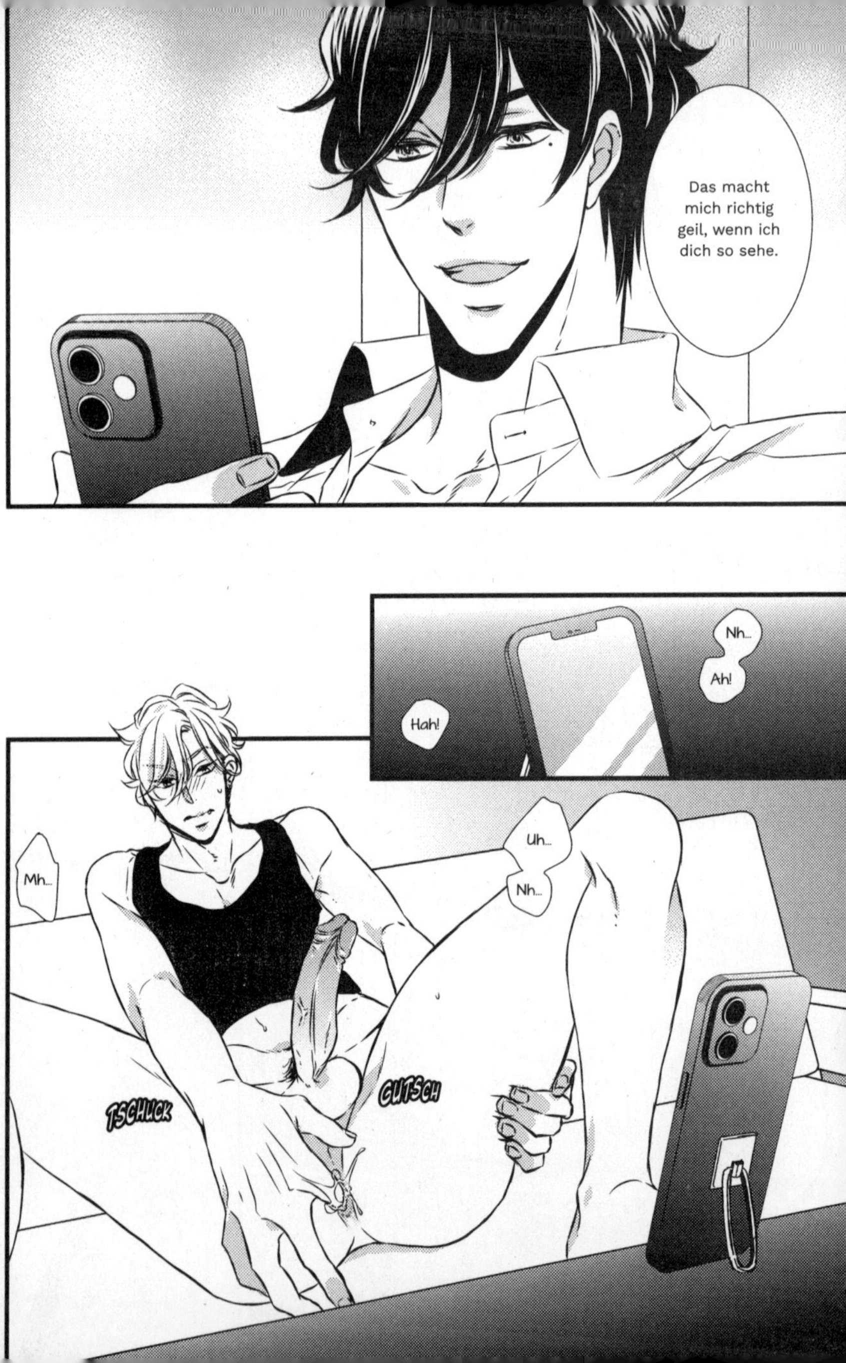

Das macht mich richtig geil, wenn ich dich so sehe.
Nh...
Ah!
Hah!
Uh...
Nh...
GUTSCH
TSCHUCK
Mh...

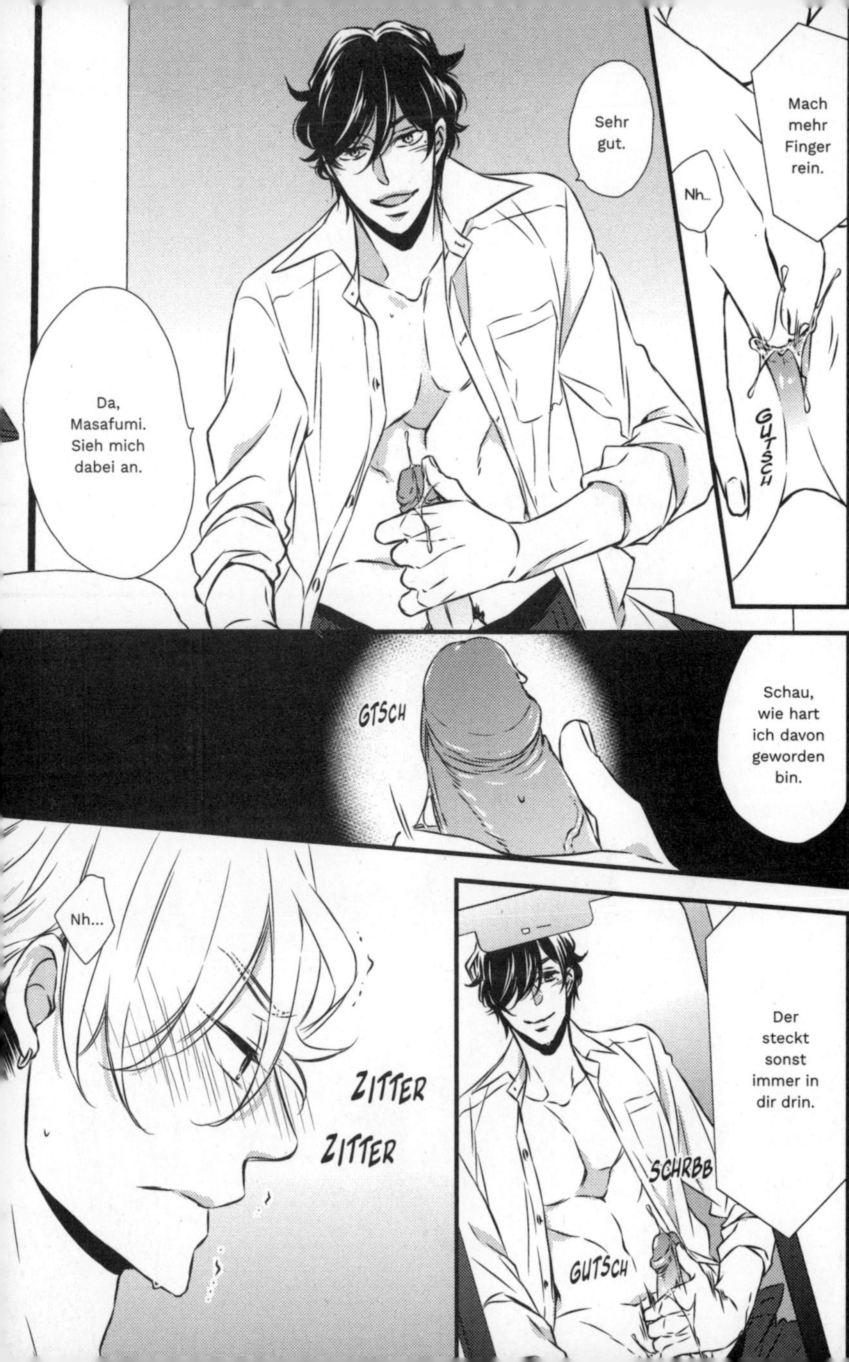
Mach mehr Finger rein.
Nh...
GUTSCH
Sehr gut.
Da, Masafumi. Sieh mich dabei an.
Schau, wie hart ich davon geworden bin.
GTSCH
Der steckt sonst immer in dir drin.
SCHRBB
GUTSCH
Nh...
ZITTER
ZITTER

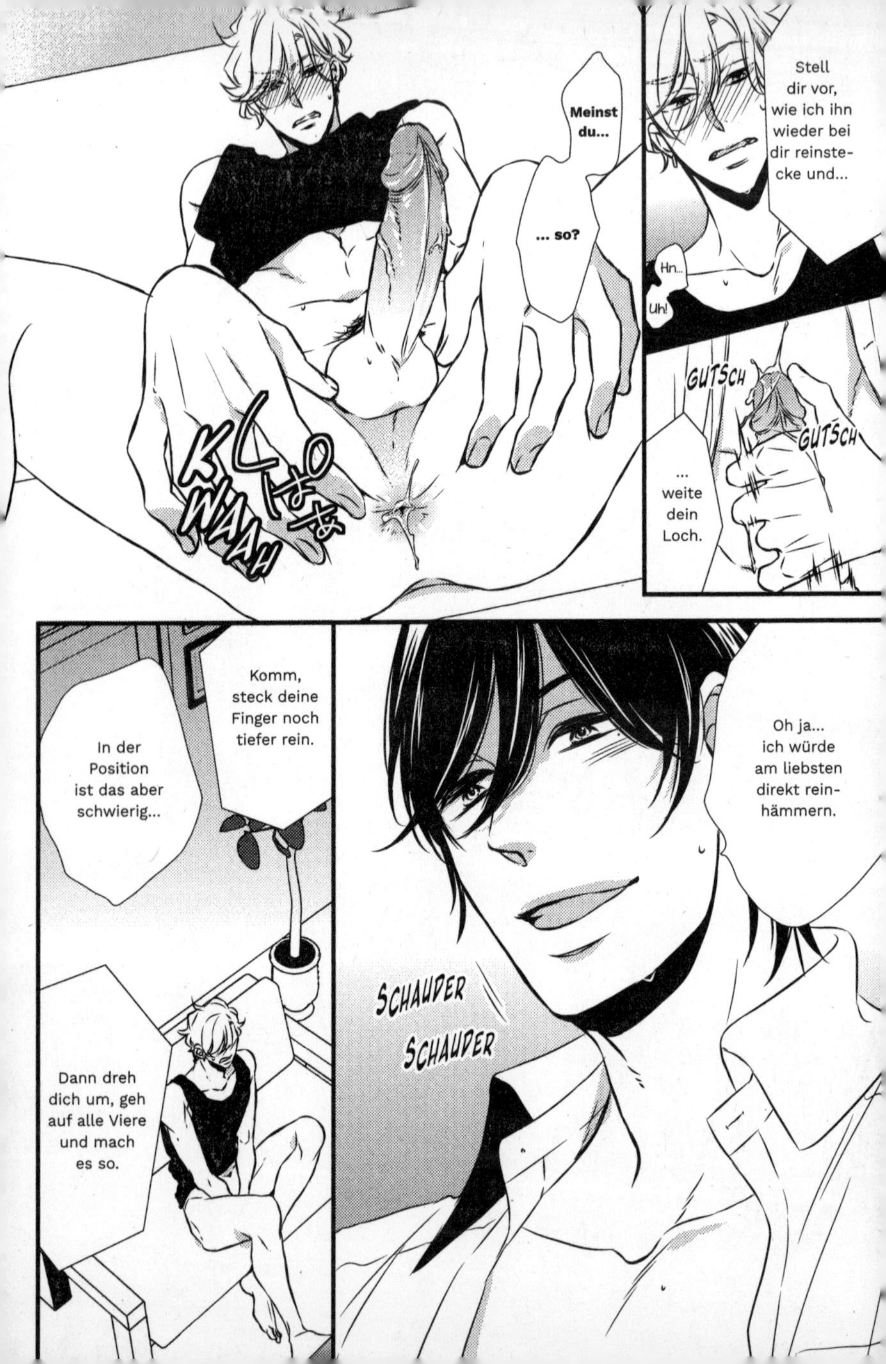
Stell dir vor, wie ich ihn wieder bei dir reinstecke und...
Hn...
Uh!
GUTSCH
GUTSCH
... weite dein Loch.
Meinst du...
... so?
KLO WAAH
Oh ja... ich würde am liebsten direkt reinhämmern.
SCHAUDER
SCHAUDER
Komm, steck deine Finger noch tiefer rein.
In der Position ist das aber schwierig...
Dann dreh dich um, geh auf alle Viere und mach es so.

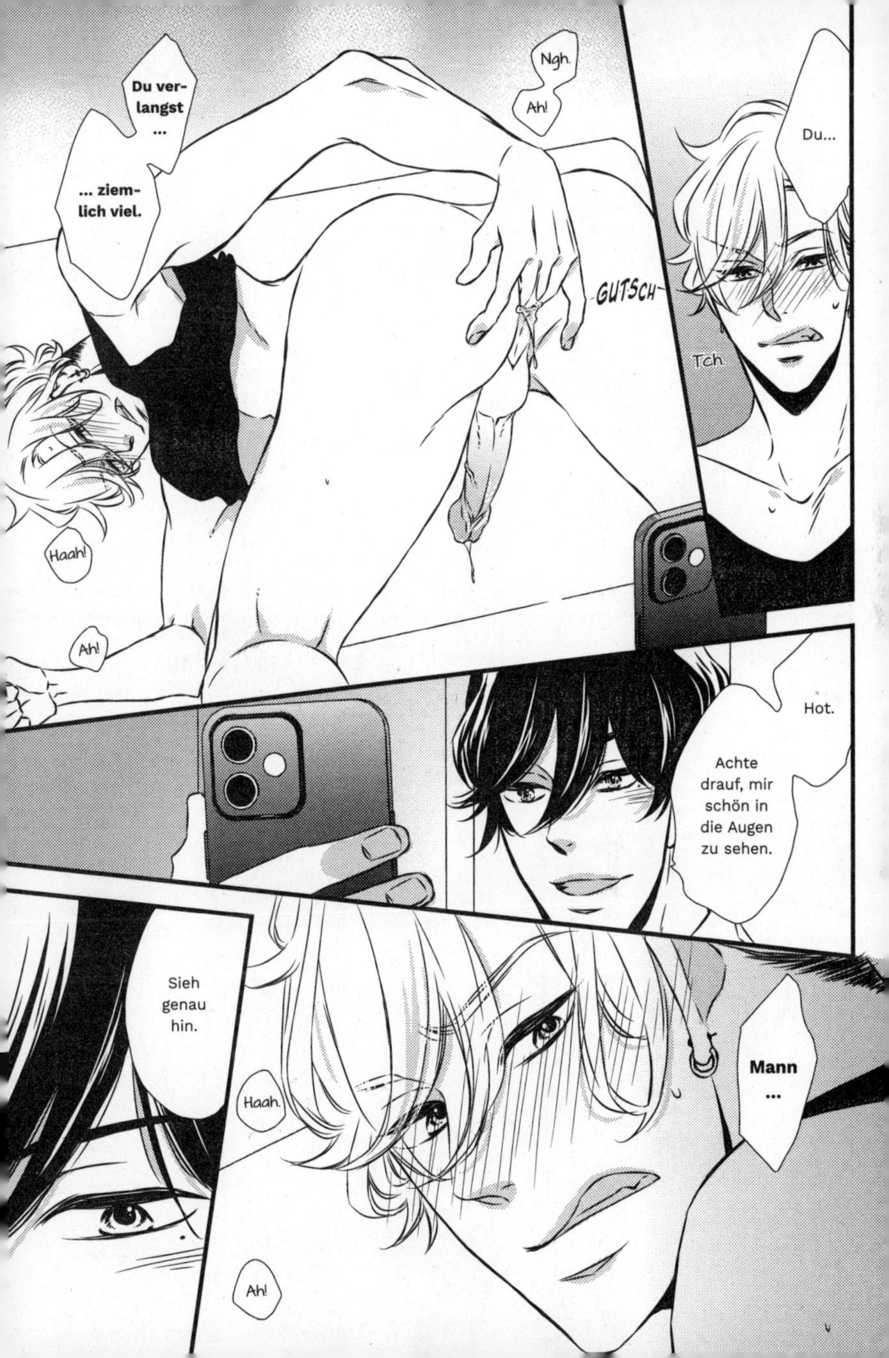
Du...
Tch.
Ngh.
Ah!
GUTSCH
Du verlangst ...
... ziemlich viel.
Haah!
Ah!
Hot.
Achte drauf, mir schön in die Augen zu sehen.
Mann ...
Haah.
Sieh genau hin.
Ah!

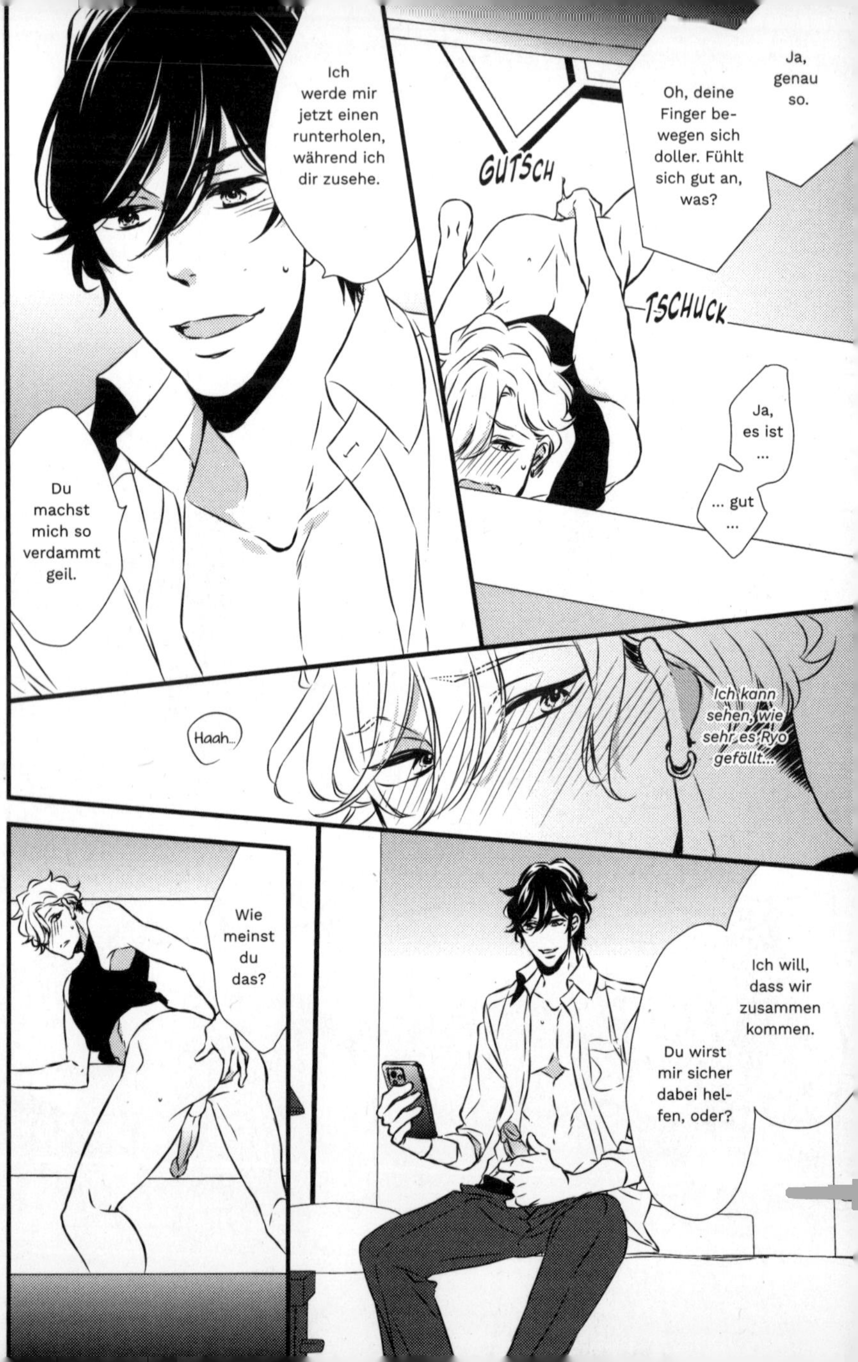
Ja, genau so.
Oh, deine Finger bewegen sich doller. Fühlt sich gut an, was?
GUTSCH
TSCHUCK
Ja, es ist ...
... gut ...
Ich werde mir jetzt einen runterholen, während ich dir zusehe.
Du machst mich so verdammt geil.
Ich kann sehen, wie sehr es Ryo gefällt...
Haah...
Ich will, dass wir zusammen kommen.
Du wirst mir sicher dabei helfen, oder?
Wie meinst du das?

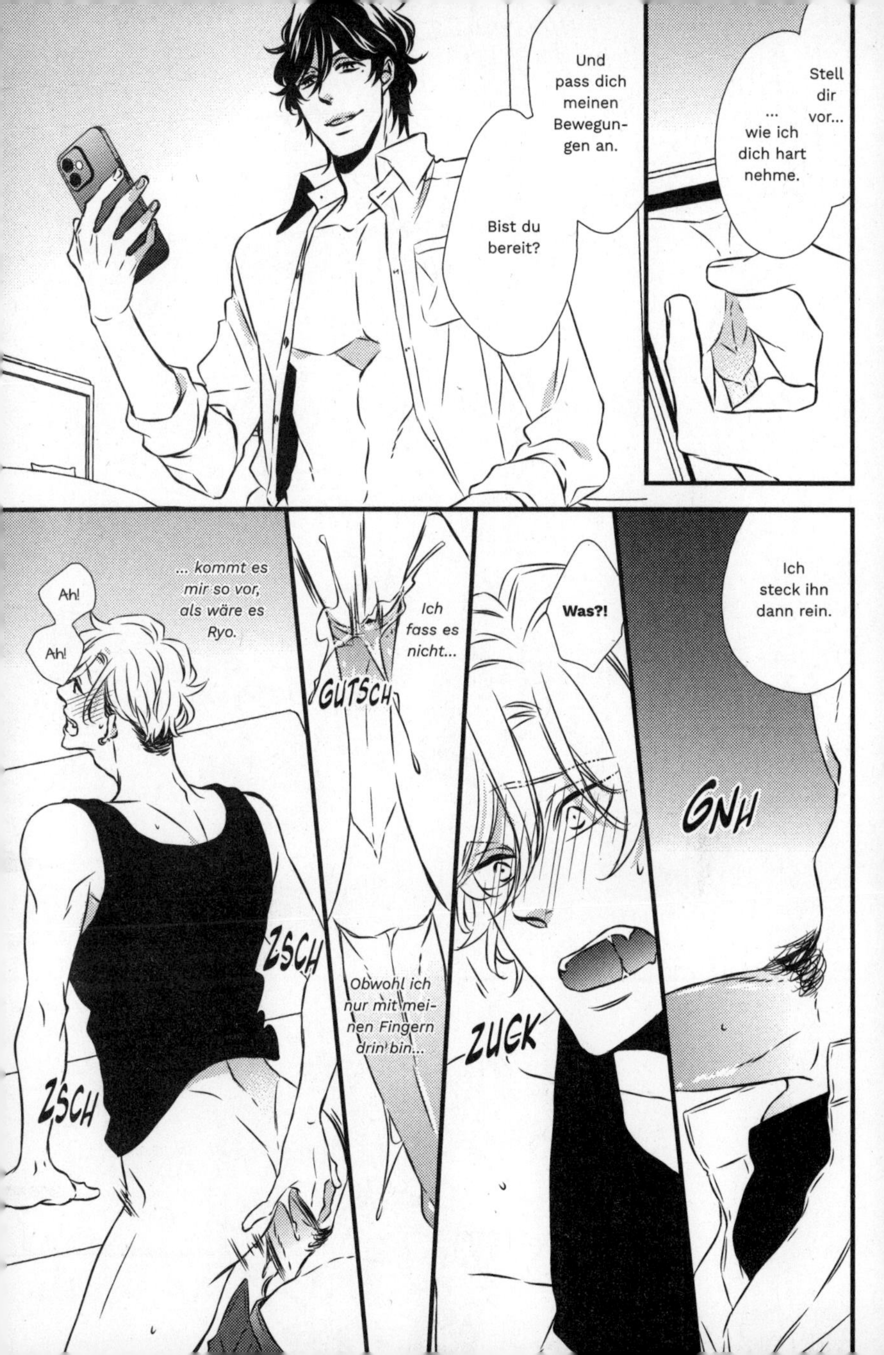

Stell dir vor...
... wie ich dich hart nehme.
Und pass dich meinen Bewegungen an.
Bist du bereit?
Ich steck ihn dann rein.
GNH
Was?!
ZUCK
Ich fass es nicht...
GUTSCH
Obwohl ich nur mit meinen Fingern drin bin...
... kommt es mir so vor, als wäre es Ryo.
Ah!
Ah!
ZSCH
ZSCH

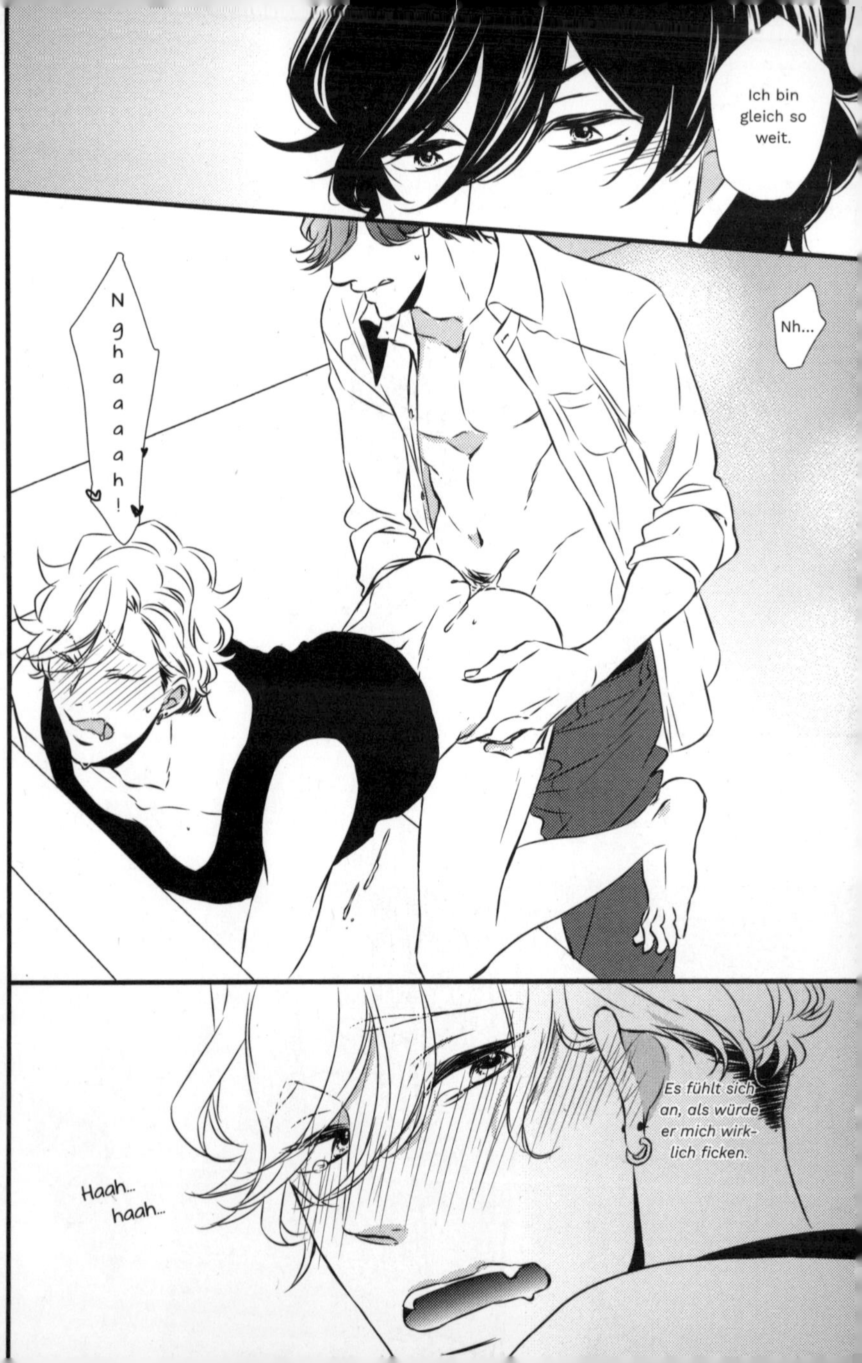
Ich bin gleich so weit.
Nh...
Nghaaaaah!
Es fühlt sich an, als würde er mich wirklich ficken.
Haah... haah...

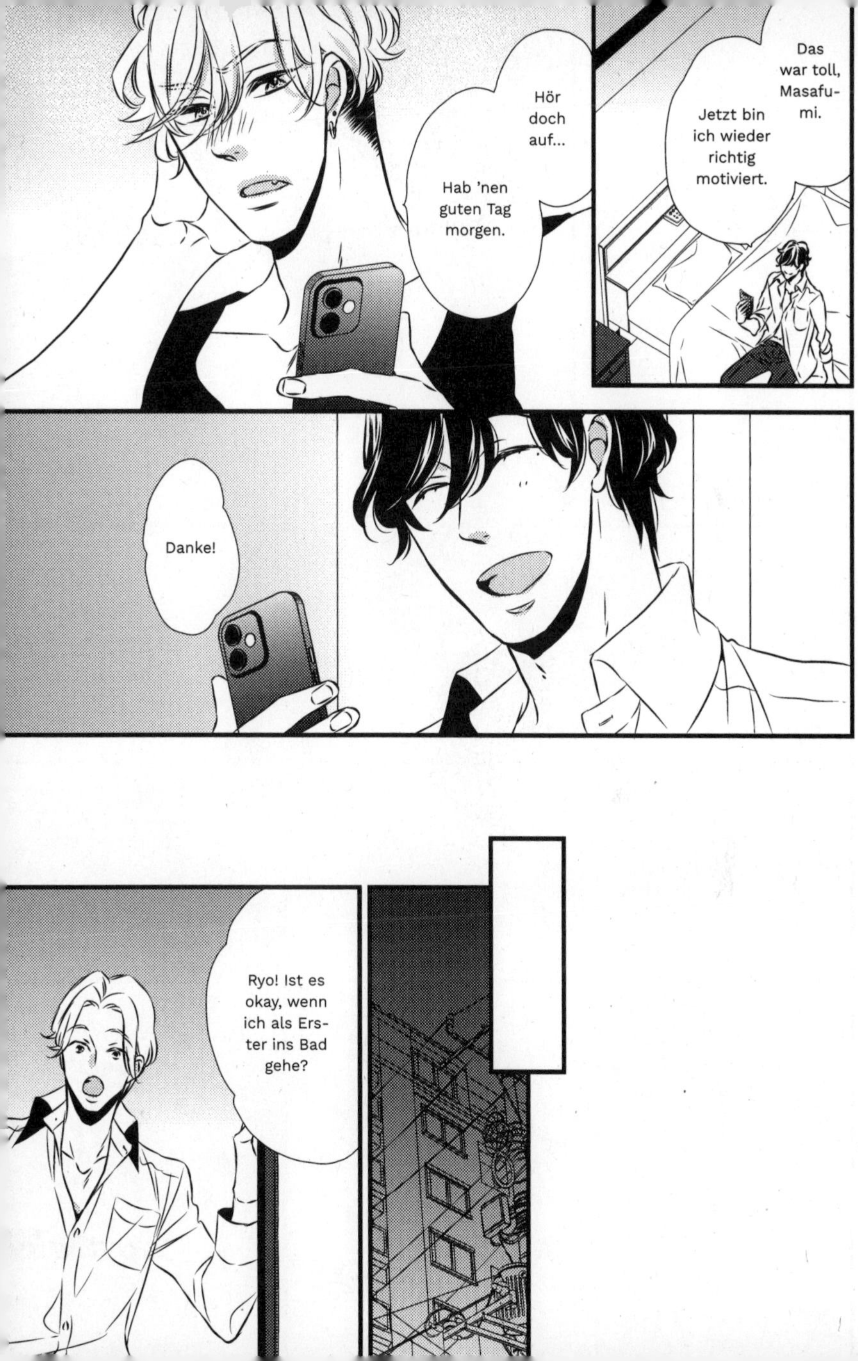
Das war toll, Masafumi.
Jetzt bin ich wieder richtig motiviert.
Hör doch auf…
Hab ’nen guten Tag morgen.
Danke!
Ryo! Ist es okay, wenn ich als Erster ins Bad gehe?

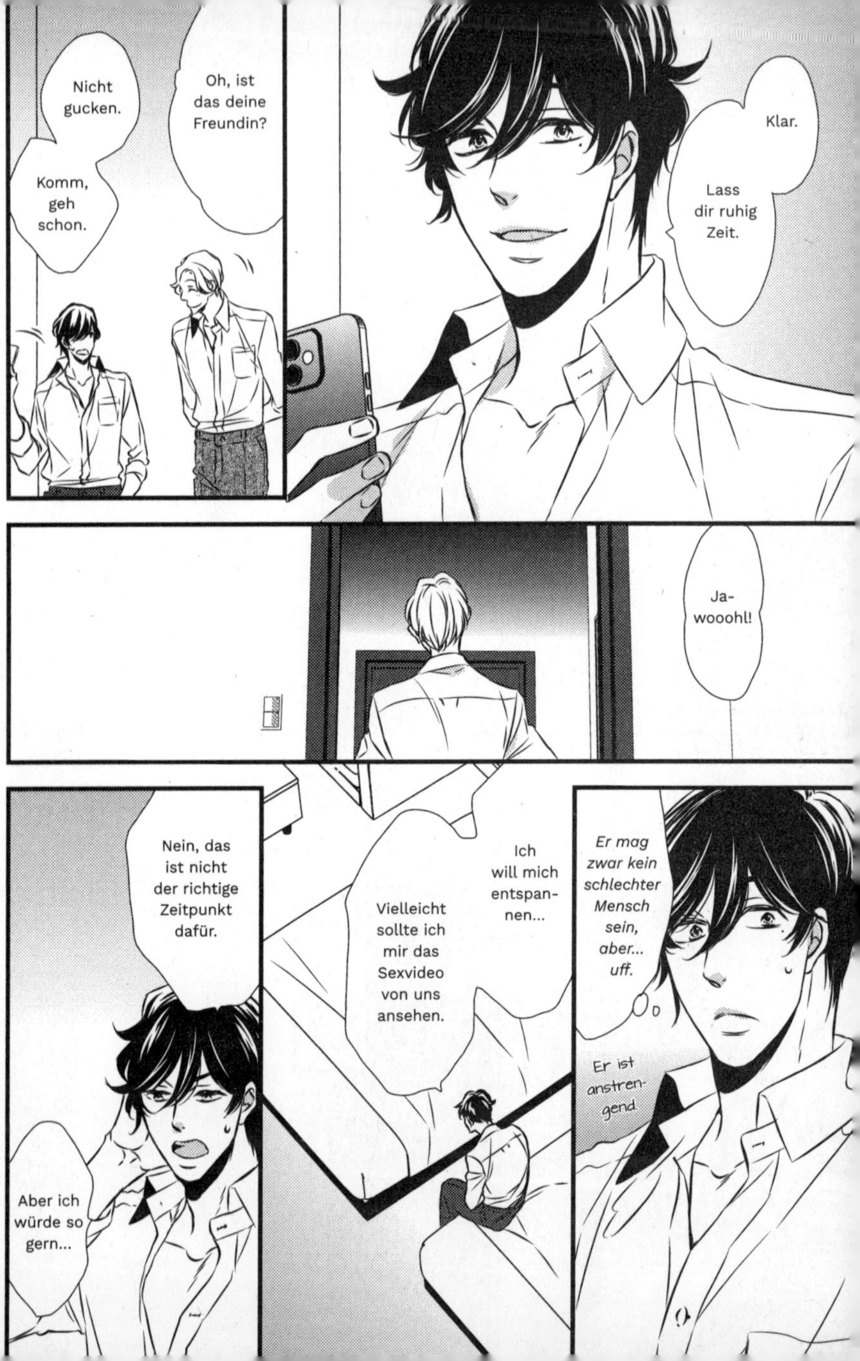
Klar.
Lass dir ruhig Zeit.
Oh, ist das deine Freundin?
Nicht gucken.
Komm, geh schon.
Ja-wooohl!
Er mag zwar kein schlechter Mensch sein, aber... uff.
Er ist anstrengend.
Ich will mich entspannen...
Vielleicht sollte ich mir das Sexvideo von uns ansehen.
Nein, das ist nicht der richtige Zeitpunkt dafür.
Aber ich würde so gern...

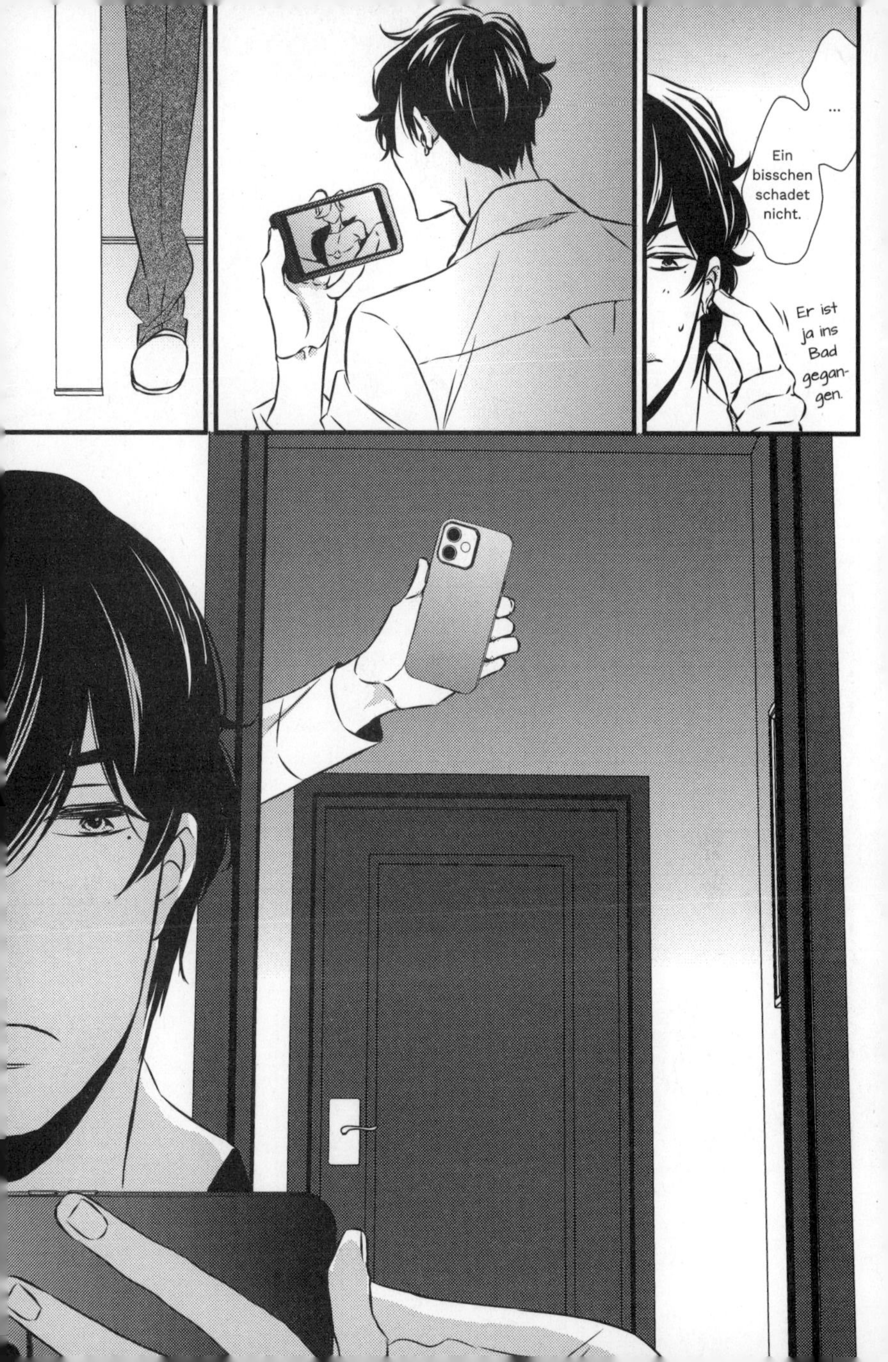
...
Ein bisschen schadet nicht.
Er ist ja ins Bad gegangen.

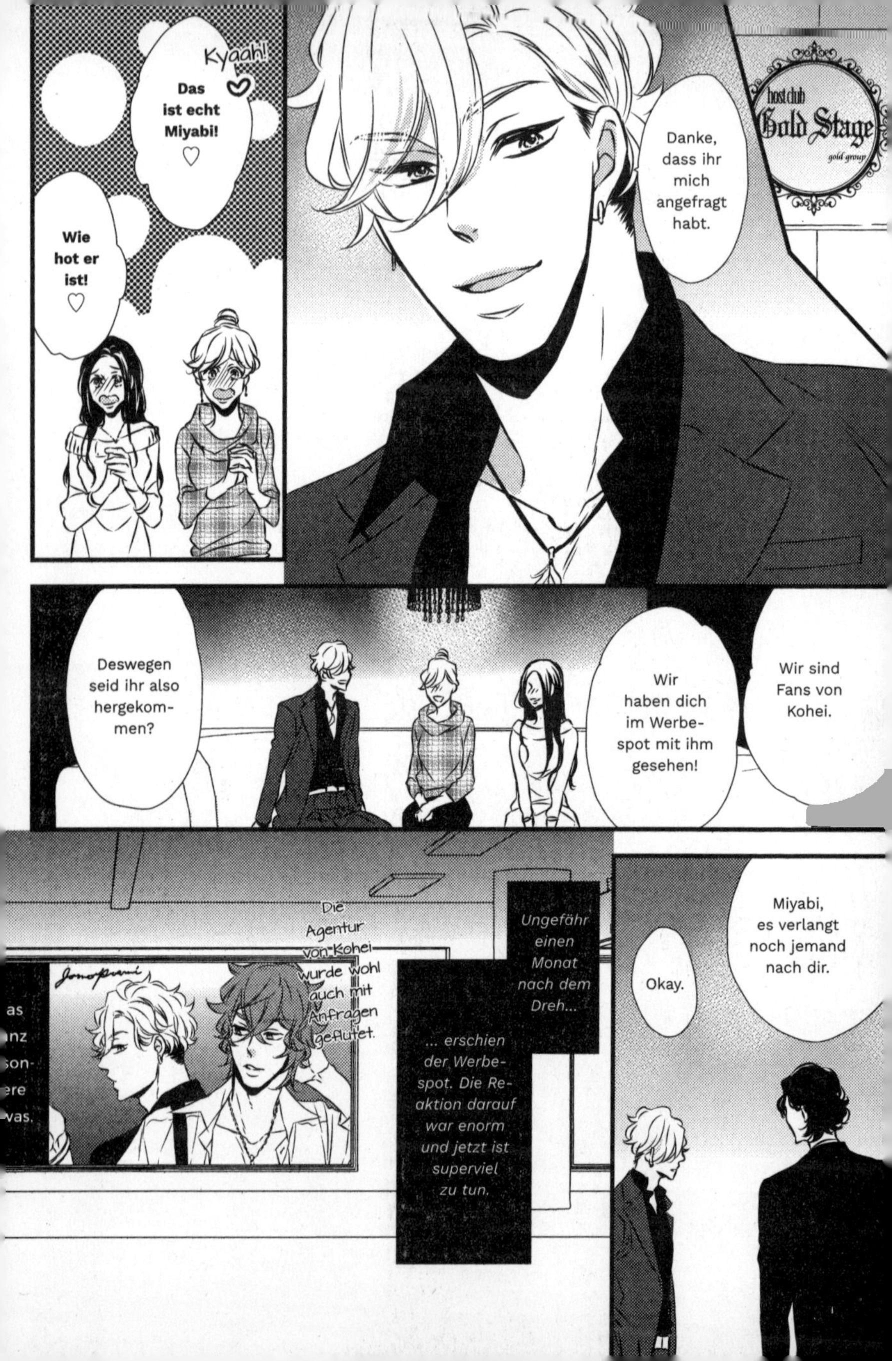

host club
Gold Stage
gold group
Danke, dass ihr mich angefragt habt.
Kyaah!
Das ist echt Miyabi! ♡
Wie hot er ist! ♡
Wir sind Fans von Kohei.
Wir haben dich im Werbespot mit ihm gesehen!
Deswegen seid ihr also hergekommen?
Miyabi, es verlangt noch jemand nach dir.
Okay.
Ungefähr einen Monat nach dem Dreh...
... erschien der Werbespot. Die Reaktion darauf war enorm und jetzt ist superviel zu tun.
Die Agentur von Kohei wurde wohl auch mit Anfragen geflutet.

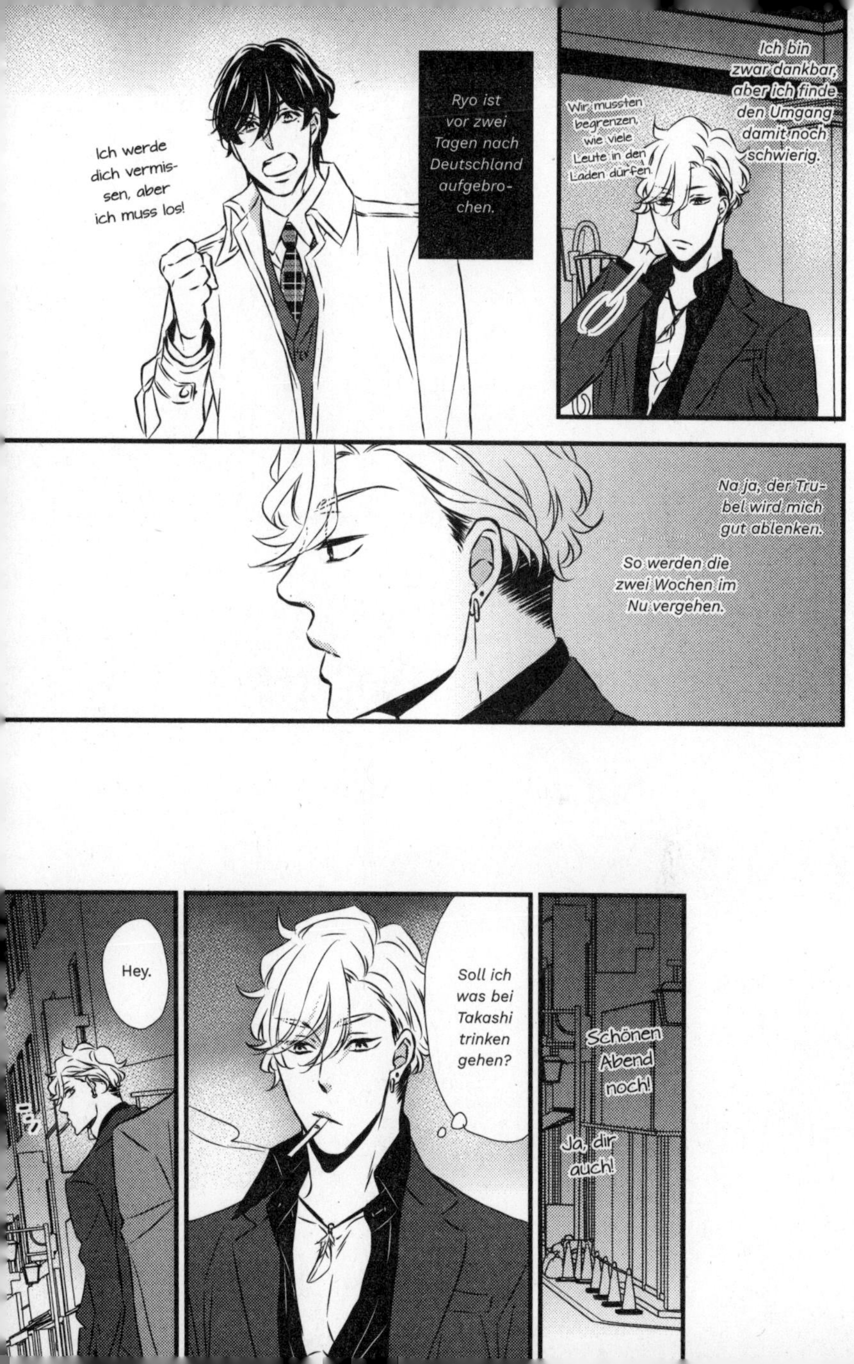
Ich bin zwar dankbar, aber ich finde den Umgang damit noch schwierig.
Wir mussten begrenzen, wie viele Leute in den Laden dürfen.
Ryo ist vor zwei Tagen nach Deutschland aufgebrochen.
Ich werde dich vermis-sen, aber ich muss los!
Na ja, der Tru-bel wird mich gut ablenken.
So werden die zwei Wochen im Nu vergehen.
Schönen Abend noch!
Ja, dir auch!
Soll ich was bei Takashi trinken gehen?
Hey.

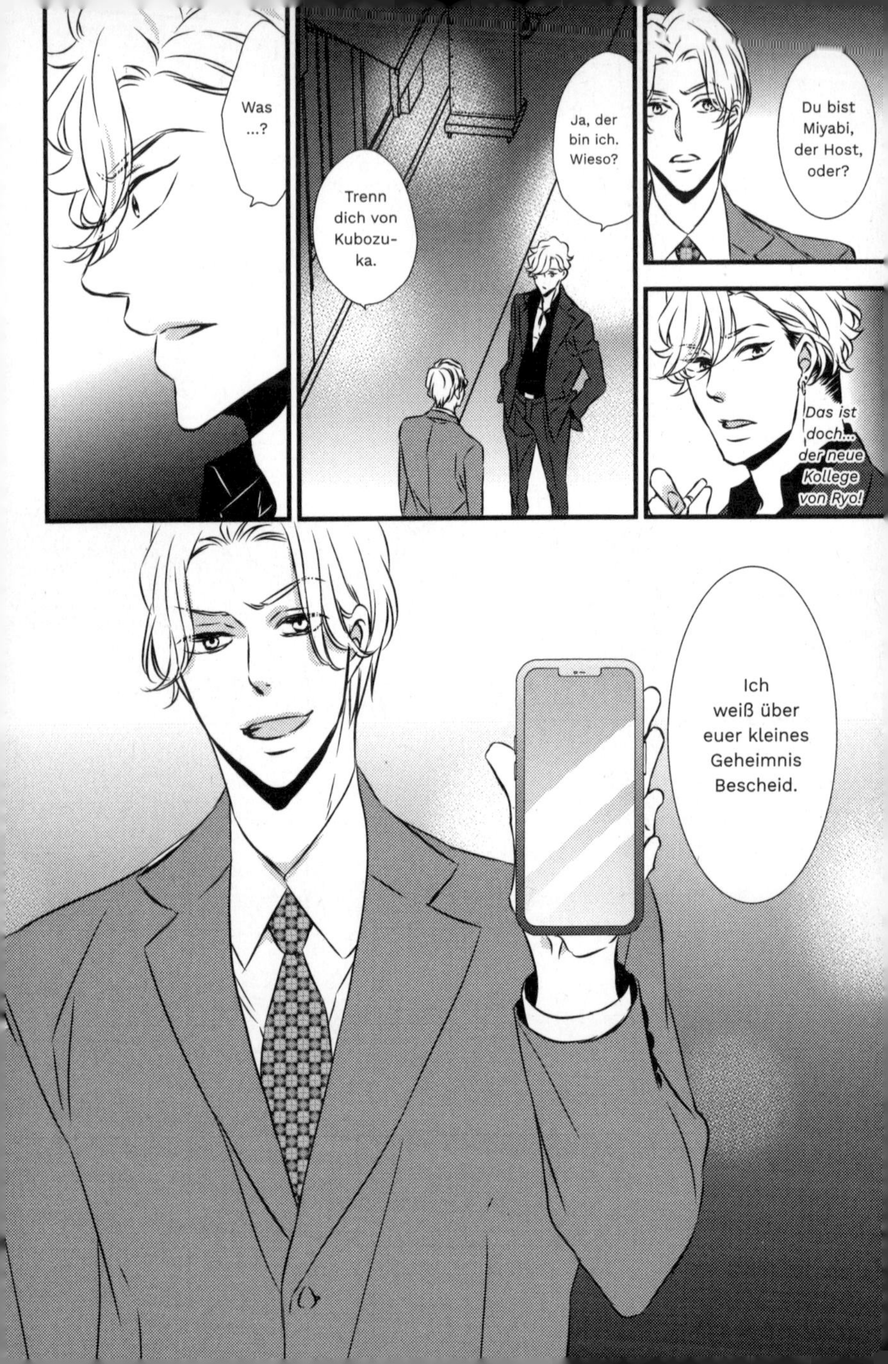
Du bist Miyabi, der Host, oder?
Das ist doch... der neue Kollege von Ryo!
Ja, der bin ich. Wieso?
Trenn dich von Kubozuka.
Was ...?
Ich weiß über euer kleines Geheimnis Bescheid.

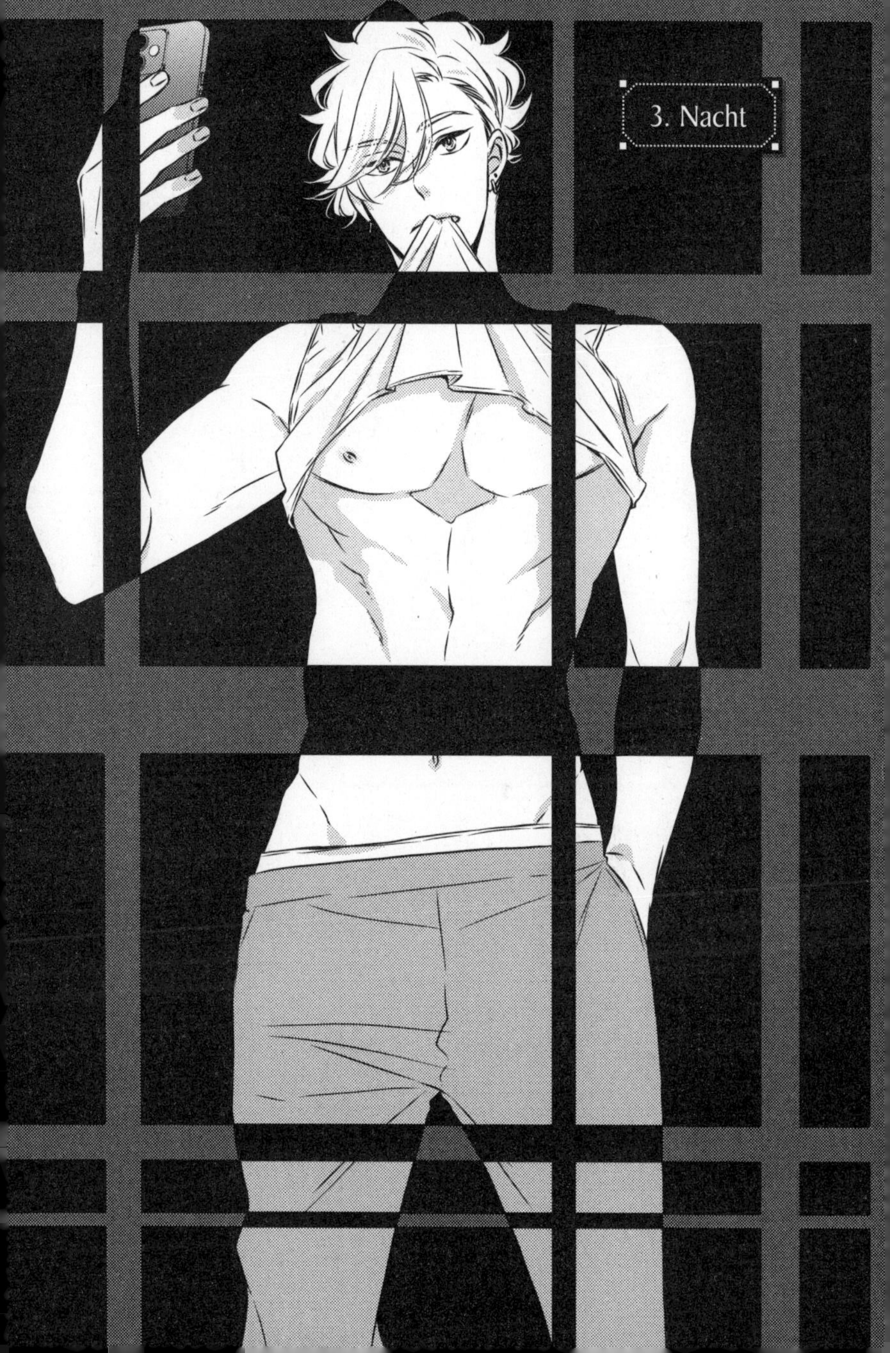
3. Nacht

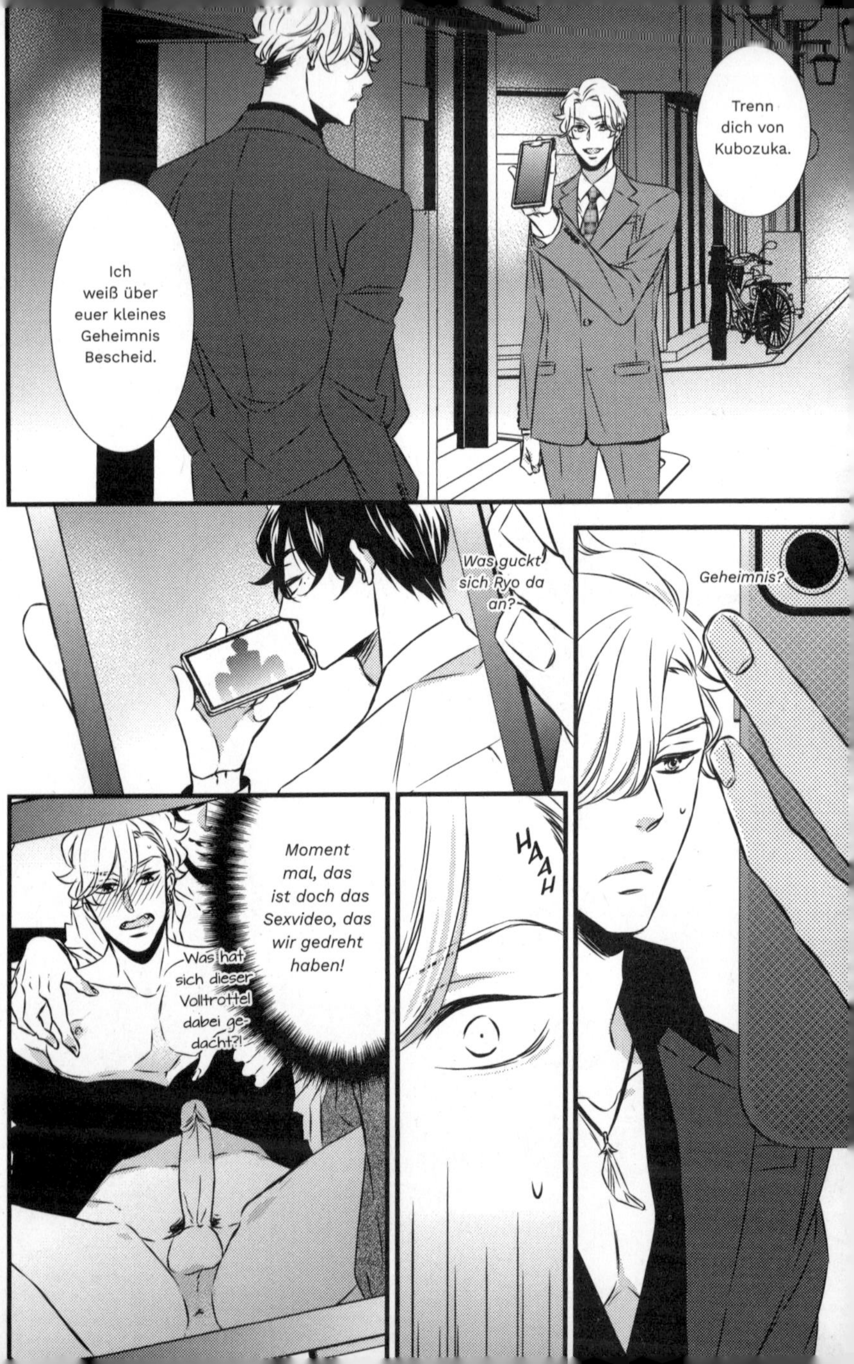
Trenn dich von Kubozuka.
Ich weiß über euer kleines Geheimnis Bescheid.
Geheimnis?
Was guckt sich Ryo da an?
HAAH
Moment mal, das ist doch das Sexvideo, das wir gedreht haben!
Was hat sich dieser Volltrottel dabei gedacht?!

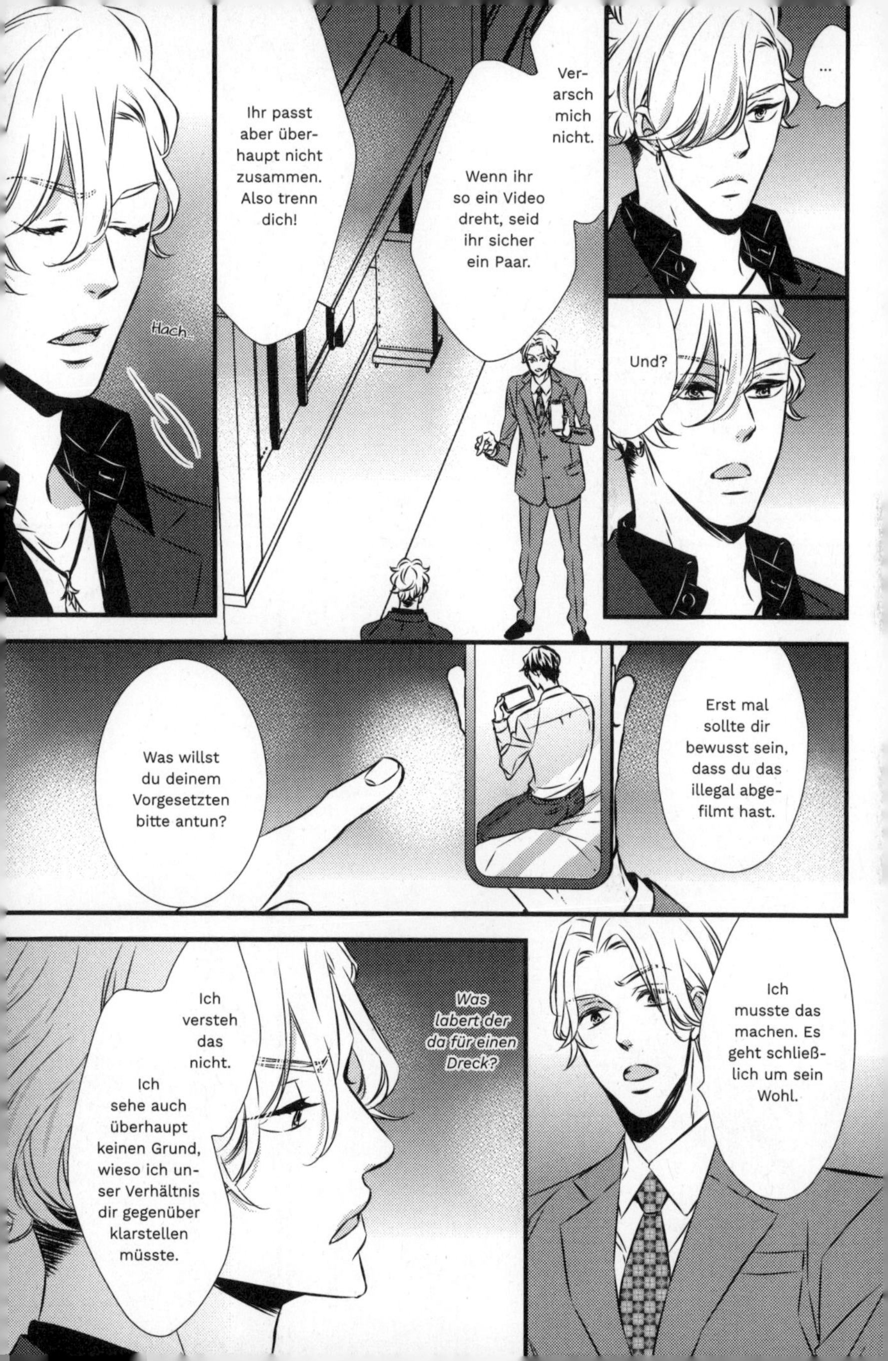

...
Ver-
arsch
mich
nicht.
Wenn ihr so ein Video dreht, seid ihr sicher ein Paar.
Ihr passt aber überhaupt nicht zusammen. Also trenn dich!
Und?
Hach...
Erst mal sollte dir bewusst sein, dass du das illegal abgefilmt hast.
Was willst du deinem Vorgesetzten bitte antun?
Ich musste das machen. Es geht schließlich um sein Wohl.
Was labert der da für einen Dreck?
Ich versteh das nicht.
Ich sehe auch überhaupt keinen Grund, wieso ich unser Verhältnis dir gegenüber klarstellen müsste.

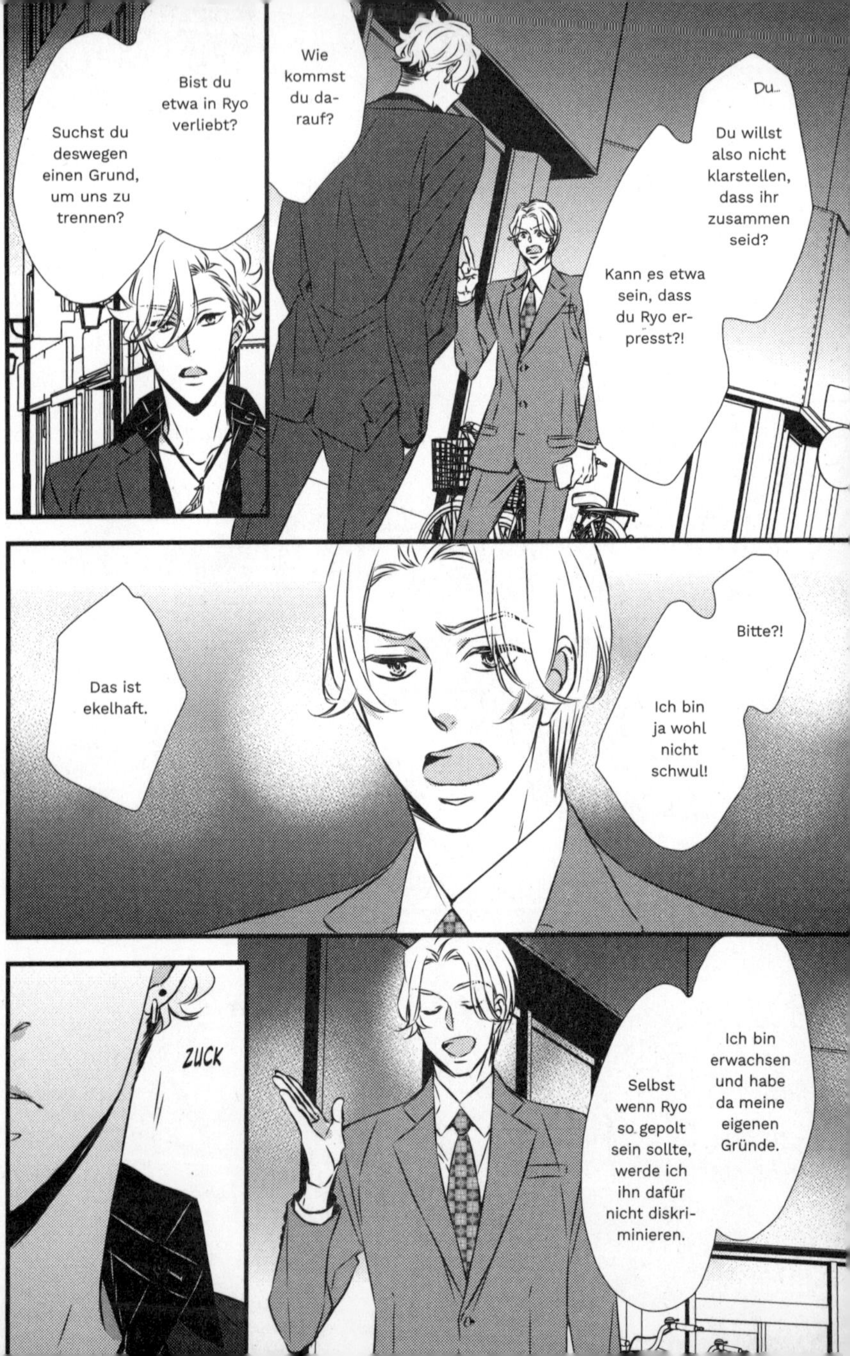
Du...
Du willst also nicht klarstellen, dass ihr zusammen seid?
Kann es etwa sein, dass du Ryo erpresst?!
Wie kommst du darauf?
Bist du etwa in Ryo verliebt?
Suchst du deswegen einen Grund, um uns zu trennen?
Bitte?!
Ich bin ja wohl nicht schwul!
Das ist ekelhaft.
Ich bin erwachsen und habe da meine eigenen Gründe.
Selbst wenn Ryo so gepolt sein sollte, werde ich ihn dafür nicht diskriminieren.
ZUCK

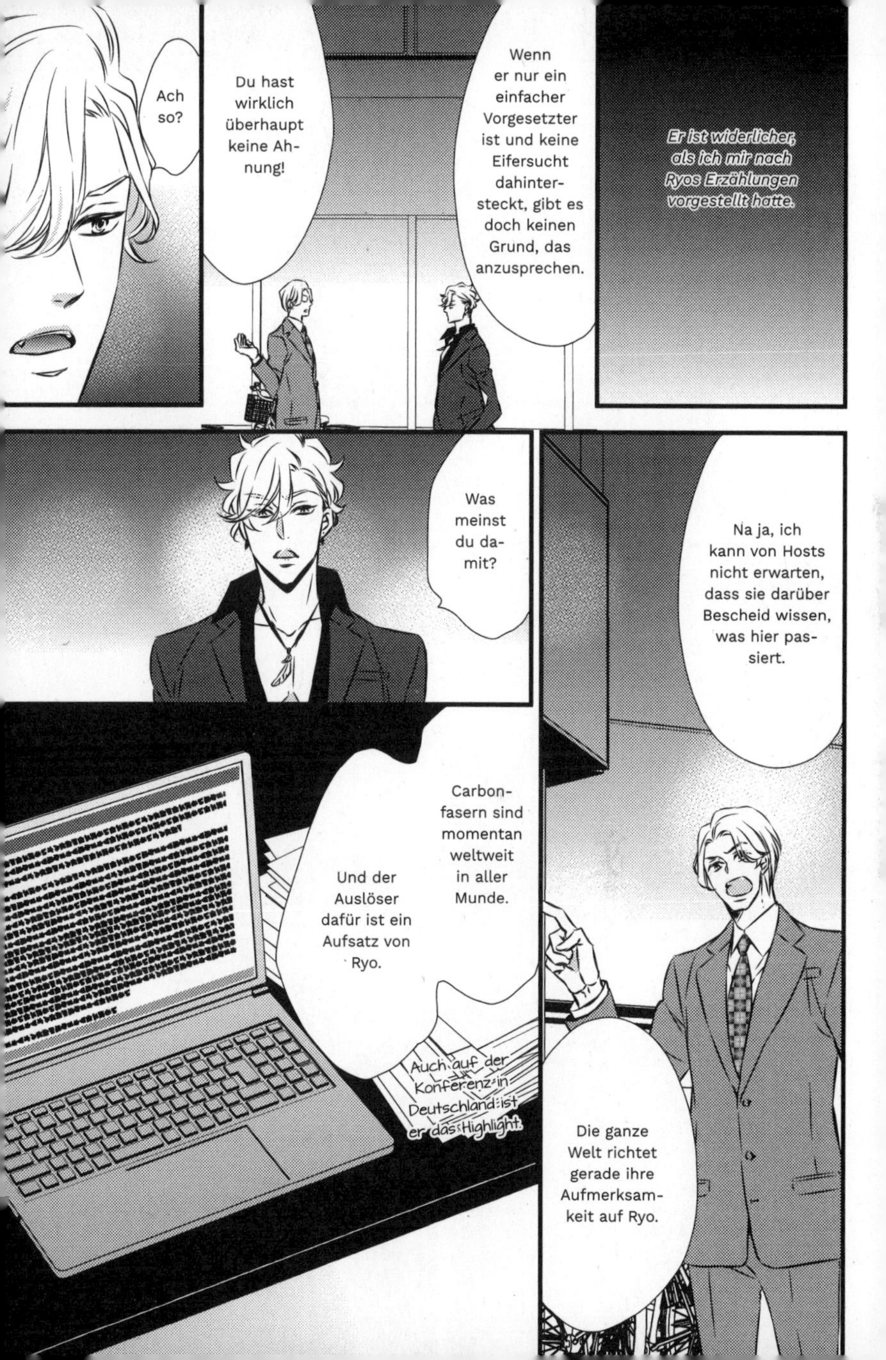

Er ist widerlicher, als ich mir nach Ryos Erzählungen vorgestellt hatte.
Wenn er nur ein einfacher Vorgesetzter ist und keine Eifersucht dahintersteckt, gibt es doch keinen Grund, das anzusprechen.
Du hast wirklich überhaupt keine Ahnung!
Ach so?
Na ja, ich kann von Hosts nicht erwarten, dass sie darüber Bescheid wissen, was hier passiert.
Was meinst du damit?
Die ganze Welt richtet gerade ihre Aufmerksamkeit auf Ryo.
Carbonfasern sind momentan weltweit in aller Munde.
Und der Auslöser dafür ist ein Aufsatz von Ryo.
Auch auf der Konferenz in Deutschland ist er das Highlight.

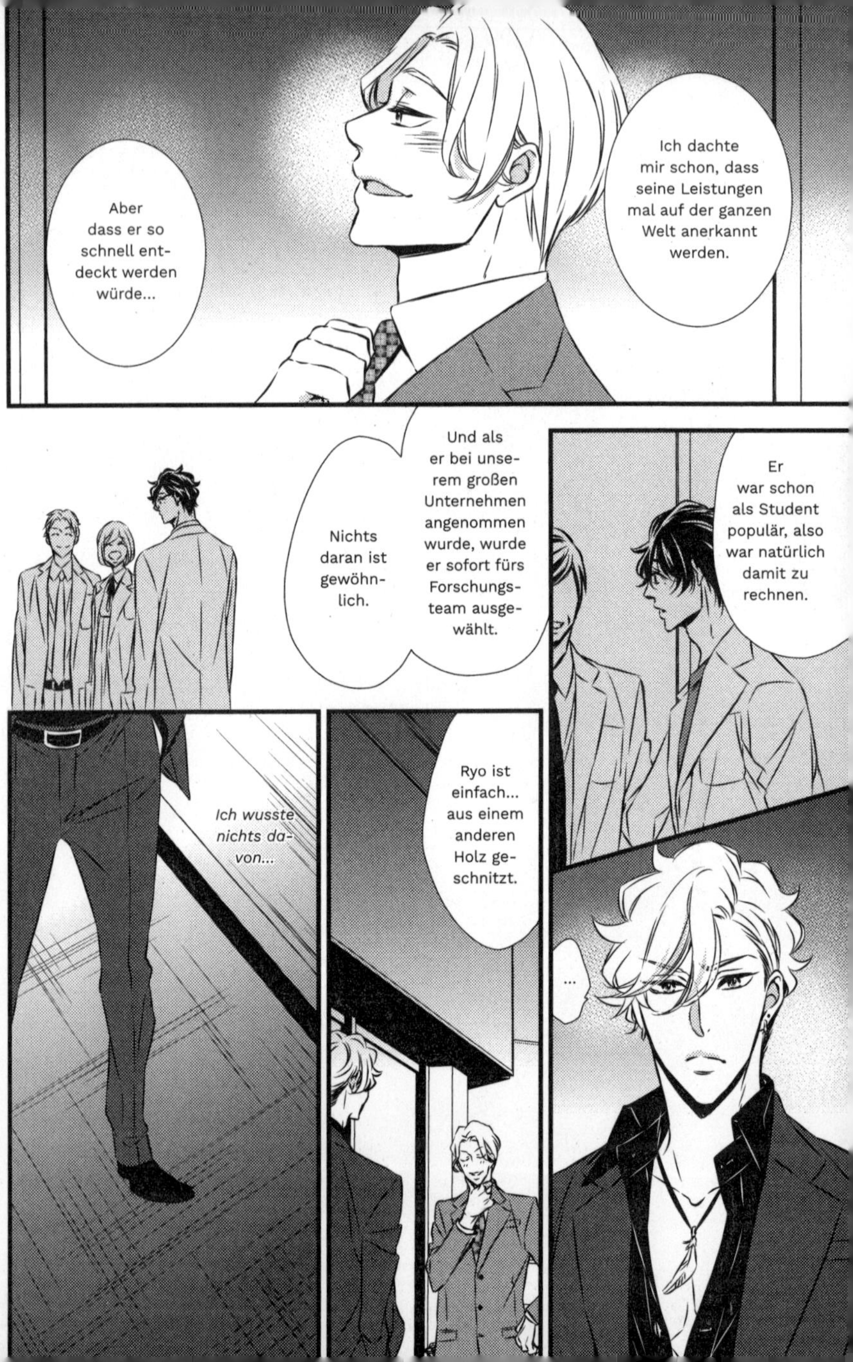
Ich dachte mir schon, dass seine Leistungen mal auf der ganzen Welt anerkannt werden.
Aber dass er so schnell entdeckt werden würde...
Er war schon als Student populär, also war natürlich damit zu rechnen.
Und als er bei unserem großen Unternehmen angenommen wurde, wurde er sofort fürs Forschungsteam ausgewählt.
Nichts daran ist gewöhnlich.
...
Ryo ist einfach... aus einem anderen Holz geschnitzt.
Ich wusste nichts davon...

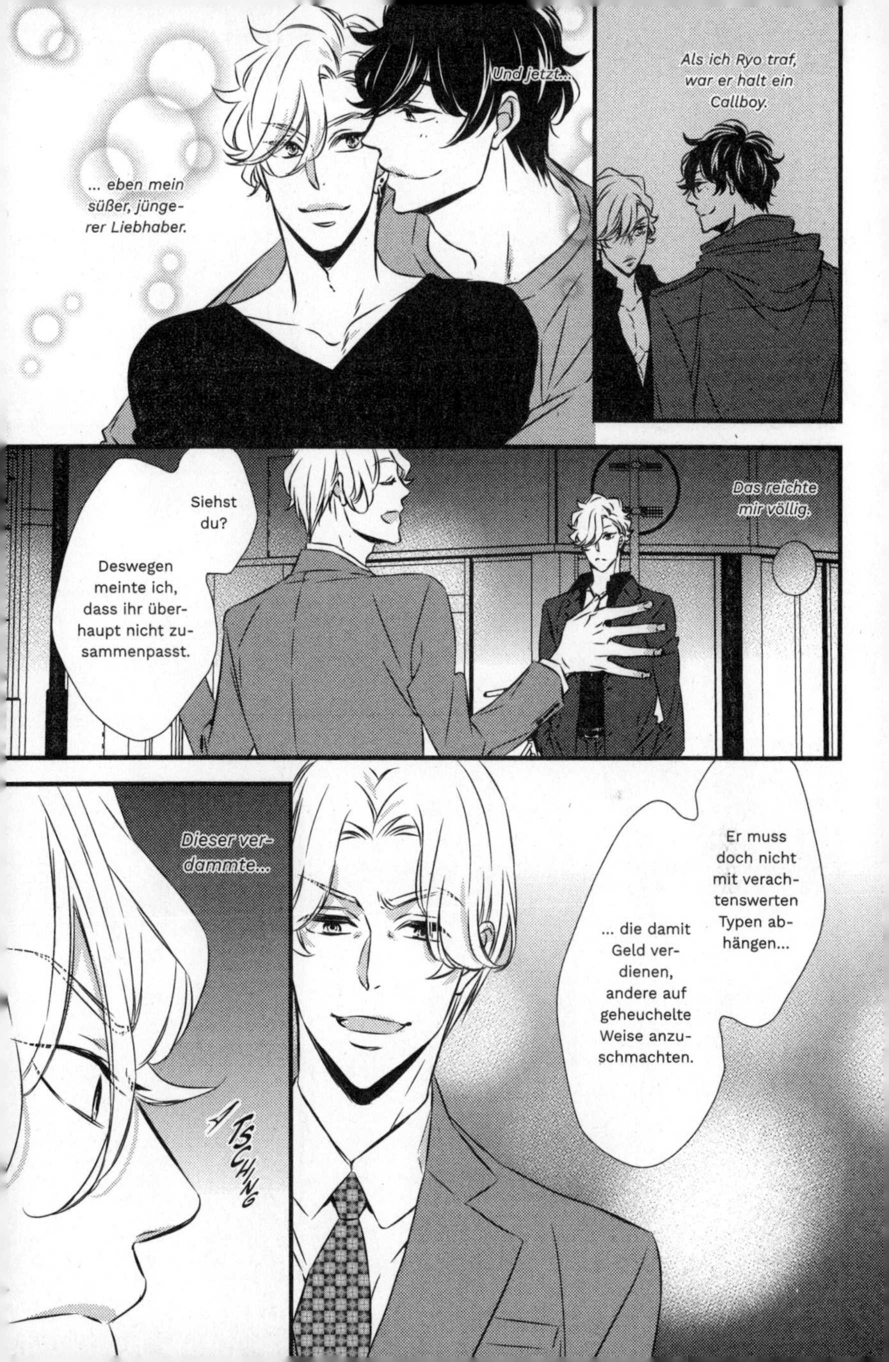
Als ich Ryo traf, war er halt ein Callboy.
Und jetzt…
… eben mein süßer, jüngerer Liebhaber.
Das reichte mir völlig.
Siehst du?
Deswegen meinte ich, dass ihr überhaupt nicht zusammenpasst.
Er muss doch nicht mit verachtenswerten Typen abhängen…
… die damit Geld verdienen, andere auf geheuchelte Weise anzuschmachten.
Dieser verdammte…
TSCHING

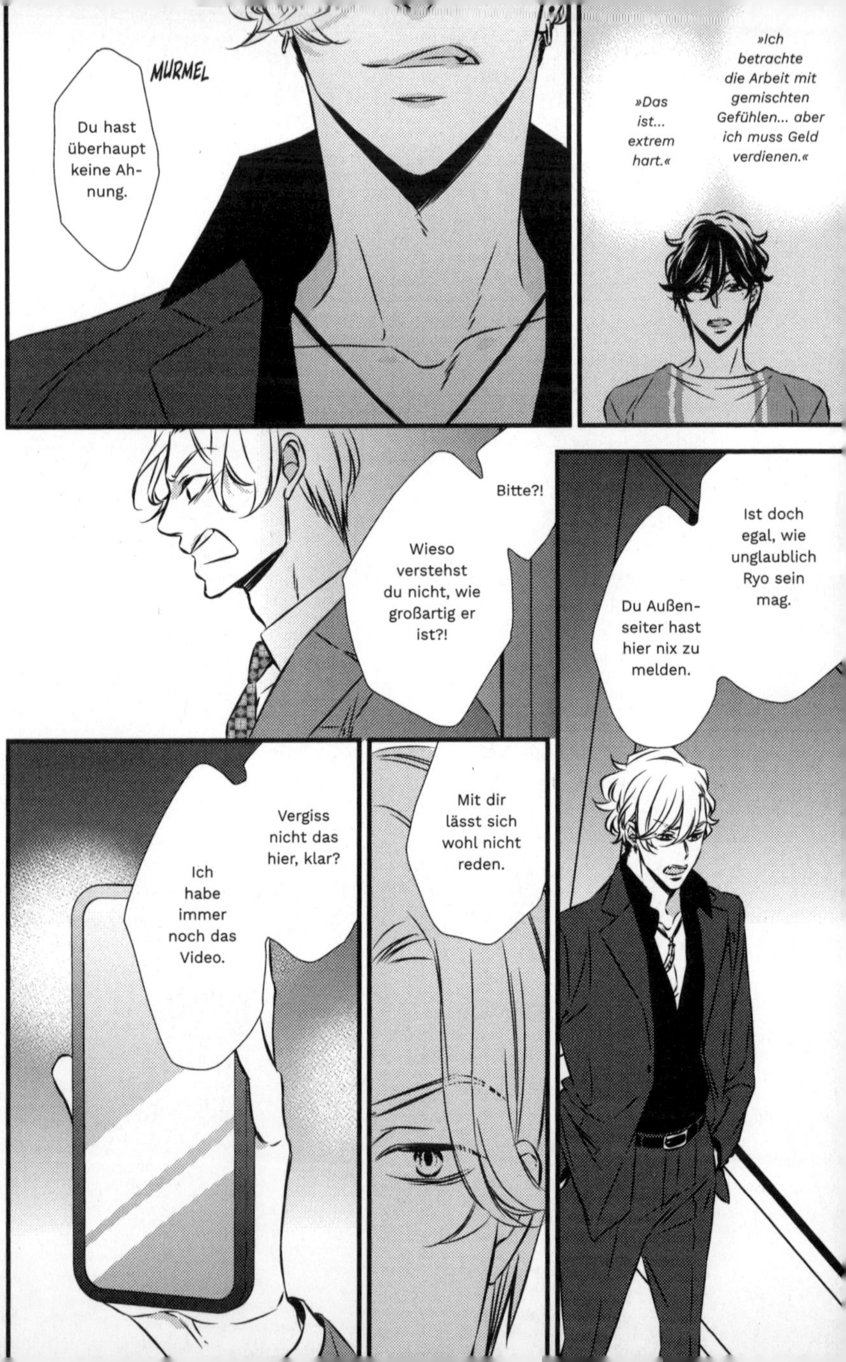
»Ich betrachte die Arbeit mit gemischten Gefühlen... aber ich muss Geld verdienen.«
»Das ist... extrem hart.«
MURMEL
Du hast überhaupt keine Ahnung.
Bitte?!
Wieso verstehst du nicht, wie großartig er ist?!
Ist doch egal, wie unglaublich Ryo sein mag.
Du Außenseiter hast hier nix zu melden.
Mit dir lässt sich wohl nicht reden.
Vergiss nicht das hier, klar?
Ich habe immer noch das Video.

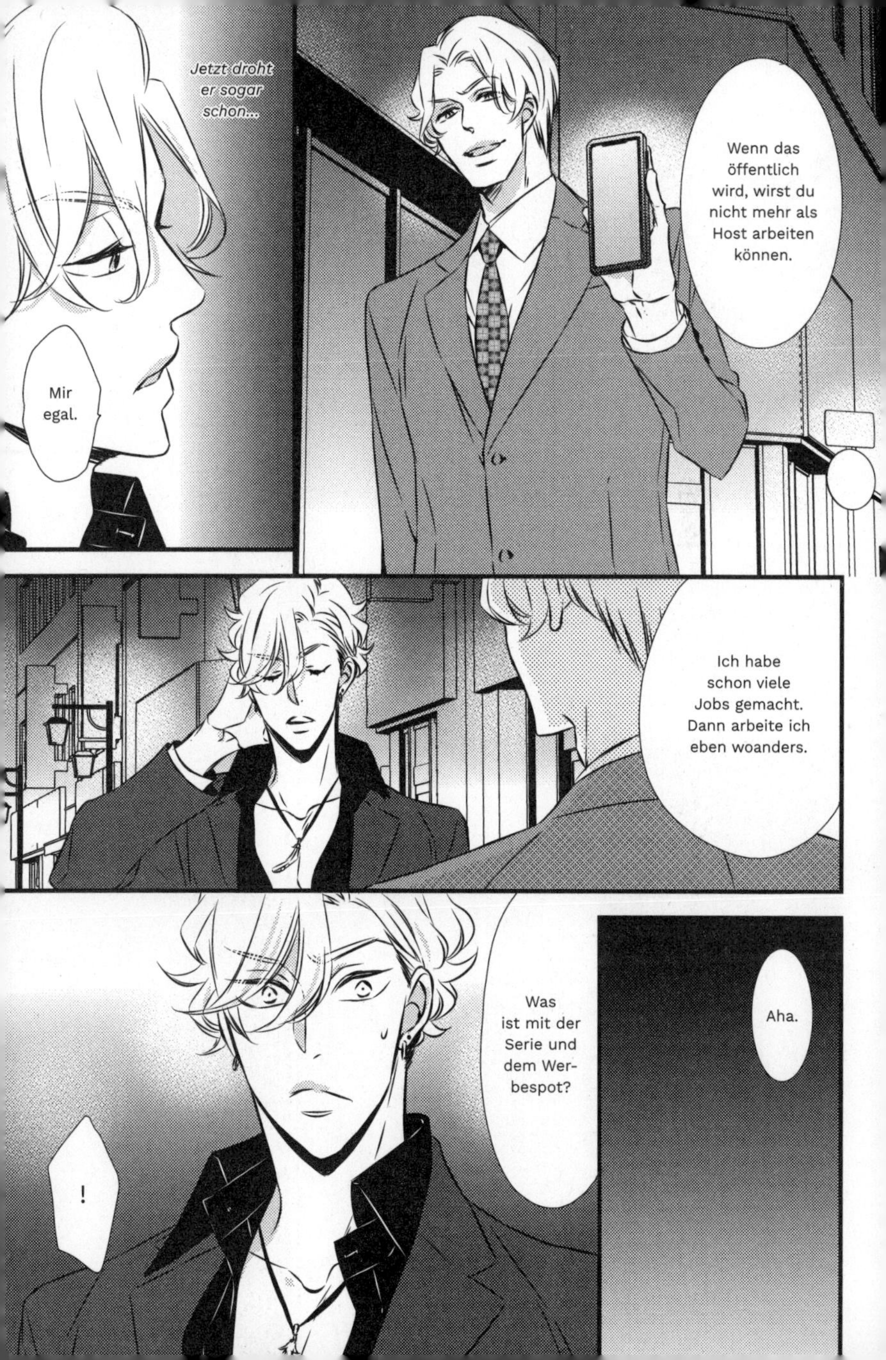
Wenn das öffentlich wird, wirst du nicht mehr als Host arbeiten können.
Jetzt droht er sogar schon...
Mir egal.
Ich habe schon viele Jobs gemacht. Dann arbeite ich eben woanders.
Aha.
Was ist mit der Serie und dem Wer-bespot?
!

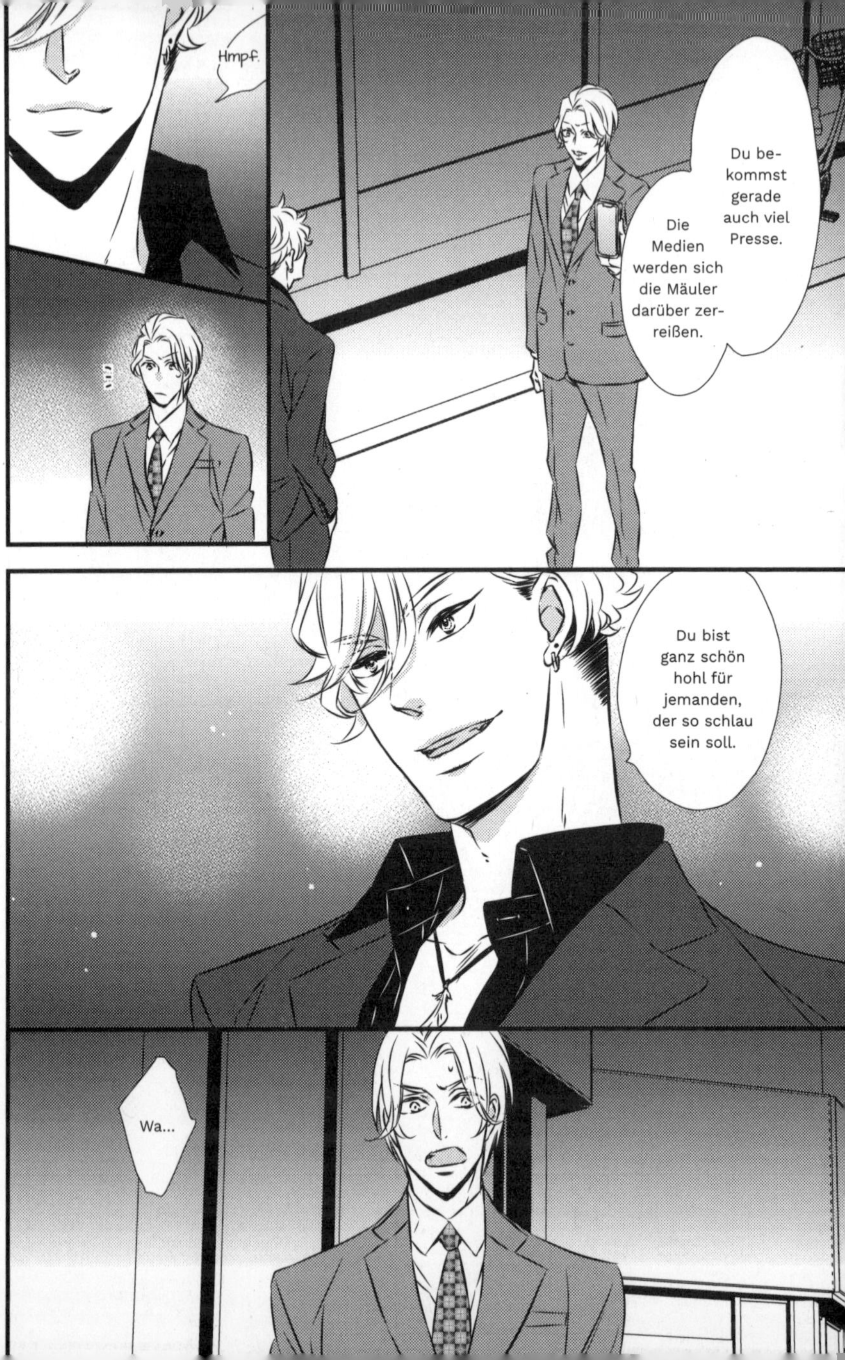
Du bekommst gerade auch viel Presse.
Die Medien werden sich die Mäuler darüber zerreißen.
Hmpf.
Du bist ganz schön hohl für jemanden, der so schlau sein soll.
Wa...

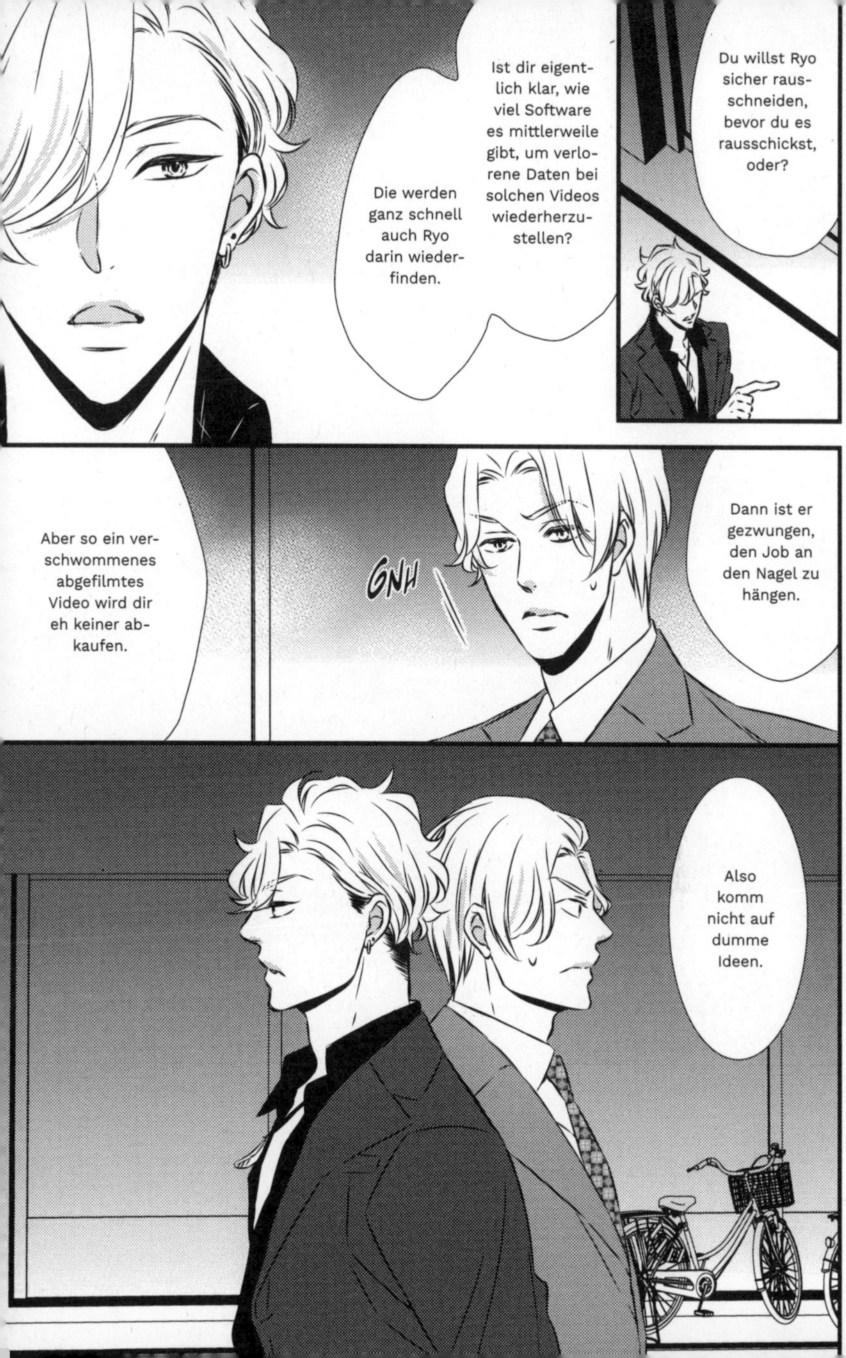
Du willst Ryo sicher rausschneiden, bevor du es rausschickst, oder?
Ist dir eigentlich klar, wie viel Software es mittlerweile gibt, um verlorene Daten bei solchen Videos wiederherzustellen?
Die werden ganz schnell auch Ryo darin wiederfinden.
Dann ist er gezwungen, den Job an den Nagel zu hängen.
GNH
Aber so ein verschwommenes abgefilmtes Video wird dir eh keiner abkaufen.
Also komm nicht auf dumme Ideen.

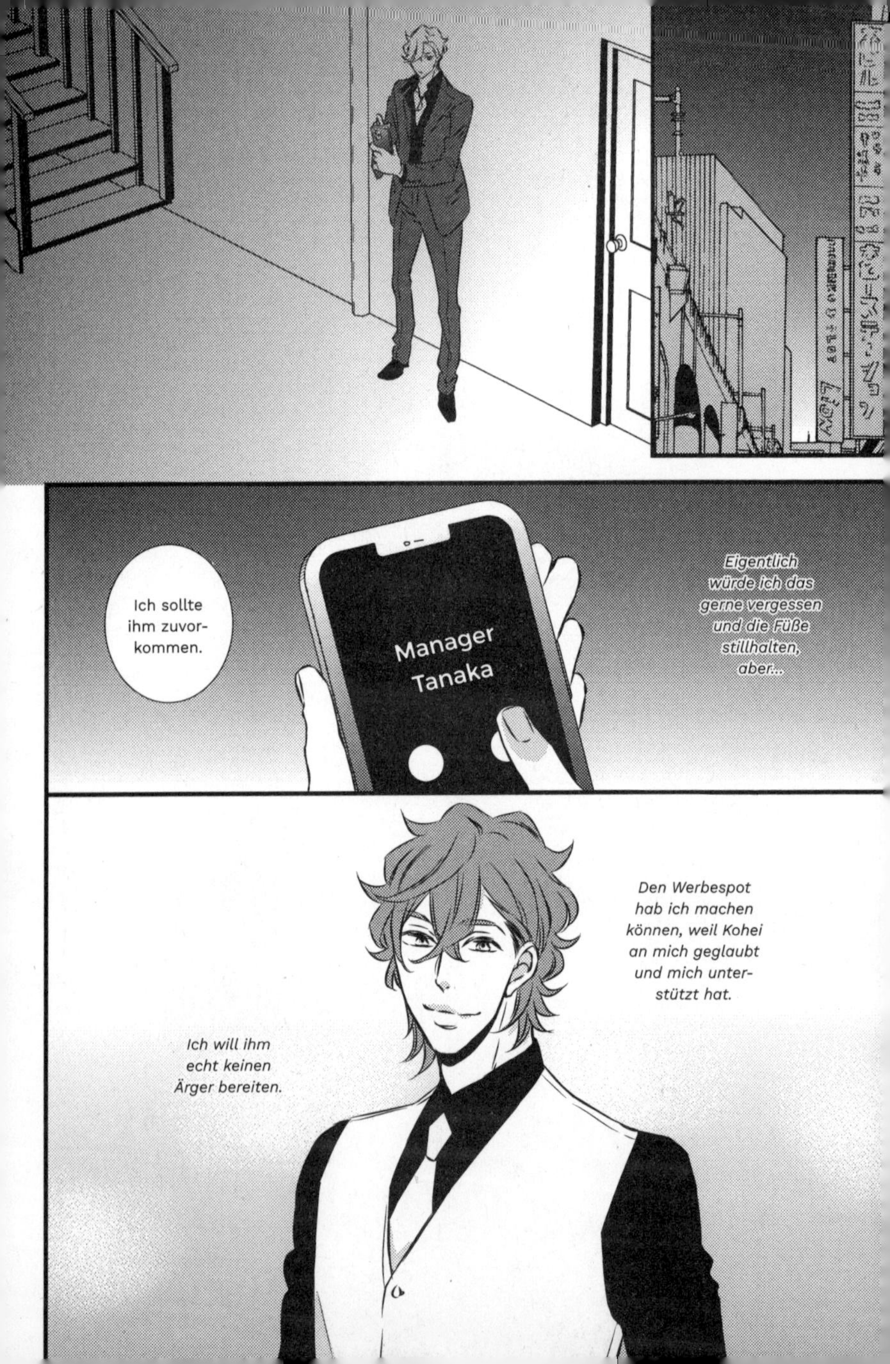
Eigentlich würde ich das gerne vergessen und die Füße stillhalten, aber...
Manager Tanaka
Ich sollte ihm zuvorkommen.
Den Werbespot hab ich machen können, weil Kohei an mich geglaubt und mich unterstützt hat.
Ich will ihm echt keinen Ärger bereiten.

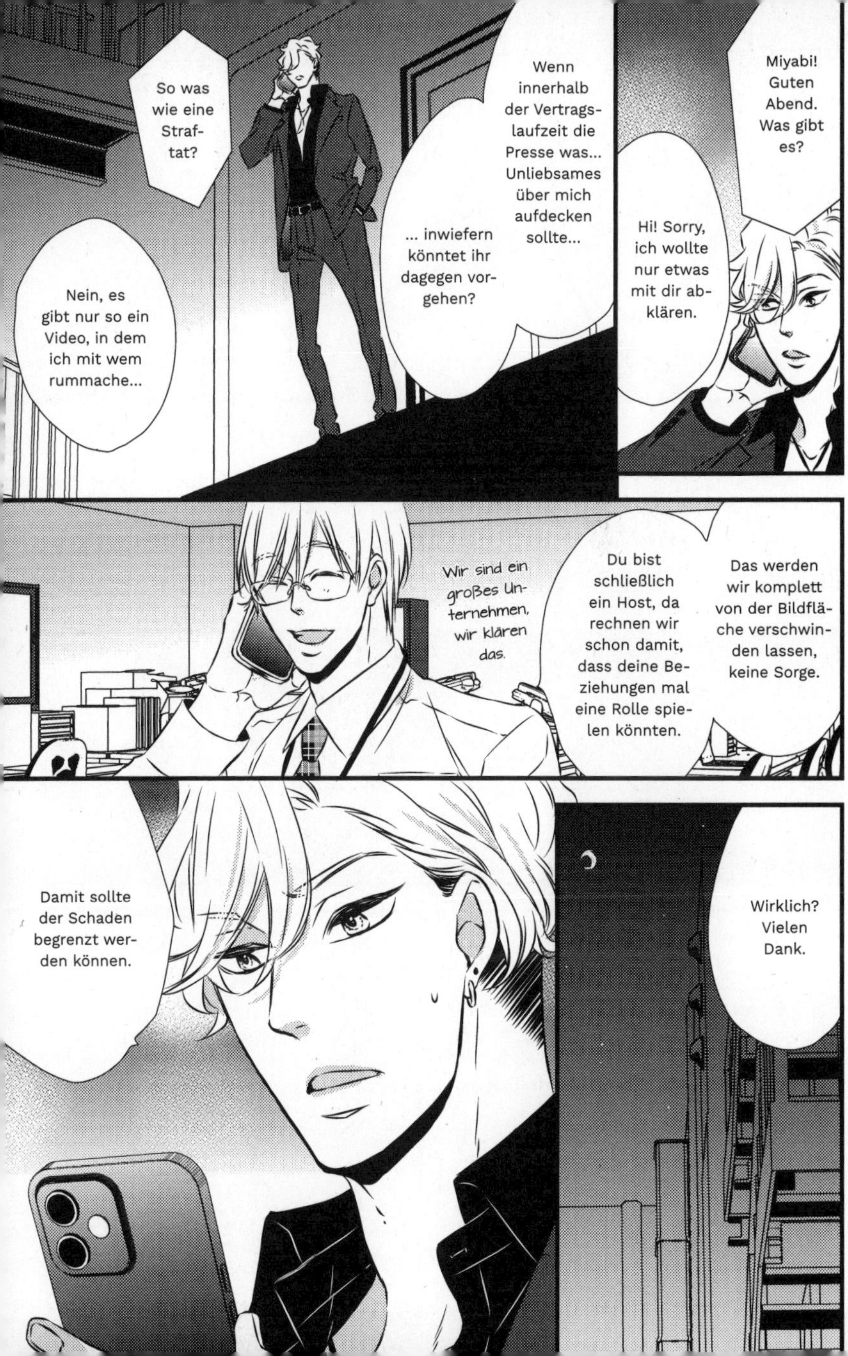

Miyabi! Guten Abend. Was gibt es?
Hi! Sorry, ich wollte nur etwas mit dir abklären.
Wenn innerhalb der Vertragslaufzeit die Presse was... Unliebsames über mich aufdecken sollte...
... inwiefern könntet ihr dagegen vorgehen?
So was wie eine Straftat?
Nein, es gibt nur so ein Video, in dem ich mit wem rummache...
Das werden wir komplett von der Bildfläche verschwinden lassen, keine Sorge.
Du bist schließlich ein Host, da rechnen wir schon damit, dass deine Beziehungen mal eine Rolle spielen könnten.
Wir sind ein großes Unternehmen, wir klären das.
Wirklich? Vielen Dank.
Damit sollte der Schaden begrenzt werden können.

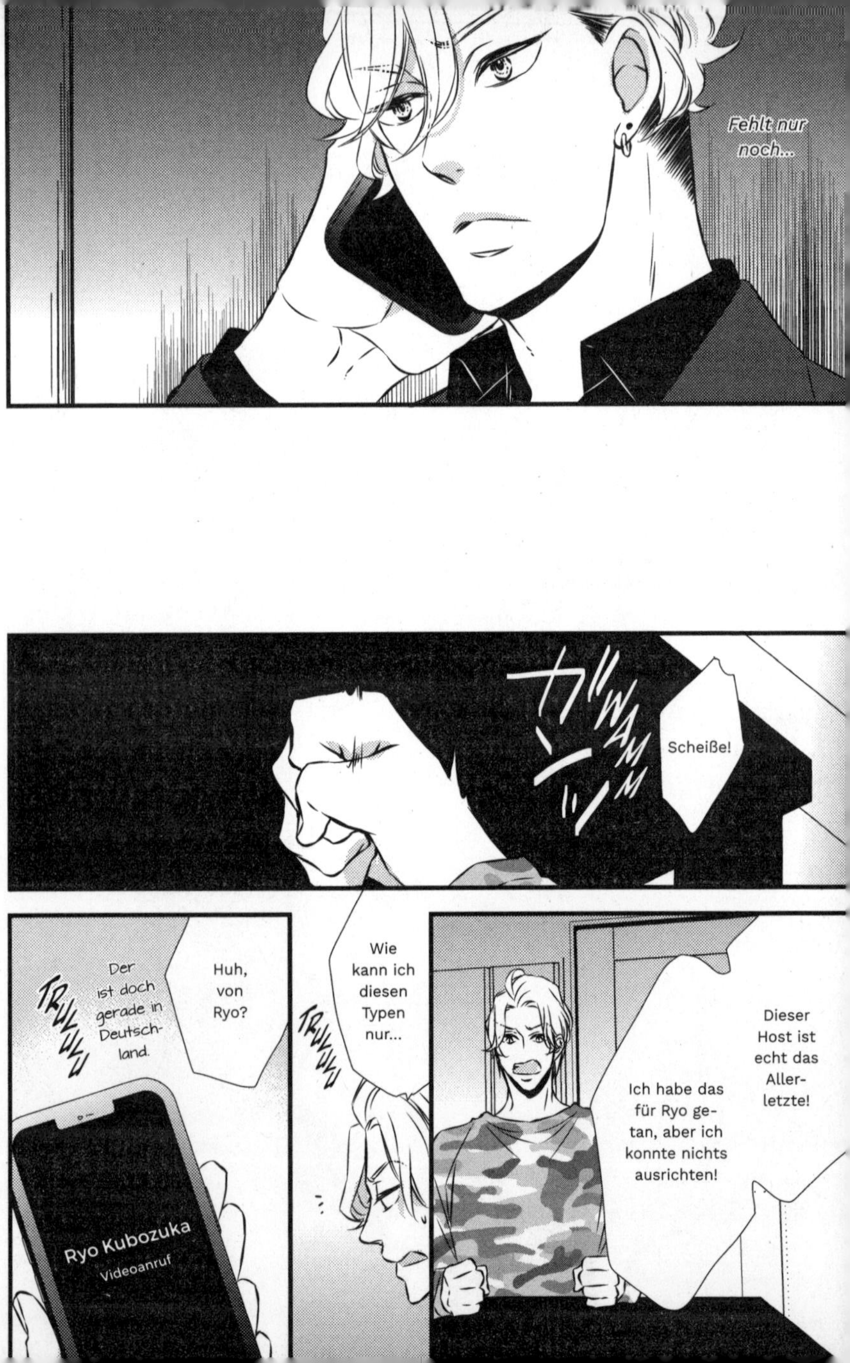

Fehlt nur noch...
WAMM
Scheiße!
Dieser Host ist echt das Allerletzte!
Ich habe das für Ryo getan, aber ich konnte nichts ausrichten!
Wie kann ich diesen Typen nur...
Huh, von Ryo?
Der ist doch gerade in Deutschland.
Ryo Kubozuka
Videoanruf

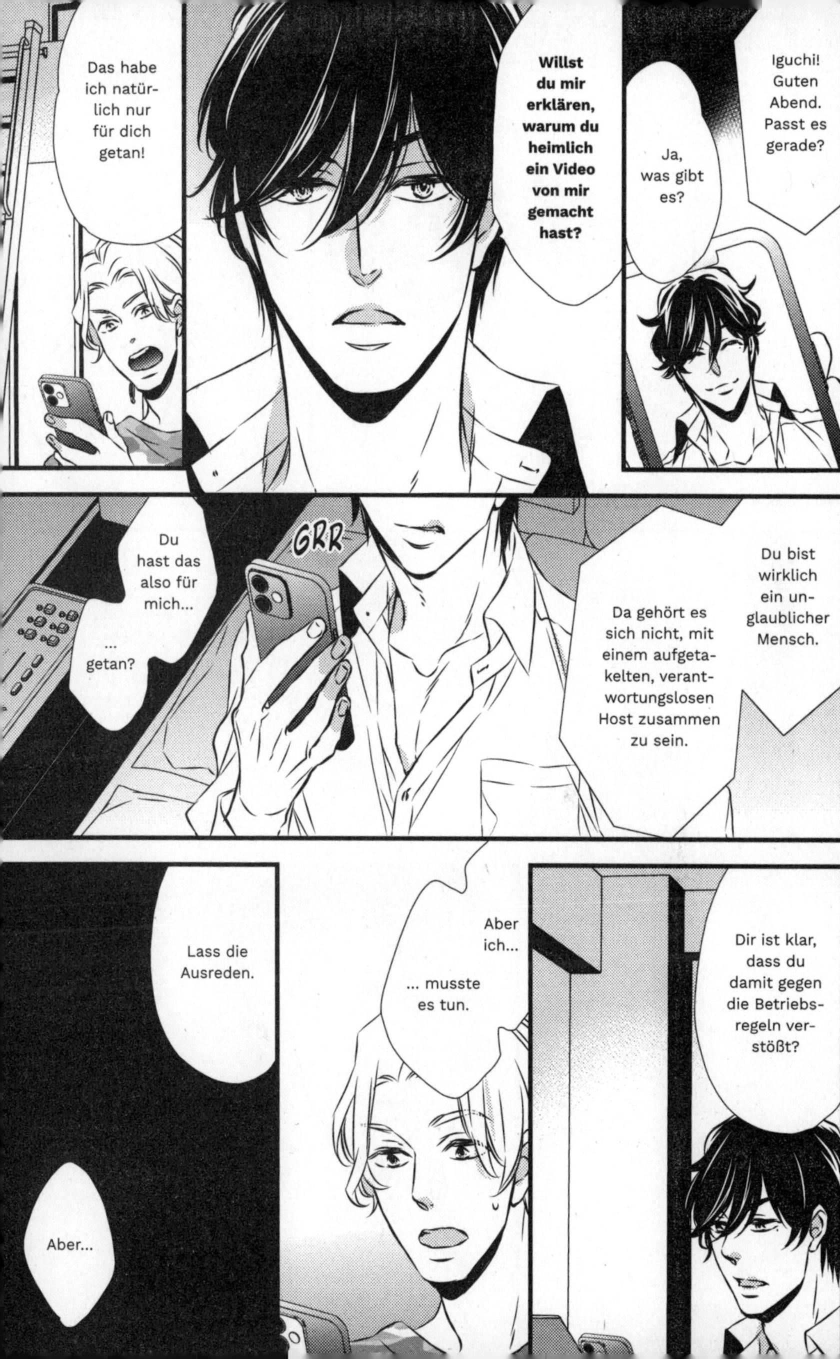
Iguchi! Guten Abend. Passt es gerade?
Ja, was gibt es?
Willst du mir erklären, warum du heimlich ein Video von mir gemacht hast?
Das habe ich natürlich nur für dich getan!
Du bist wirklich ein unglaublicher Mensch.
Da gehört es sich nicht, mit einem aufgetakelten, verantwortungslosen Host zusammen zu sein.
GRR
Du hast das also für mich...
... getan?
Dir ist klar, dass du damit gegen die Betriebsregeln verstößt?
Aber ich...
... musste es tun.
Lass die Ausreden.
Aber...

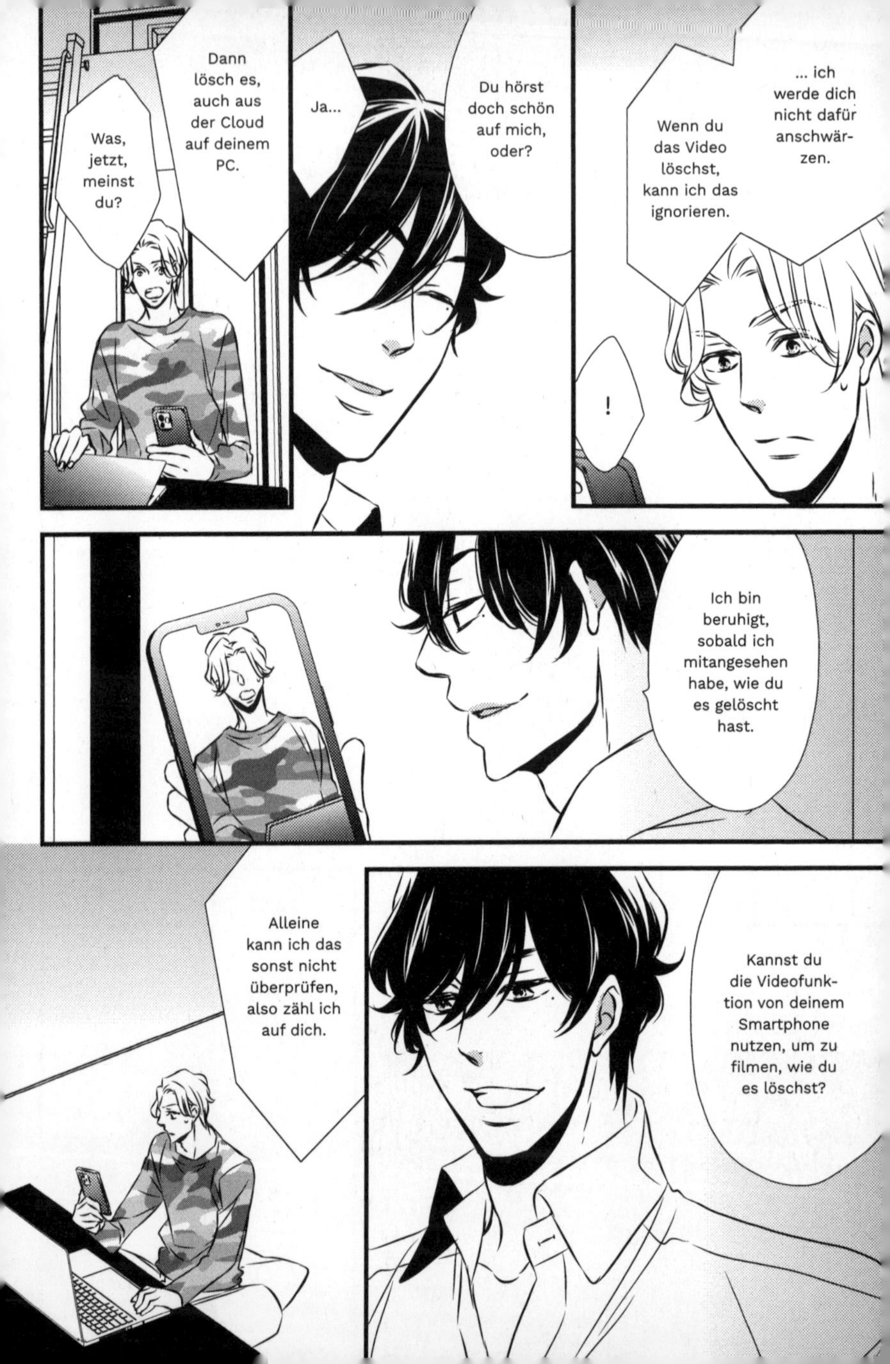

Wenn du das Video löschst, kann ich das ignorieren.
... ich werde dich nicht dafür anschwär-zen.
!
Du hörst doch schön auf mich, oder?
Ja...
Dann lösch es, auch aus der Cloud auf deinem PC.
Was, jetzt, meinst du?
Ich bin beruhigt, sobald ich mitangesehen habe, wie du es gelöscht hast.
Kannst du die Videofunk-tion von deinem Smartphone nutzen, um zu filmen, wie du es löschst?
Alleine kann ich das sonst nicht überprüfen, also zähl ich auf dich.

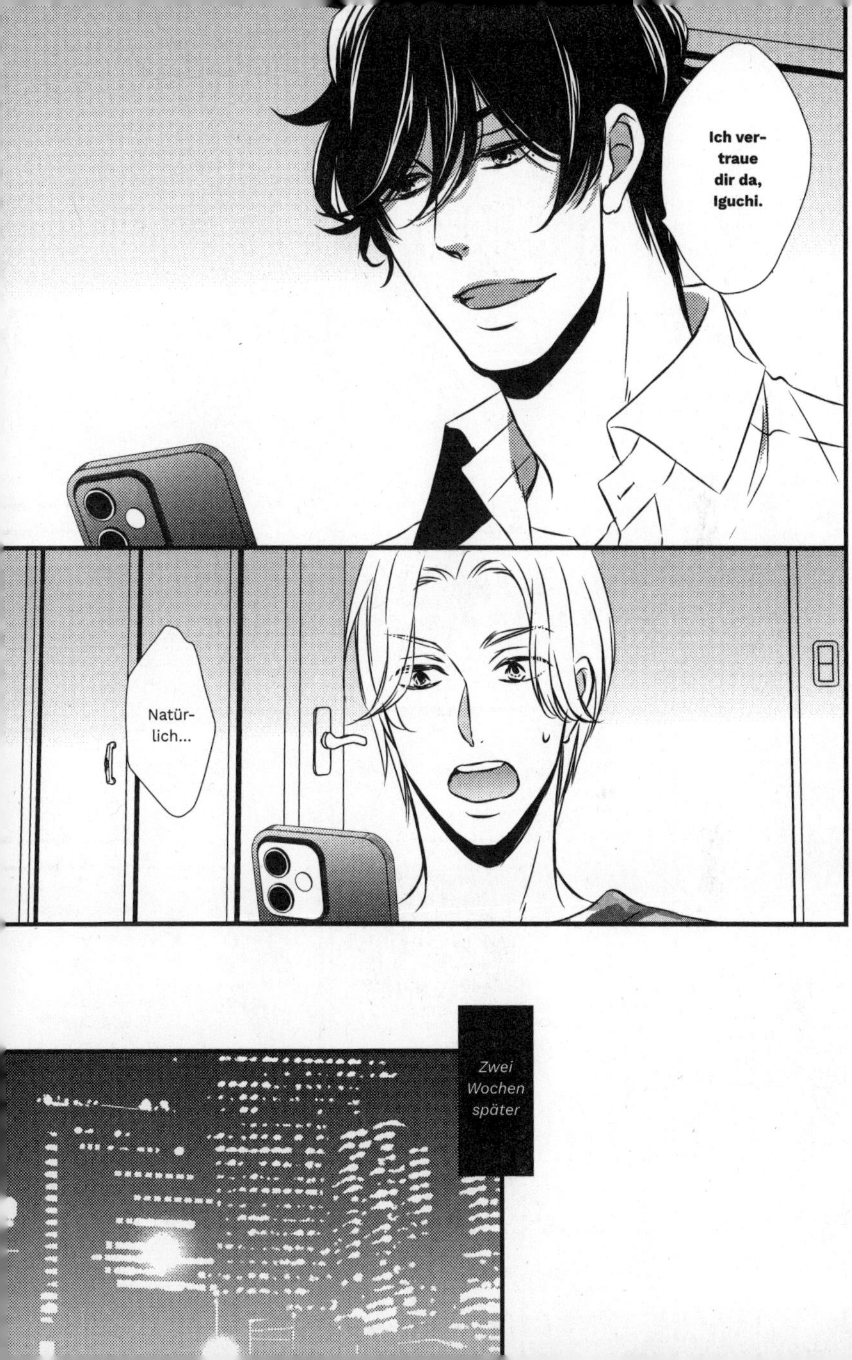

Ich vertraue dir da, Iguchi.
Natürlich...
Zwei Wochen später

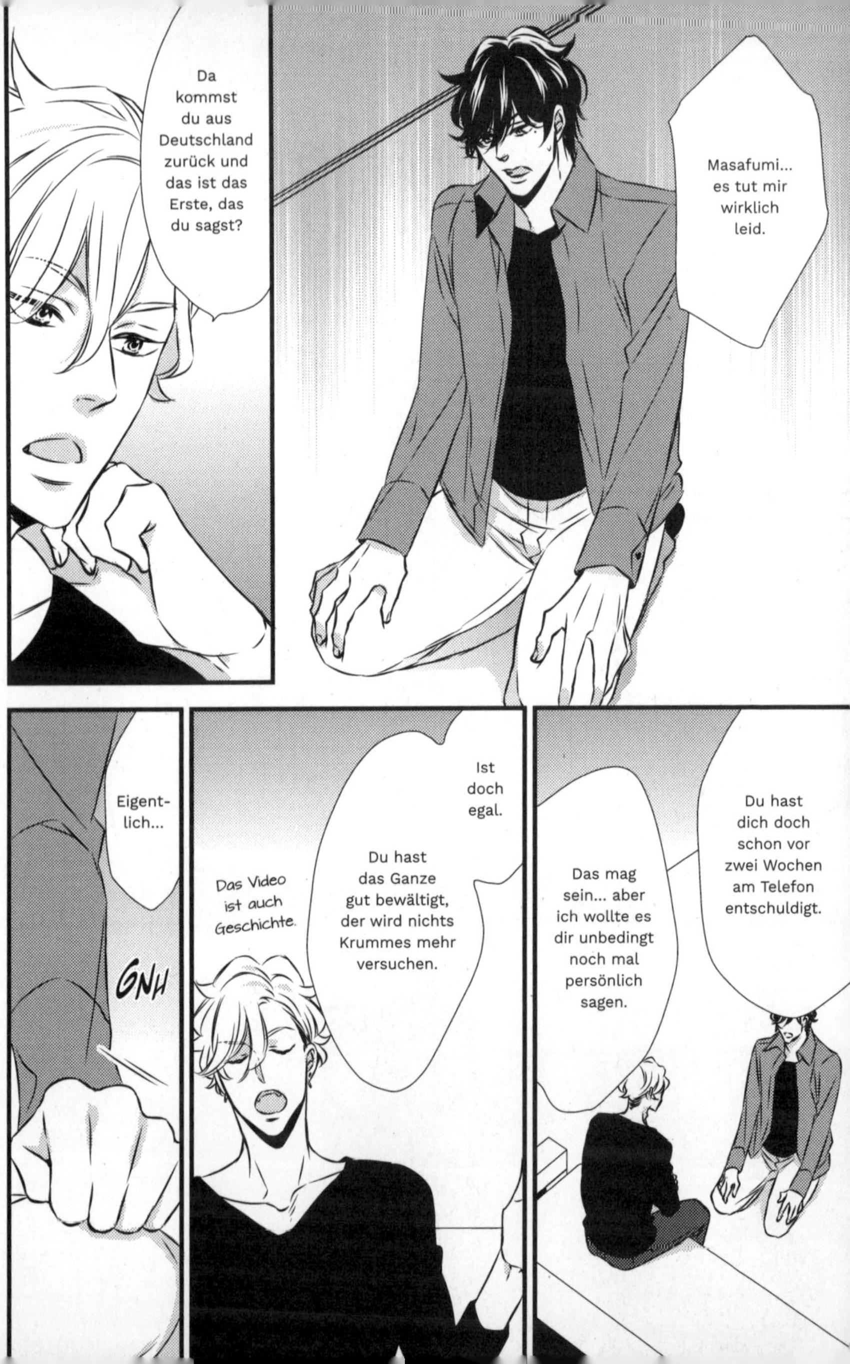
Masafumi... es tut mir wirklich leid.
Da kommst du aus Deutschland zurück und das ist das Erste, das du sagst?
Du hast dich doch schon vor zwei Wochen am Telefon entschuldigt.
Das mag sein... aber ich wollte es dir unbedingt noch mal persönlich sagen.
Ist doch egal.
Du hast das Ganze gut bewältigt, der wird nichts Krummes mehr versuchen.
Das Video ist auch Geschichte.
Eigent-lich...
GNH

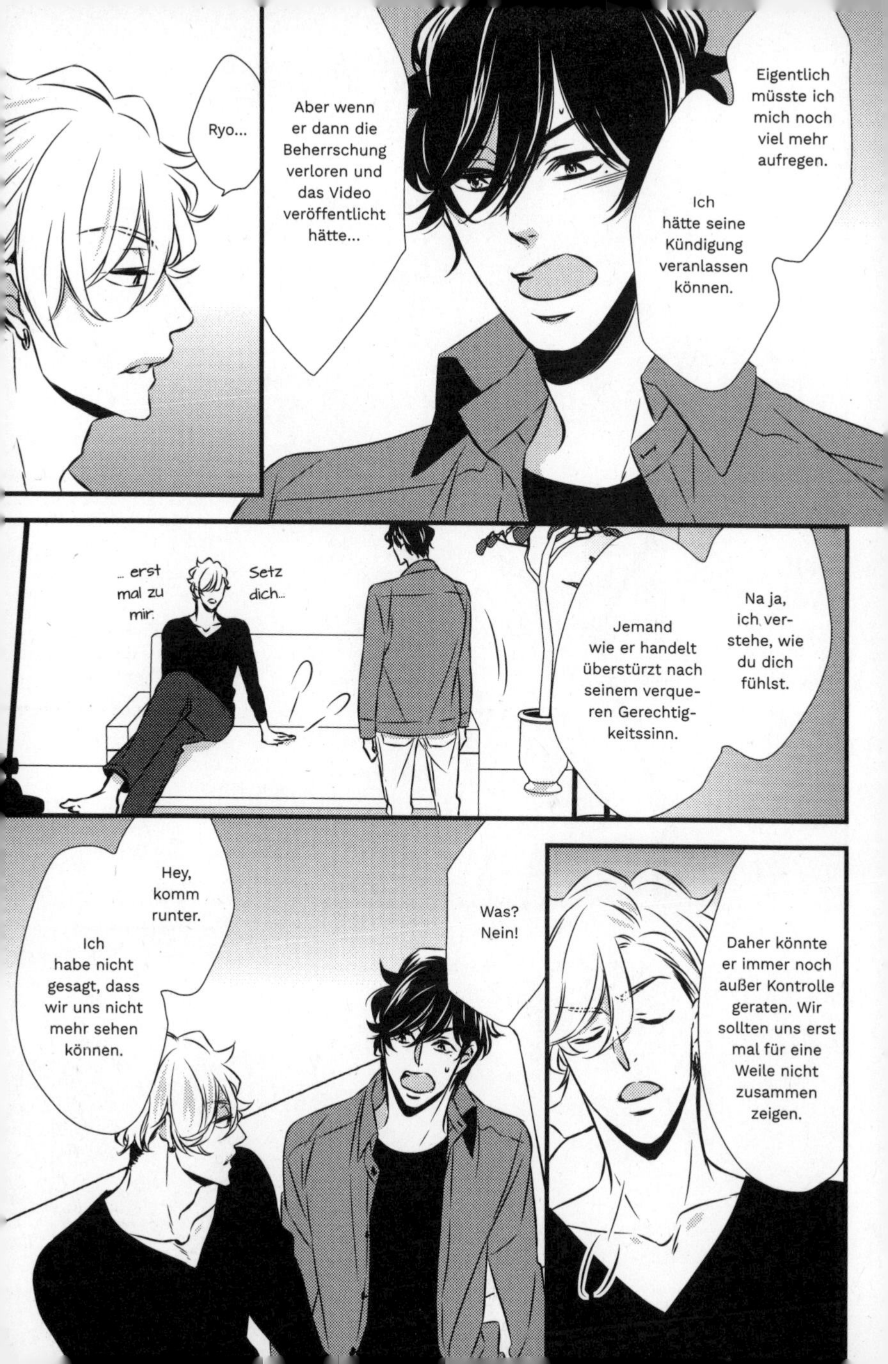

Eigentlich müsste ich mich noch viel mehr aufregen.
Ich hätte seine Kündigung veranlassen können.
Aber wenn er dann die Beherrschung verloren und das Video veröffentlicht hätte...
Ryo...
Na ja, ich verstehe, wie du dich fühlst.
Jemand wie er handelt überstürzt nach seinem verqueren Gerechtigkeitssinn.
Setz dich...
... erst mal zu mir.
Daher könnte er immer noch außer Kontrolle geraten. Wir sollten uns erst mal für eine Weile nicht zusammen zeigen.
Was? Nein!
Hey, komm runter.
Ich habe nicht gesagt, dass wir uns nicht mehr sehen können.

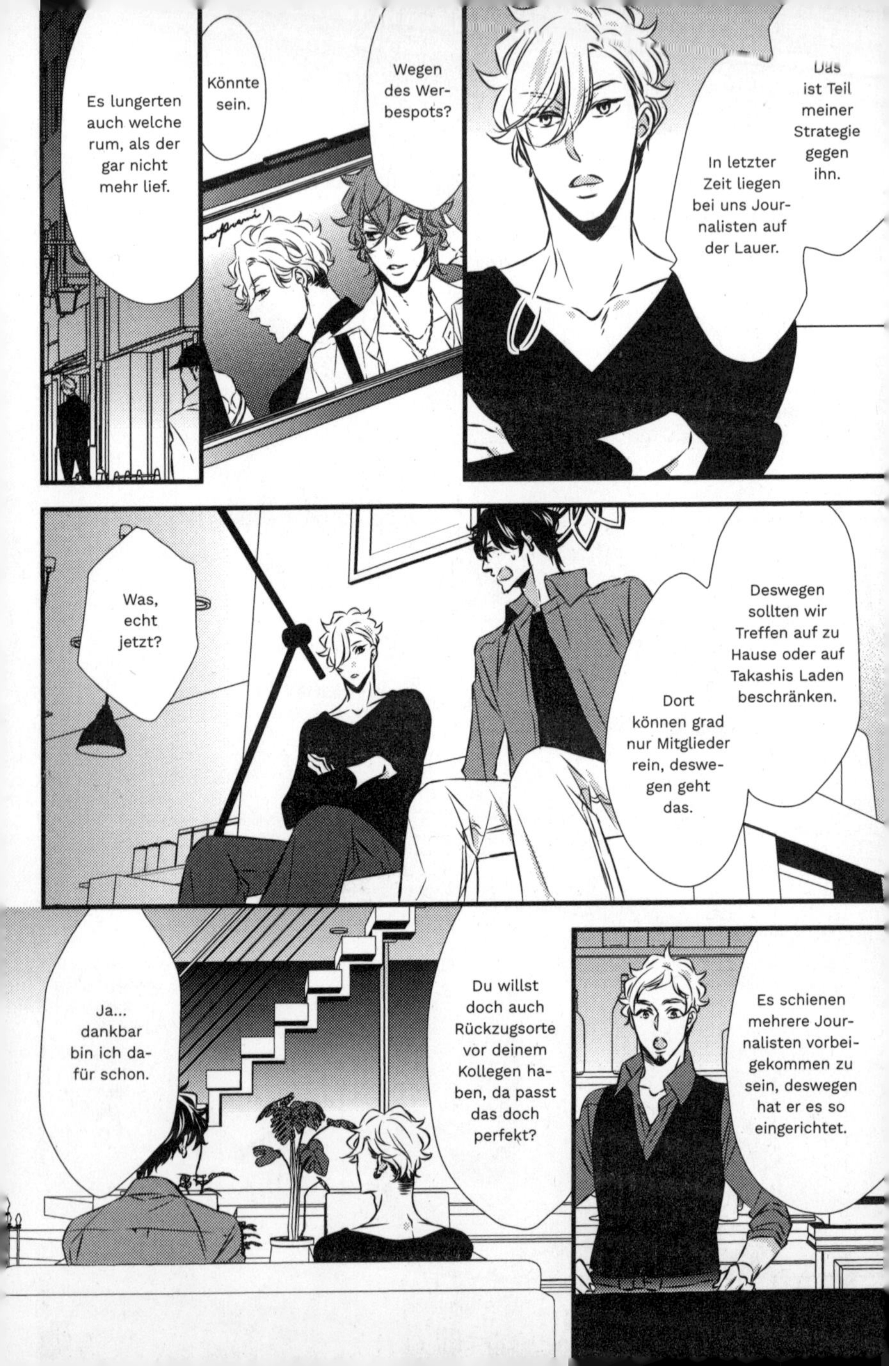
Das ist Teil meiner Strategie gegen ihn.
In letzter Zeit liegen bei uns Journalisten auf der Lauer.
Wegen des Werbespots?
Könnte sein.
Es lungerten auch welche rum, als der gar nicht mehr lief.
Deswegen sollten wir Treffen auf zu Hause oder auf Takashis Laden beschränken.
Dort können grad nur Mitglieder rein, deswegen geht das.
Was, echt jetzt?
Es schienen mehrere Journalisten vorbeigekommen zu sein, deswegen hat er es so eingerichtet.
Du willst doch auch Rückzugsorte vor deinem Kollegen haben, da passt das doch perfekt?
Ja... dankbar bin ich dafür schon.

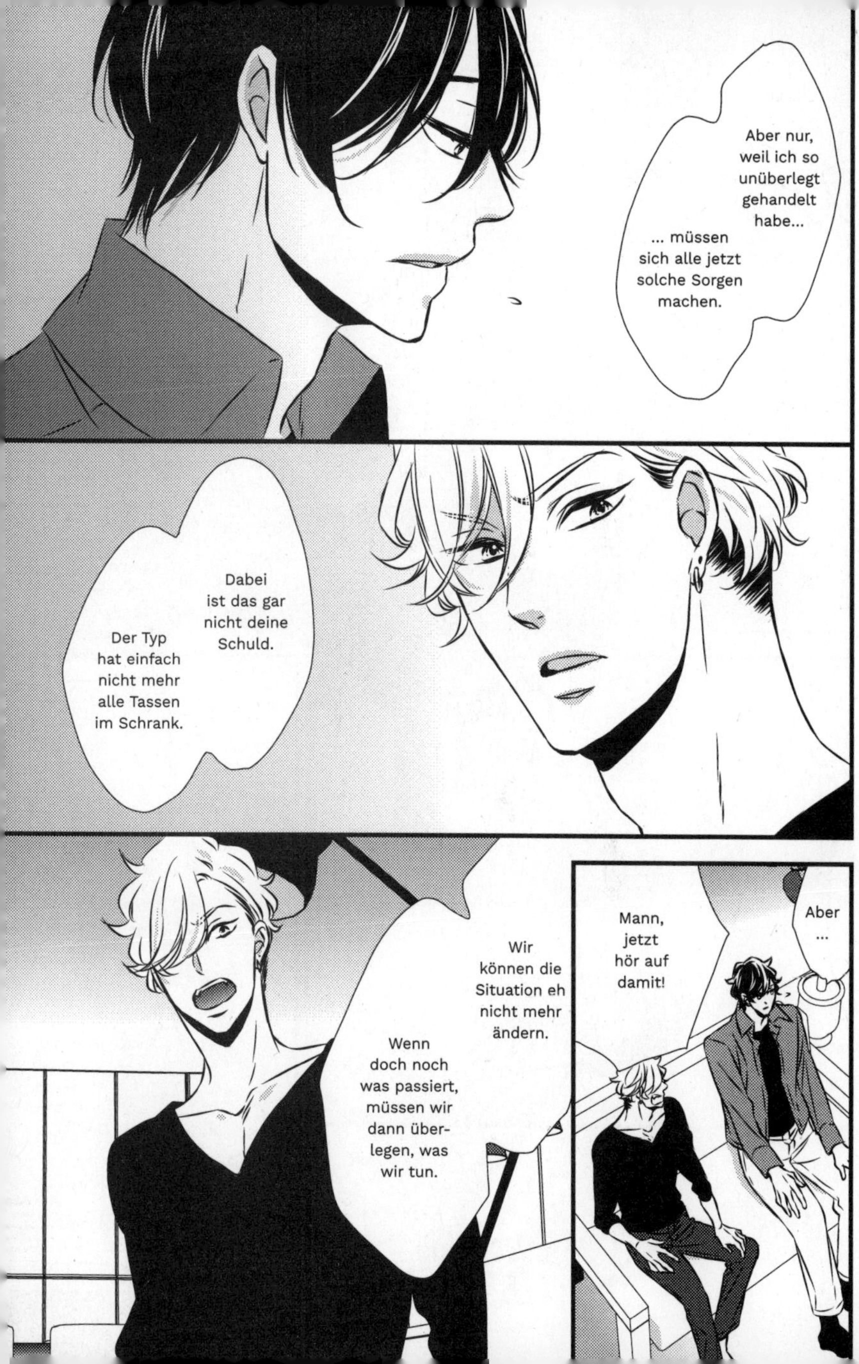
Aber nur, weil ich so unüberlegt gehandelt habe...
... müssen sich alle jetzt solche Sorgen machen.
Dabei ist das gar nicht deine Schuld.
Der Typ hat einfach nicht mehr alle Tassen im Schrank.
Aber ...
Mann, jetzt hör auf damit!
Wir können die Situation eh nicht mehr ändern.
Wenn doch noch was passiert, müssen wir dann überlegen, was wir tun.

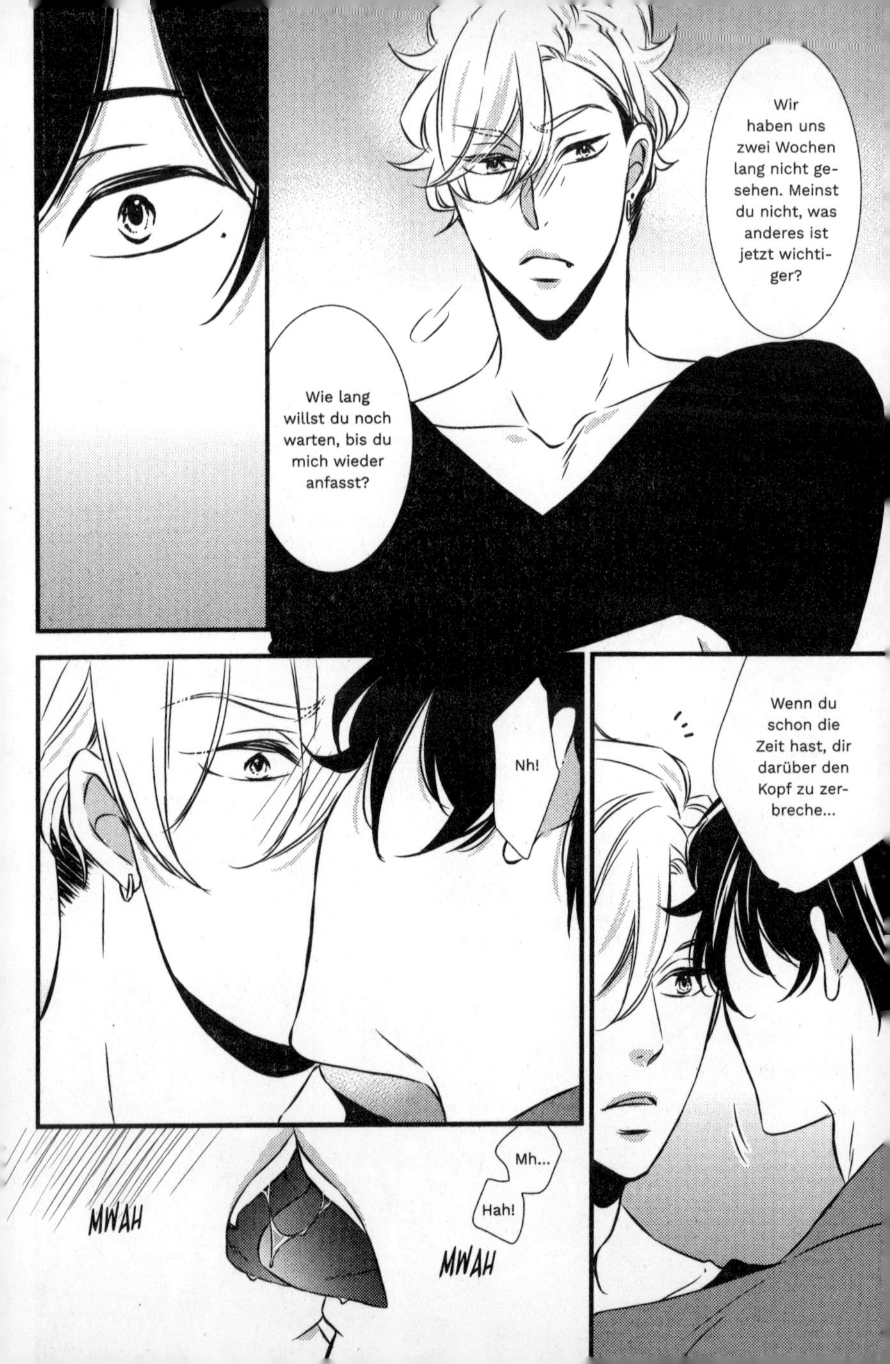
Wir haben uns zwei Wochen lang nicht ge-sehen. Meinst du nicht, was anderes ist jetzt wichti-ger?
Wie lang willst du noch warten, bis du mich wieder anfasst?
Wenn du schon die Zeit hast, dir darüber den Kopf zu zer-breche...
Nh!
Mh...
Hah!
MWAH
MWAH

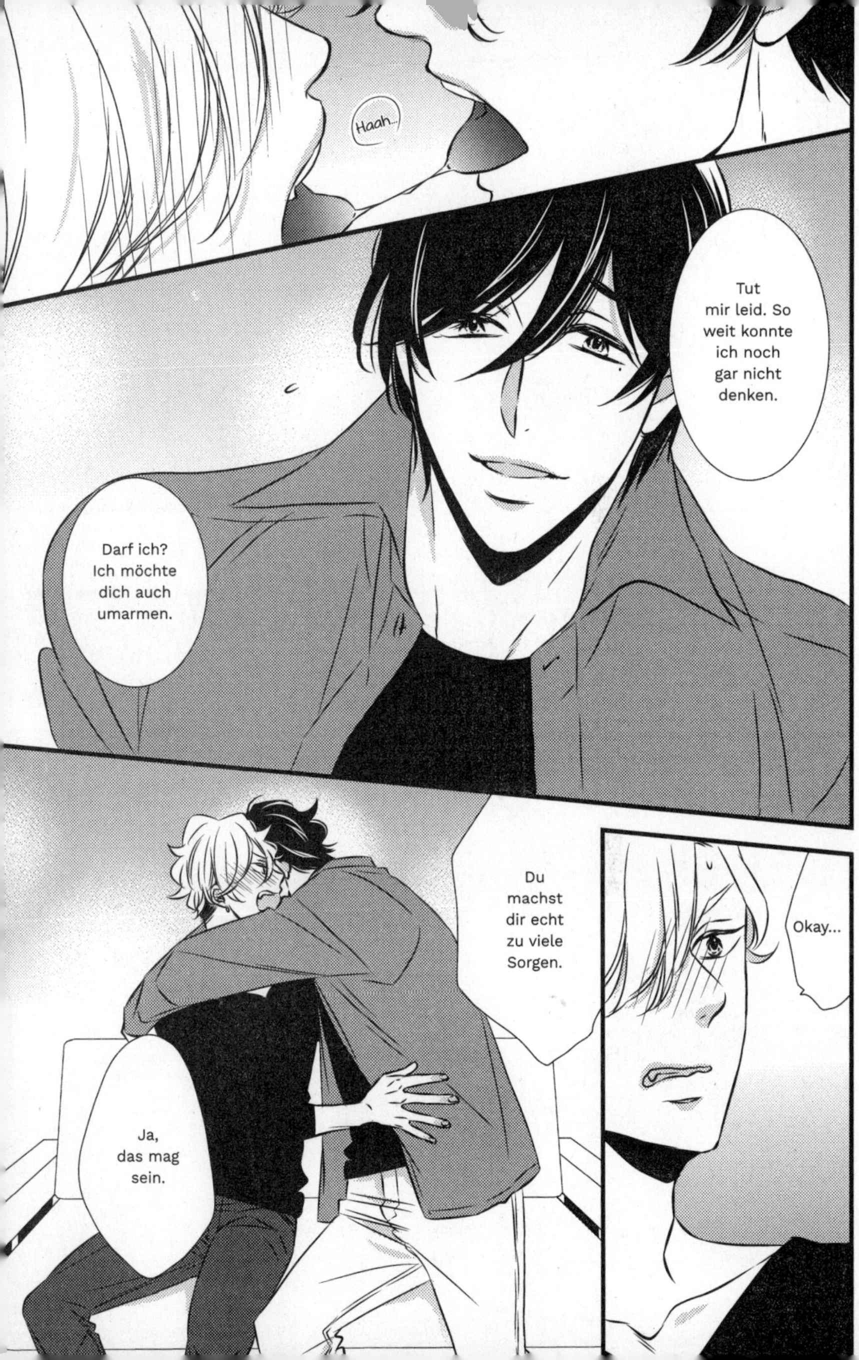
Haah...
Tut mir leid. So weit konnte ich noch gar nicht denken.
Darf ich? Ich möchte dich auch umarmen.
Okay...
Du machst dir echt zu viele Sorgen.
Ja, das mag sein.

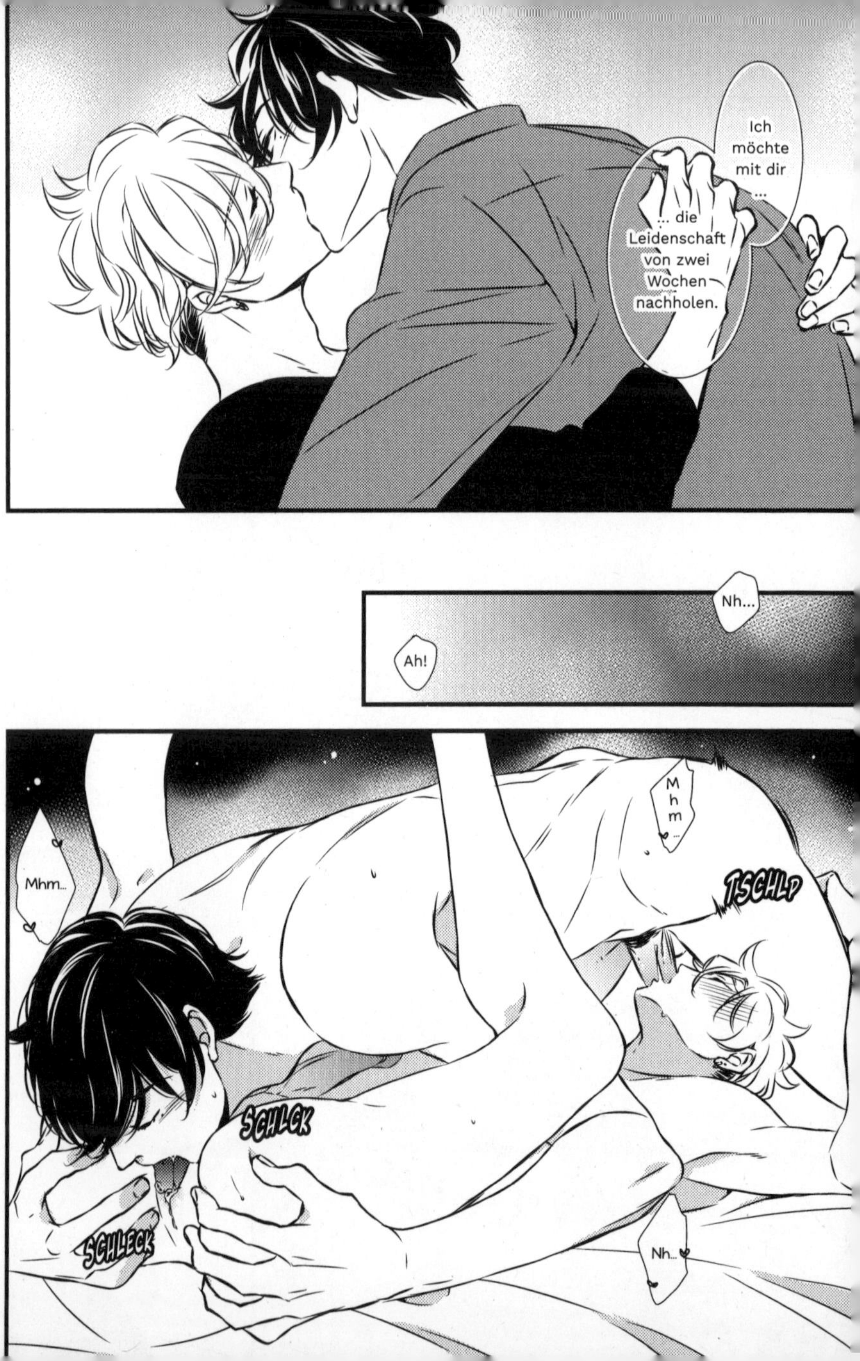
Ich möchte mit dir ...
... die Leidenschaft von zwei Wochen nachholen.
Nh...
Ah!
Mhm...
TSCHLP
Mhm...
Nh...
SCHLCK
SCHLECK

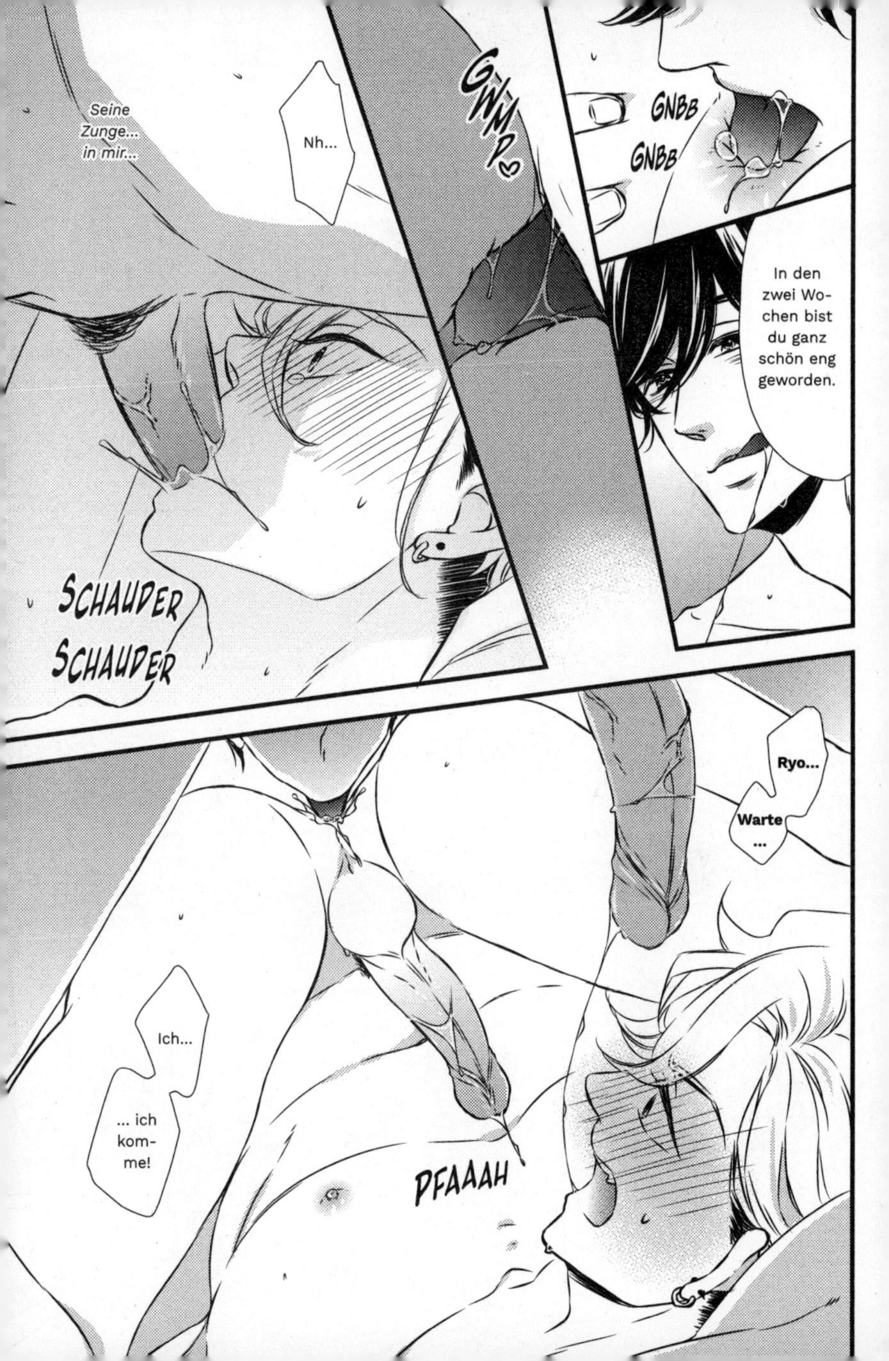

GNBB
GNBB
In den zwei Wochen bist du ganz schön eng geworden.
GWMP♡
Nh...
Seine Zunge... in mir...
SCHAUDER
SCHAUDER
Ryo...
Warte ...
PFAAAH
Ich...
... ich kom-me!

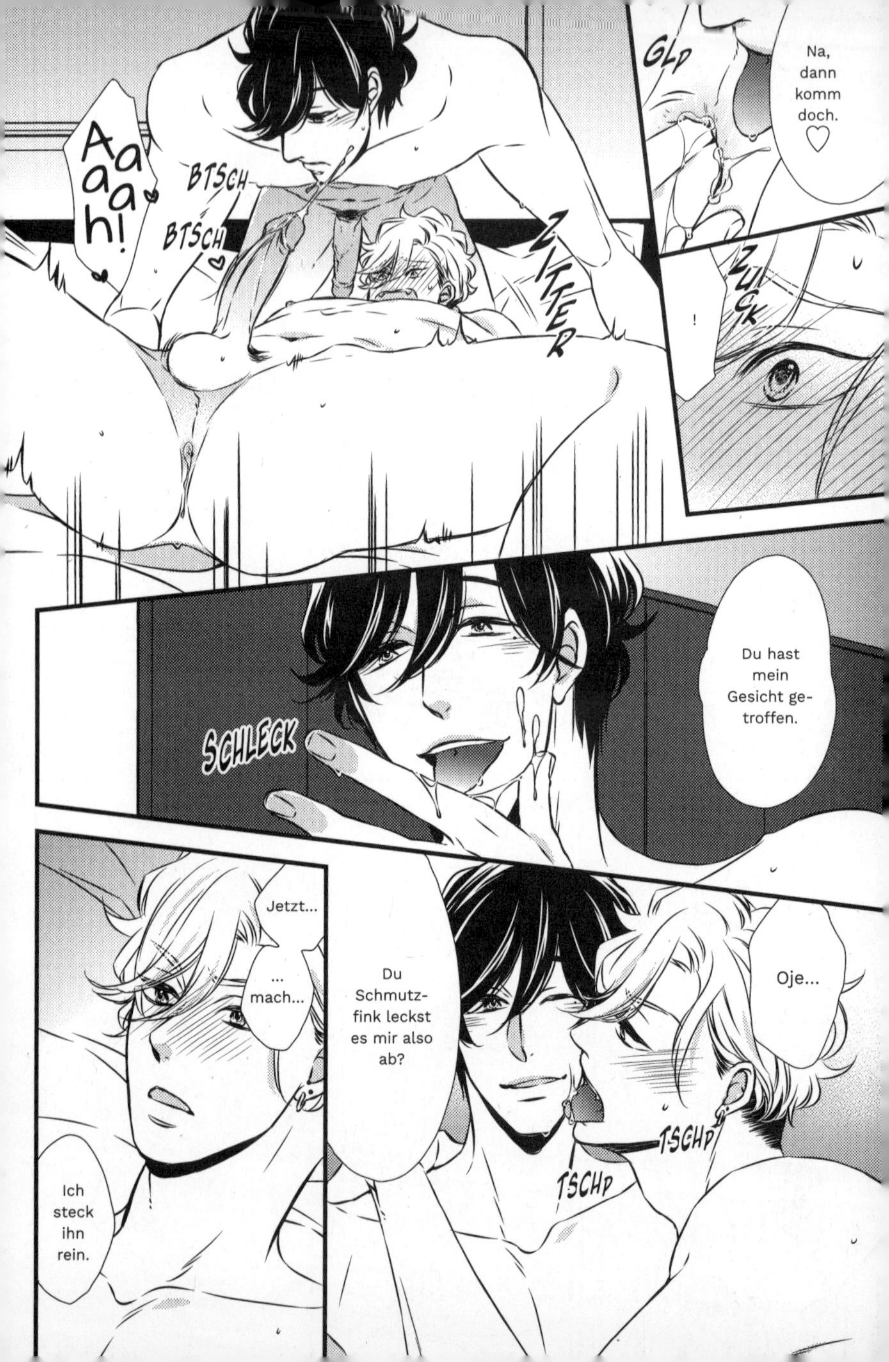
GLP
Na, dann komm doch. ♡
ZUCK
!
ZITTER
BTSCH
BTSCH
Aaaah!
Du hast mein Gesicht getroffen.
SCHLECK
Oje...
TSCHP
TSCHP
Du Schmutzfink leckst es mir also ab?
Jetzt...
... mach...
Ich steck ihn rein.

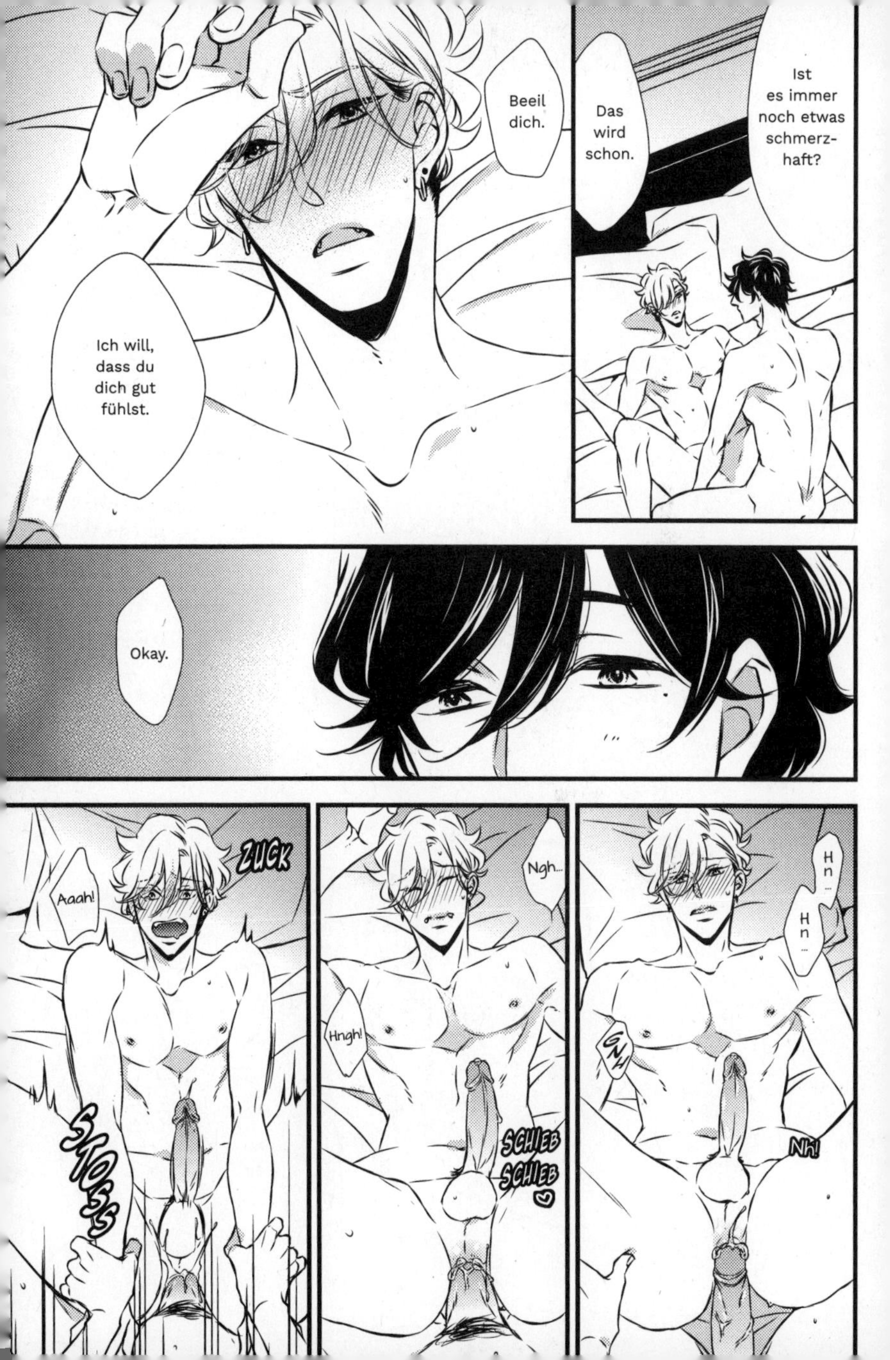
Ist es immer noch etwas schmerz-haft?
Das wird schon.
Beeil dich.
Ich will, dass du dich gut fühlst.
Okay.
Hn...
Hn...
GNH
NH!
Ngh...
Hngh!
SCHIEB SCHIEB
ZUCK
Aaah!
STOSS

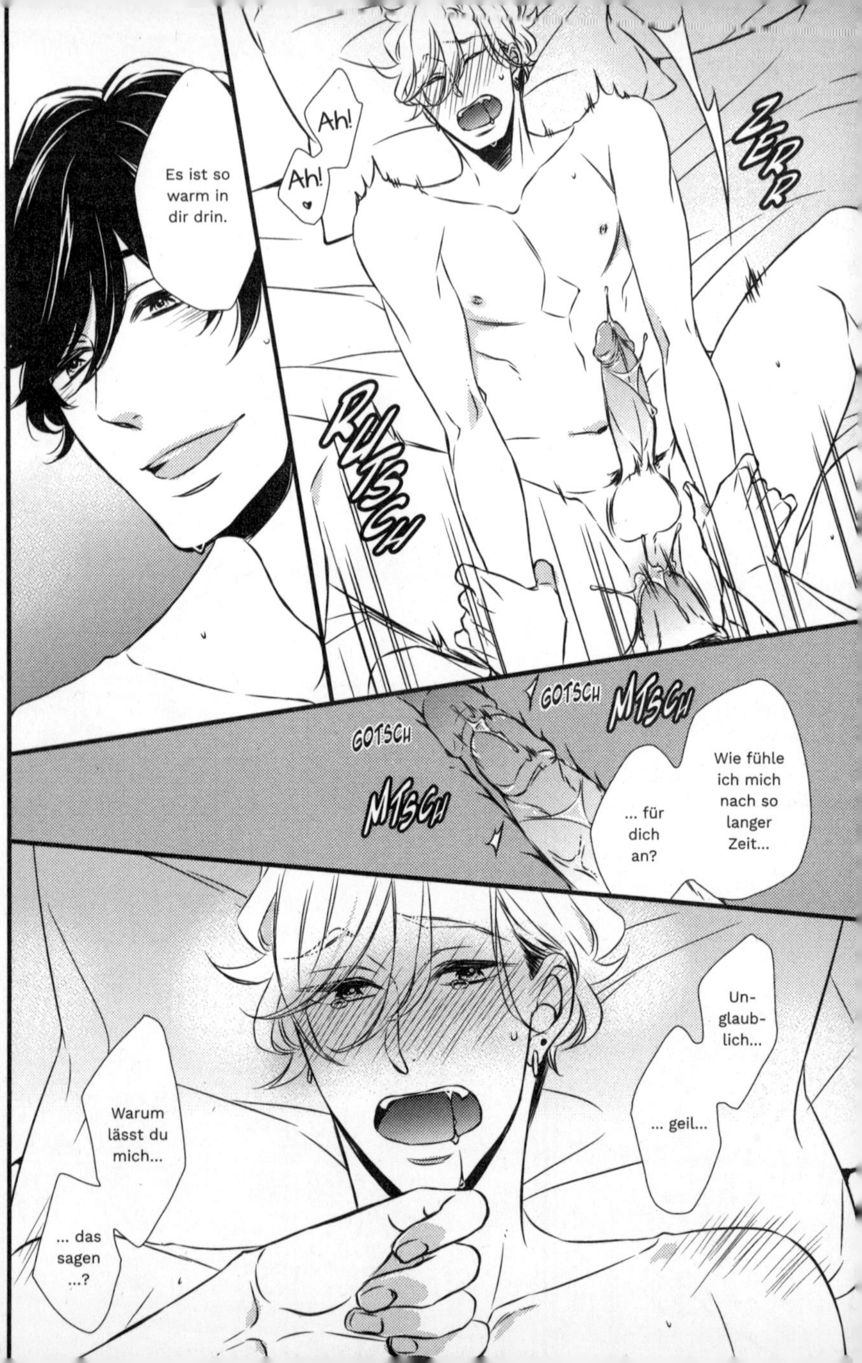
Ah!
Ah!
ZERR
RUTSCH
Es ist so warm in dir drin.
GOTSCH
MTSCH
Wie fühle ich mich nach so langer Zeit...
... für dich an?
GOTSCH
MTSCH
Un-glaub-lich...
... geil...
Warum lässt du mich...
... das sagen ...?

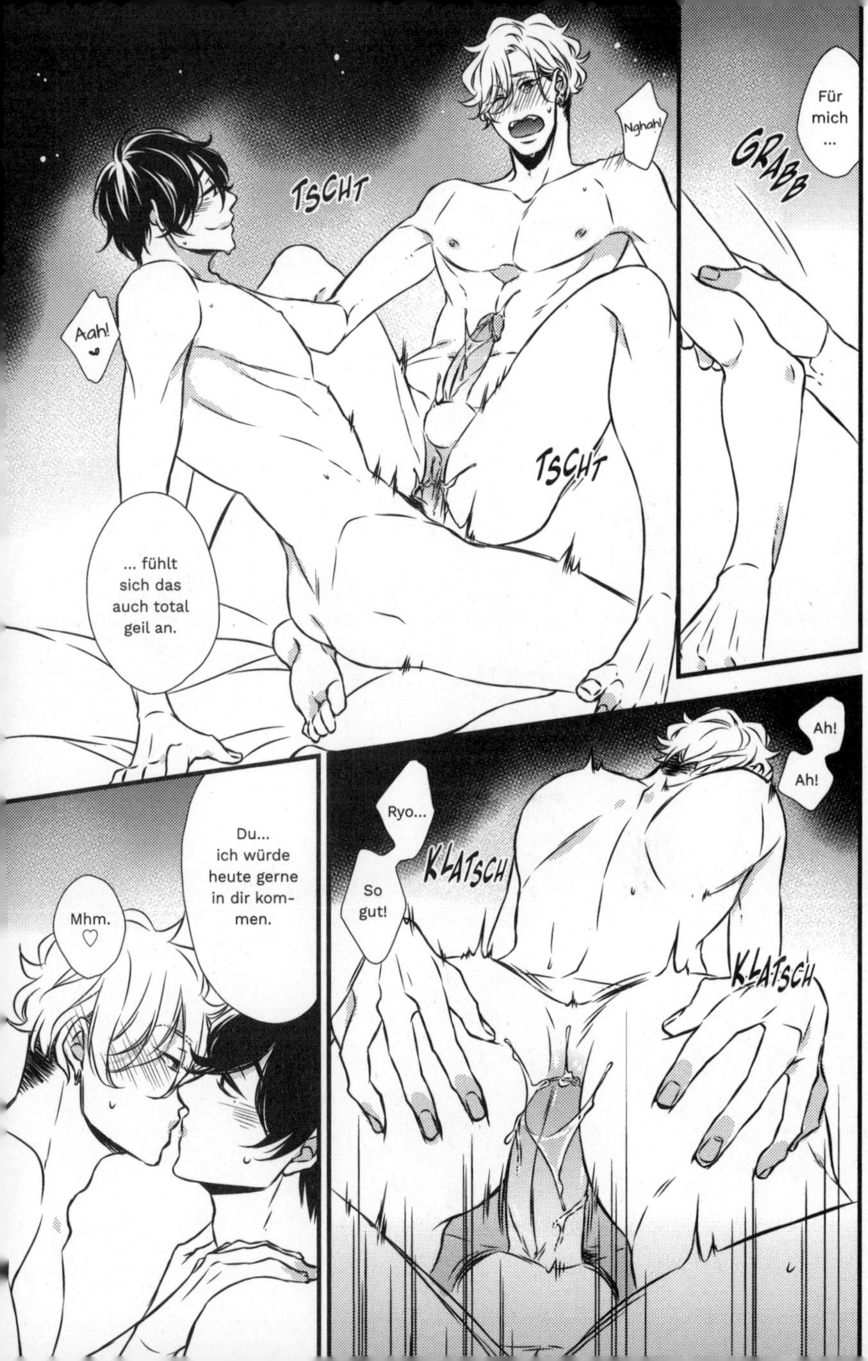

Für mich ...
GRABB
Nghah!
TSCHT
Aah! ♥
TSCHT
... fühlt sich das auch total geil an.
Ah!
Ah!
Ryo...
So gut!
KLATSCH
KLATSCH
Du... ich würde heute gerne in dir kom-men.
Mhm. ♡

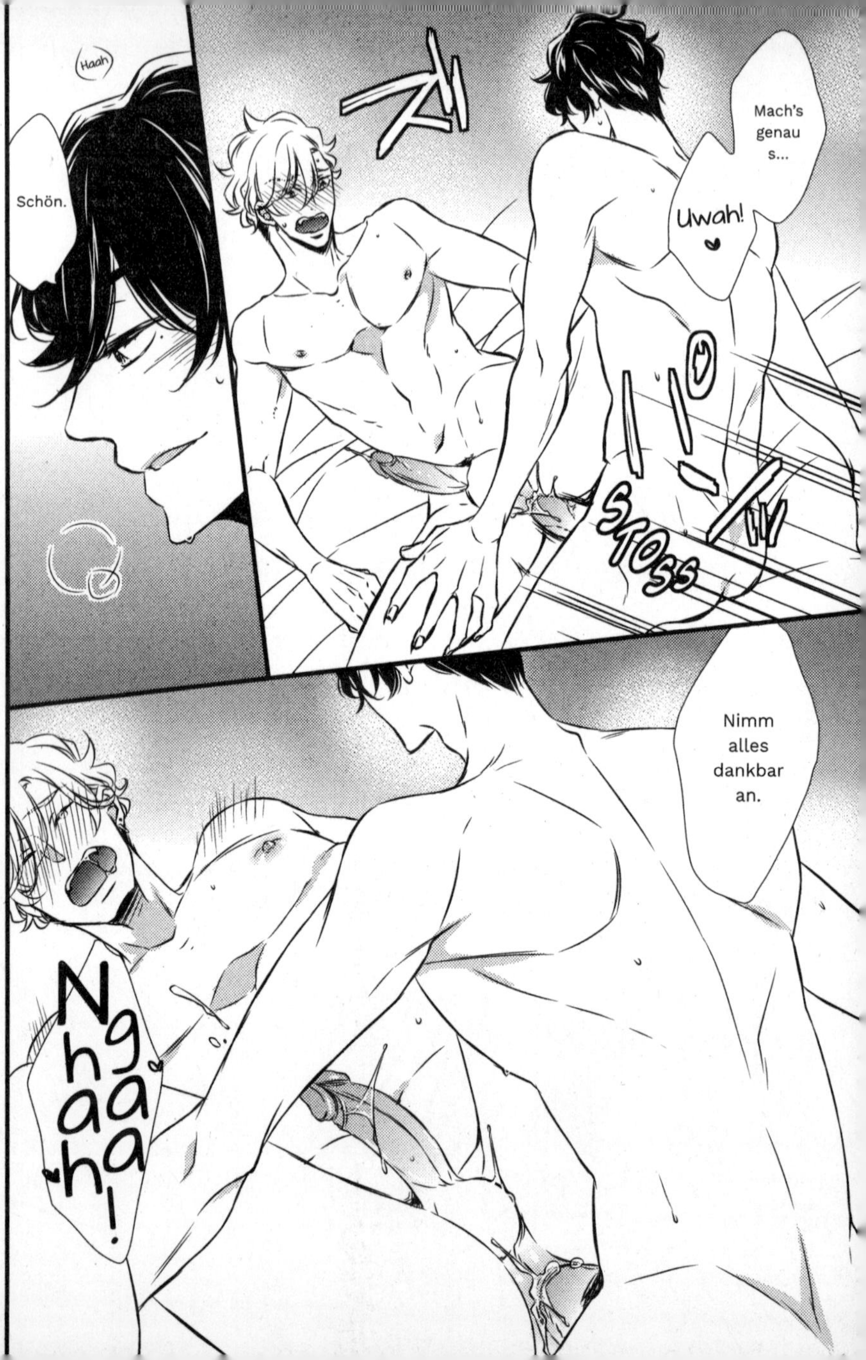

Mach's genau s...
Uwah!
STOSS
Haah
Schön.
Nimm alles dankbar an.
Nghaaah!

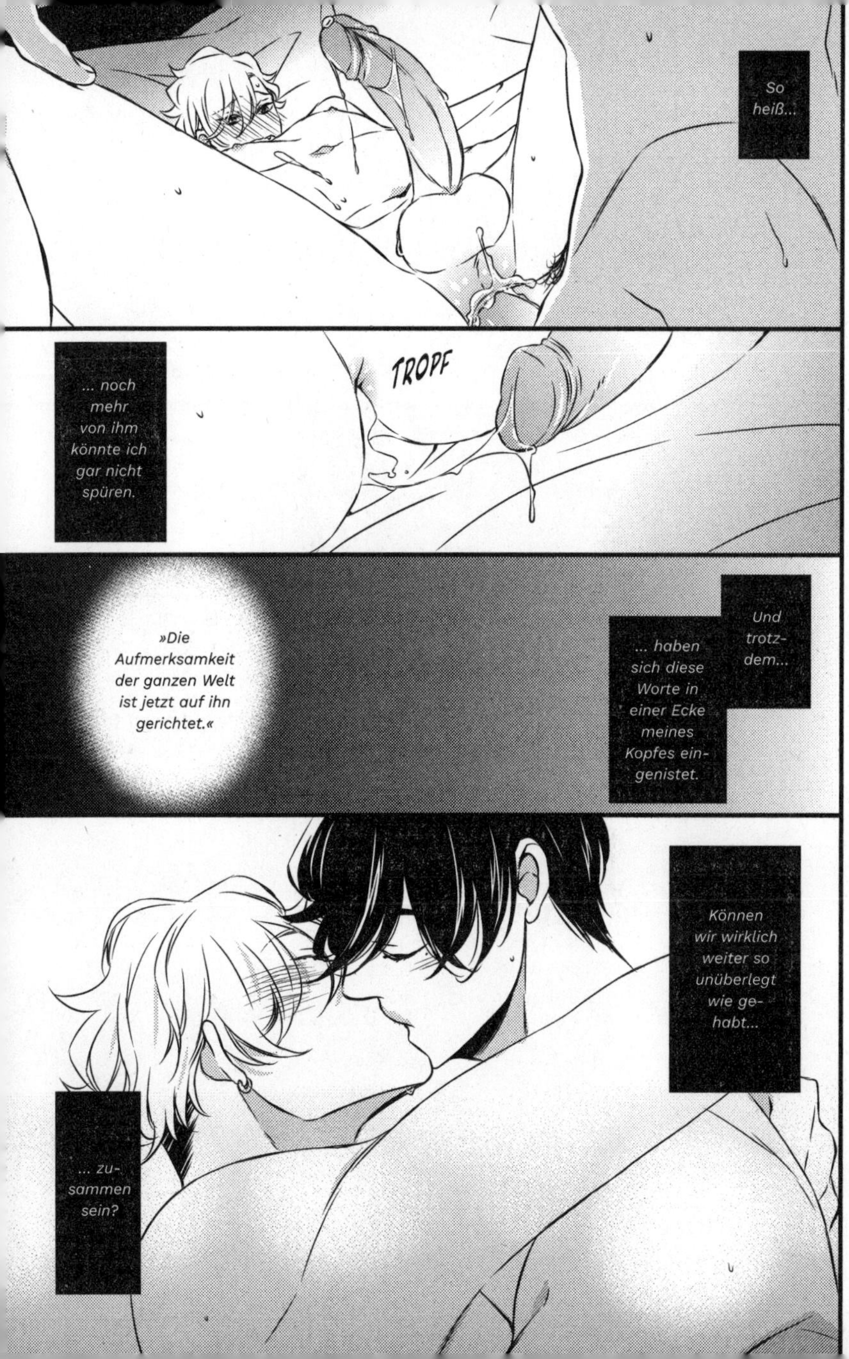
So heiß...
TROPF
... noch mehr von ihm könnte ich gar nicht spüren.
Und trotzdem...
... haben sich diese Worte in einer Ecke meines Kopfes eingenistet.
»Die Aufmerksamkeit der ganzen Welt ist jetzt auf ihn gerichtet.«
Können wir wirklich weiter so unüberlegt wie gehabt...
... zusammen sein?

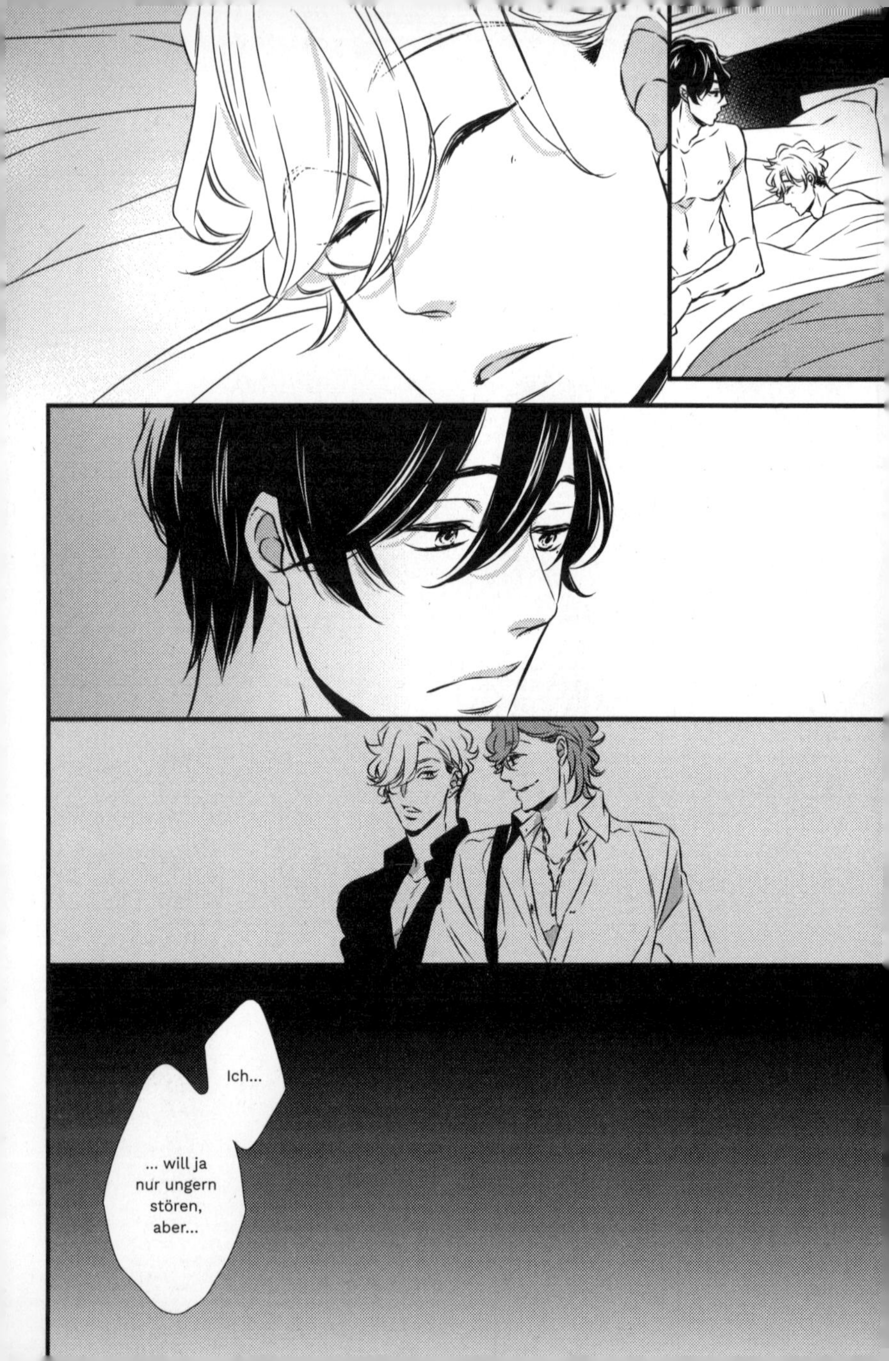
Ich...
... will ja nur ungern stören, aber...

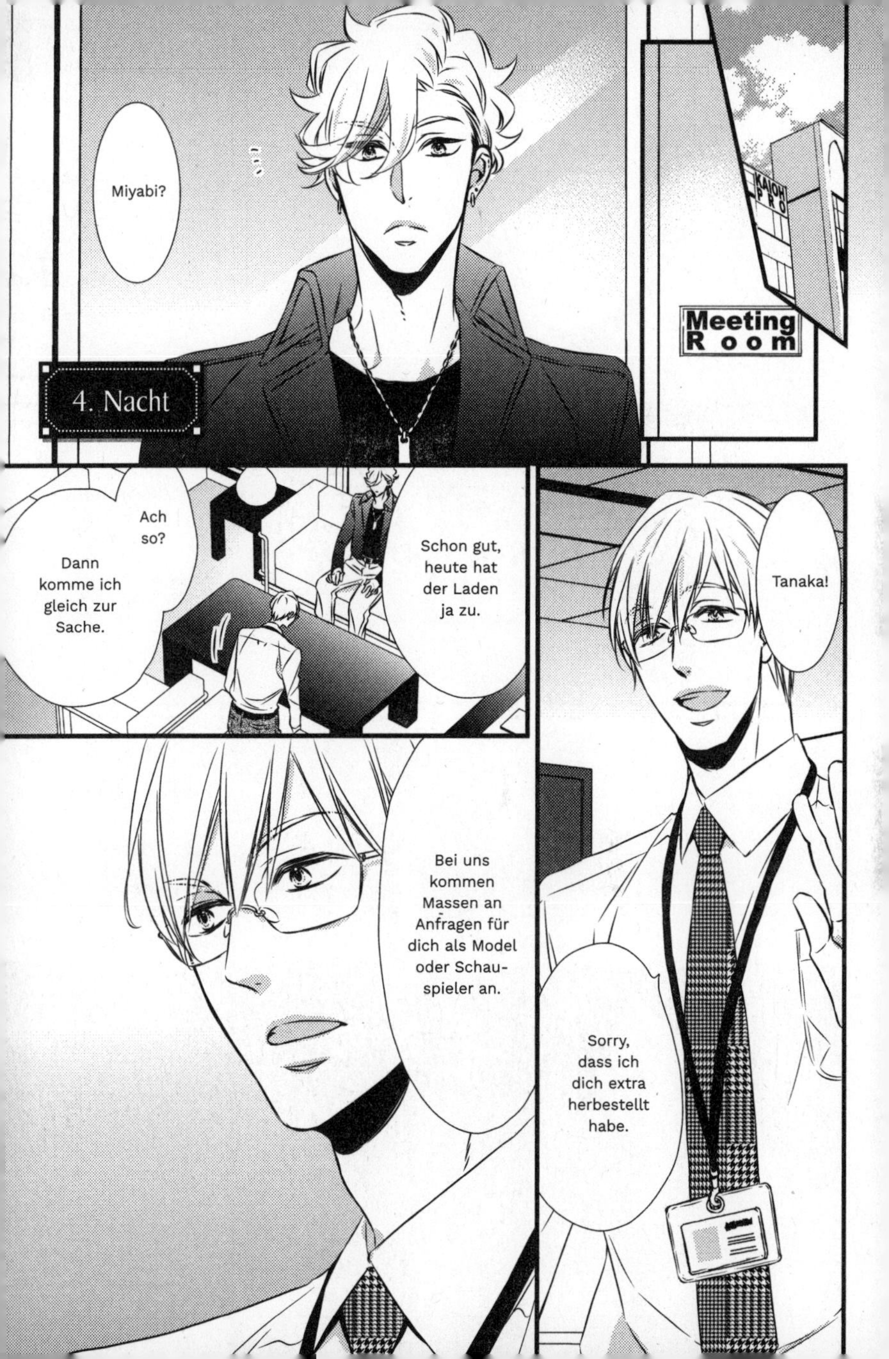

4. Nacht
Miyabi?
...
KAIOH PRO
Meeting Room
Tanaka!
Sorry, dass ich dich extra herbestellt habe.
Schon gut, heute hat der Laden ja zu.
Ach so?
Dann komme ich gleich zur Sache.
Bei uns kommen Massen an Anfragen für dich als Model oder Schauspieler an.

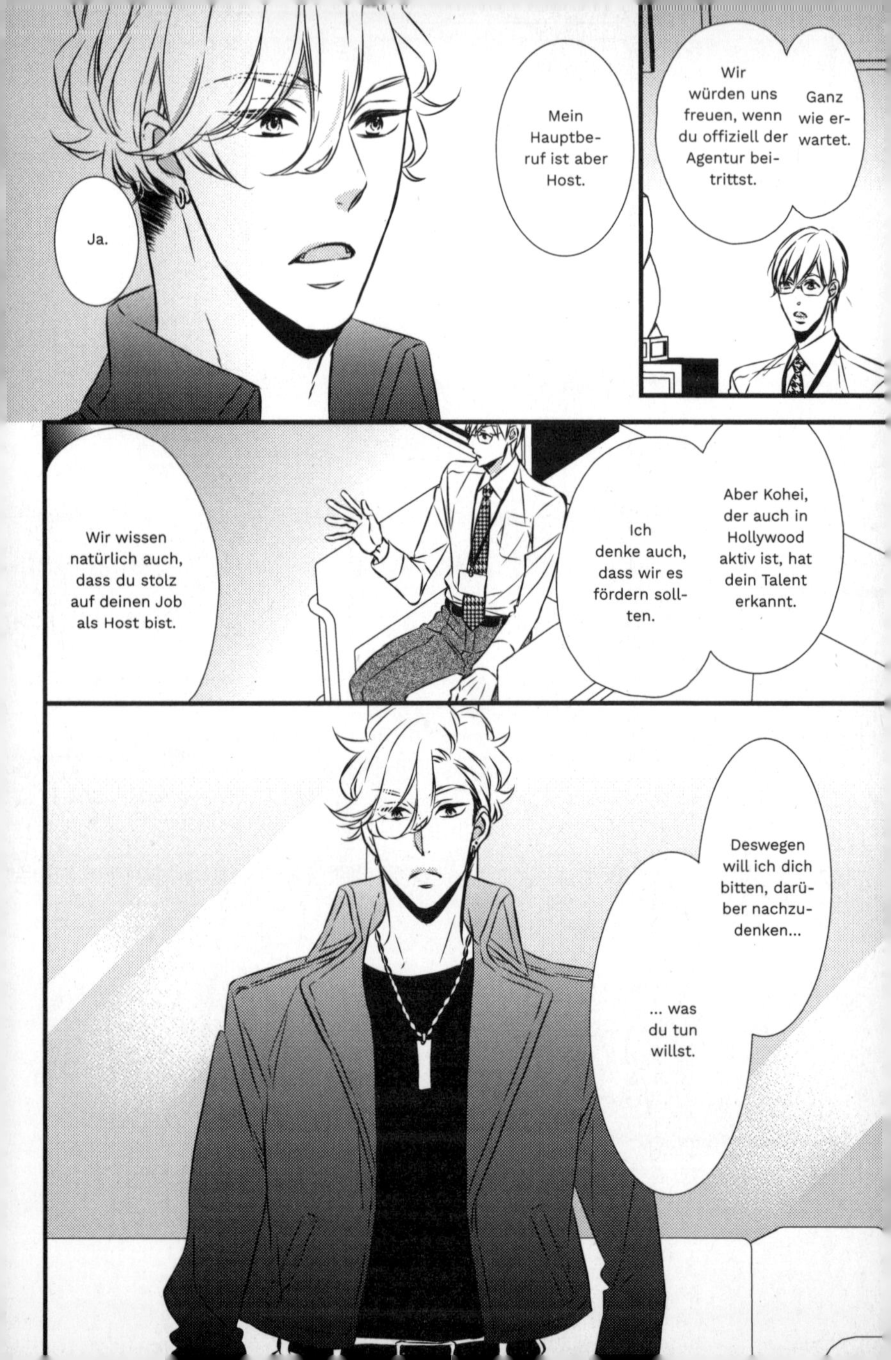

Ganz wie erwartet.
Wir würden uns freuen, wenn du offiziell der Agentur beitrittst.
Mein Hauptberuf ist aber Host.
Ja.
Aber Kohei, der auch in Hollywood aktiv ist, hat dein Talent erkannt.
Ich denke auch, dass wir es fördern sollten.
Wir wissen natürlich auch, dass du stolz auf deinen Job als Host bist.
Deswegen will ich dich bitten, darüber nachzudenken...
... was du tun willst.

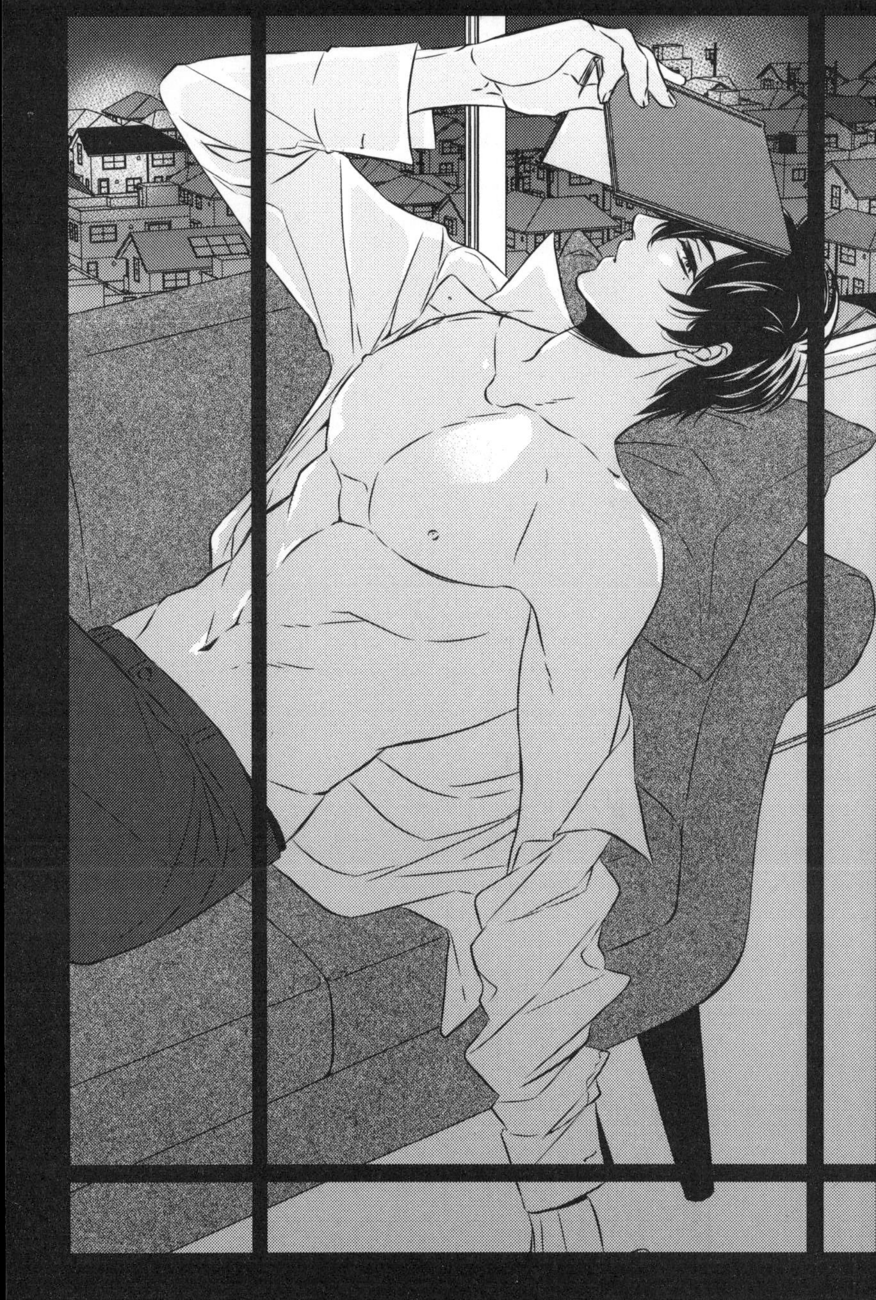

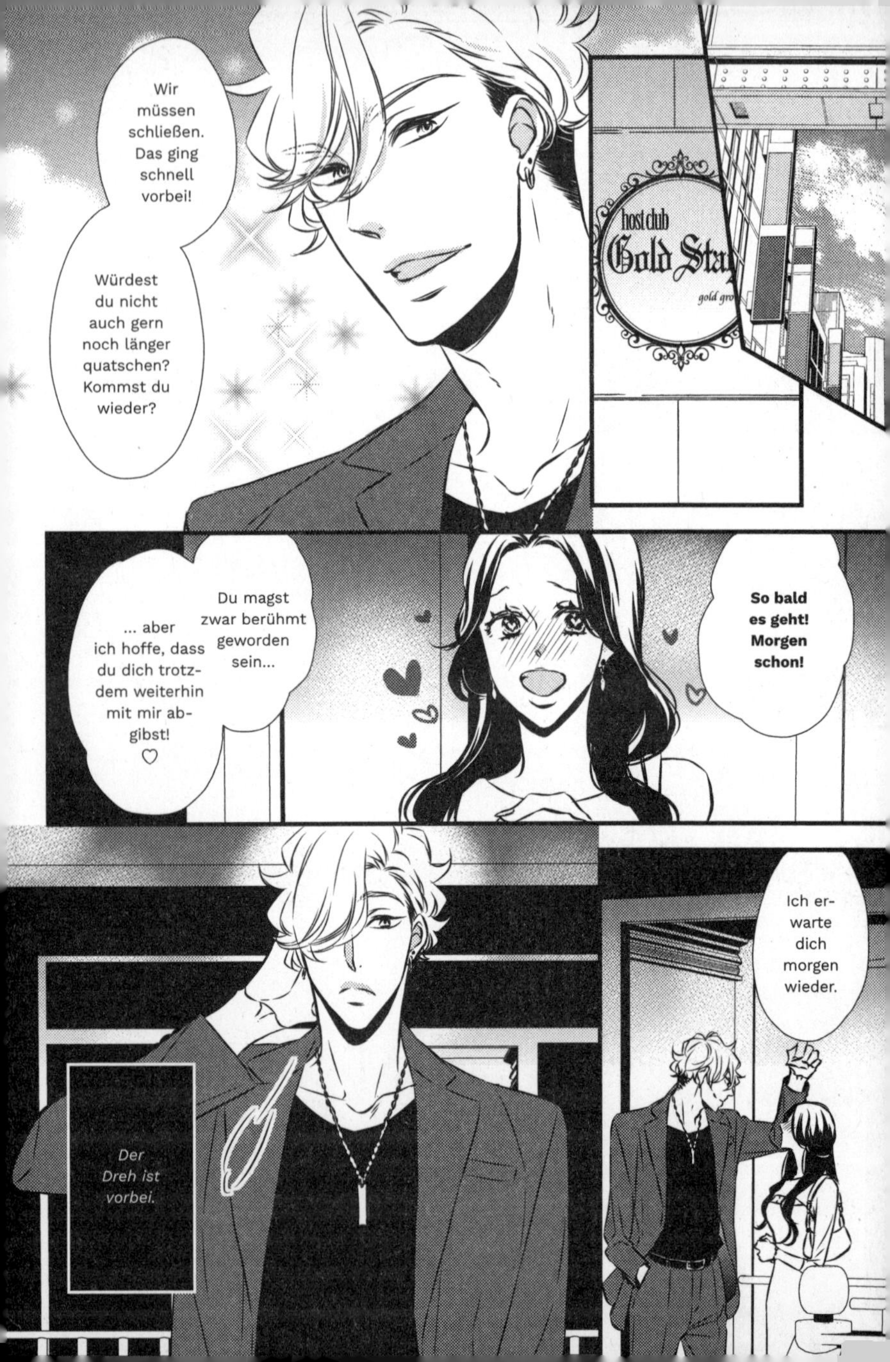
Wir müssen schließen. Das ging schnell vorbei!
Würdest du nicht auch gern noch länger quatschen? Kommst du wieder?
host club
So bald es geht! Morgen schon!
Du magst zwar berühmt geworden sein...
... aber ich hoffe, dass du dich trotzdem weiterhin mit mir abgibst! ♡
Ich erwarte dich morgen wieder.
Der Dreh ist vorbei.

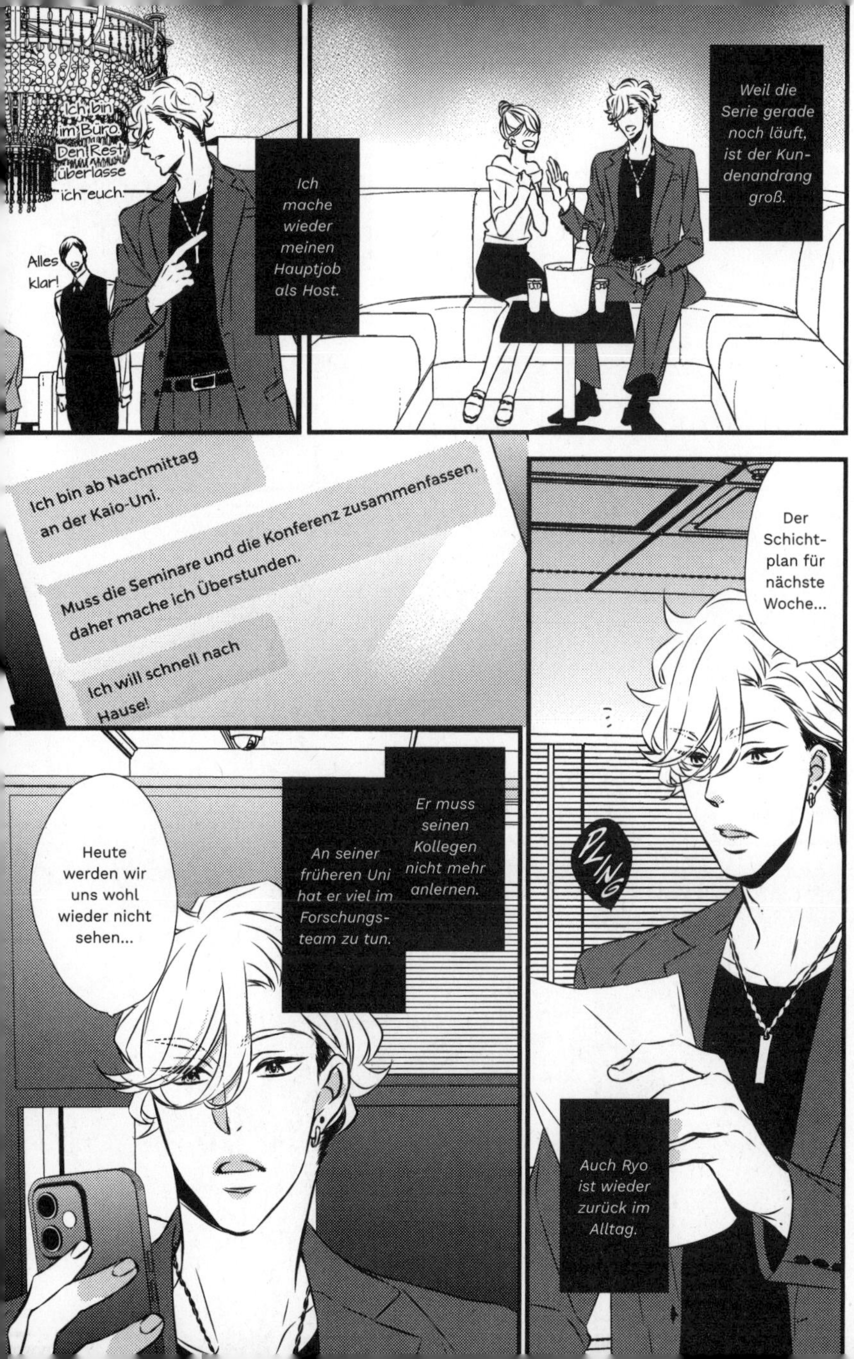
Weil die Serie gerade noch läuft, ist der Kundenandrang groß.
Ich mache wieder meinen Hauptjob als Host.
Ich bin im Büro. Den Rest überlasse ich euch.
Alles klar!
Der Schichtplan für nächste Woche...
PLING
Ich bin ab Nachmittag an der Kaio-Uni.
Muss die Seminare und die Konferenz zusammenfassen, daher mache ich Überstunden.
Ich will schnell nach Hause!
Er muss seinen Kollegen nicht mehr anlernen.
An seiner früheren Uni hat er viel im Forschungsteam zu tun.
Heute werden wir uns wohl wieder nicht sehen...
Auch Ryo ist wieder zurück im Alltag.

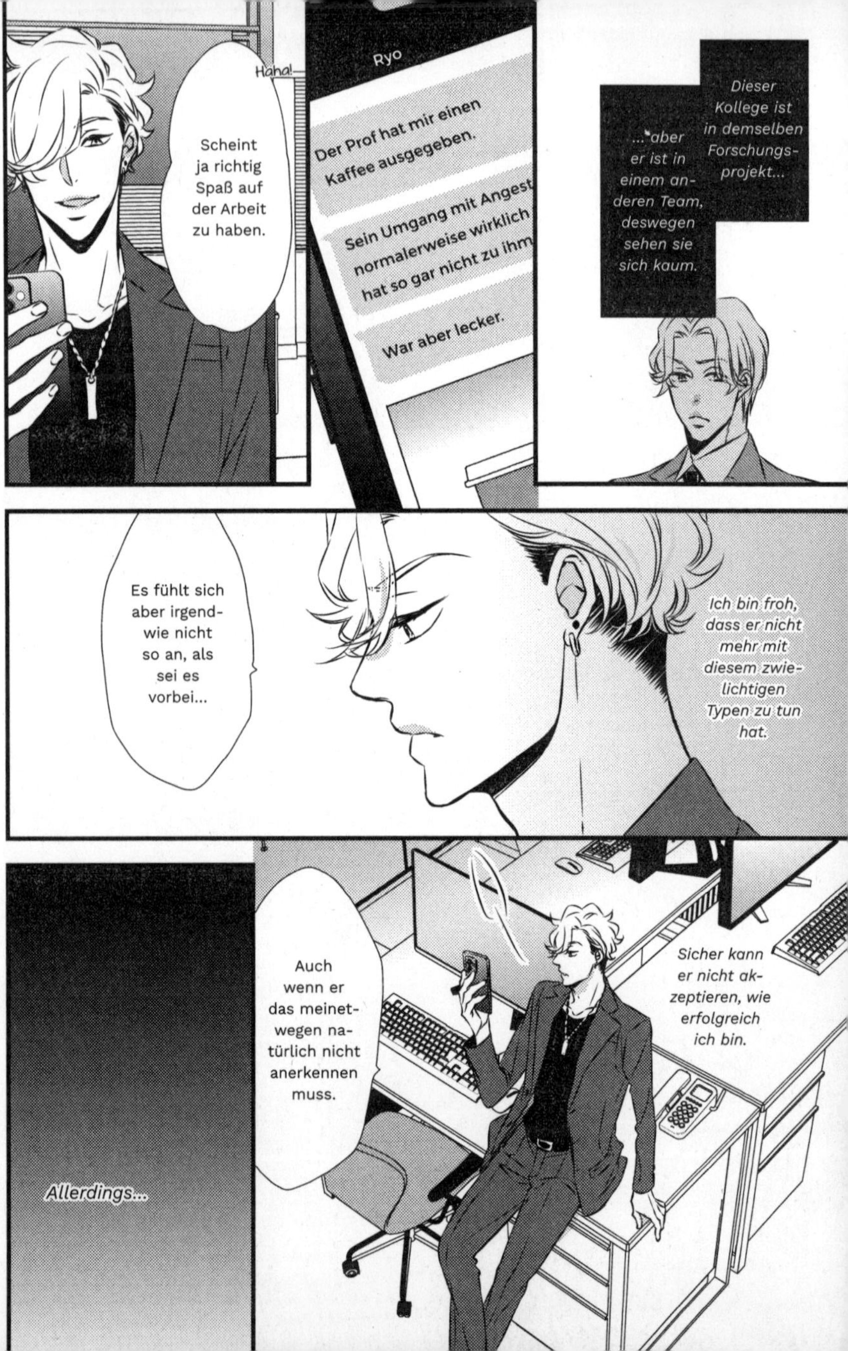
Dieser Kollege ist in demselben Forschungsprojekt...
...aber er ist in einem anderen Team, deswegen sehen sie sich kaum.
Ryo
Der Prof hat mir einen Kaffee ausgegeben.
Sein Umgang mit Angest normalerweise wirklich hat so gar nicht zu ihm
War aber lecker.
Haha!
Scheint ja richtig Spaß auf der Arbeit zu haben.
Ich bin froh, dass er nicht mehr mit diesem zwielichtigen Typen zu tun hat.
Es fühlt sich aber irgendwie nicht so an, als sei es vorbei...
Sicher kann er nicht akzeptieren, wie erfolgreich ich bin.
Auch wenn er das meinetwegen natürlich nicht anerkennen muss.
Allerdings...

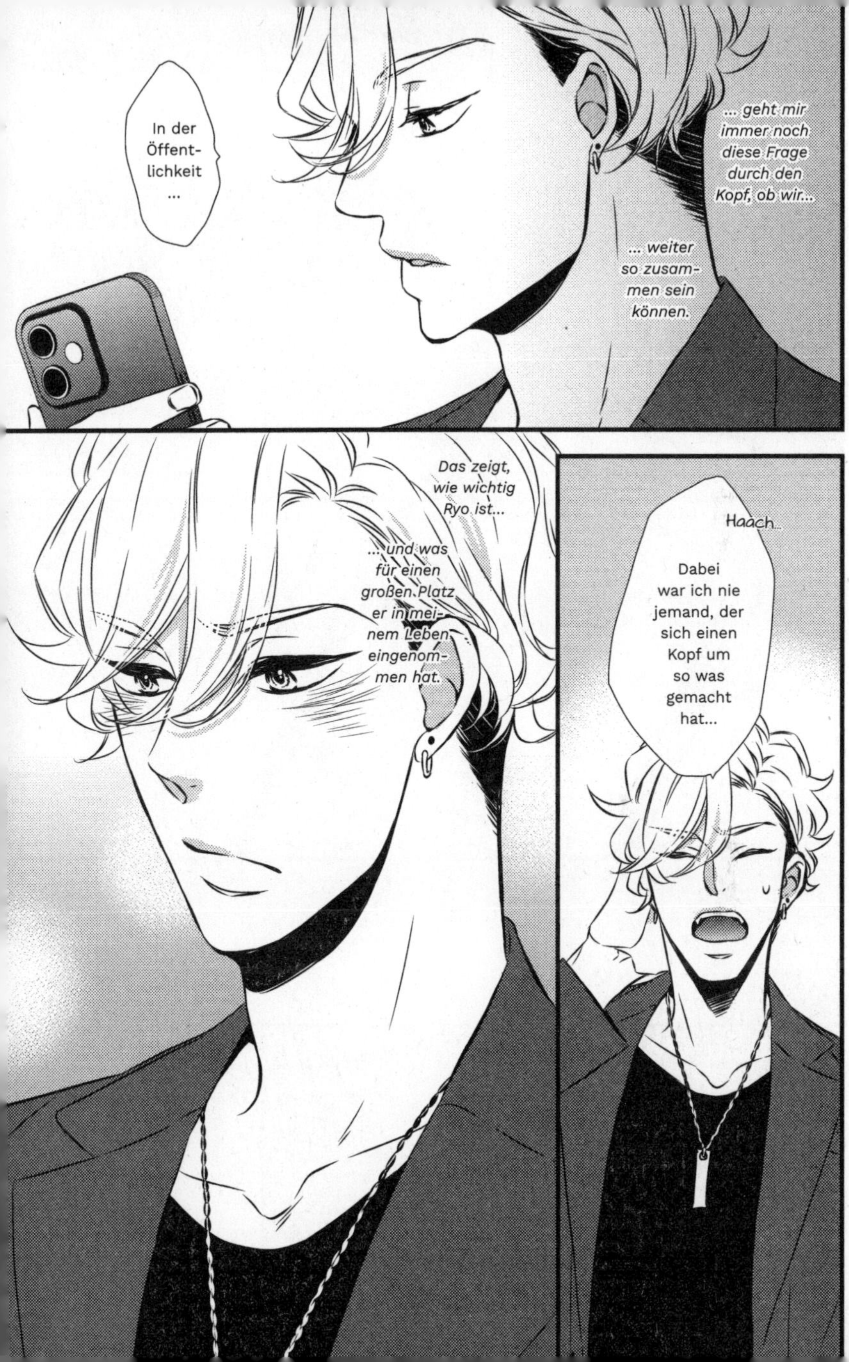
... geht mir immer noch diese Frage durch den Kopf, ob wir...
... weiter so zusammen sein können.
In der Öffentlichkeit ...
Das zeigt, wie wichtig Ryo ist...
... und was für einen großen Platz er in meinem Leben eingenommen hat.
Haach...
Dabei war ich nie jemand, der sich einen Kopf um so was gemacht hat...

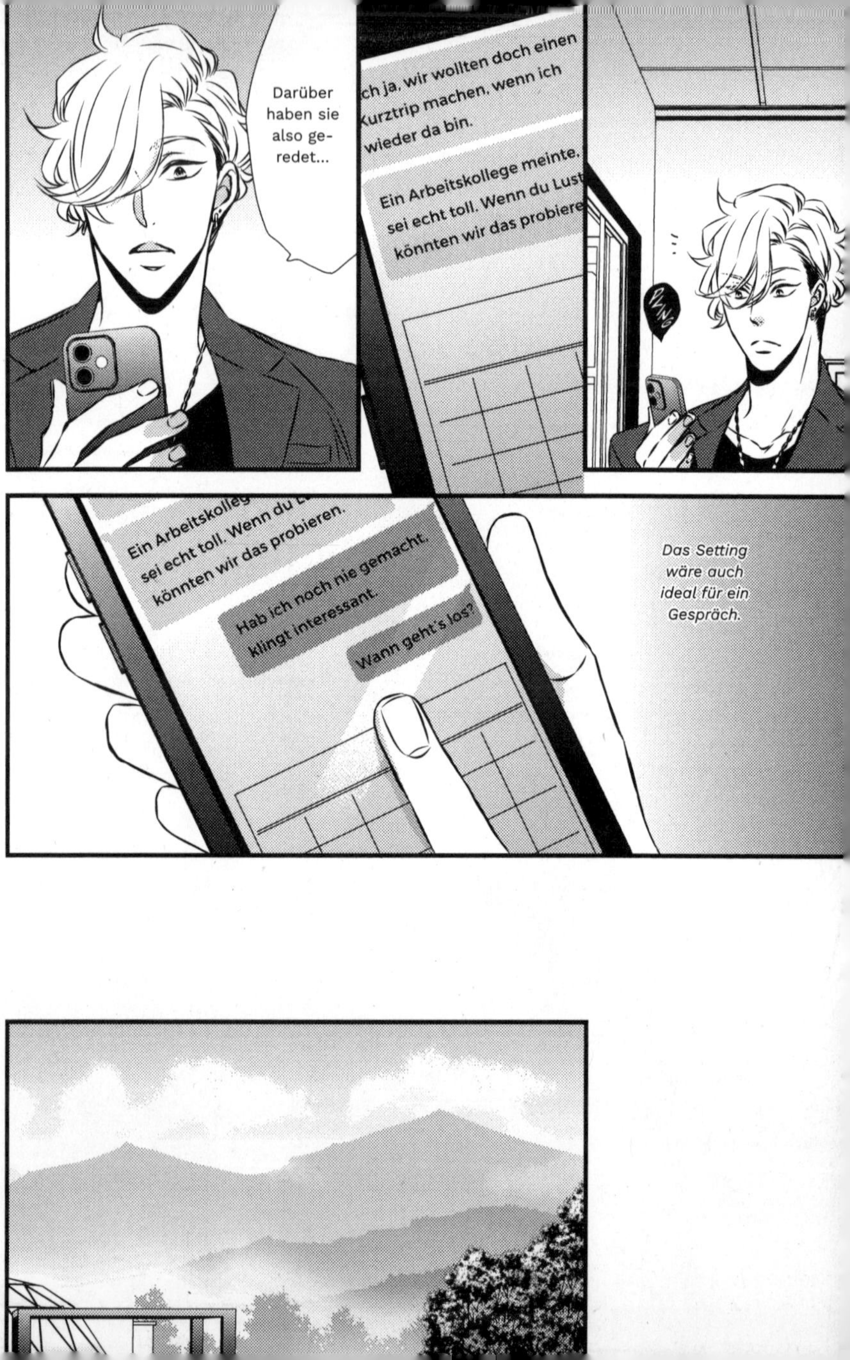
PLING
ch ja, wir wollten doch einen Kurztrip machen, wenn ich wieder da bin.
Ein Arbeitskollege meinte, sei echt toll. Wenn du Lust könnten wir das probiere
Darüber haben sie also geredet...
Ein Arbeitskolleg sei echt toll. Wenn du L könnten wir das probieren.
Hab ich noch nie gemacht, klingt interessant.
Wann geht's los?
Das Setting wäre auch ideal für ein Gespräch.

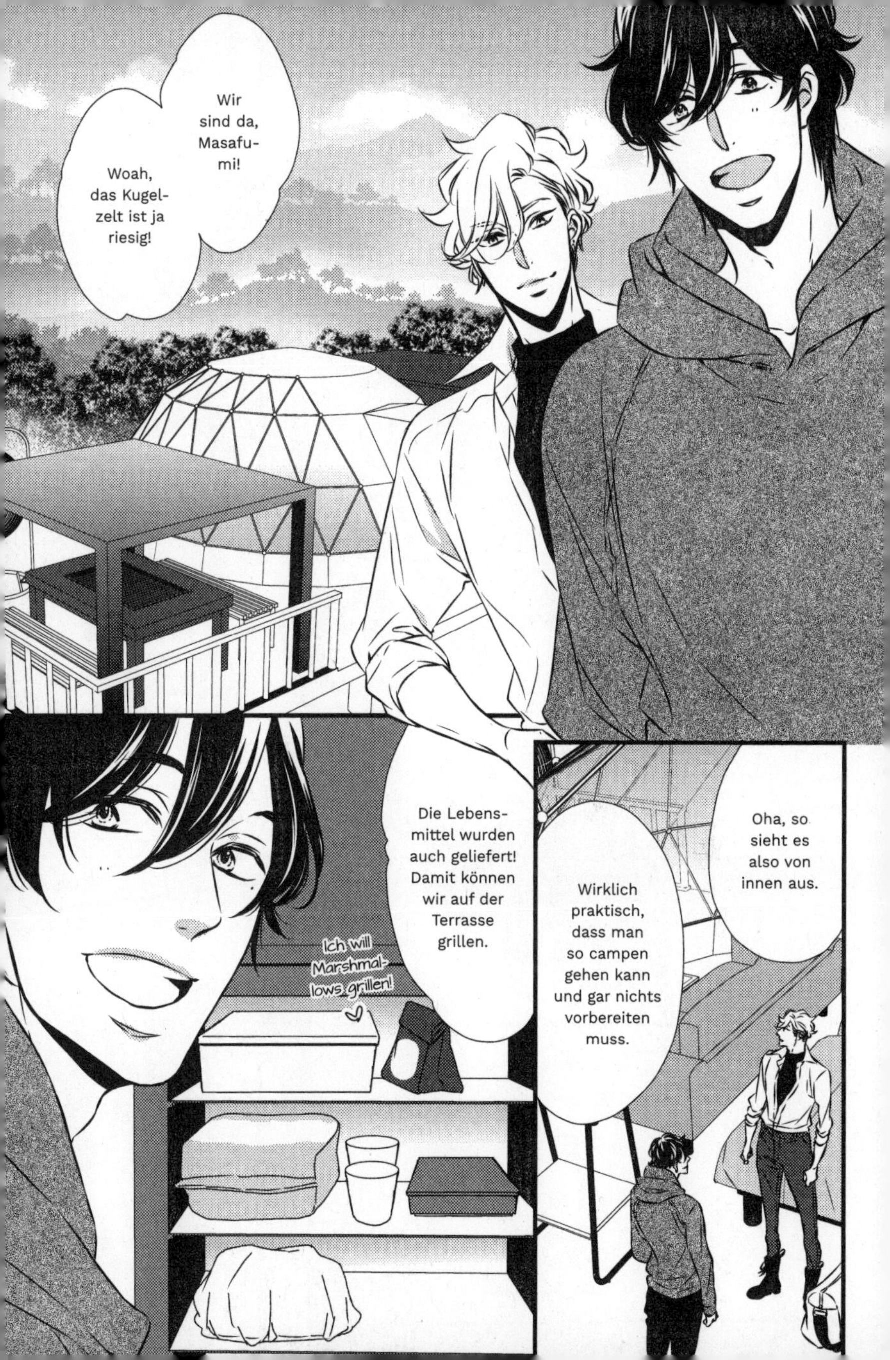
Wir sind da, Masafumi!
Woah, das Kugelzelt ist ja riesig!
Oha, so sieht es also von innen aus.
Wirklich praktisch, dass man so campen gehen kann und gar nichts vorbereiten muss.
Die Lebensmittel wurden auch geliefert! Damit können wir auf der Terrasse grillen.
Ich will Marshmallows grillen!

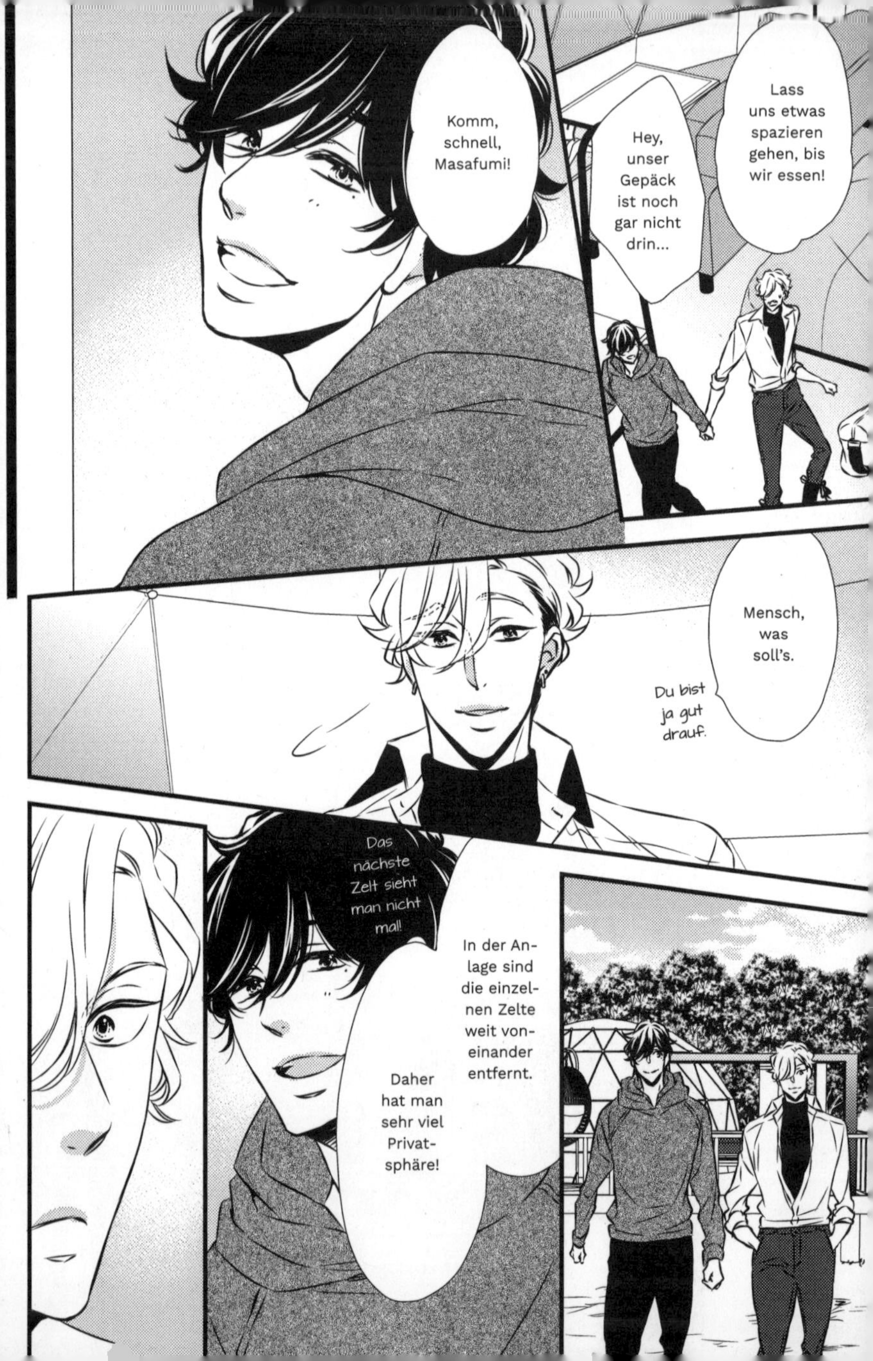
Lass uns etwas spazieren gehen, bis wir essen!
Hey, unser Gepäck ist noch gar nicht drin...
Komm, schnell, Masafumi!
Mensch, was soll's.
Du bist ja gut drauf.
In der Anlage sind die einzelnen Zelte weit voneinander entfernt.
Das nächste Zelt sieht man nicht mal!
Daher hat man sehr viel Privatsphäre!

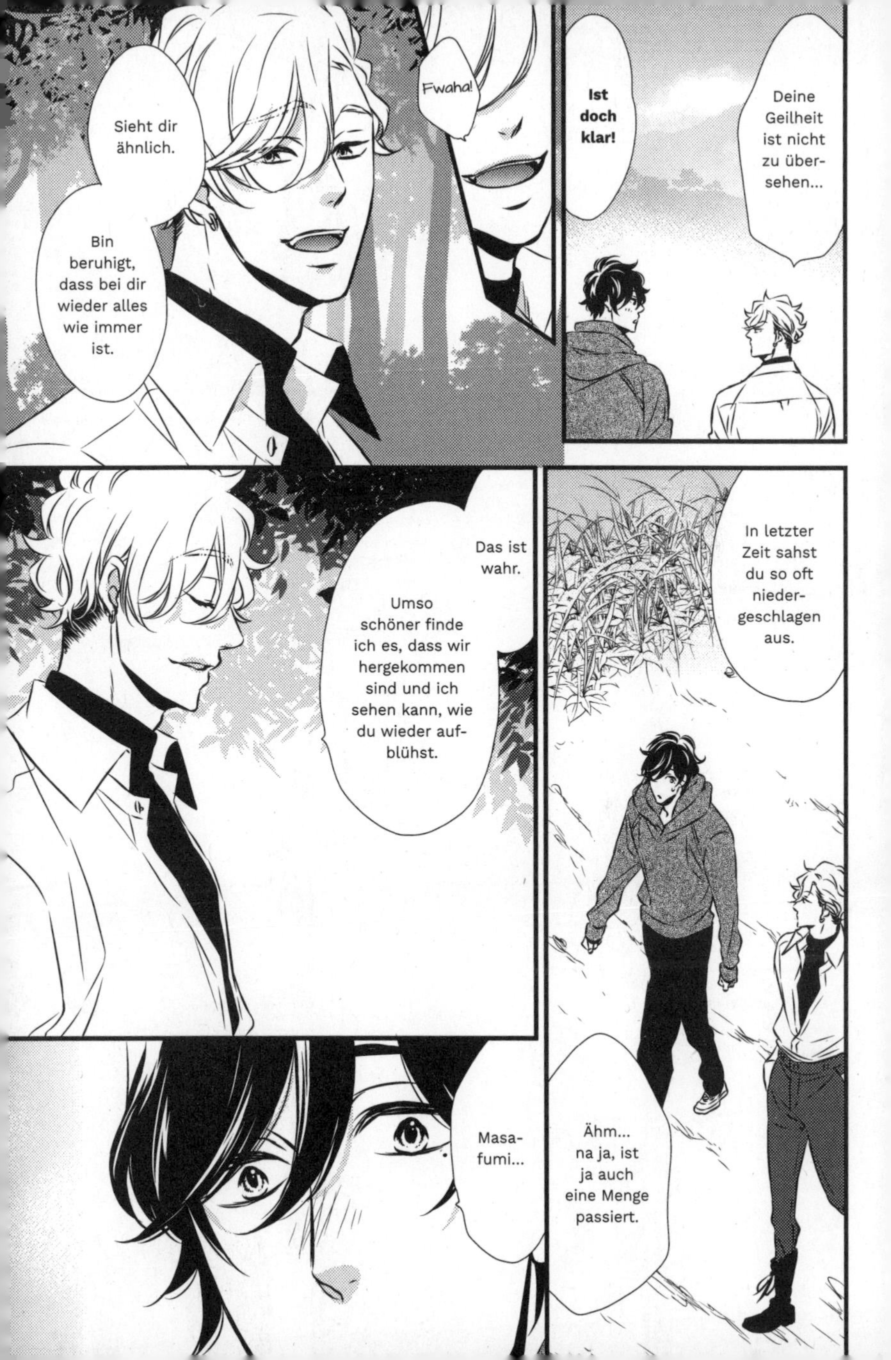
Deine Geilheit ist nicht zu übersehen...
Ist doch klar!
Fwaha!
Sieht dir ähnlich.
Bin beruhigt, dass bei dir wieder alles wie immer ist.
In letzter Zeit sahst du so oft niedergeschlagen aus.
Ähm... na ja, ist ja auch eine Menge passiert.
Das ist wahr.
Umso schöner finde ich es, dass wir hergekommen sind und ich sehen kann, wie du wieder aufblühst.
Masafumi...

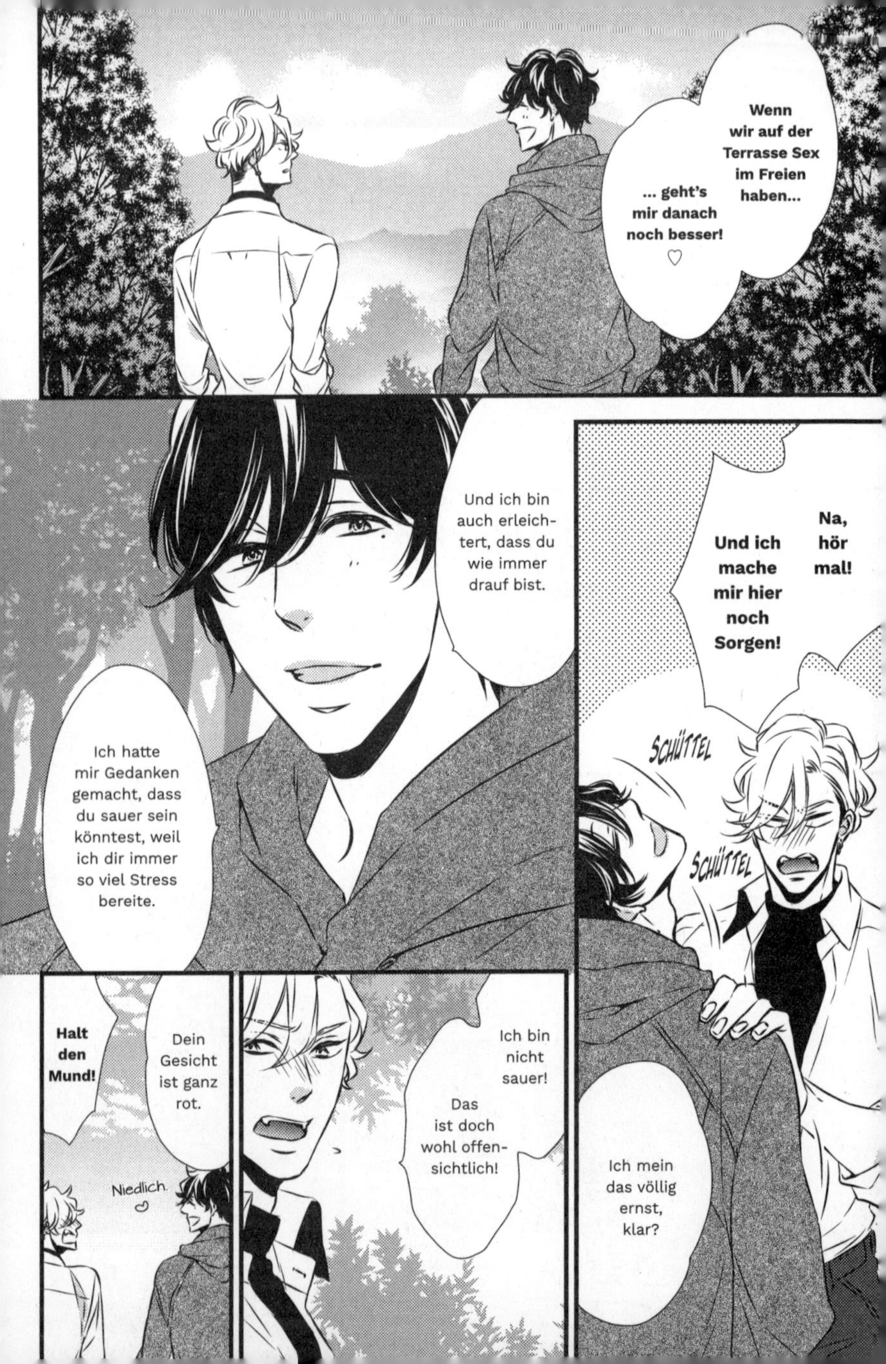

Wenn wir auf der Terrasse Sex im Freien haben...
... geht's mir danach noch besser! ♡
Ich hatte mir Gedanken gemacht, dass du sauer sein könntest, weil ich dir immer so viel Stress bereite.
Und ich bin auch erleichtert, dass du wie immer drauf bist.
Na, hör mal!
Und ich mache mir hier noch Sorgen!
SCHÜTTEL
SCHÜTTEL
Ich mein das völlig ernst, klar?
Ich bin nicht sauer!
Das ist doch wohl offensichtlich!
Dein Gesicht ist ganz rot.
Halt den Mund!
Niedlich. ♡

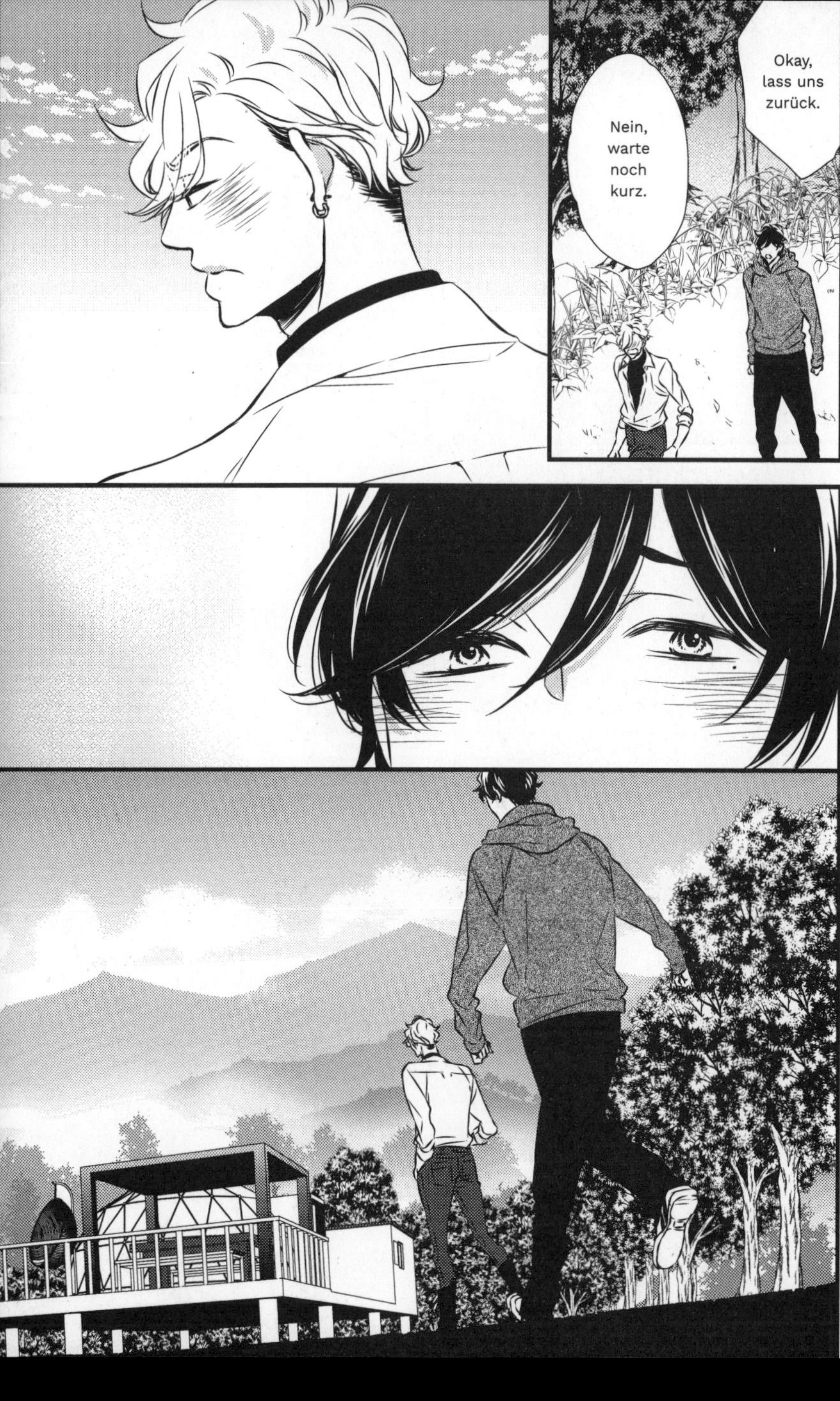
Okay, lass uns zurück.
Nein, warte noch kurz.

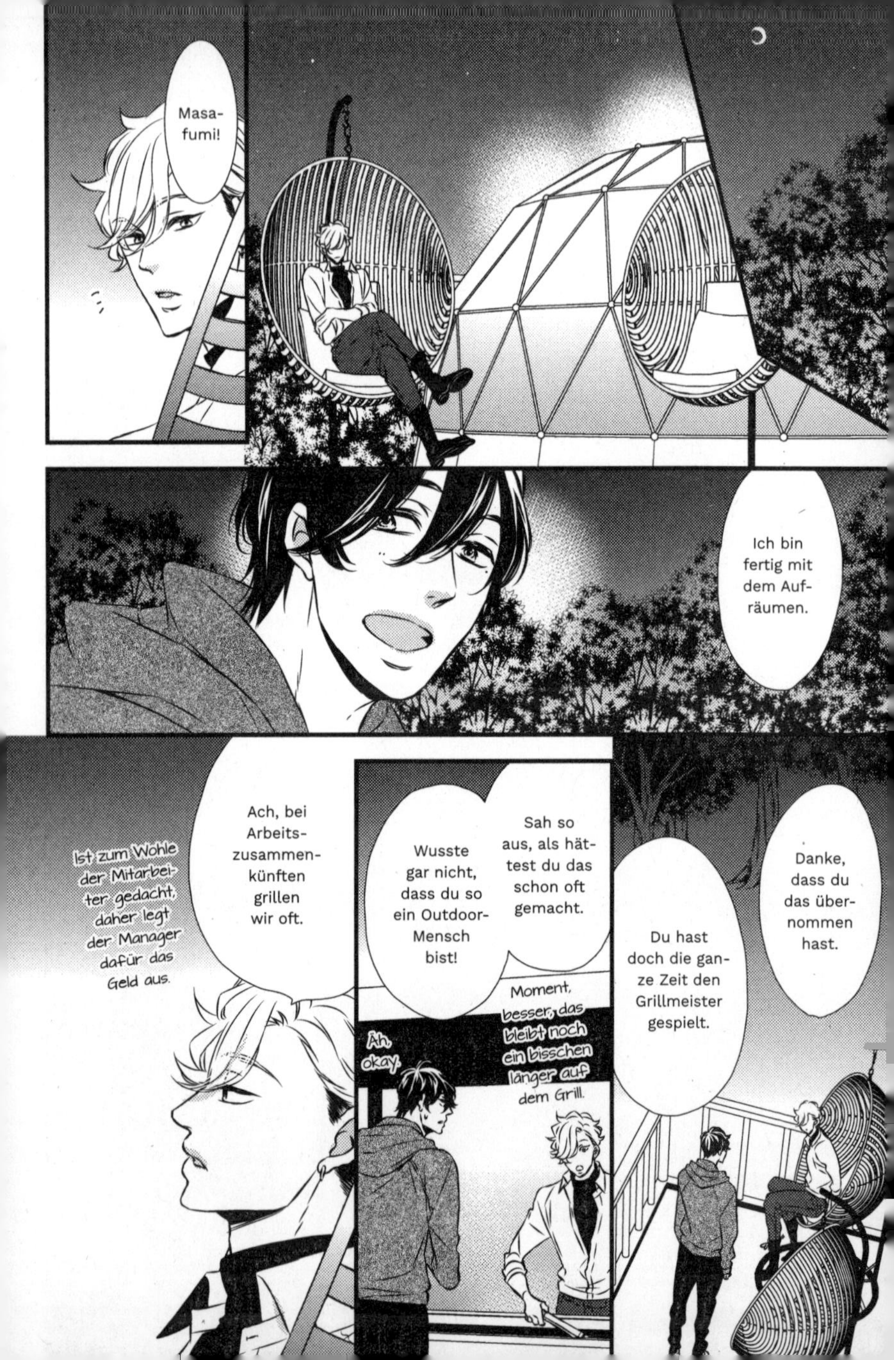
Masafumi!
Ich bin fertig mit dem Aufräumen.
Danke, dass du das übernommen hast.
Du hast doch die ganze Zeit den Grillmeister gespielt.
Sah so aus, als hättest du das schon oft gemacht.
Wusste gar nicht, dass du so ein Outdoor-Mensch bist!
Moment, besser, das bleibt noch ein bisschen länger auf dem Grill.
Äh, okay.
Ach, bei Arbeitszusammenkünften grillen wir oft.
Ist zum Wohle der Mitarbeiter gedacht, daher legt der Manager dafür das Geld aus.

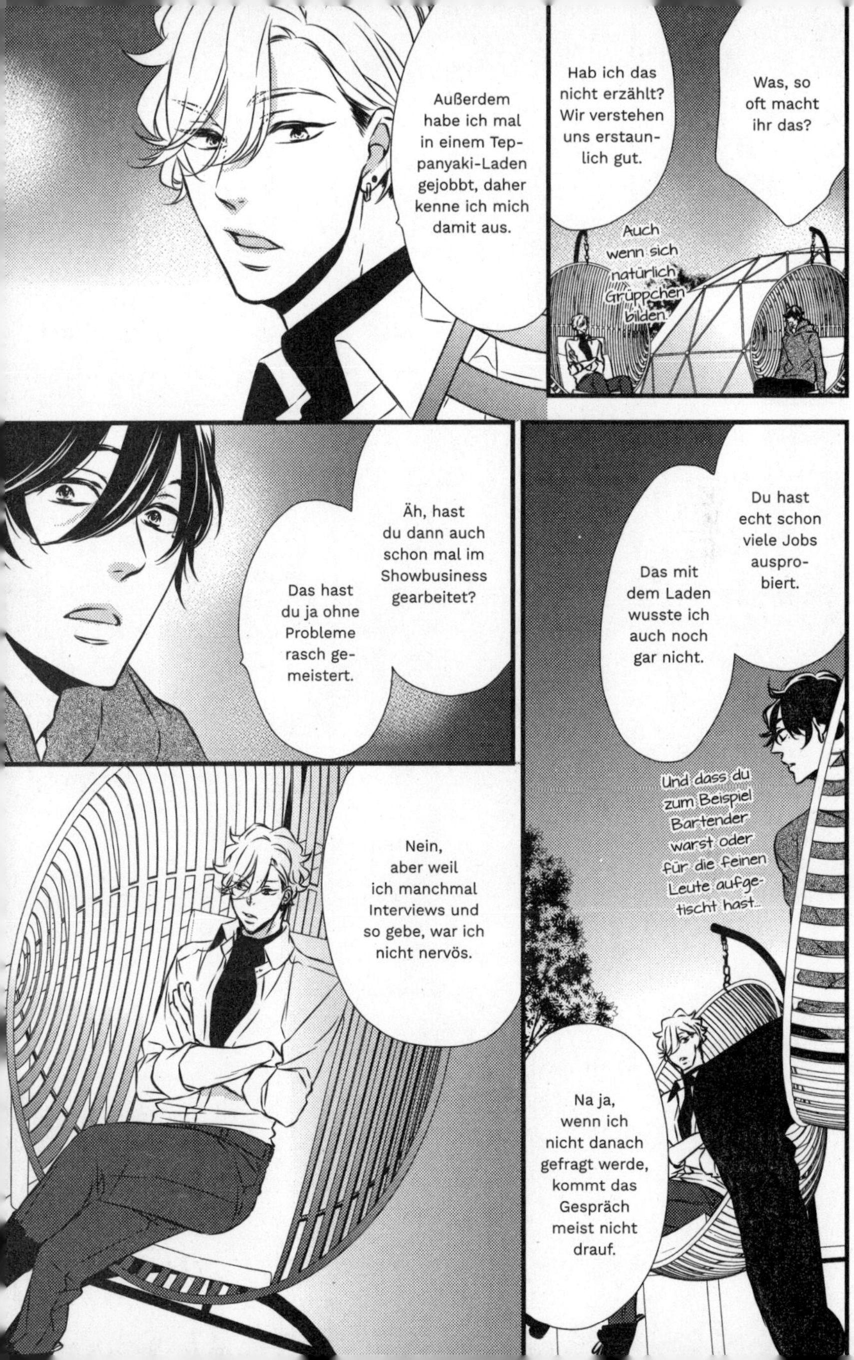

Was, so oft macht ihr das?
Hab ich das nicht erzählt? Wir verstehen uns erstaunlich gut.
Auch wenn sich natürlich Grüppchen bilden.
Außerdem habe ich mal in einem Teppanyaki-Laden gejobbt, daher kenne ich mich damit aus.
Du hast echt schon viele Jobs ausprobiert.
Das mit dem Laden wusste ich auch noch gar nicht.
Und dass du zum Beispiel Bartender warst oder für die feinen Leute aufgetischt hast...
Na ja, wenn ich nicht danach gefragt werde, kommt das Gespräch meist nicht drauf.
Äh, hast du dann auch schon mal im Showbusiness gearbeitet?
Das hast du ja ohne Probleme rasch gemeistert.
Nein, aber weil ich manchmal Interviews und so gebe, war ich nicht nervös.

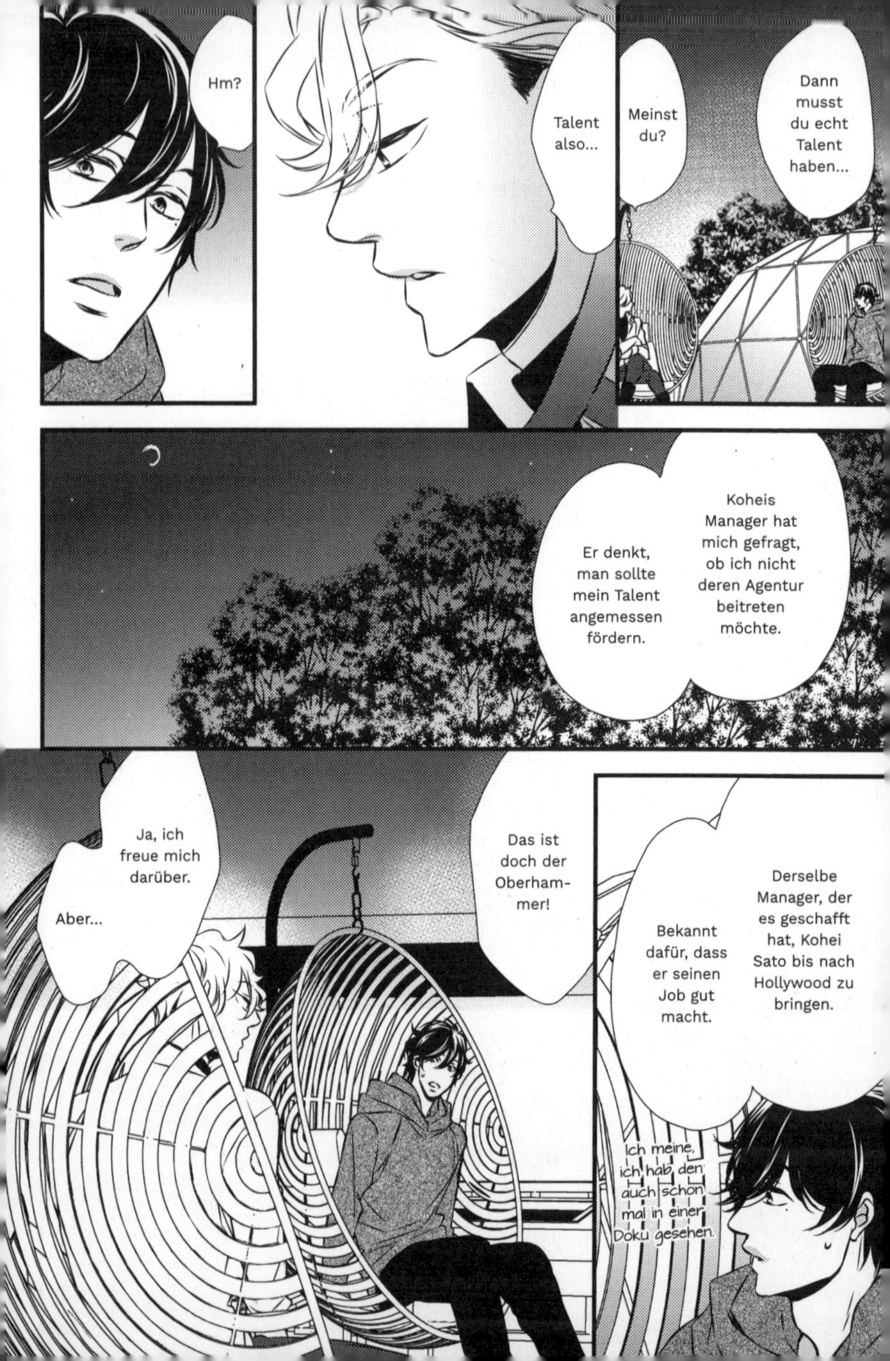
Dann musst du echt Talent haben...
Meinst du?
Talent also...
Hm?
Koheis Manager hat mich gefragt, ob ich nicht deren Agentur beitreten möchte.
Er denkt, man sollte mein Talent angemessen fördern.
Derselbe Manager, der es geschafft hat, Kohei Sato bis nach Hollywood zu bringen.
Bekannt dafür, dass er seinen Job gut macht.
Ich meine, ich hab den auch schon mal in einer Doku gesehen.
Das ist doch der Oberhammer!
Ja, ich freue mich darüber.
Aber...

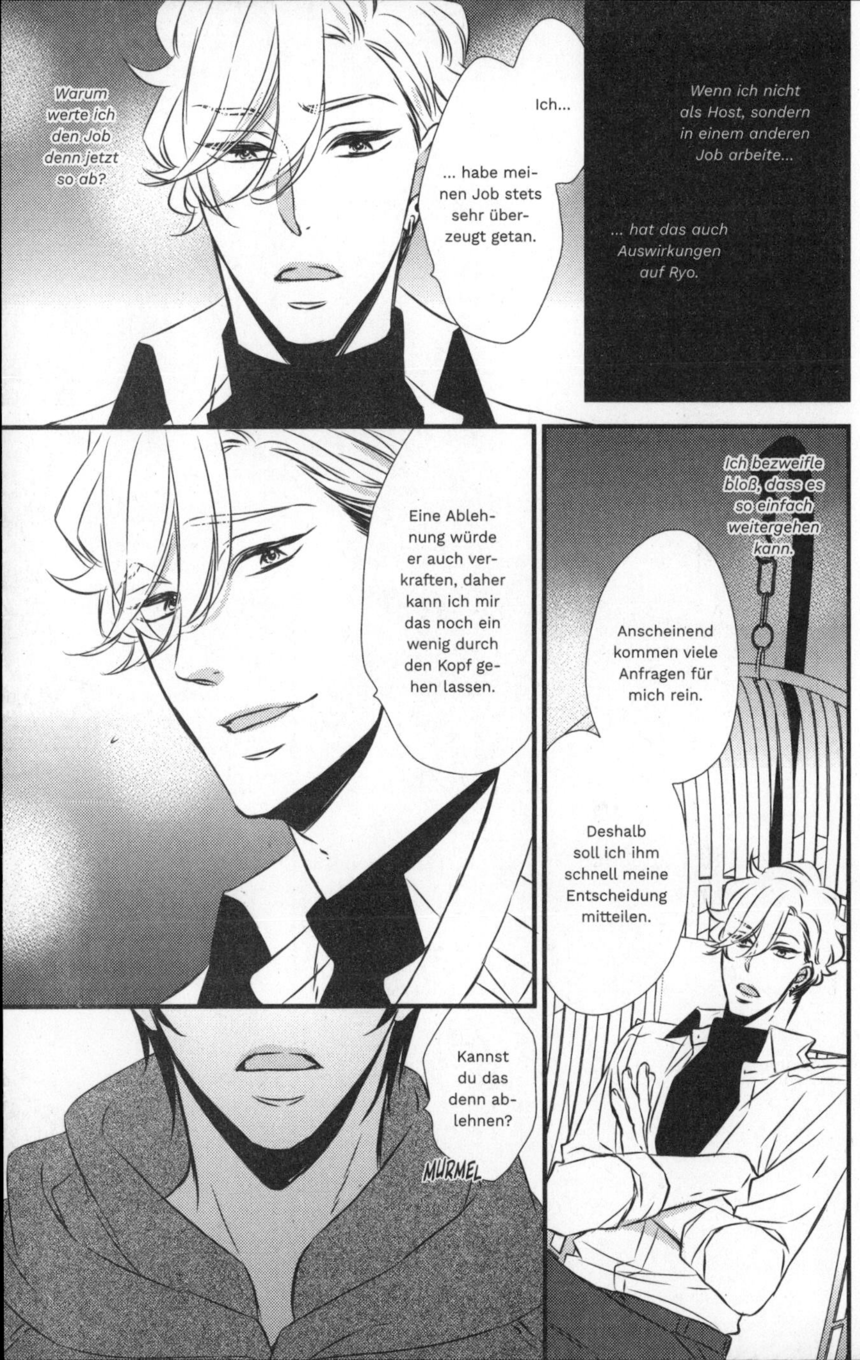
Wenn ich nicht als Host, sondern in einem anderen Job arbeite...
... hat das auch Auswirkungen auf Ryo.
Ich...
... habe meinen Job stets sehr überzeugt getan.
Warum werte ich den Job denn jetzt so ab?
Ich bezweifle bloß, dass es so einfach weitergehen kann.
Anscheinend kommen viele Anfragen für mich rein.
Deshalb soll ich ihm schnell meine Entscheidung mitteilen.
Eine Ablehnung würde er auch verkraften, daher kann ich mir das noch ein wenig durch den Kopf gehen lassen.
Kannst du das denn ablehnen?
MURMEL

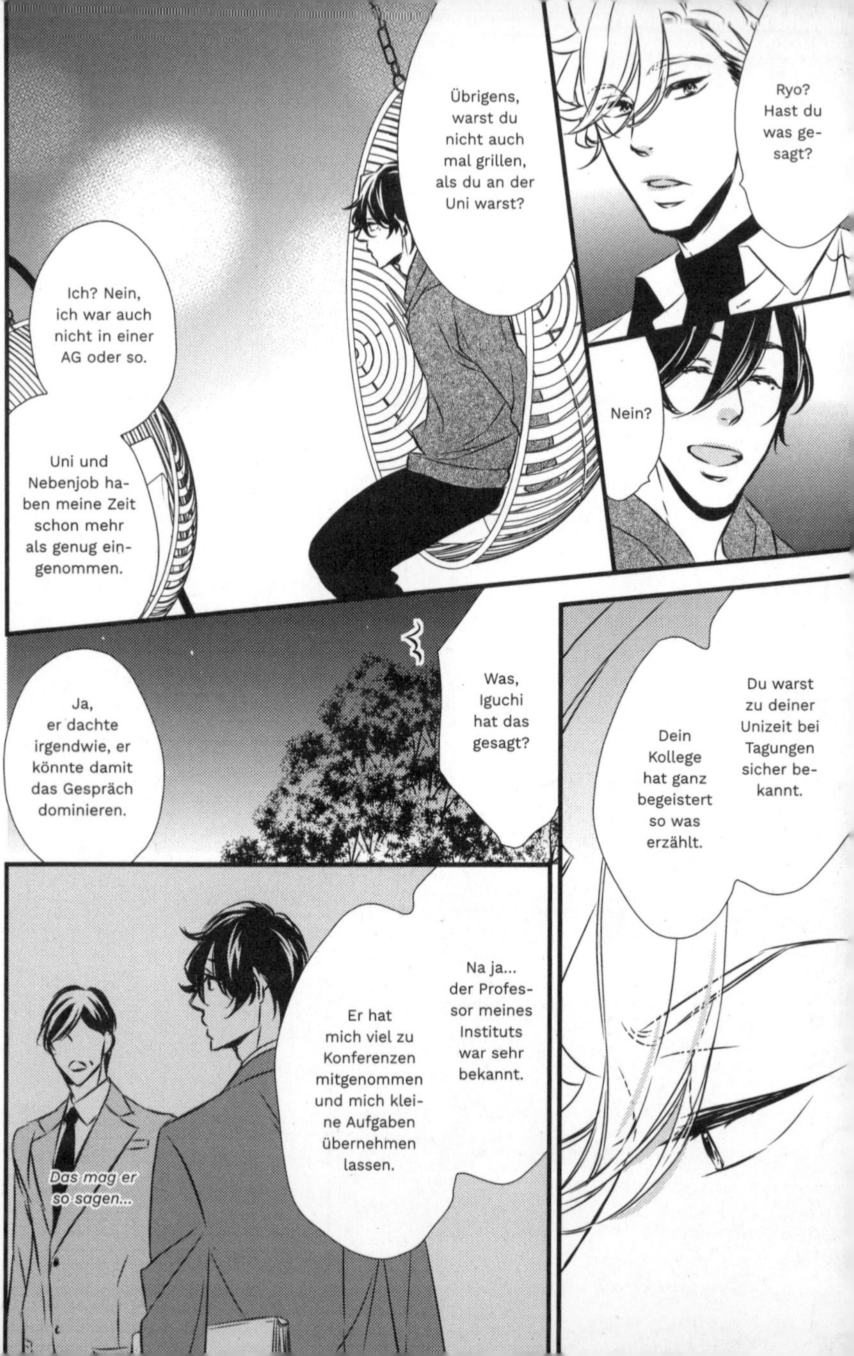

Ryo? Hast du was gesagt?
Nein?
Übrigens, warst du nicht auch mal grillen, als du an der Uni warst?
Ich? Nein, ich war auch nicht in einer AG oder so.
Uni und Nebenjob haben meine Zeit schon mehr als genug eingenommen.
Du warst zu deiner Unizeit bei Tagungen sicher bekannt.
Dein Kollege hat ganz begeistert so was erzählt.
Was, Iguchi hat das gesagt?
Ja, er dachte irgendwie, er könnte damit das Gespräch dominieren.
Na ja... der Professor meines Instituts war sehr bekannt.
Er hat mich viel zu Konferenzen mitgenommen und mich kleine Aufgaben übernehmen lassen.
Das mag er so sagen...

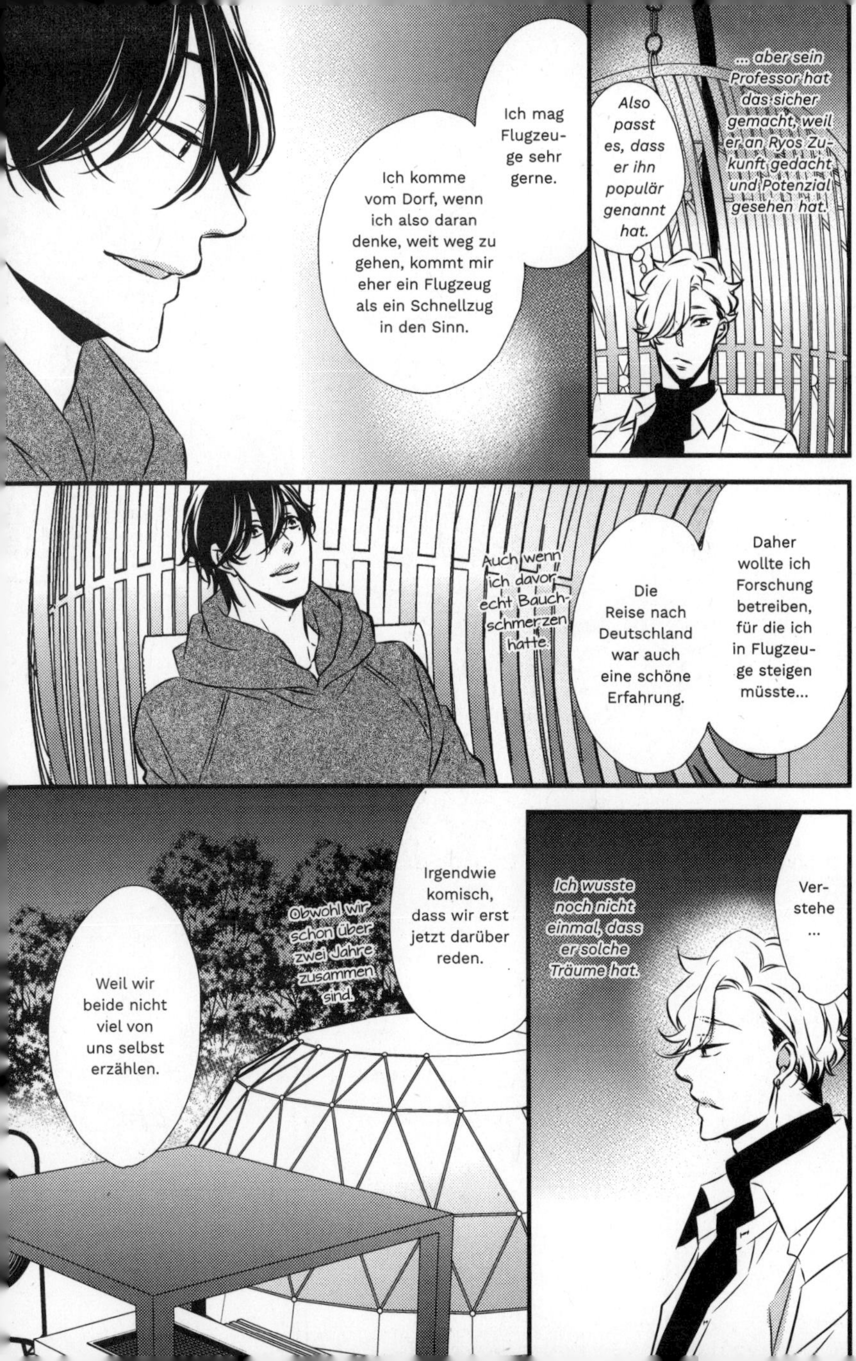
... aber sein Professor hat das sicher gemacht, weil er an Ryos Zukunft gedacht und Potenzial gesehen hat.
Also passt es, dass er ihn populär genannt hat.
Ich mag Flugzeuge sehr gerne.
Ich komme vom Dorf, wenn ich also daran denke, weit weg zu gehen, kommt mir eher ein Flugzeug als ein Schnellzug in den Sinn.
Daher wollte ich Forschung betreiben, für die ich in Flugzeuge steigen müsste...
Die Reise nach Deutschland war auch eine schöne Erfahrung.
Auch wenn ich davor echt Bauchschmerzen hatte.
Verstehe ...
Ich wusste noch nicht einmal, dass er solche Träume hat.
Irgendwie komisch, dass wir erst jetzt darüber reden.
Obwohl wir schon über zwei Jahre zusammen sind.
Weil wir beide nicht viel von uns selbst erzählen.

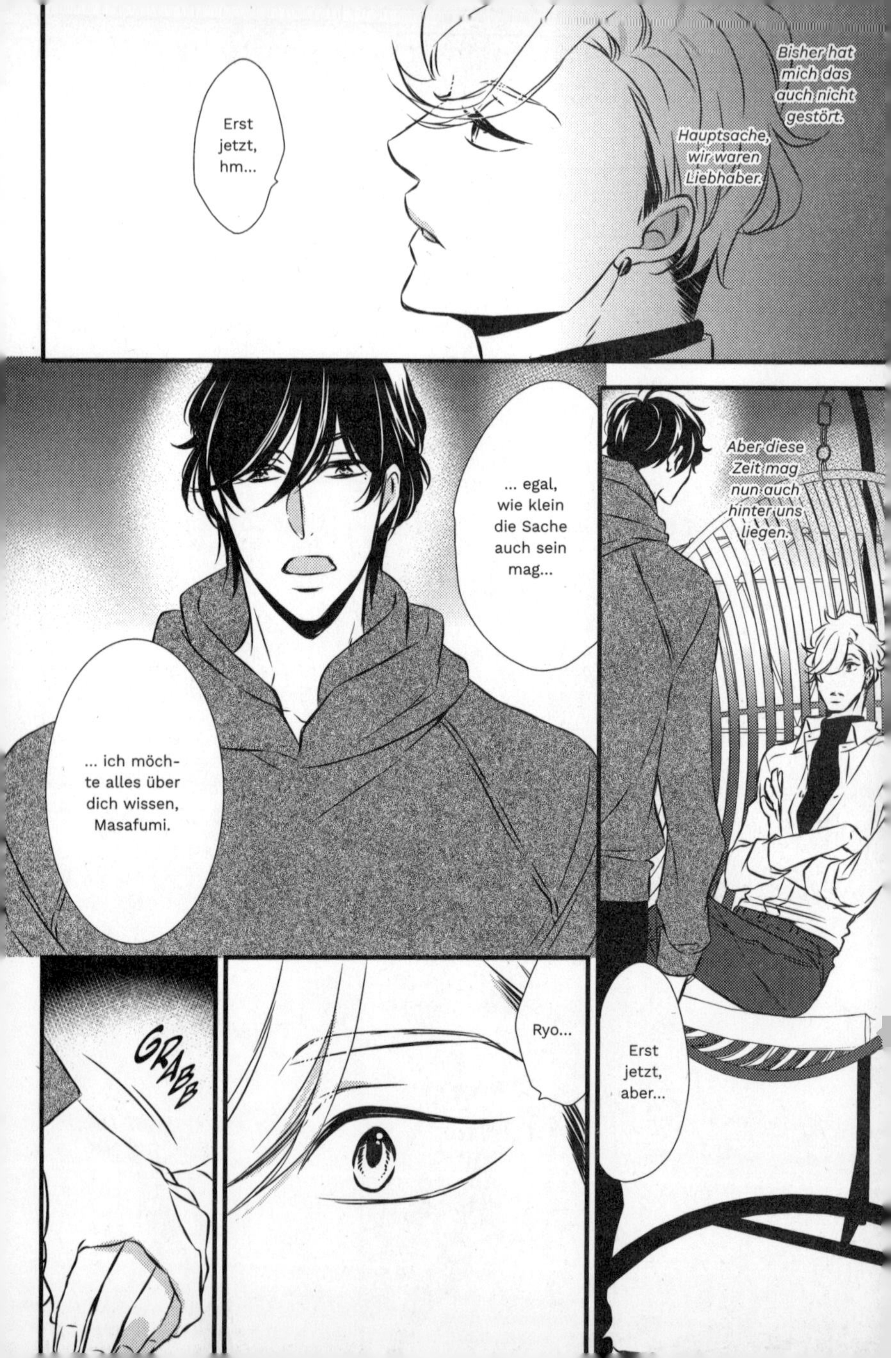
Bisher hat mich das auch nicht gestört.
Hauptsache, wir waren Liebhaber.
Erst jetzt, hm...
Aber diese Zeit mag nun auch hinter uns liegen.
Erst jetzt, aber...
... egal, wie klein die Sache auch sein mag...
... ich möchte alles über dich wissen, Masafumi.
Ryo...
GRABB

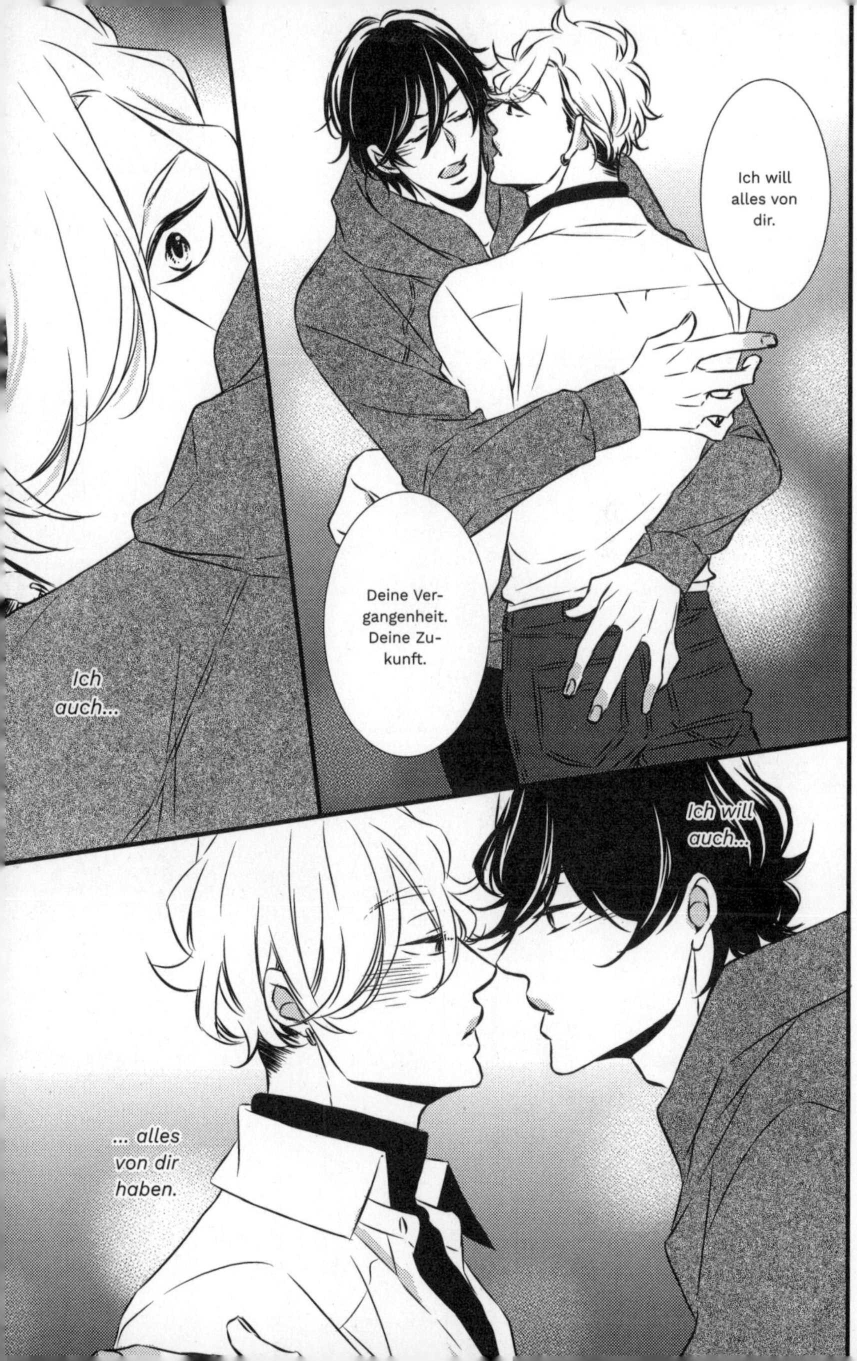

Ich will alles von dir.
Deine Vergangenheit. Deine Zukunft.
Ich auch...
Ich will auch...
... alles von dir haben.

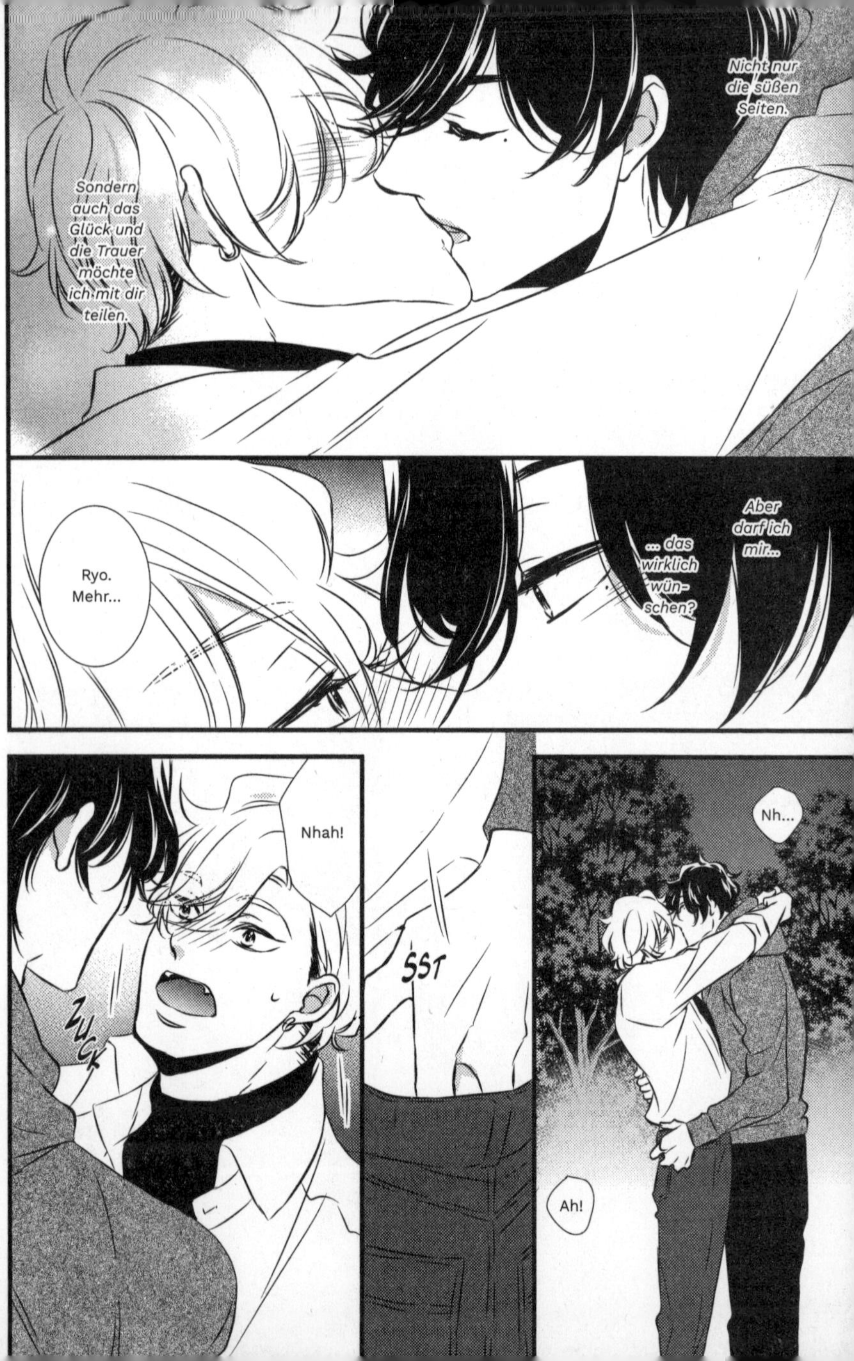

Nicht nur die süßen Seiten.
Sondern auch das Glück und die Trauer möchte ich mit dir teilen.
Aber darf ich mir...
... das wirklich wünschen?
Ryo. Mehr...
Nh...
Ah!
SST
Nhah!
ZUCK

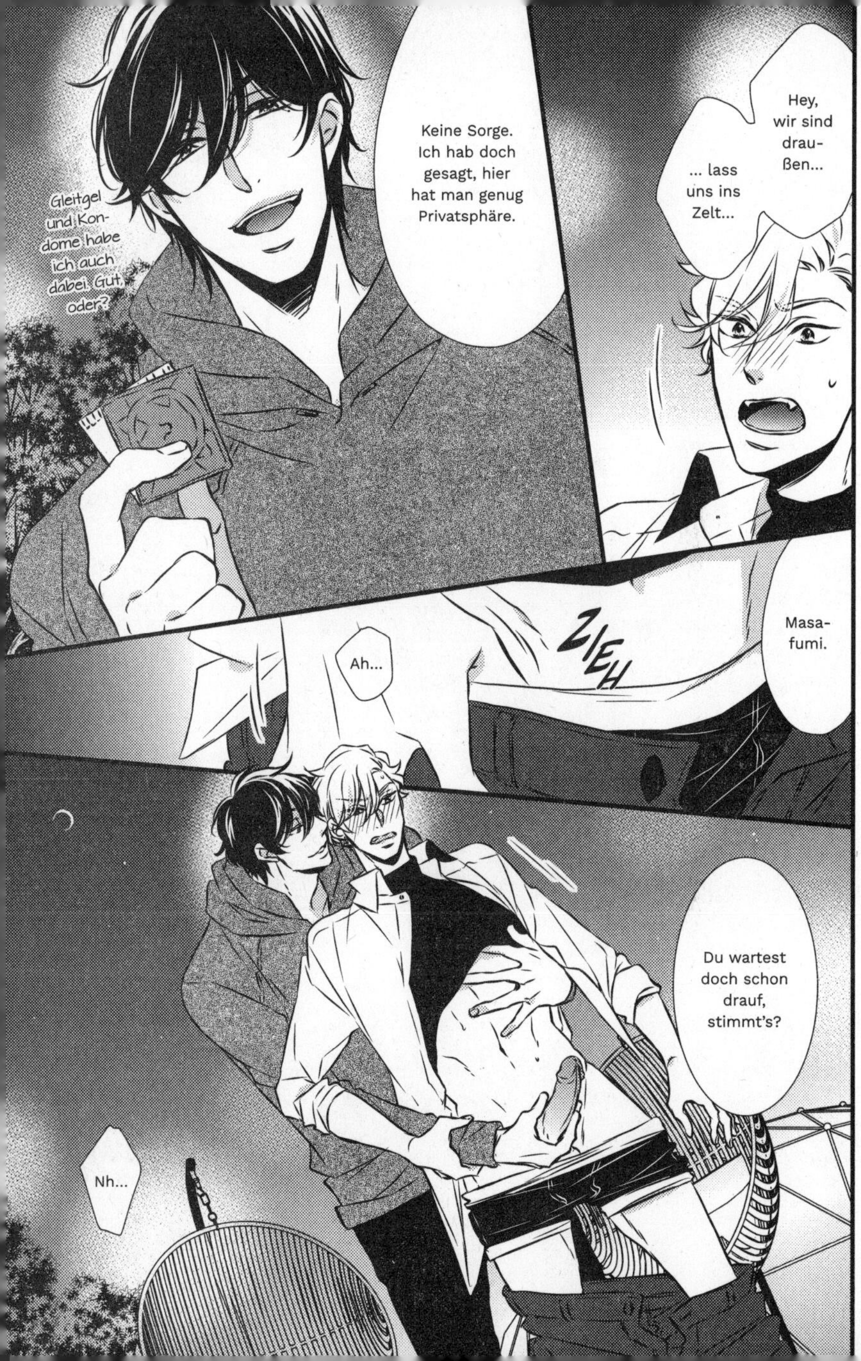
Hey, wir sind drau-ßen...
... lass uns ins Zelt...
Keine Sorge. Ich hab doch gesagt, hier hat man genug Privatsphäre.
Gleitgel und Kon-dome habe ich auch dabei. Gut, oder?
Masa-fumi.
ZIEH
Ah...
Du wartest doch schon drauf, stimmt's?
Nh...

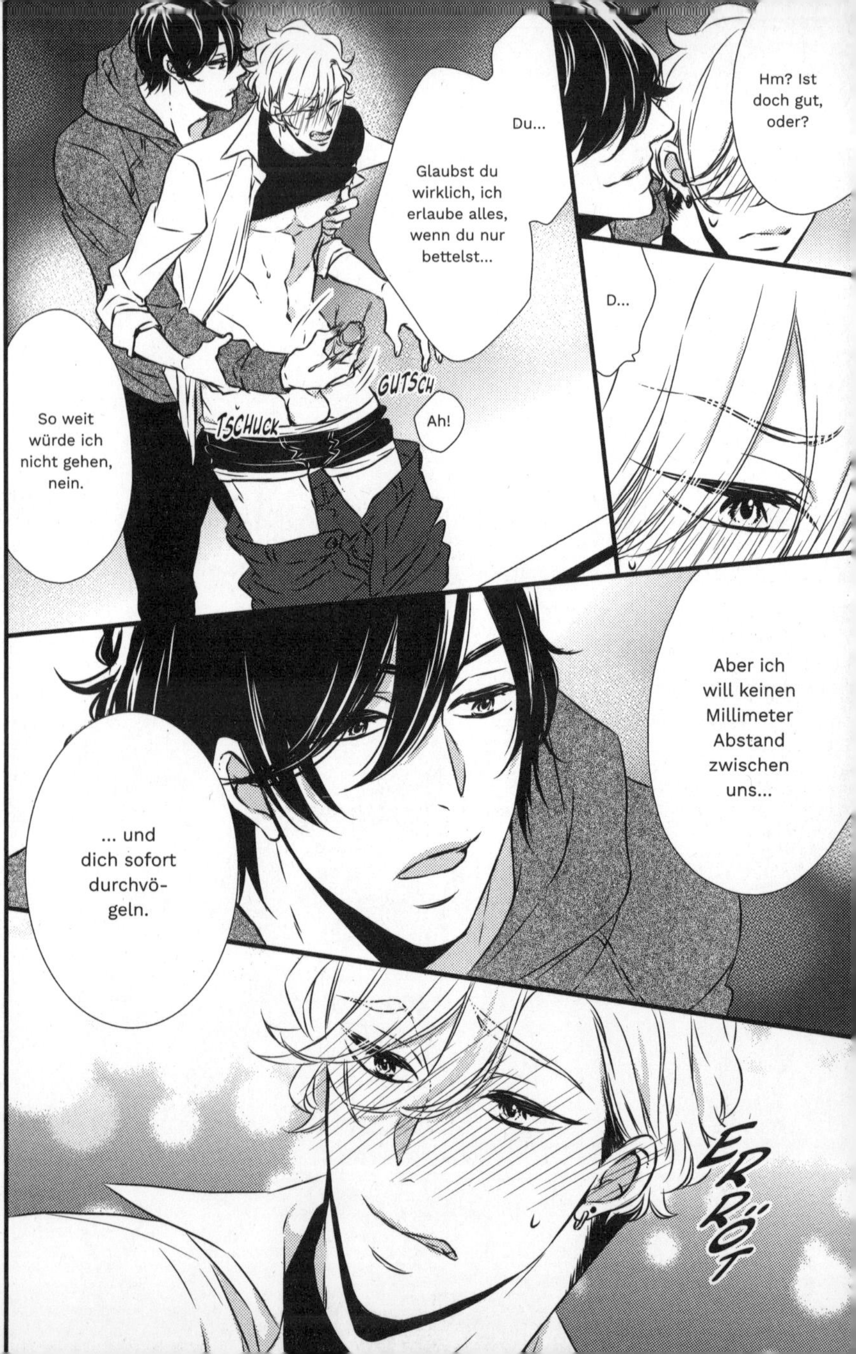
Hm? Ist doch gut, oder?
D...
Du...
Glaubst du wirklich, ich erlaube alles, wenn du nur bettelst...
GUTSCH
Ah!
TSCHUCK
So weit würde ich nicht gehen, nein.
Aber ich will keinen Millimeter Abstand zwischen uns...
... und dich sofort durchvö-geln.
ERRÖT

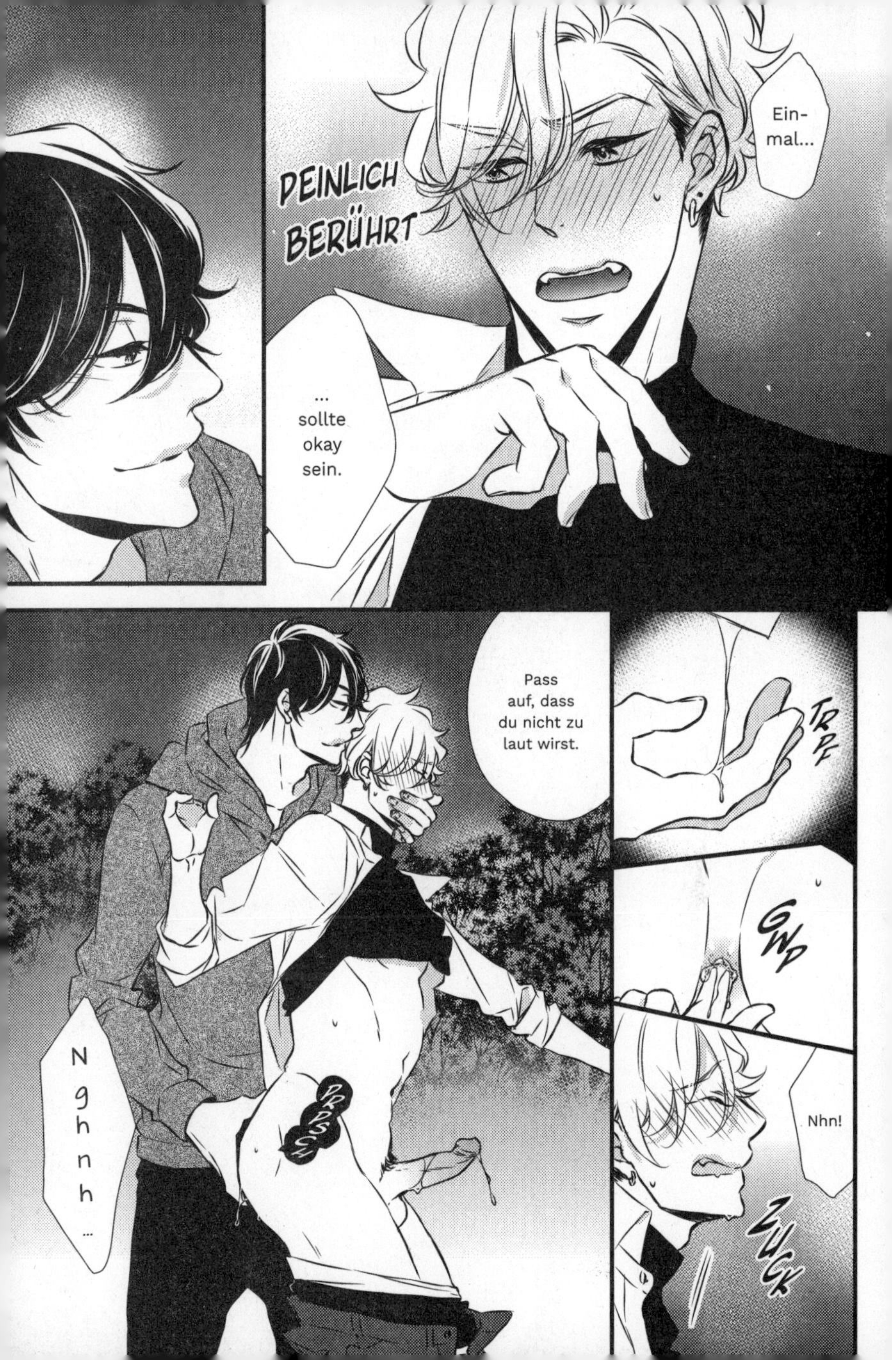
Ein-
mal...
PEINLICH BERÜHRT
... sollte okay sein.
Pass auf, dass du nicht zu laut wirst.
Nhn!
ZUCK
PRPSCH
Nghnh ...

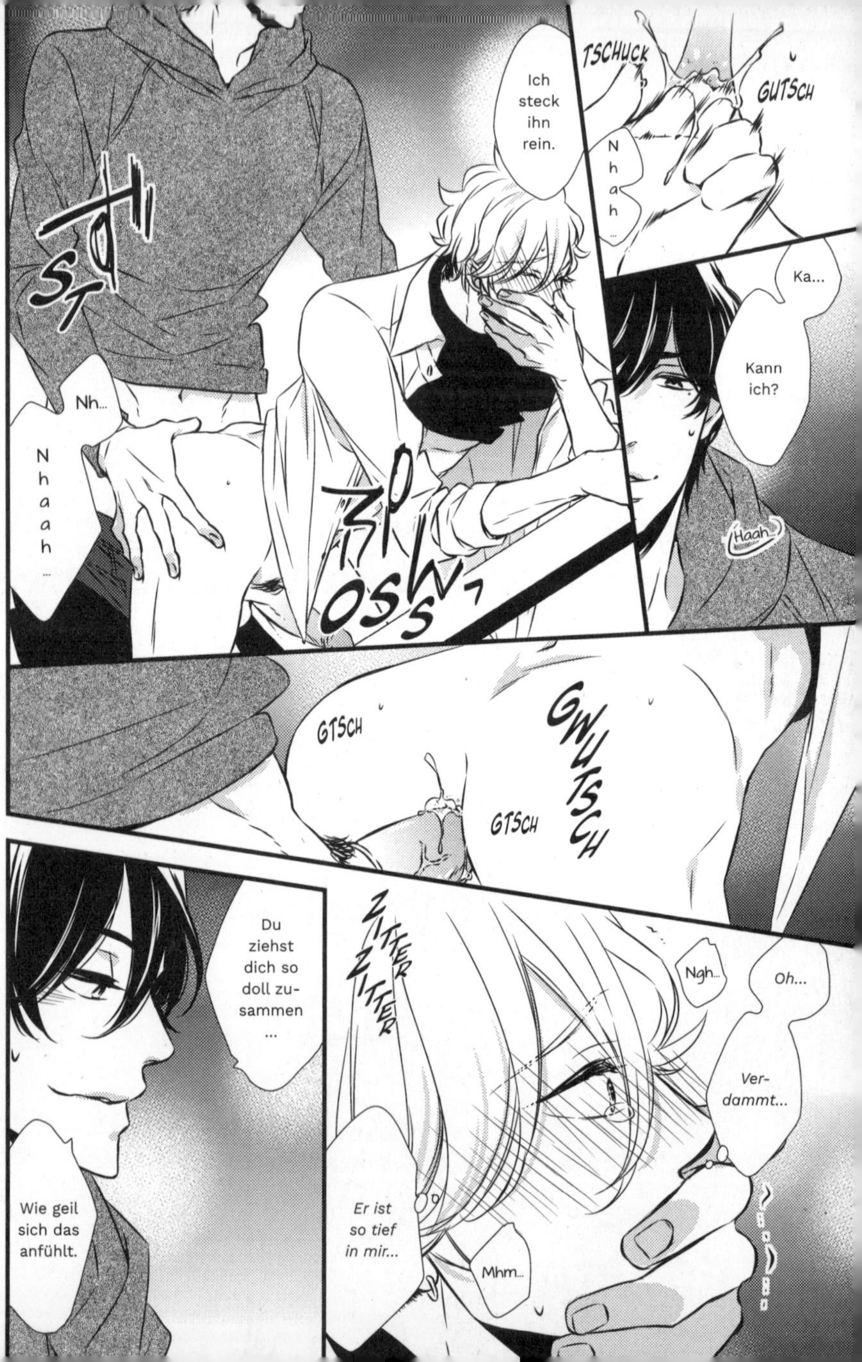
TSCHUCK
GUTSCH
Nhah...
Ich steck ihn rein.
Ka...
Kann ich?
Haah...
ST
Nh...
Nhaaah...
GWUTSCH
GTSCH
GTSCH
Oh...
Ngh...
Verdammt...
ZITTER ZITTER
Du ziehst dich so doll zusammen ...
Mhm...
Er ist so tief in mir...
Wie geil sich das anfühlt.

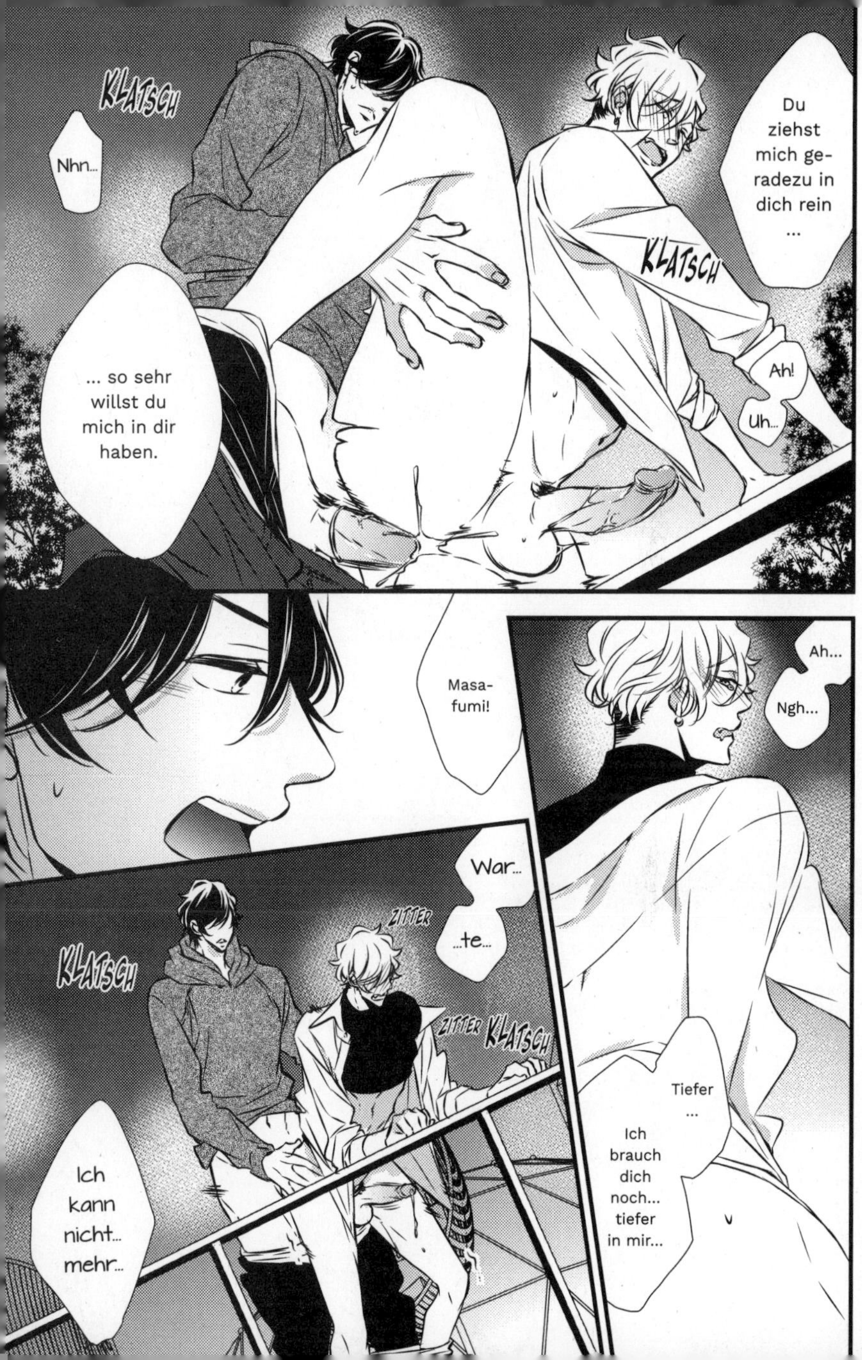
Du ziehst mich geradezu in dich rein ...
KLATSCH
Ah!
Uh...
... so sehr willst du mich in dir haben.
KLATSCH
Nhn...
Ah...
Ngh...
Masafumi!
Tiefer ... Ich brauch dich noch... tiefer in mir...
War...
ZITTER
...te...
ZITTER KLATSCH
KLATSCH
Ich kann nicht... mehr...

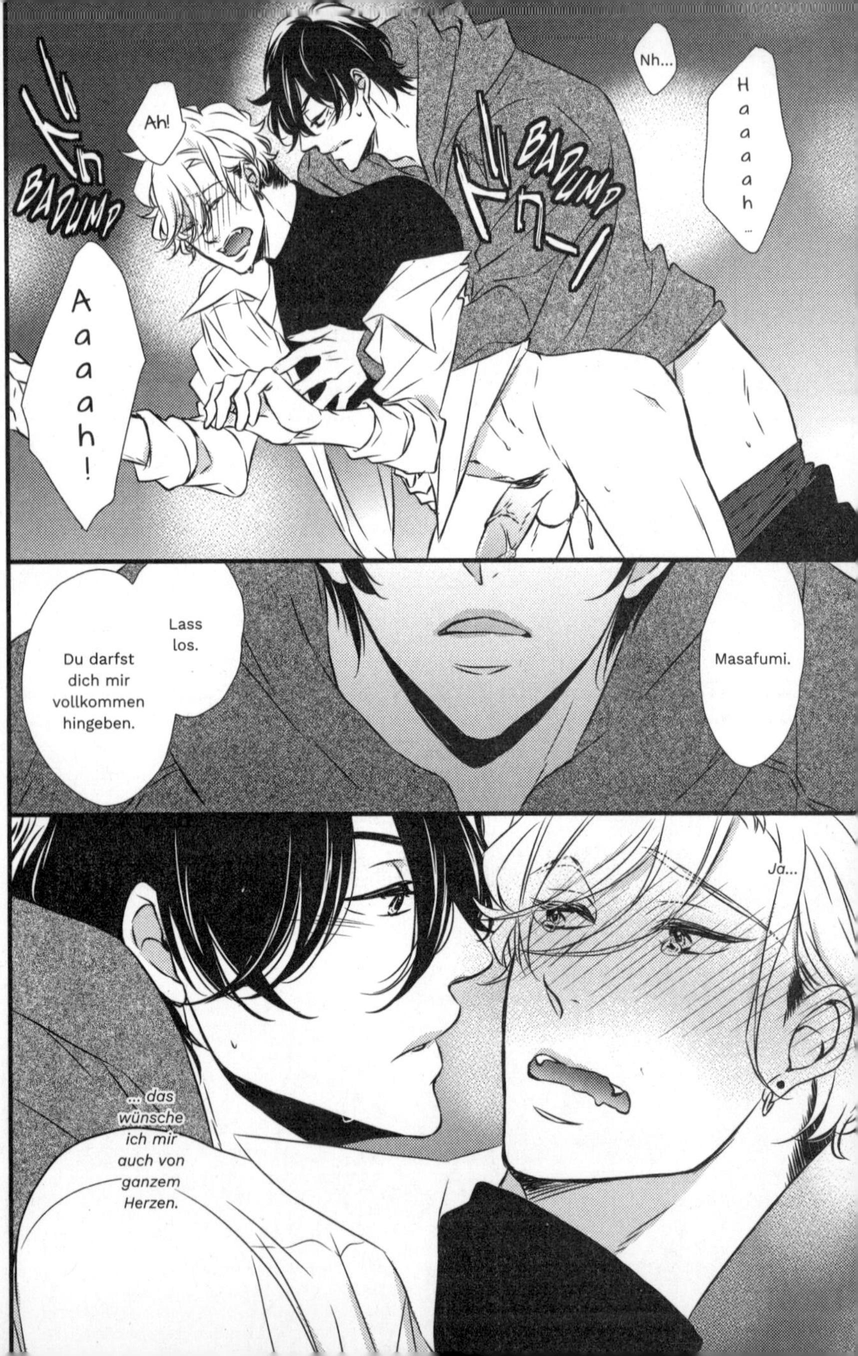
Nh...
Haaaaah...
BADUMP
Ah!
BADUMP
Aaaaah!
Masafumi.
Lass los.
Du darfst dich mir vollkommen hingeben.
Ja...
... das wünsche ich mir auch von ganzem Herzen.

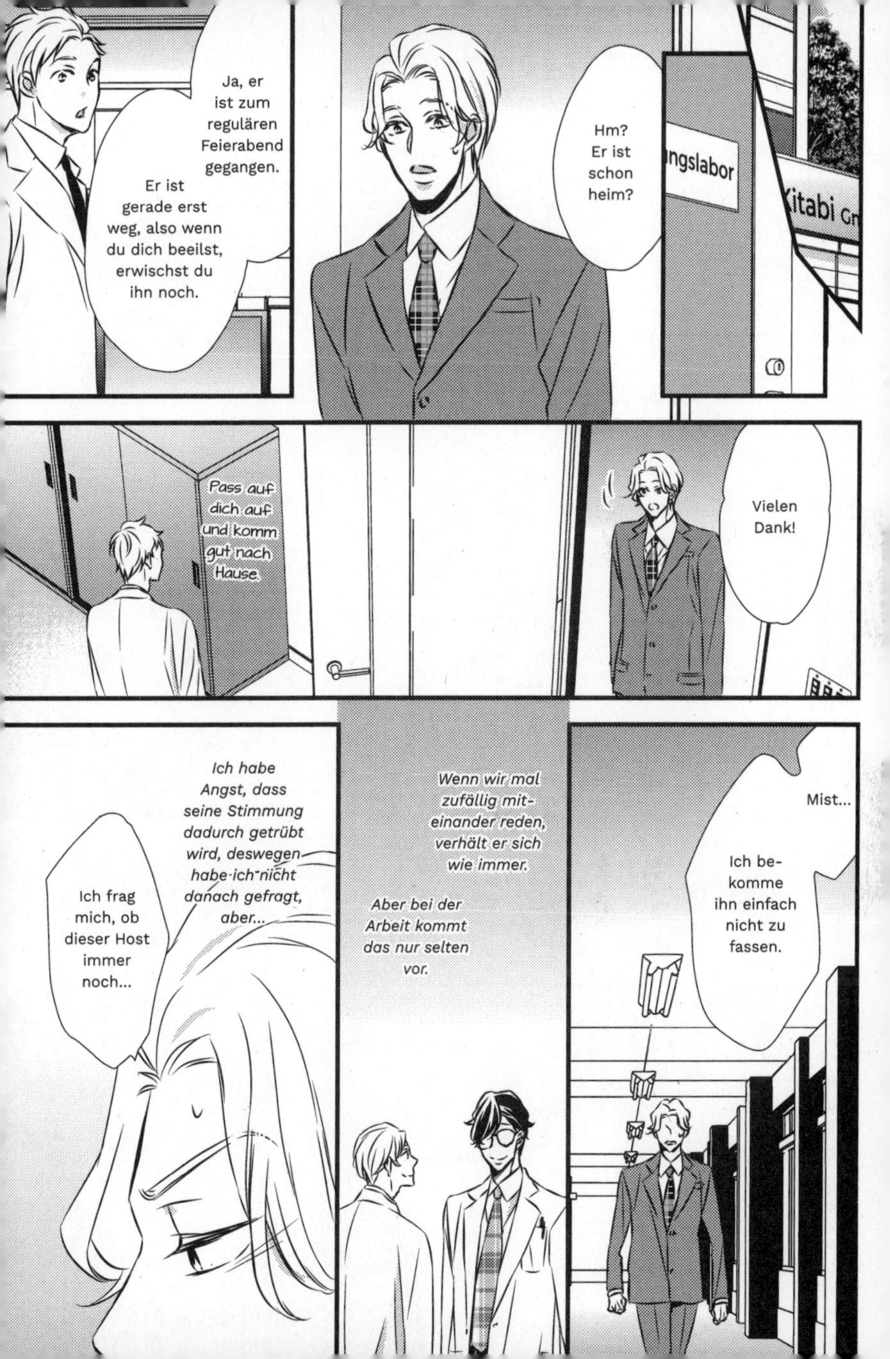
ngslabor
Kitabi
Hm? Er ist schon heim?
Ja, er ist zum regulären Feierabend gegangen.
Er ist gerade erst weg, also wenn du dich beeilst, erwischst du ihn noch.
Vielen Dank!
Pass auf dich auf und komm gut nach Hause.
Mist...
Ich bekomme ihn einfach nicht zu fassen.
Wenn wir mal zufällig miteinander reden, verhält er sich wie immer.
Aber bei der Arbeit kommt das nur selten vor.
Ich habe Angst, dass seine Stimmung dadurch getrübt wird, deswegen habe ich nicht danach gefragt, aber...
Ich frag mich, ob dieser Host immer noch...

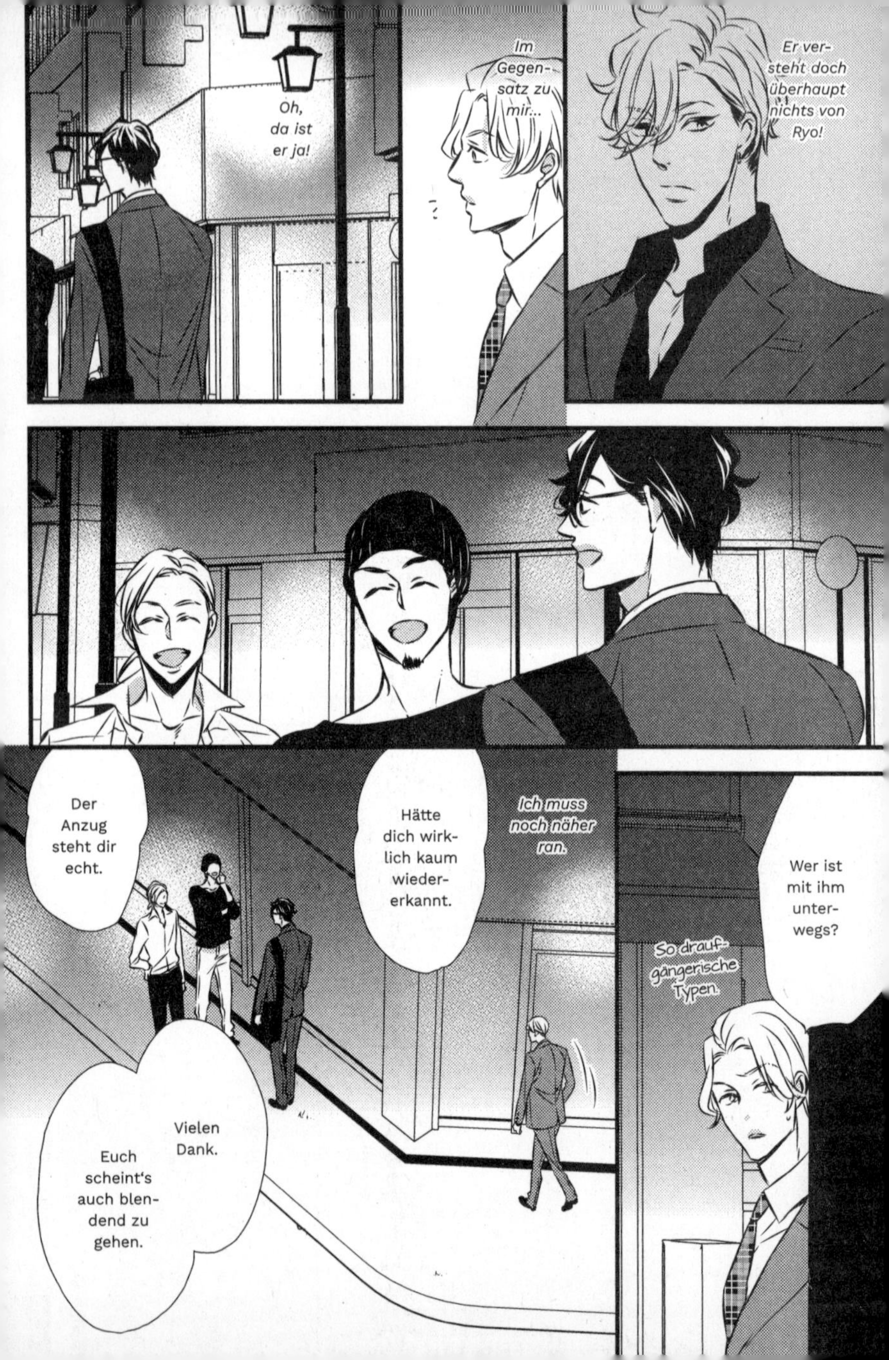
Er versteht doch überhaupt nichts von Ryo!
Im Gegensatz zu mir...
Oh, da ist er ja!
Ich muss noch näher ran.
Hätte dich wirklich kaum wiedererkannt.
Der Anzug steht dir echt.
Vielen Dank.
Euch scheint's auch blendend zu gehen.
Wer ist mit ihm unterwegs?
So draufgängerische Typen.

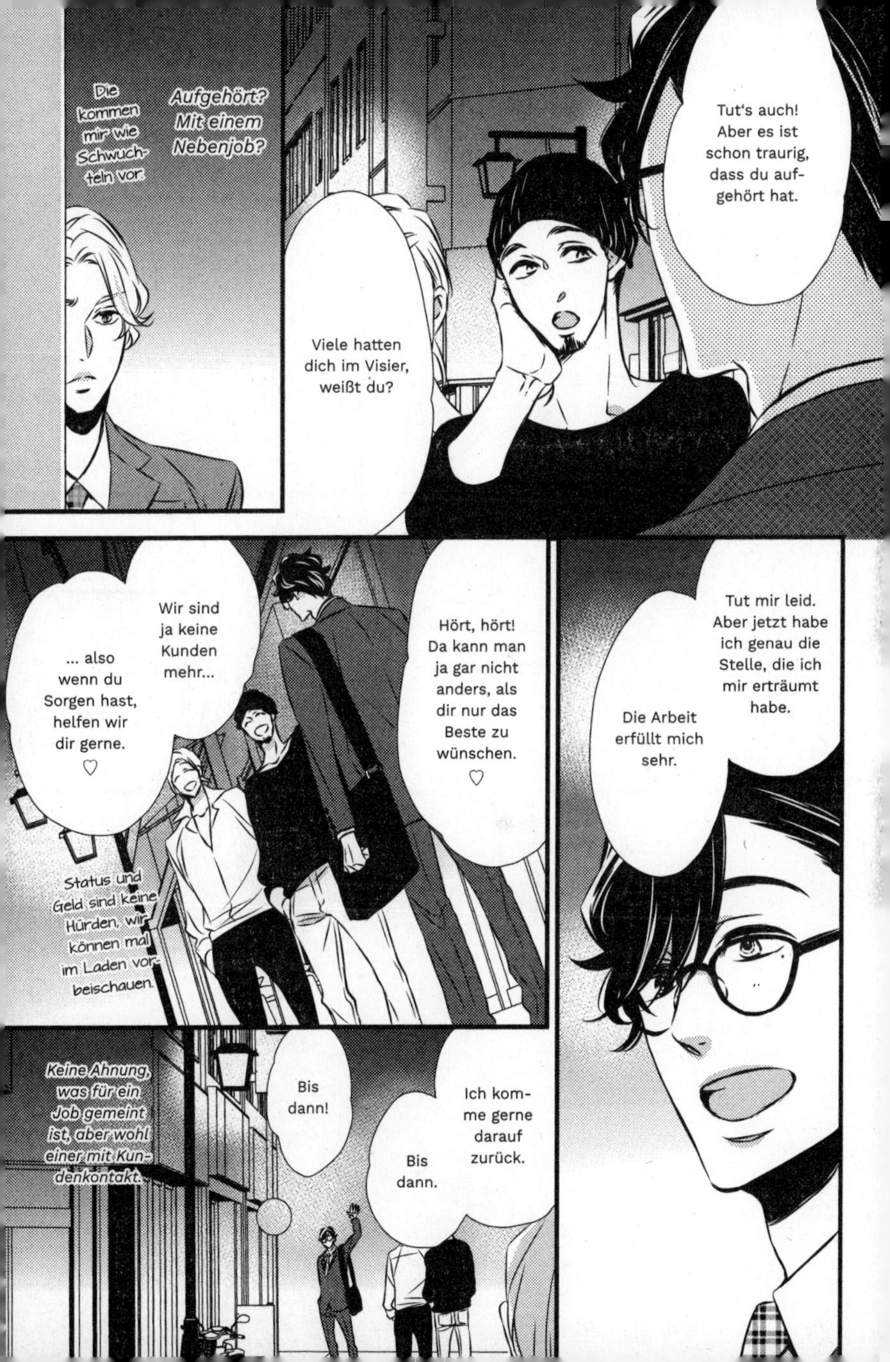
Tut's auch! Aber es ist schon traurig, dass du aufgehört hat.
Viele hatten dich im Visier, weißt du?
Aufgehört? Mit einem Nebenjob?
Die kommen mir wie Schwuchteln vor.
Tut mir leid. Aber jetzt habe ich genau die Stelle, die ich mir erträumt habe.
Die Arbeit erfüllt mich sehr.
Hört, hört! Da kann man ja gar nicht anders, als dir nur das Beste zu wünschen. ♡
Wir sind ja keine Kunden mehr...
... also wenn du Sorgen hast, helfen wir dir gerne. ♡
Status und Geld sind keine Hürden, wir können mal im Laden vorbeischauen.
Ich komme gerne darauf zurück.
Bis dann!
Bis dann.
Keine Ahnung, was für ein Job gemeint ist, aber wohl einer mit Kundenkontakt.

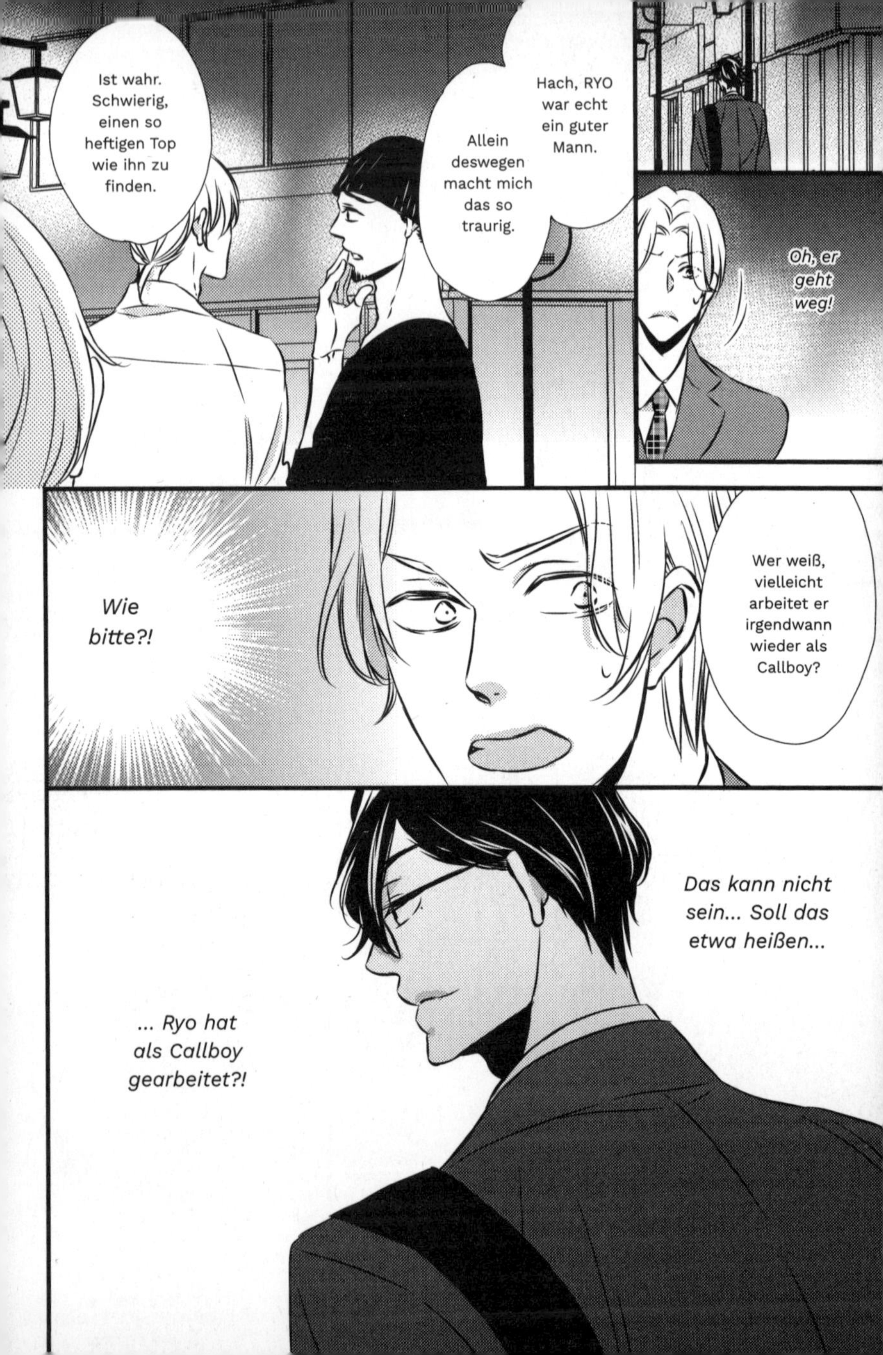
Hach, RYO war echt ein guter Mann.
Allein deswegen macht mich das so traurig.
Ist wahr. Schwierig, einen so heftigen Top wie ihn zu finden.
Oh, er geht weg!
Wer weiß, vielleicht arbeitet er irgendwann wieder als Callboy?
Wie bitte?!
Das kann nicht sein... Soll das etwa heißen...
... Ryo hat als Callboy gearbeitet?!

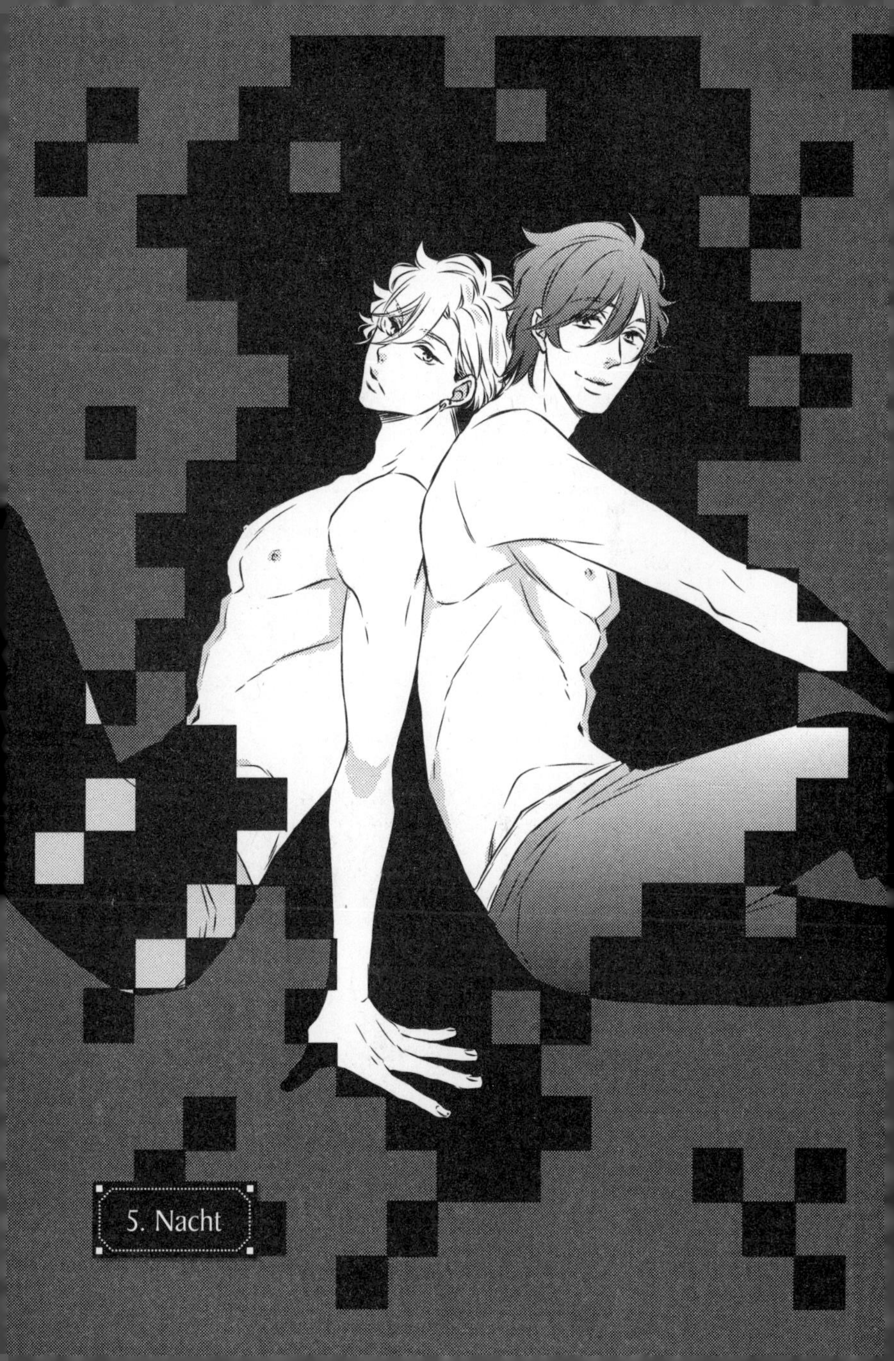
5. Nacht

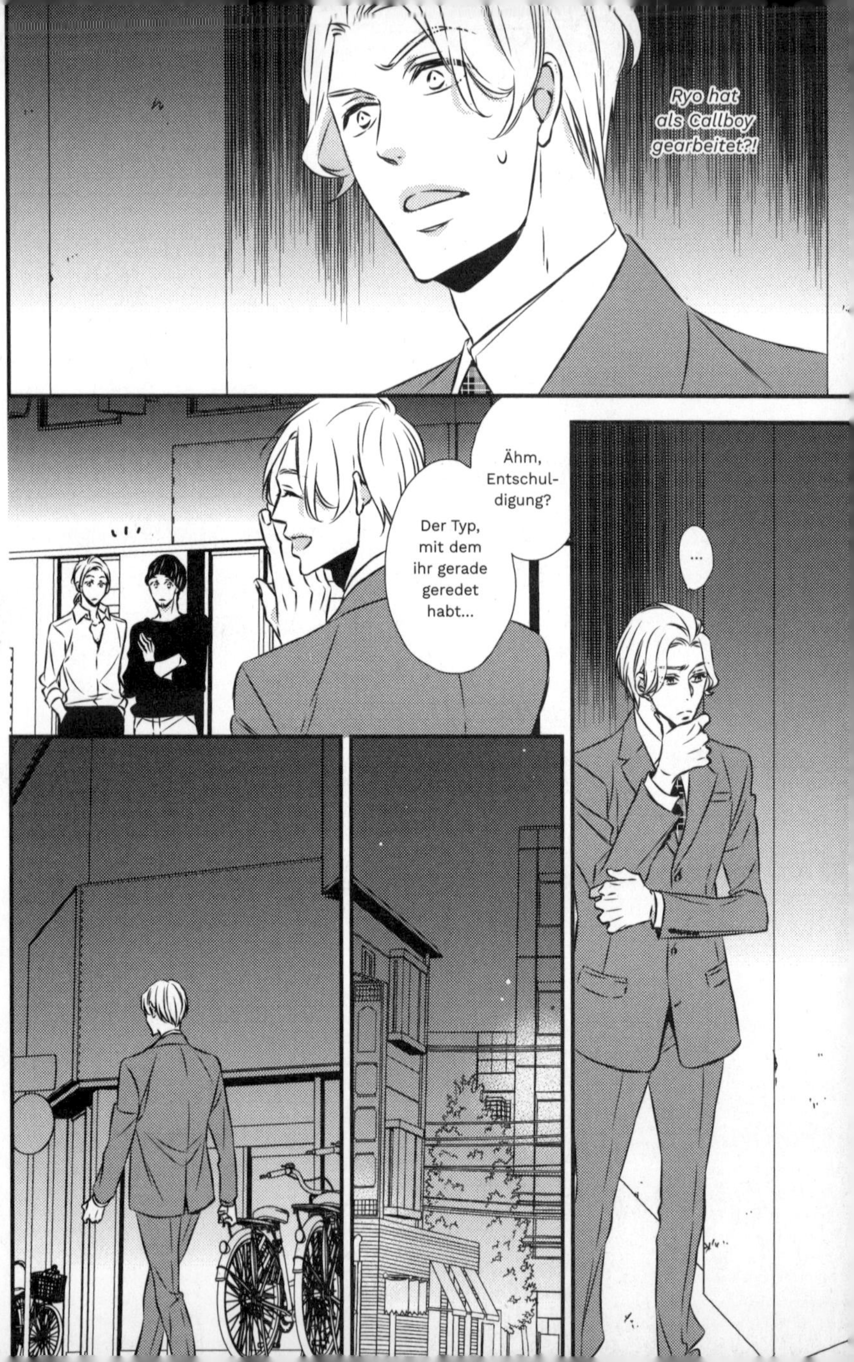
Ryo hat als Callboy gearbeitet?!
...
Ähm, Entschul-digung?
Der Typ, mit dem ihr gerade geredet habt...

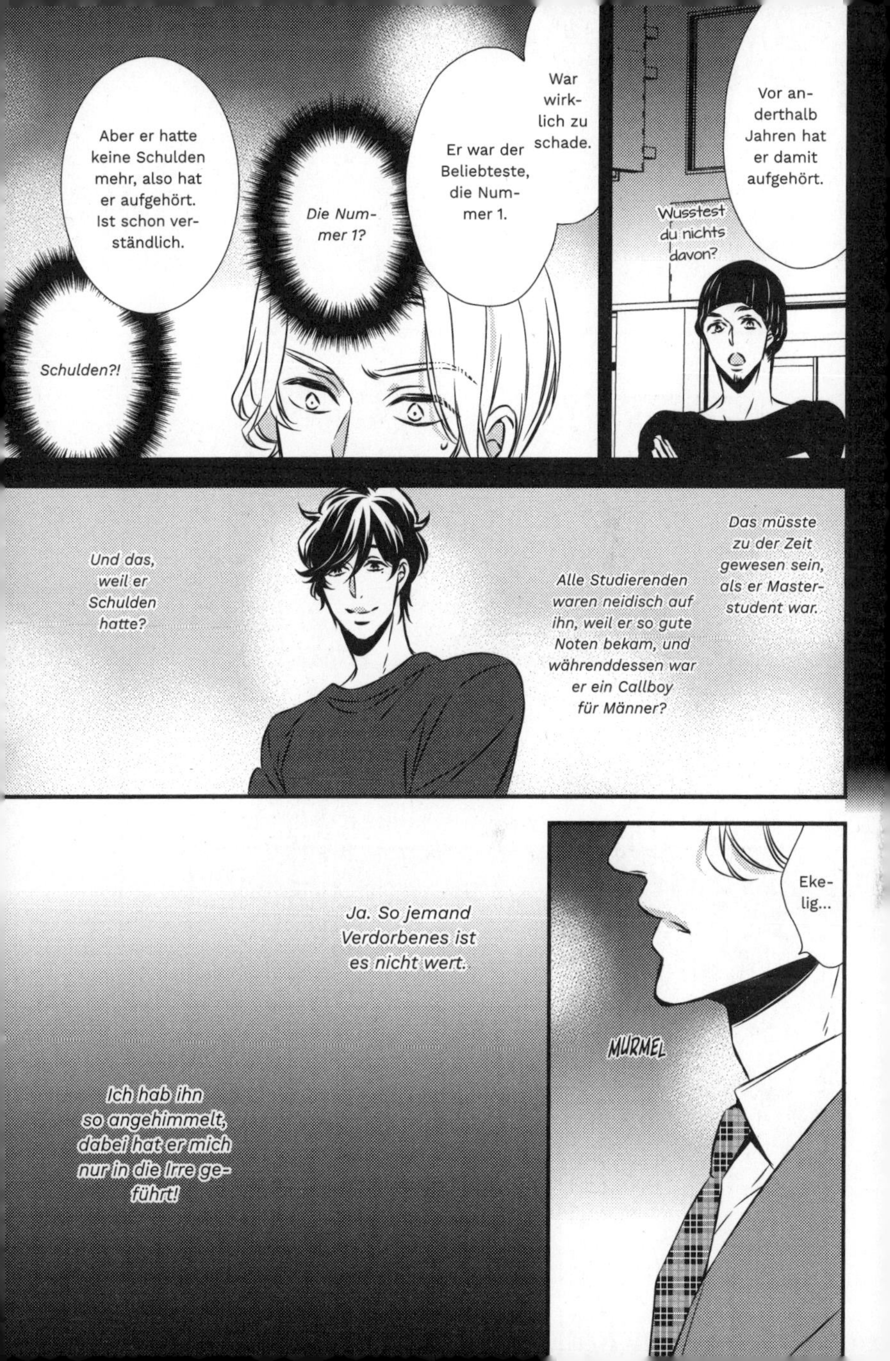
Vor anderthalb Jahren hat er damit aufgehört.
Wusstest du nichts davon?
War wirklich zu schade.
Er war der Beliebteste, die Nummer 1.
Die Nummer 1?
Aber er hatte keine Schulden mehr, also hat er aufgehört. Ist schon verständlich.
Schulden?!
Das müsste zu der Zeit gewesen sein, als er Masterstudent war.
Alle Studierenden waren neidisch auf ihn, weil er so gute Noten bekam, und währenddessen war er ein Callboy für Männer?
Und das, weil er Schulden hatte?
Ekelig...
MURMEL
Ja. So jemand Verdorbenes ist es nicht wert.
Ich hab ihn so angehimmelt, dabei hat er mich nur in die Irre geführt!

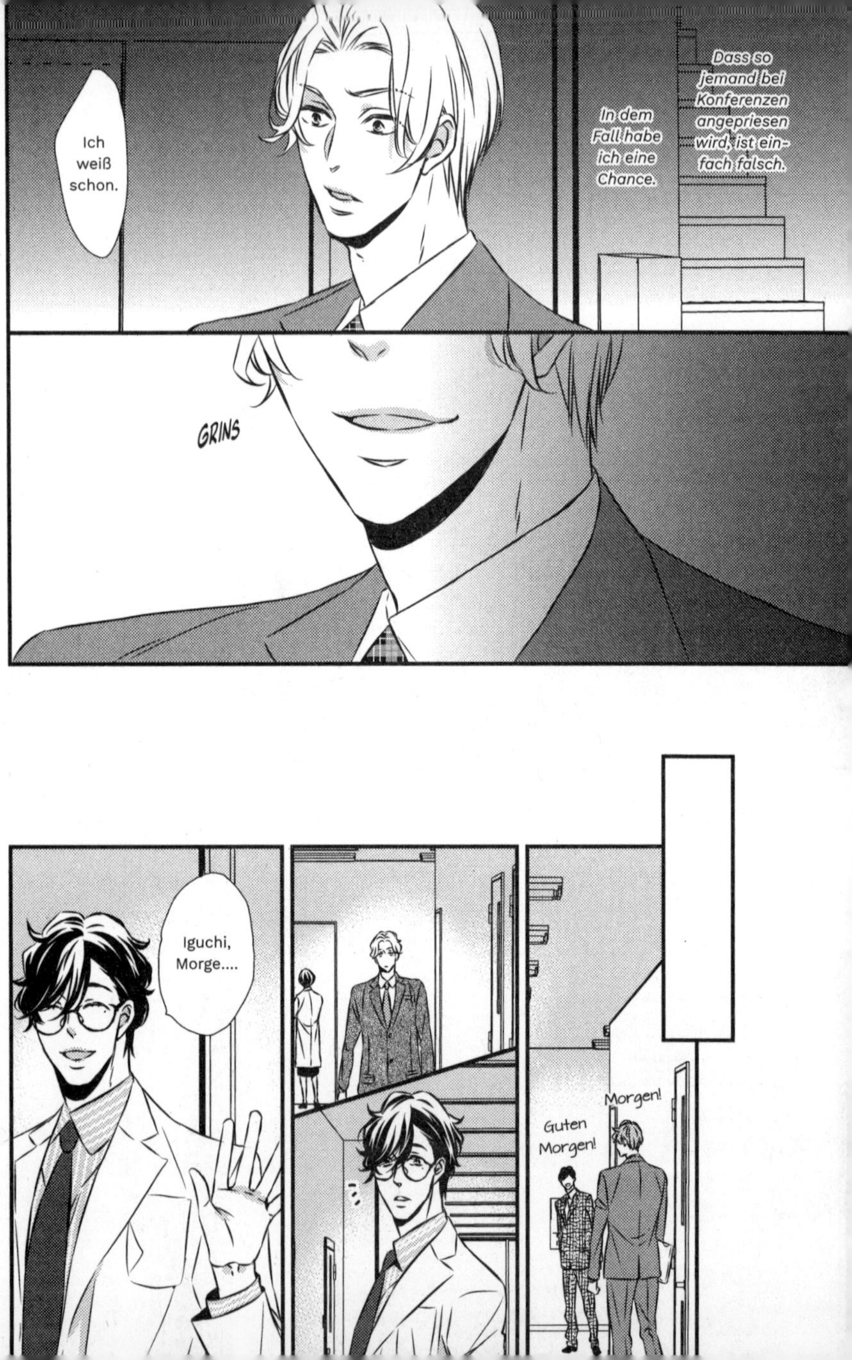

Dass so jemand bei Konferenzen angepriesen wird, ist ein-fach falsch.
In dem Fall habe ich eine Chance.
Ich weiß schon.
GRINS
Morgen!
Guten Morgen!
Iguchi, Morge....

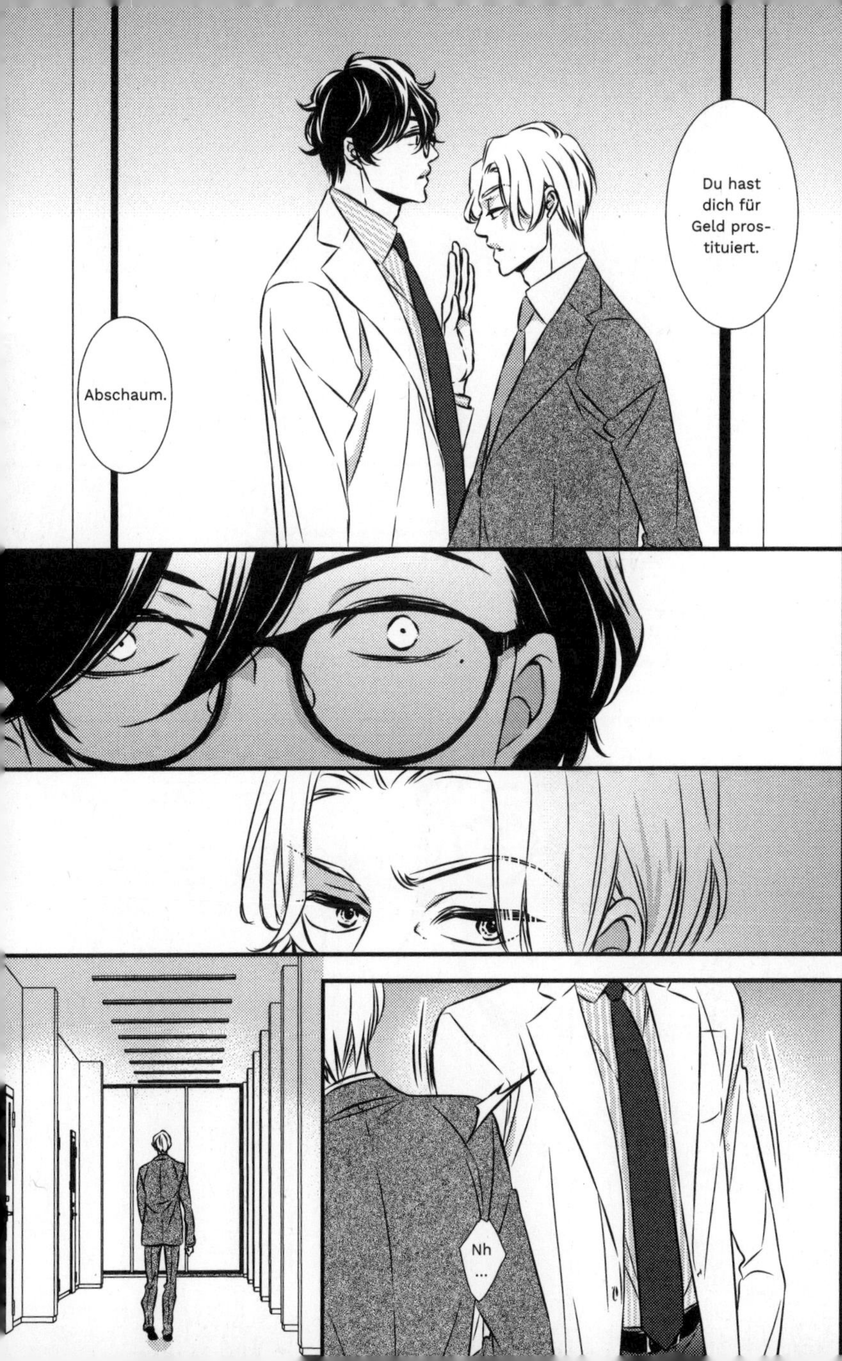
Du hast dich für Geld pros- tituiert.
Abschaum.
Nh …

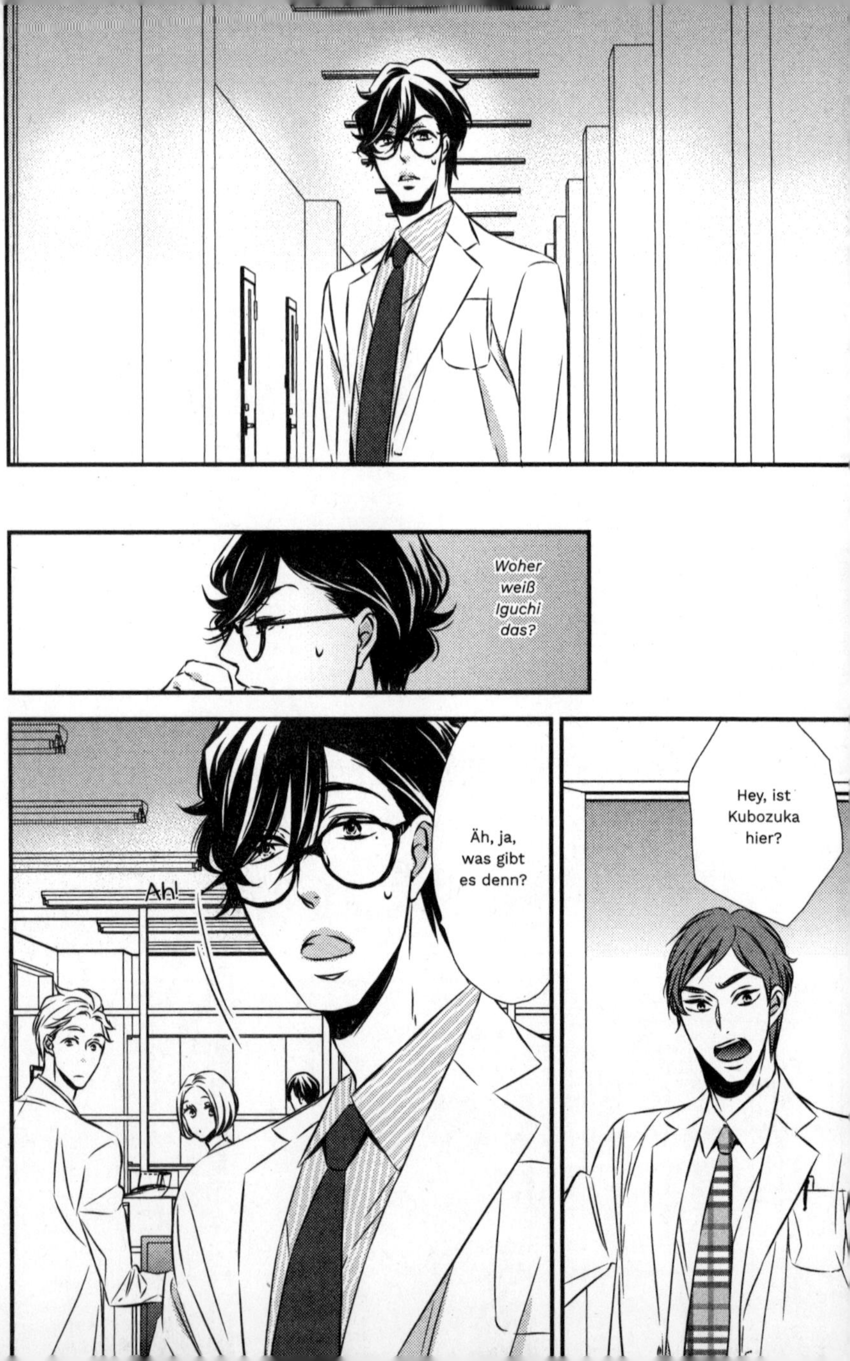

Woher weiß Iguchi das?
Hey, ist Kubozuka hier?
Ah!
Äh, ja, was gibt es denn?

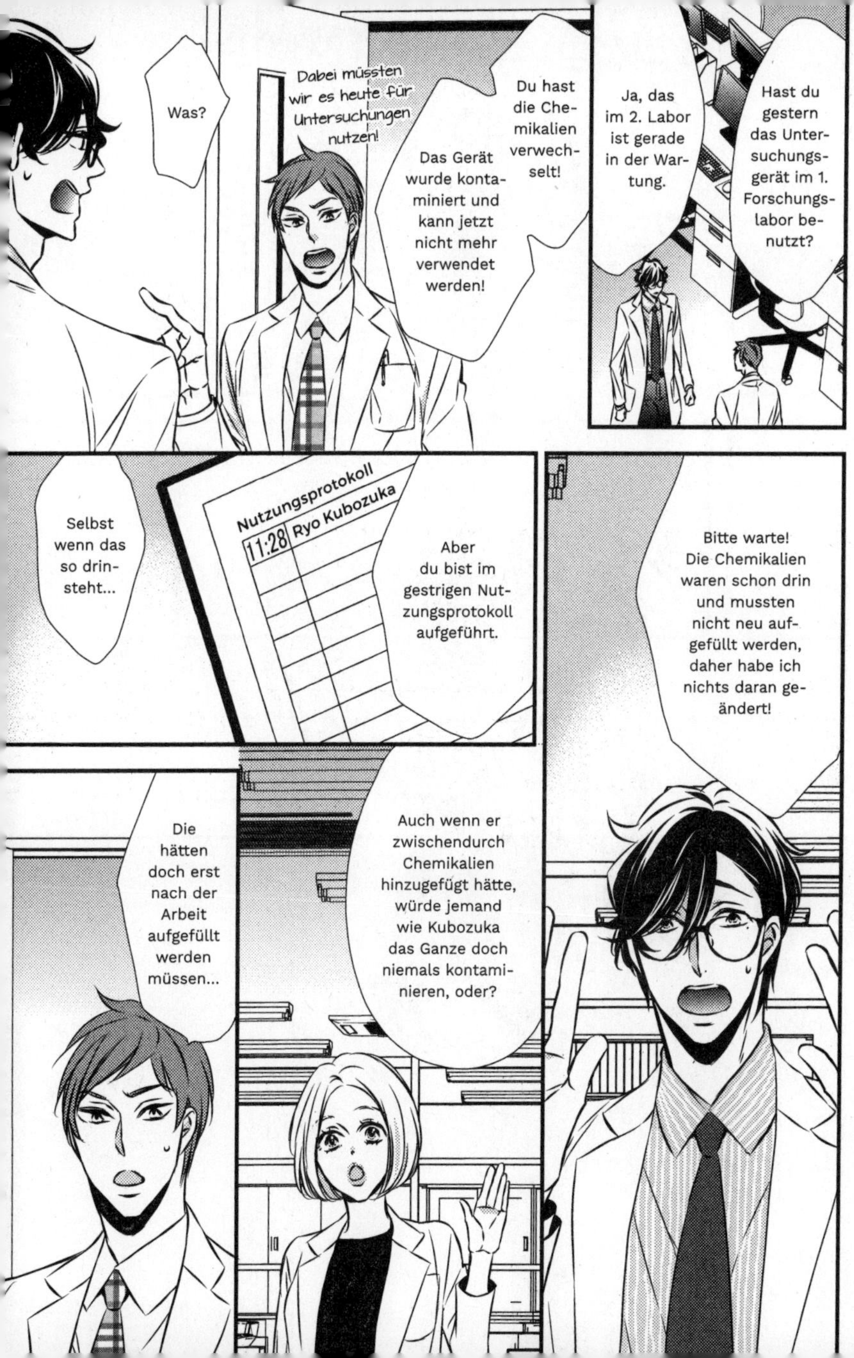
Hast du gestern das Untersuchungsgerät im 1. Forschungslabor benutzt?
Ja, das im 2. Labor ist gerade in der Wartung.
Du hast die Chemikalien verwechselt!
Das Gerät wurde kontaminiert und kann jetzt nicht mehr verwendet werden!
Dabei müssten wir es heute für Untersuchungen nutzen!
Was?
Bitte warte! Die Chemikalien waren schon drin und mussten nicht neu aufgefüllt werden, daher habe ich nichts daran geändert!
Aber du bist im gestrigen Nutzungsprotokoll aufgeführt.
Nutzungsprotokoll
11:28 Ryo Kubozuka
Selbst wenn das so drinsteht...
Auch wenn er zwischendurch Chemikalien hinzugefügt hätte, würde jemand wie Kubozuka das Ganze doch niemals kontaminieren, oder?
Die hätten doch erst nach der Arbeit aufgefüllt werden müssen...

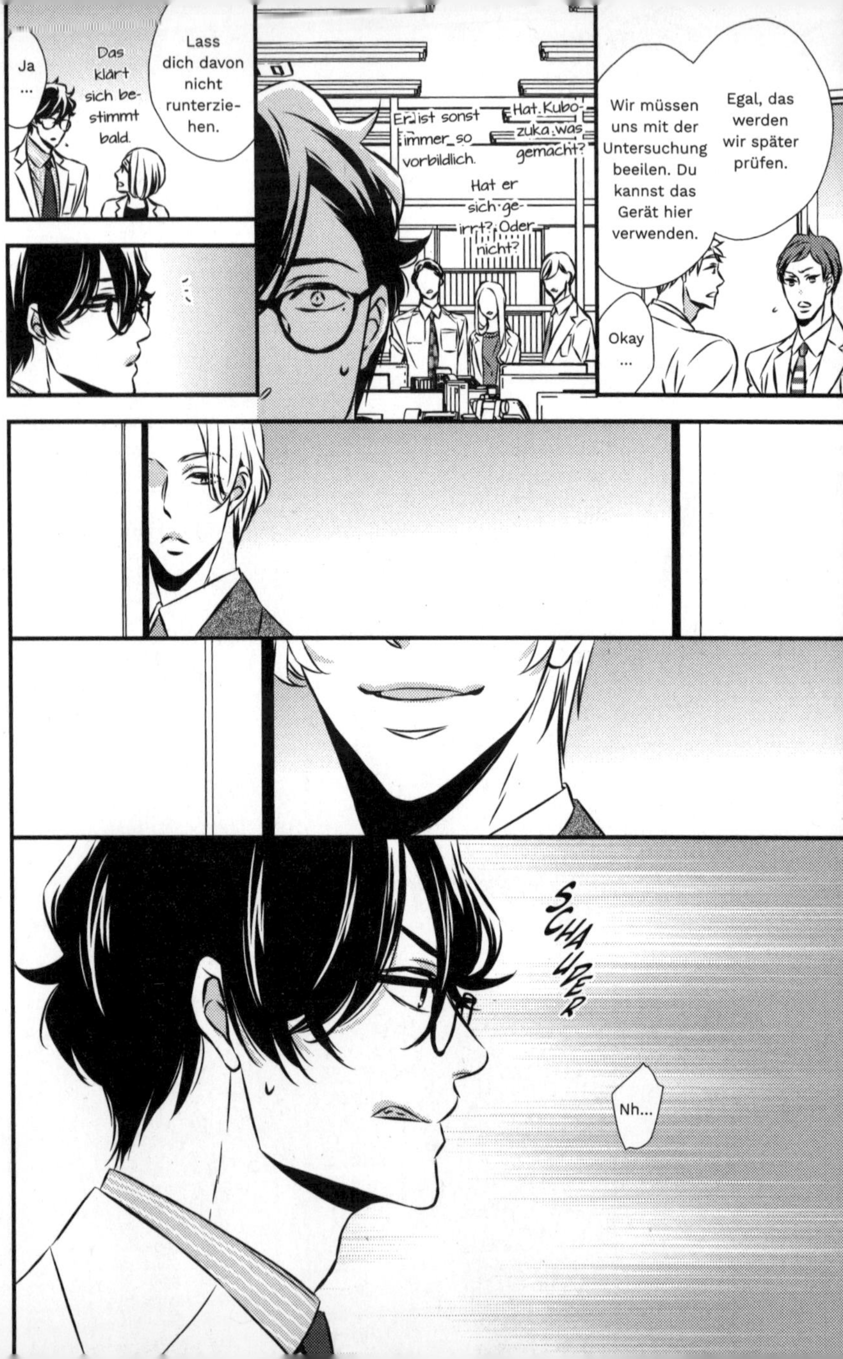
Egal, das werden wir später prüfen.
Wir müssen uns mit der Untersuchung beeilen. Du kannst das Gerät hier verwenden.
Okay ...
Hat Kubozuka was gemacht?
Er ist sonst immer so vorbildlich.
Hat er sich geirrt? Oder nicht?
Lass dich davon nicht runterziehen.
Das klärt sich bestimmt bald.
Ja ...
SCHAUDER
Nh...

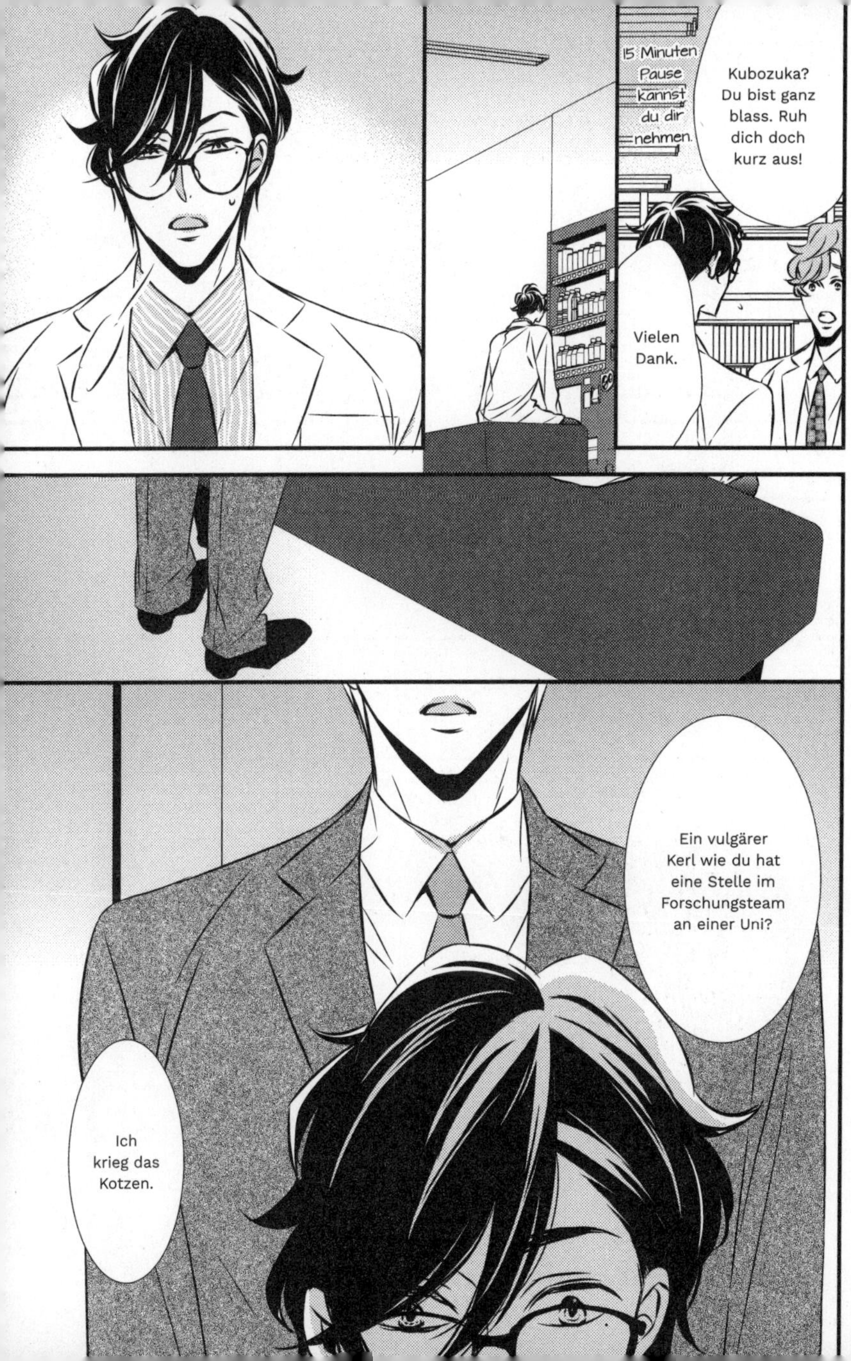
Kubozuka? Du bist ganz blass. Ruh dich doch kurz aus!
15 Minuten Pause kannst du dir nehmen.
Vielen Dank.
Ein vulgärer Kerl wie du hat eine Stelle im Forschungsteam an einer Uni?
Ich krieg das Kotzen.

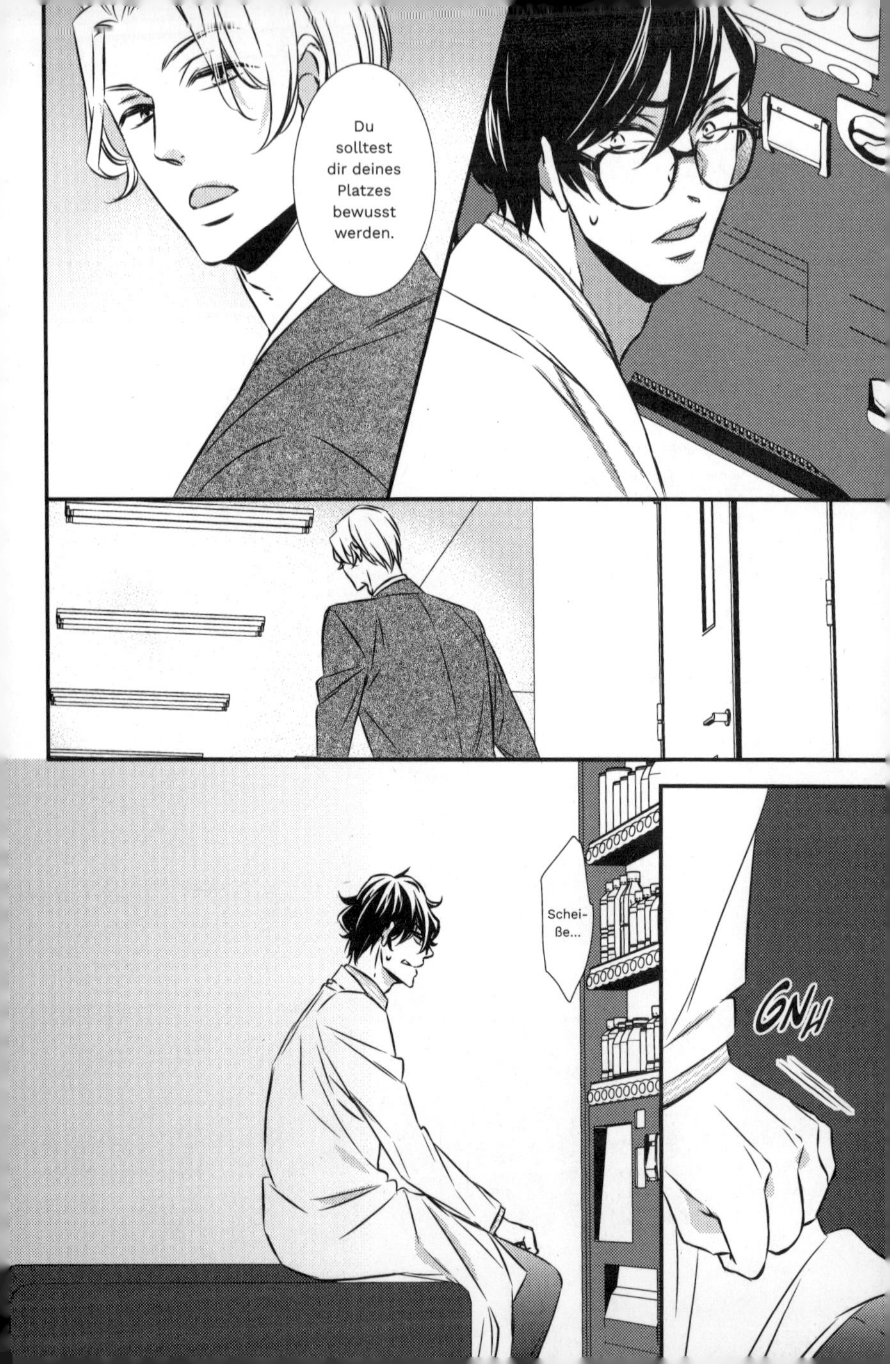
Du solltest dir deines Platzes bewusst werden.
GNH
Schei-ße...

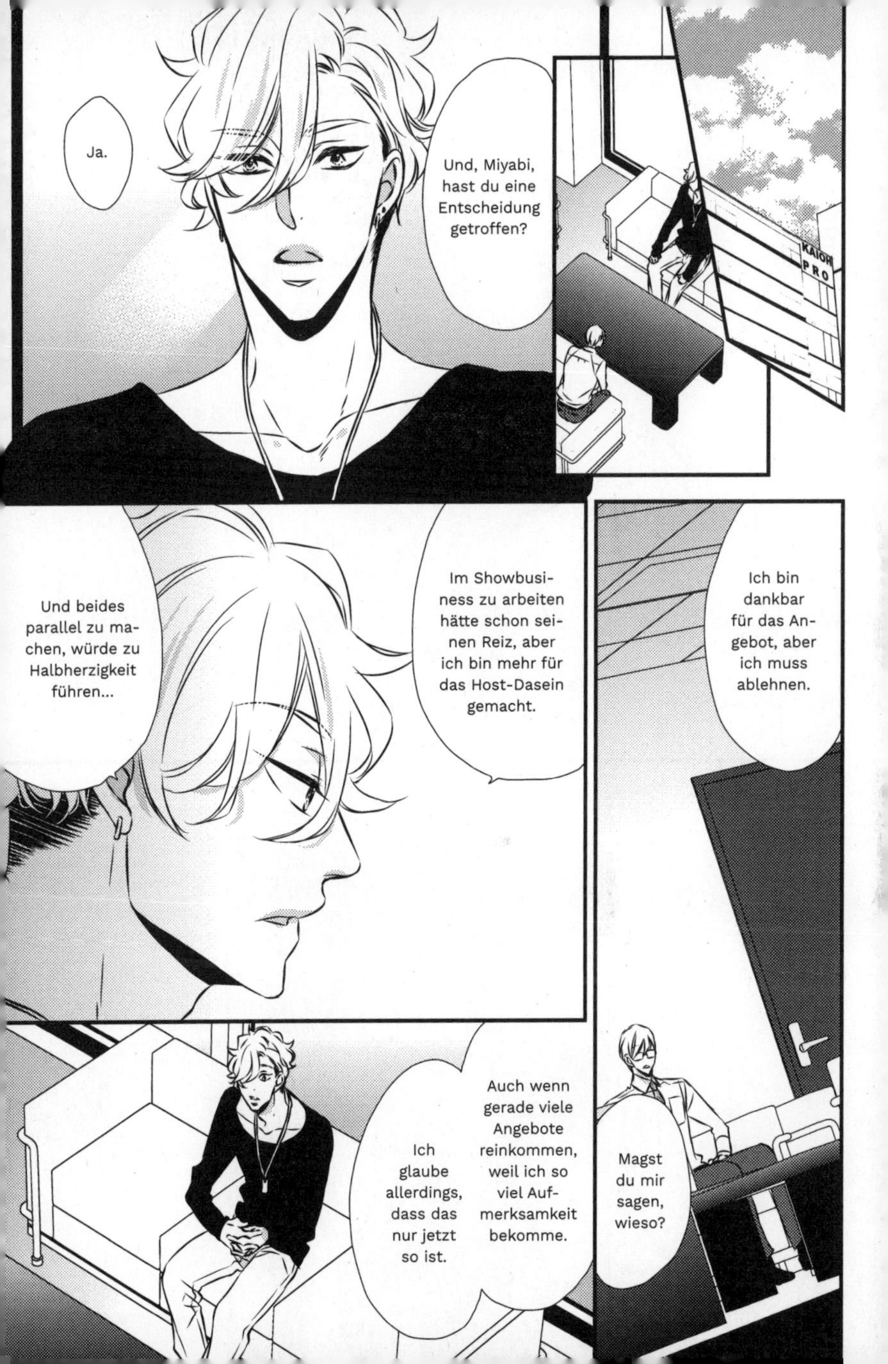
KAIOH PRO
Und, Miyabi, hast du eine Entscheidung getroffen?
Ja.
Ich bin dankbar für das Angebot, aber ich muss ablehnen.
Im Showbusiness zu arbeiten hätte schon seinen Reiz, aber ich bin mehr für das Host-Dasein gemacht.
Und beides parallel zu machen, würde zu Halbherzigkeit führen...
Magst du mir sagen, wieso?
Auch wenn gerade viele Angebote reinkommen, weil ich so viel Aufmerksamkeit bekomme.
Ich glaube allerdings, dass das nur jetzt so ist.

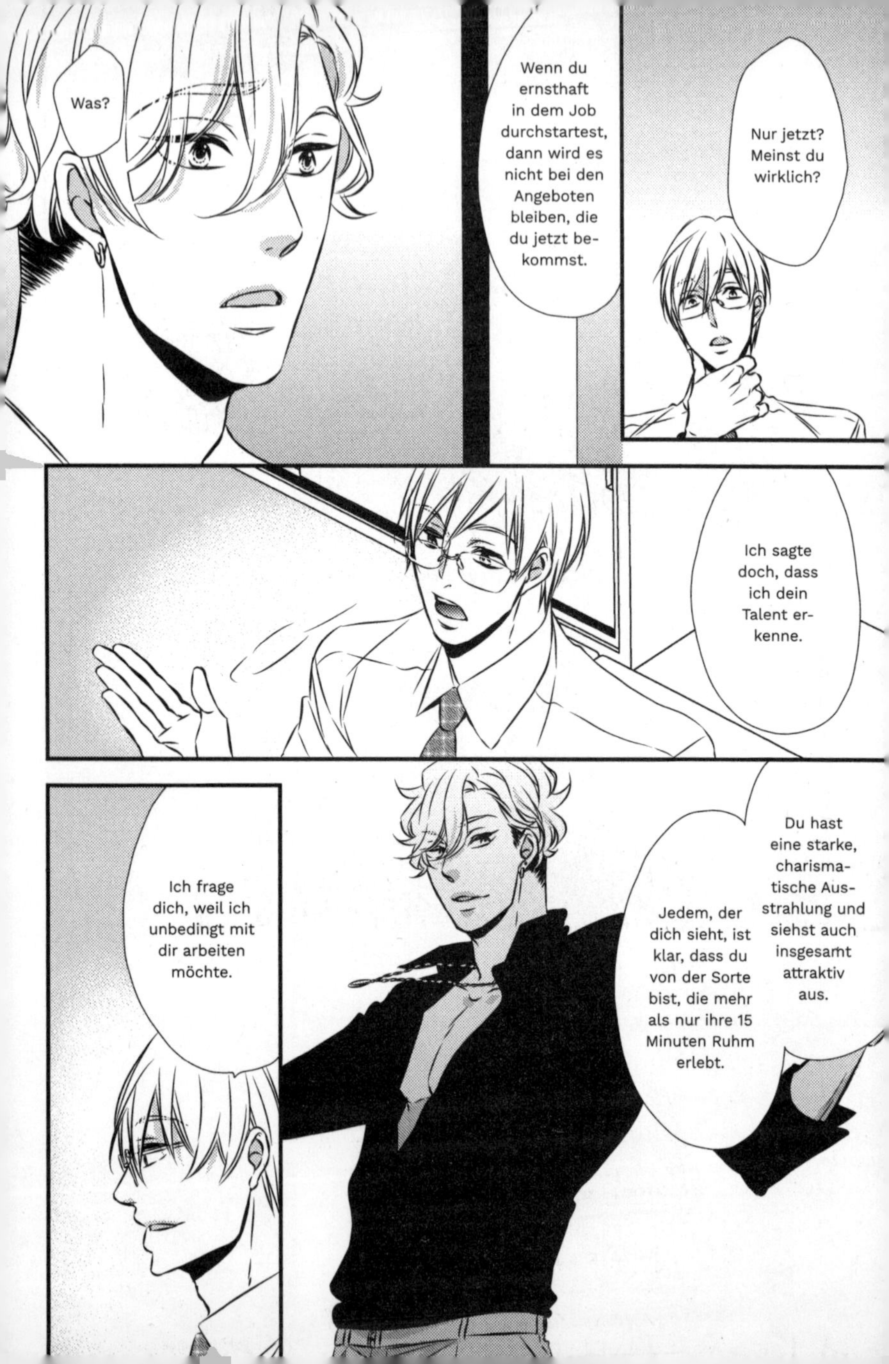

Nur jetzt? Meinst du wirklich?
Wenn du ernsthaft in dem Job durchstartest, dann wird es nicht bei den Angeboten bleiben, die du jetzt bekommst.
Was?
Ich sagte doch, dass ich dein Talent erkenne.
Du hast eine starke, charismatische Ausstrahlung und siehst auch insgesamt attraktiv aus.
Jedem, der dich sieht, ist klar, dass du von der Sorte bist, die mehr als nur ihre 15 Minuten Ruhm erlebt.
Ich frage dich, weil ich unbedingt mit dir arbeiten möchte.

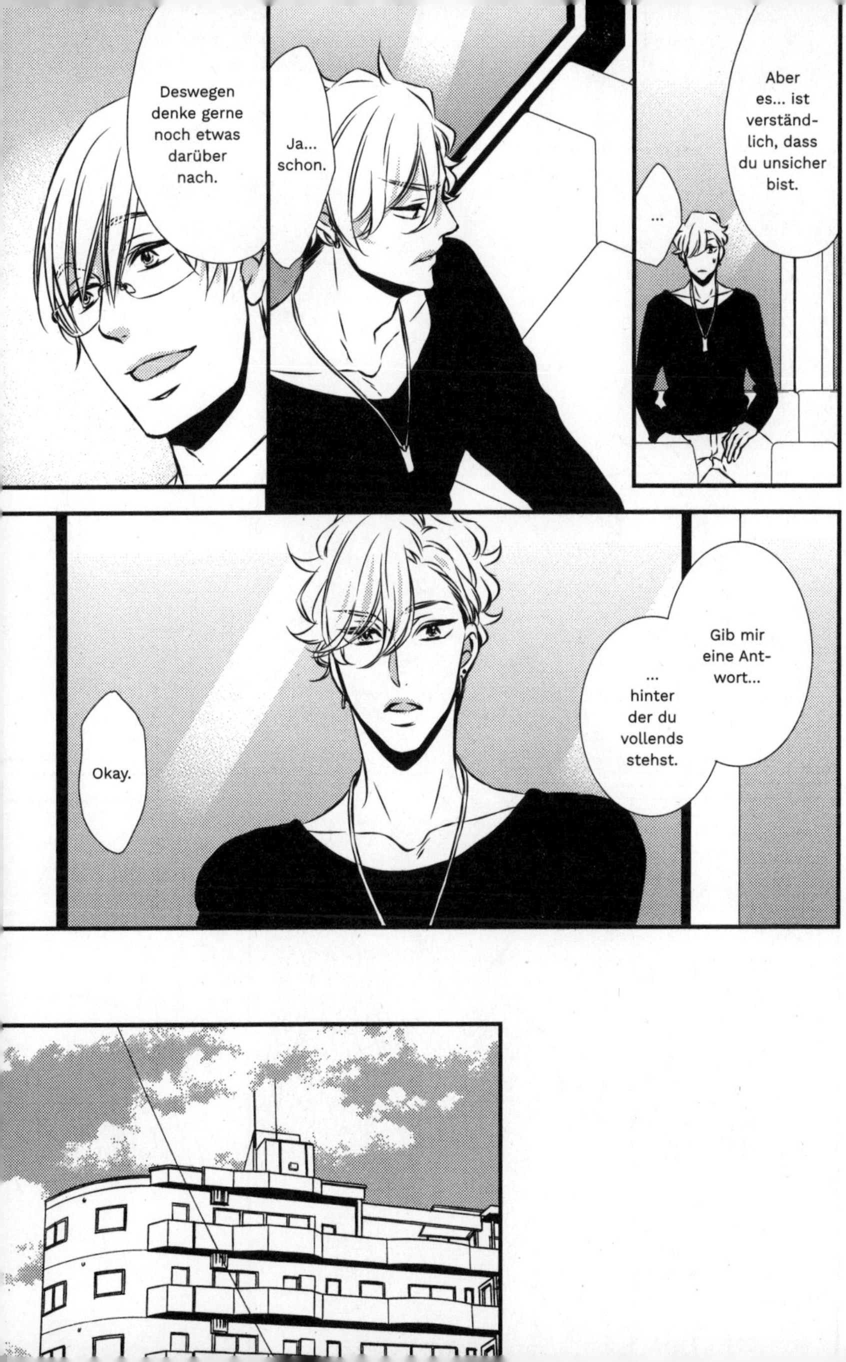
Aber es... ist verständlich, dass du unsicher bist.
...
Ja... schon.
Deswegen denke gerne noch etwas darüber nach.
Gib mir eine Antwort...
... hinter der du vollends stehst.
Okay.

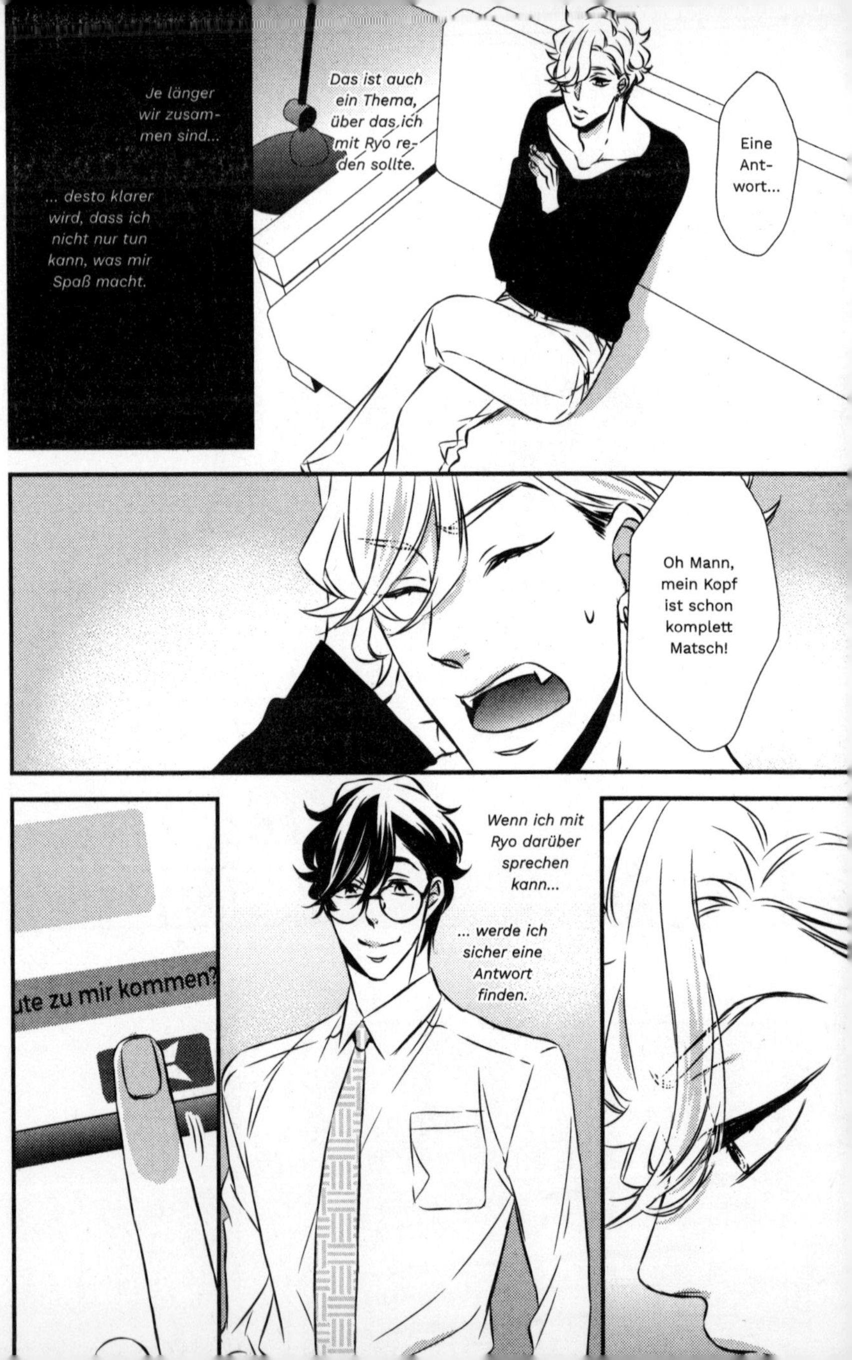
Eine Antwort...
Das ist auch ein Thema, über das ich mit Ryo reden sollte.
Je länger wir zusammen sind...
... desto klarer wird, dass ich nicht nur tun kann, was mir Spaß macht.
Oh Mann, mein Kopf ist schon komplett Matsch!
ute zu mir kommen?
Wenn ich mit Ryo darüber sprechen kann...
... werde ich sicher eine Antwort finden.

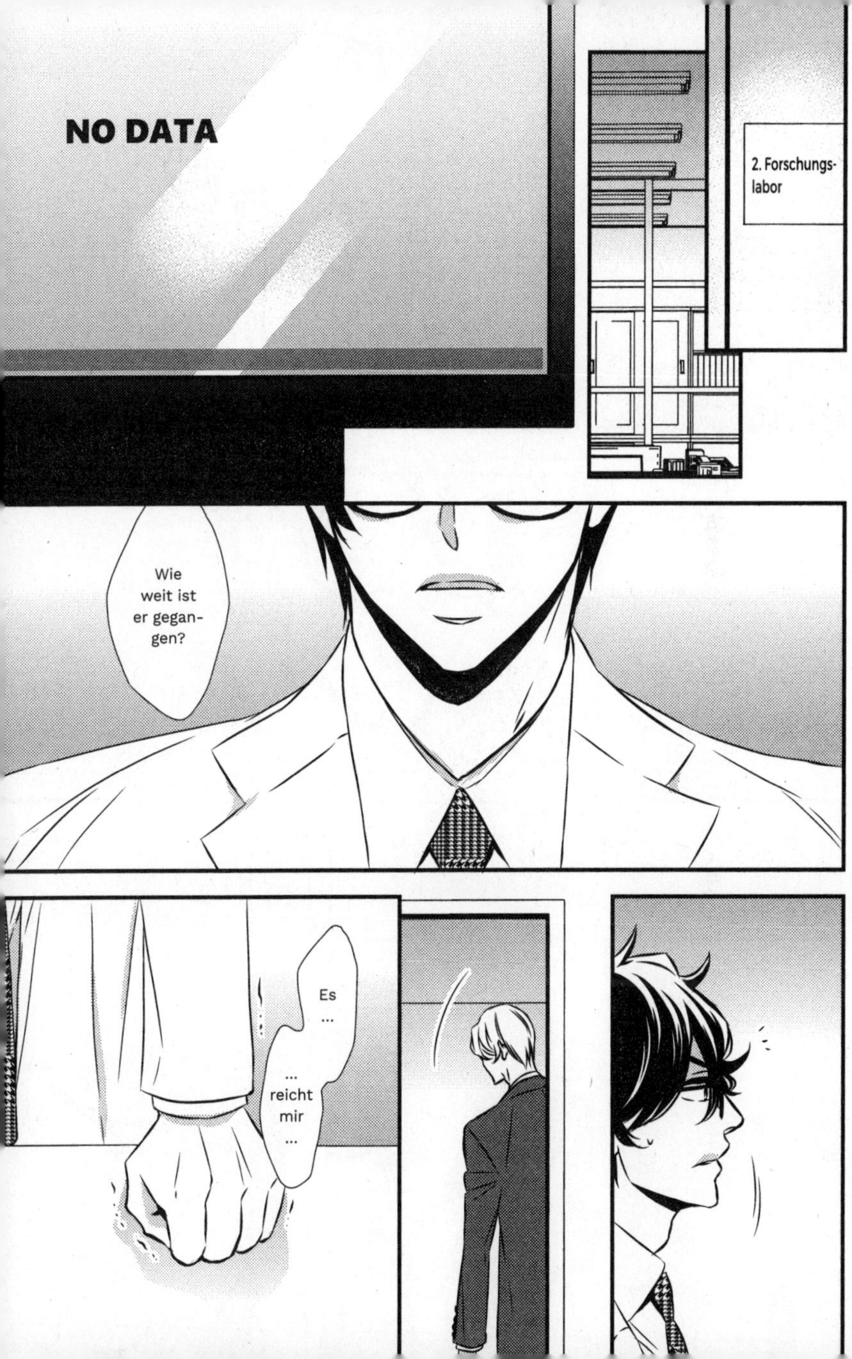
2. Forschungs-labor
NO DATA
Wie weit ist er gegan-gen?
Es …
… reicht mir …

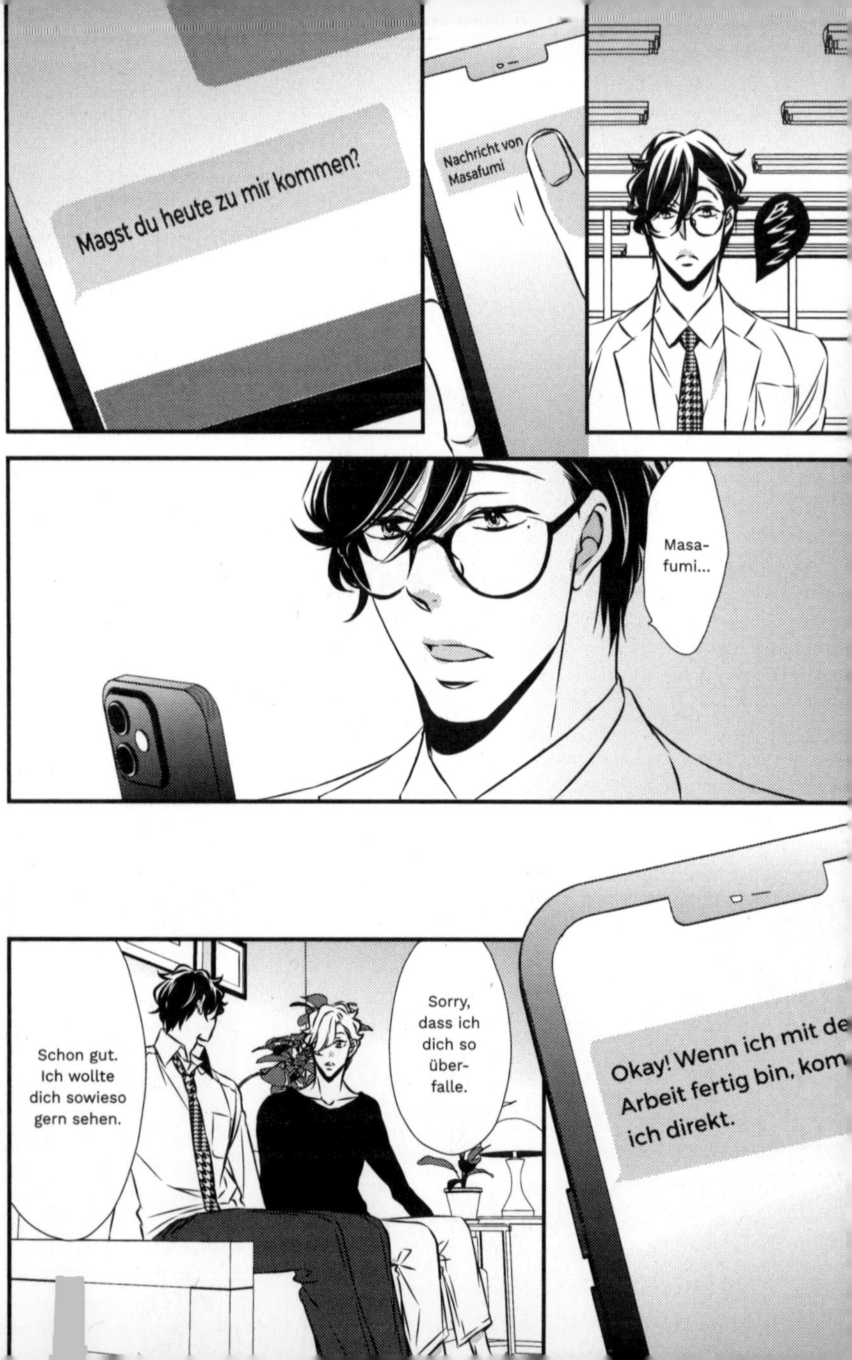
Nachricht von Masafumi
Magst du heute zu mir kommen?
Masa-fumi...
Okay! Wenn ich mit de Arbeit fertig bin, kom ich direkt.
Sorry, dass ich dich so über-falle.
Schon gut. Ich wollte dich sowieso gern sehen.

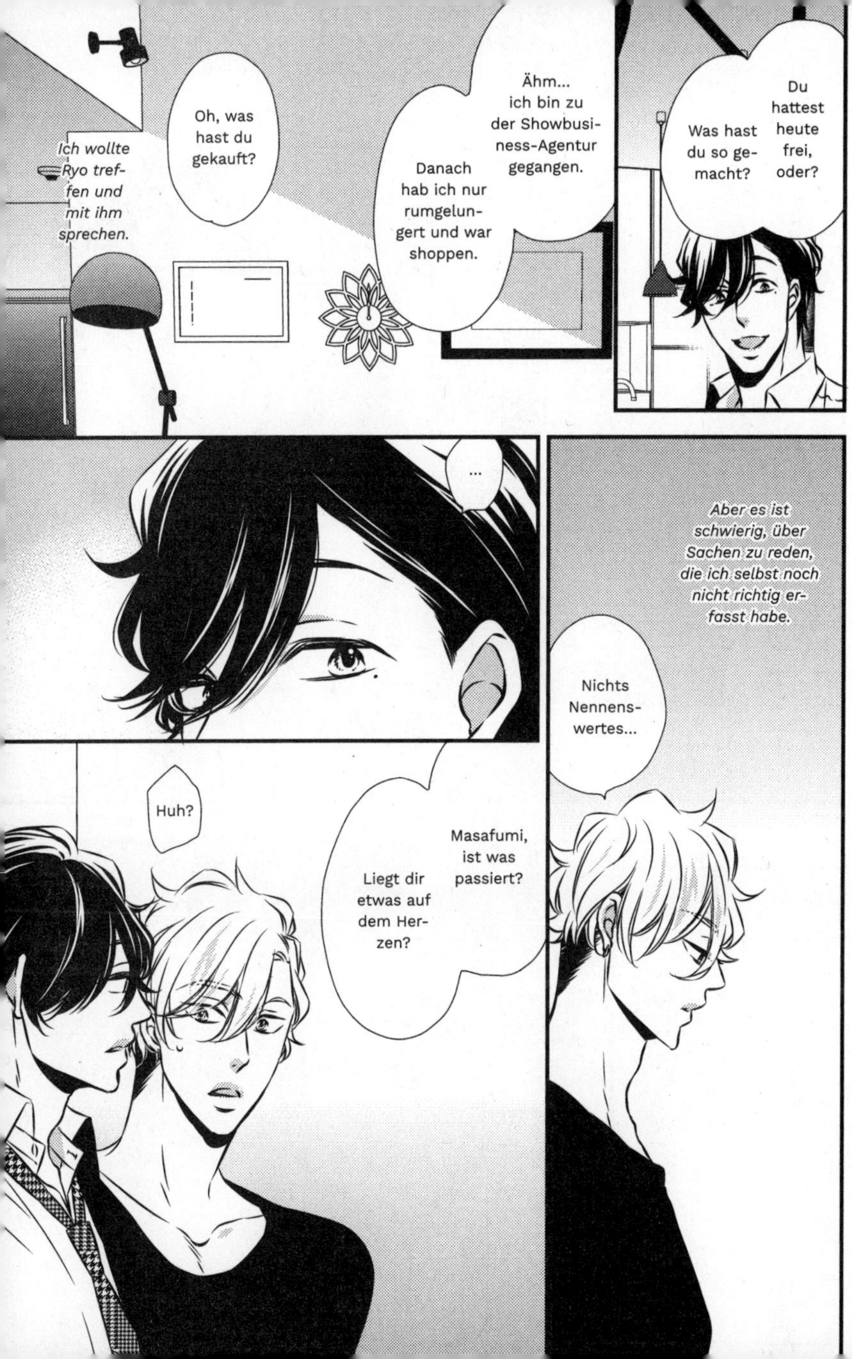
Du hattest heute frei, oder?
Was hast du so gemacht?
Ähm... ich bin zu der Showbusiness-Agentur gegangen.
Danach hab ich nur rumgelungert und war shoppen.
Oh, was hast du gekauft?
Ich wollte Ryo treffen und mit ihm sprechen.
Aber es ist schwierig, über Sachen zu reden, die ich selbst noch nicht richtig erfasst habe.
Nichts Nennenswertes...
...
Masafumi, ist was passiert?
Liegt dir etwas auf dem Herzen?
Huh?

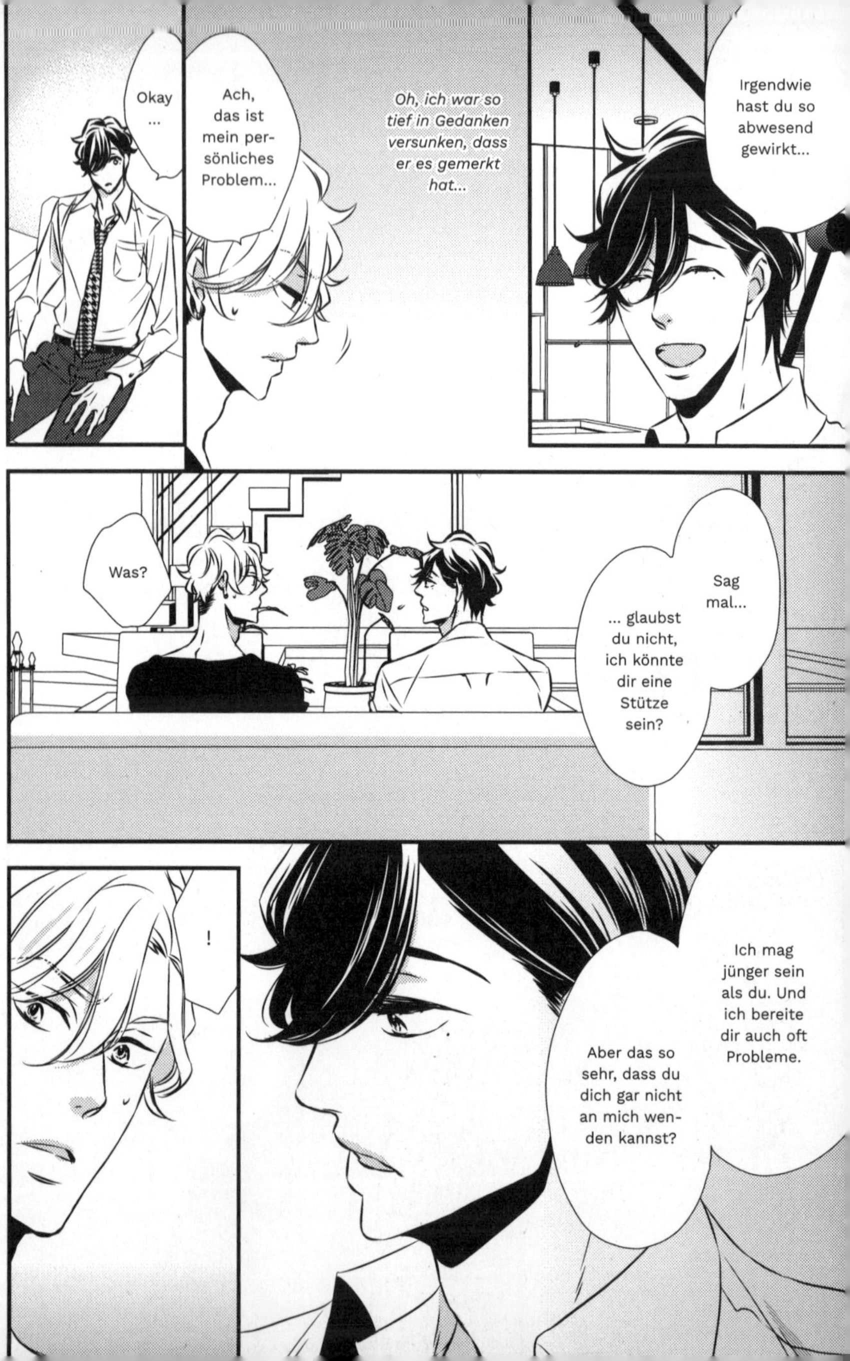

Irgendwie hast du so abwesend gewirkt...
Oh, ich war so tief in Gedanken versunken, dass er es gemerkt hat...
Ach, das ist mein persönliches Problem...
Okay ...
Sag mal...
... glaubst du nicht, ich könnte dir eine Stütze sein?
Was?
Ich mag jünger sein als du. Und ich bereite dir auch oft Probleme.
Aber das so sehr, dass du dich gar nicht an mich wenden kannst?
!

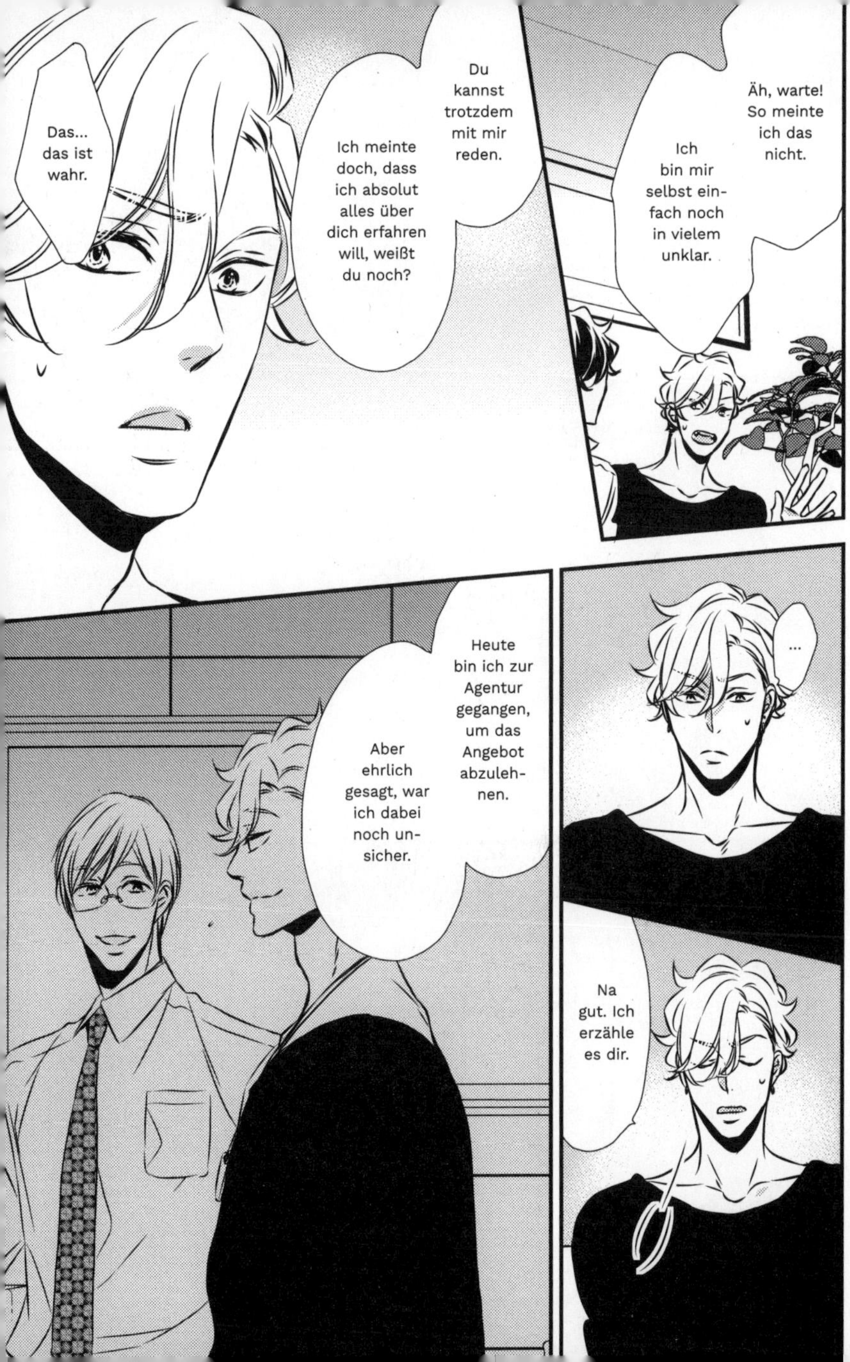
Äh, warte! So meinte ich das nicht.
Ich bin mir selbst ein-fach noch in vielem unklar.
Du kannst trotzdem mit mir reden.
Ich meinte doch, dass ich absolut alles über dich erfahren will, weißt du noch?
Das... das ist wahr.
...
Na gut. Ich erzähle es dir.
Heute bin ich zur Agentur gegangen, um das Angebot abzuleh-nen.
Aber ehrlich gesagt, war ich dabei noch un-sicher.

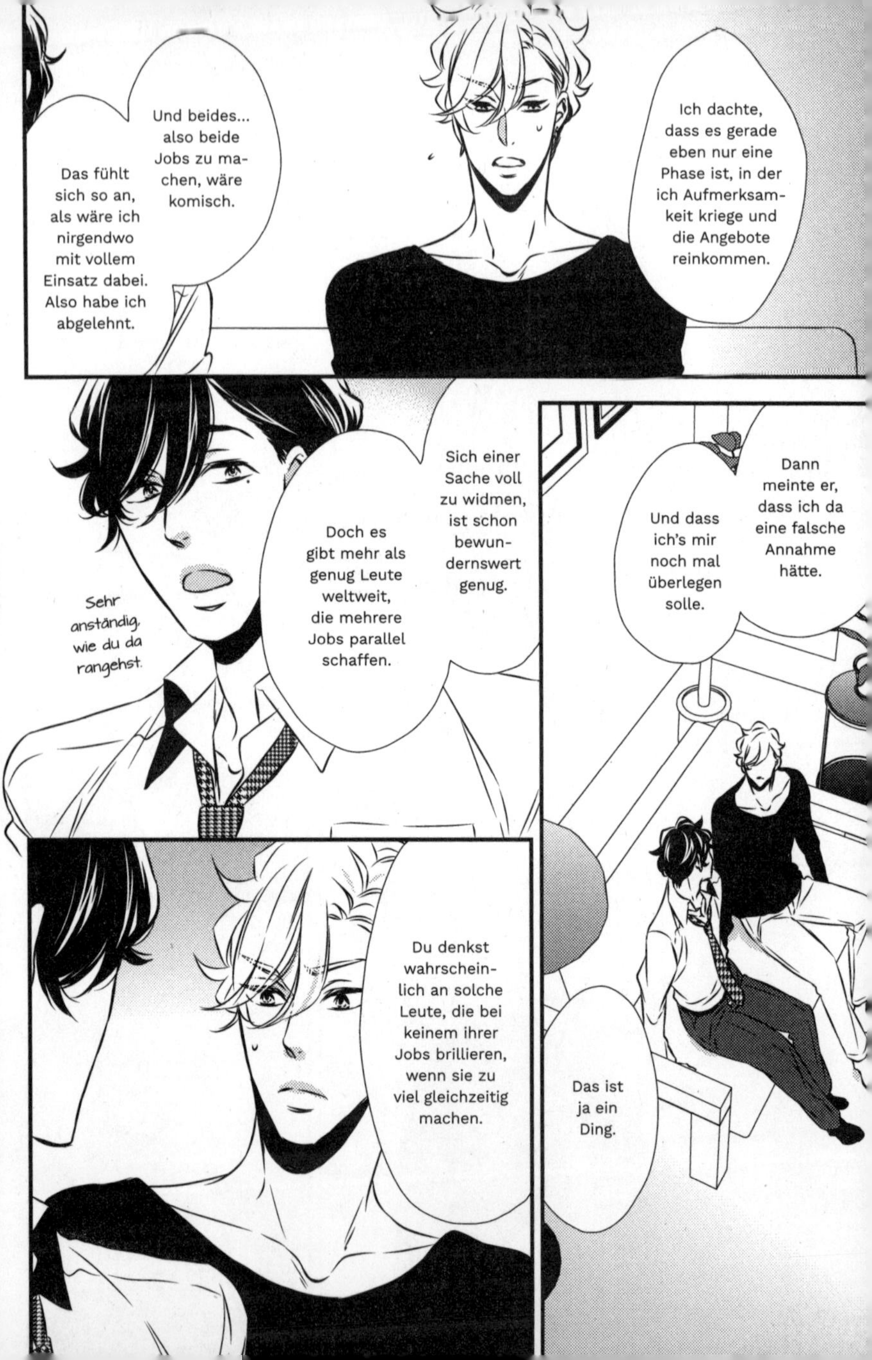
Ich dachte, dass es gerade eben nur eine Phase ist, in der ich Aufmerksamkeit kriege und die Angebote reinkommen.
Und beides... also beide Jobs zu machen, wäre komisch.
Das fühlt sich so an, als wäre ich nirgendwo mit vollem Einsatz dabei. Also habe ich abgelehnt.
Dann meinte er, dass ich da eine falsche Annahme hätte.
Und dass ich's mir noch mal überlegen solle.
Sich einer Sache voll zu widmen, ist schon bewundernswert genug.
Doch es gibt mehr als genug Leute weltweit, die mehrere Jobs parallel schaffen.
Sehr anständig, wie du da rangehst.
Das ist ja ein Ding.
Du denkst wahrscheinlich an solche Leute, die bei keinem ihrer Jobs brillieren, wenn sie zu viel gleichzeitig machen.

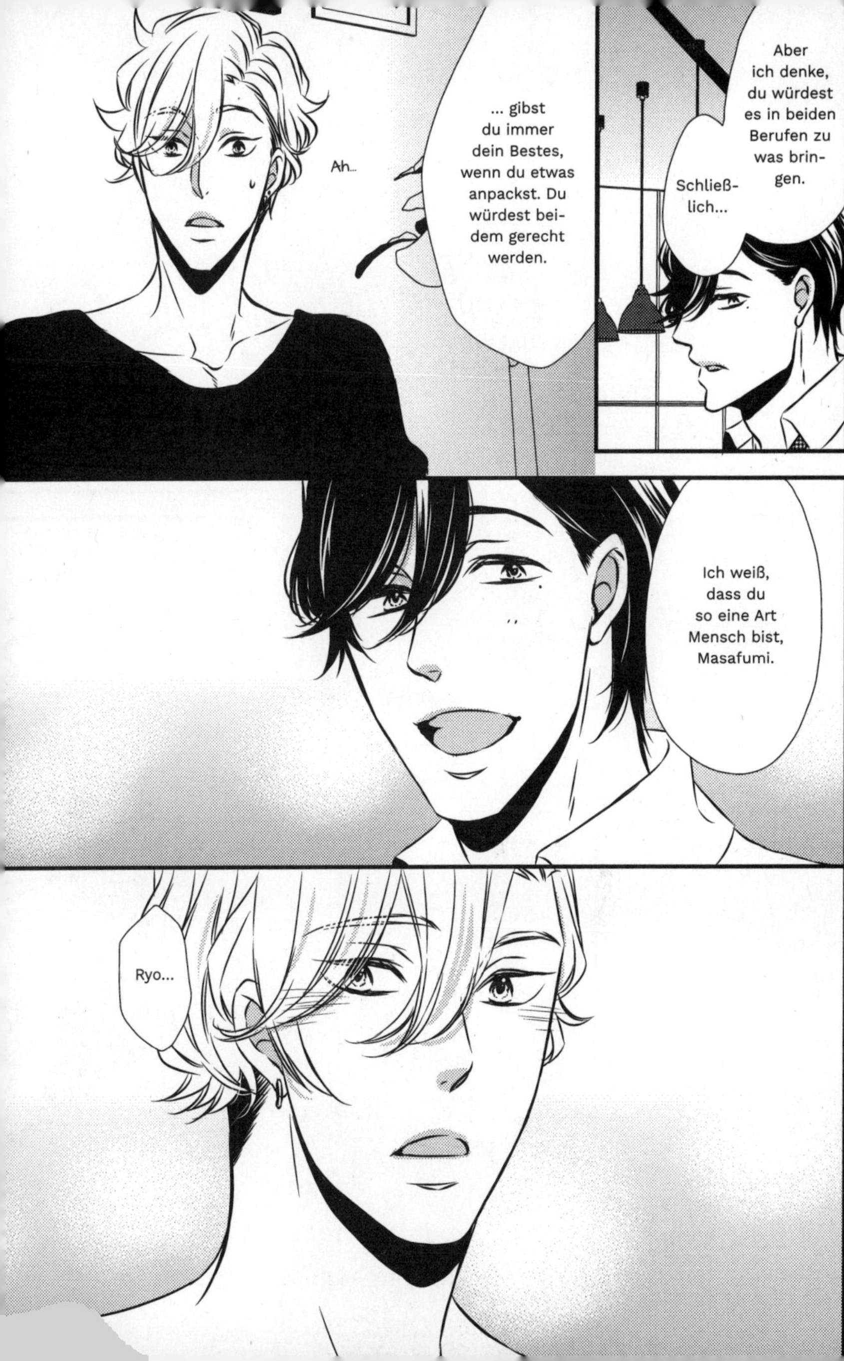
Aber ich denke, du würdest es in beiden Berufen zu was bringen.
Schließlich...
... gibst du immer dein Bestes, wenn du etwas anpackst. Du würdest beidem gerecht werden.
Ah...
Ich weiß, dass du so eine Art Mensch bist, Masafumi.
Ryo...

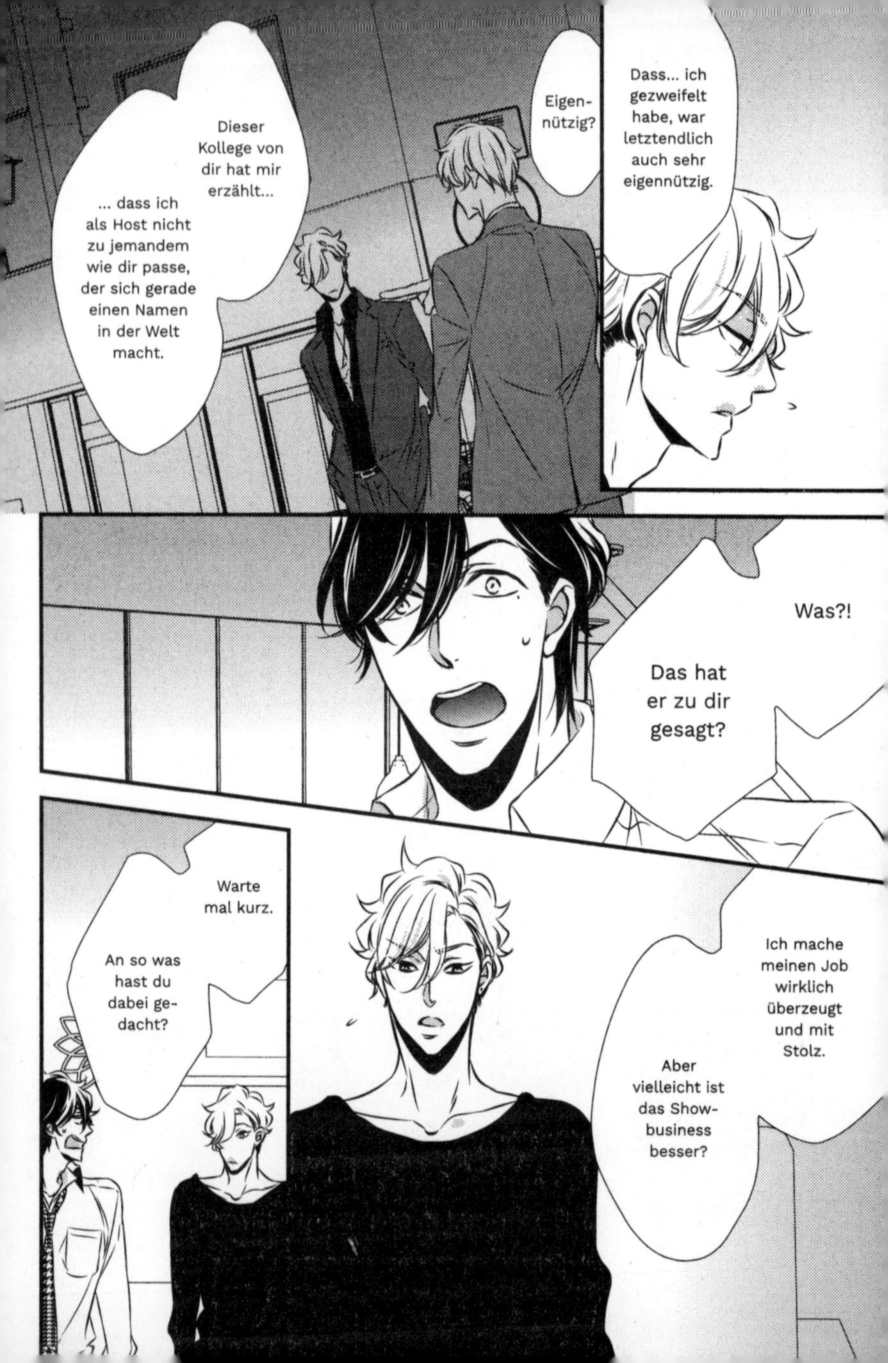
Dass... ich gezweifelt habe, war letztendlich auch sehr eigennützig.
Eigennützig?
Dieser Kollege von dir hat mir erzählt...
... dass ich als Host nicht zu jemandem wie dir passe, der sich gerade einen Namen in der Welt macht.
Was?!
Das hat er zu dir gesagt?
Ich mache meinen Job wirklich überzeugt und mit Stolz.
Aber vielleicht ist das Showbusiness besser?
Warte mal kurz.
An so was hast du dabei gedacht?

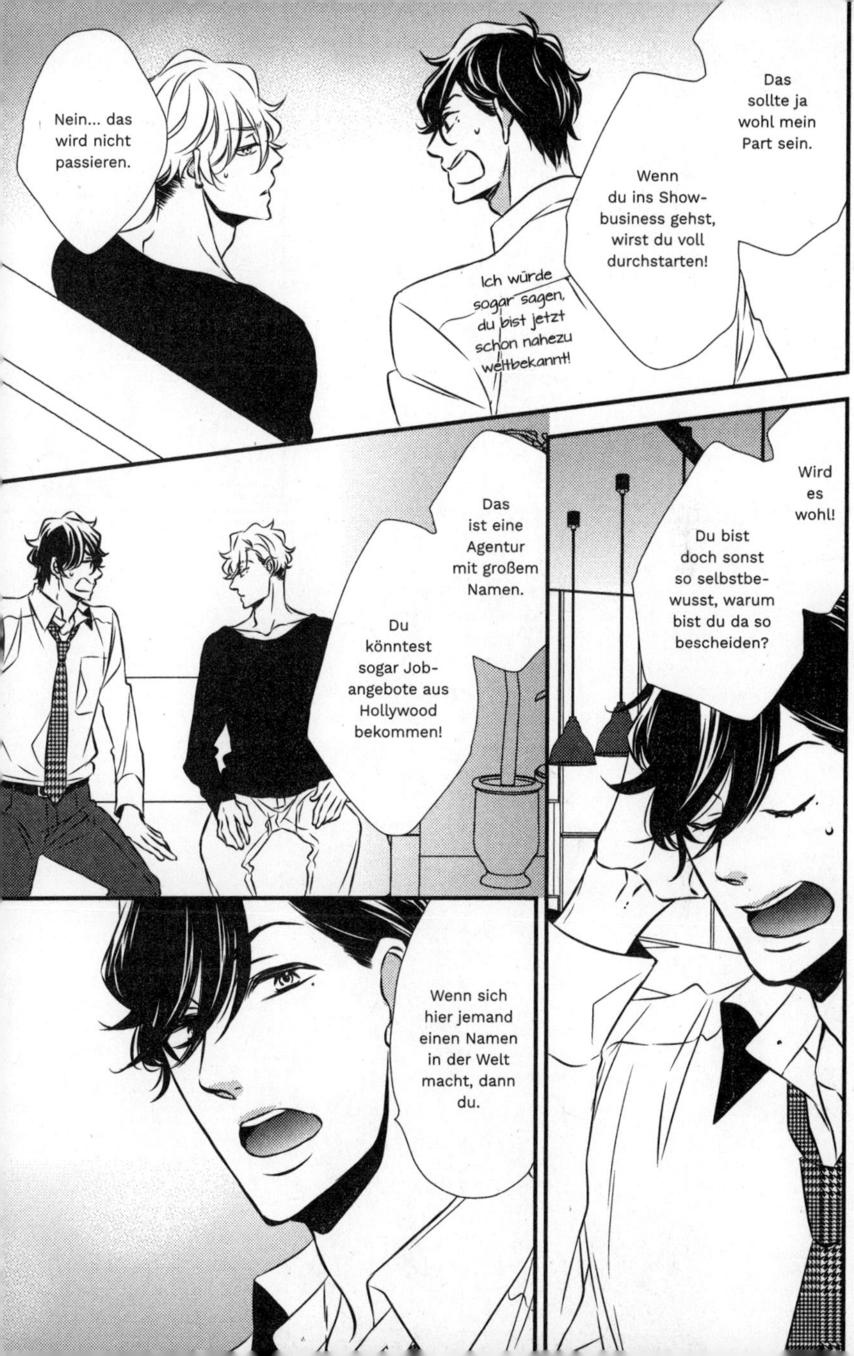
Das sollte ja wohl mein Part sein.
Wenn du ins Show-business gehst, wirst du voll durchstarten!
Ich würde sogar sagen, du bist jetzt schon nahezu weltbekannt!
Nein... das wird nicht passieren.
Wird es wohl!
Du bist doch sonst so selbstbe-wusst, warum bist du da so bescheiden?
Das ist eine Agentur mit großem Namen.
Du könntest sogar Job-angebote aus Hollywood bekommen!
Wenn sich hier jemand einen Namen in der Welt macht, dann du.

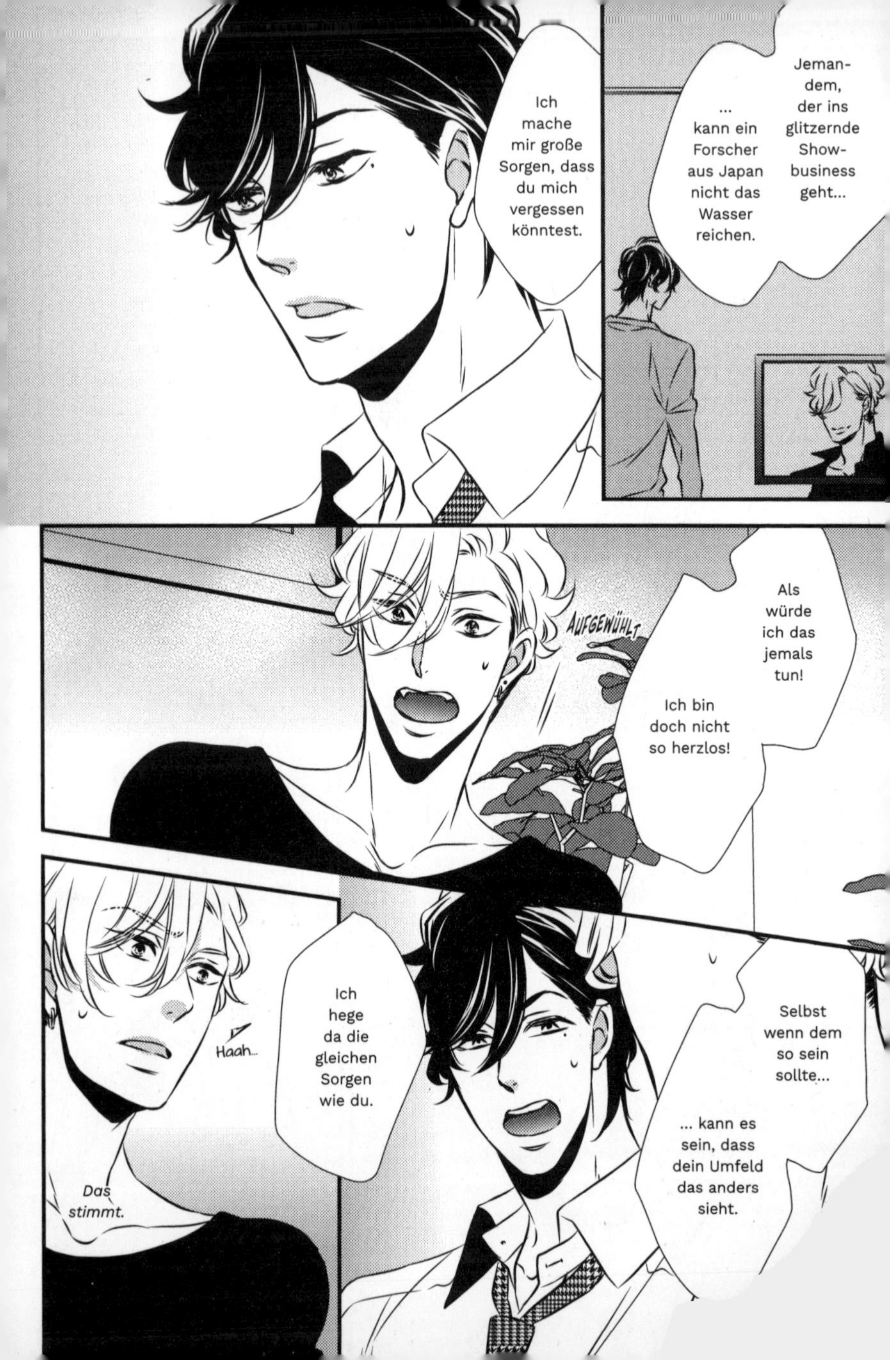
Jemandem, der ins glitzernde Showbusiness geht...
... kann ein Forscher aus Japan nicht das Wasser reichen.
Ich mache mir große Sorgen, dass du mich vergessen könntest.
AUFGEWÜHLT
Als würde ich das jemals tun!
Ich bin doch nicht so herzlos!
Selbst wenn dem so sein sollte...
... kann es sein, dass dein Umfeld das anders sieht.
Ich hege da die gleichen Sorgen wie du.
Haah...
Das stimmt.

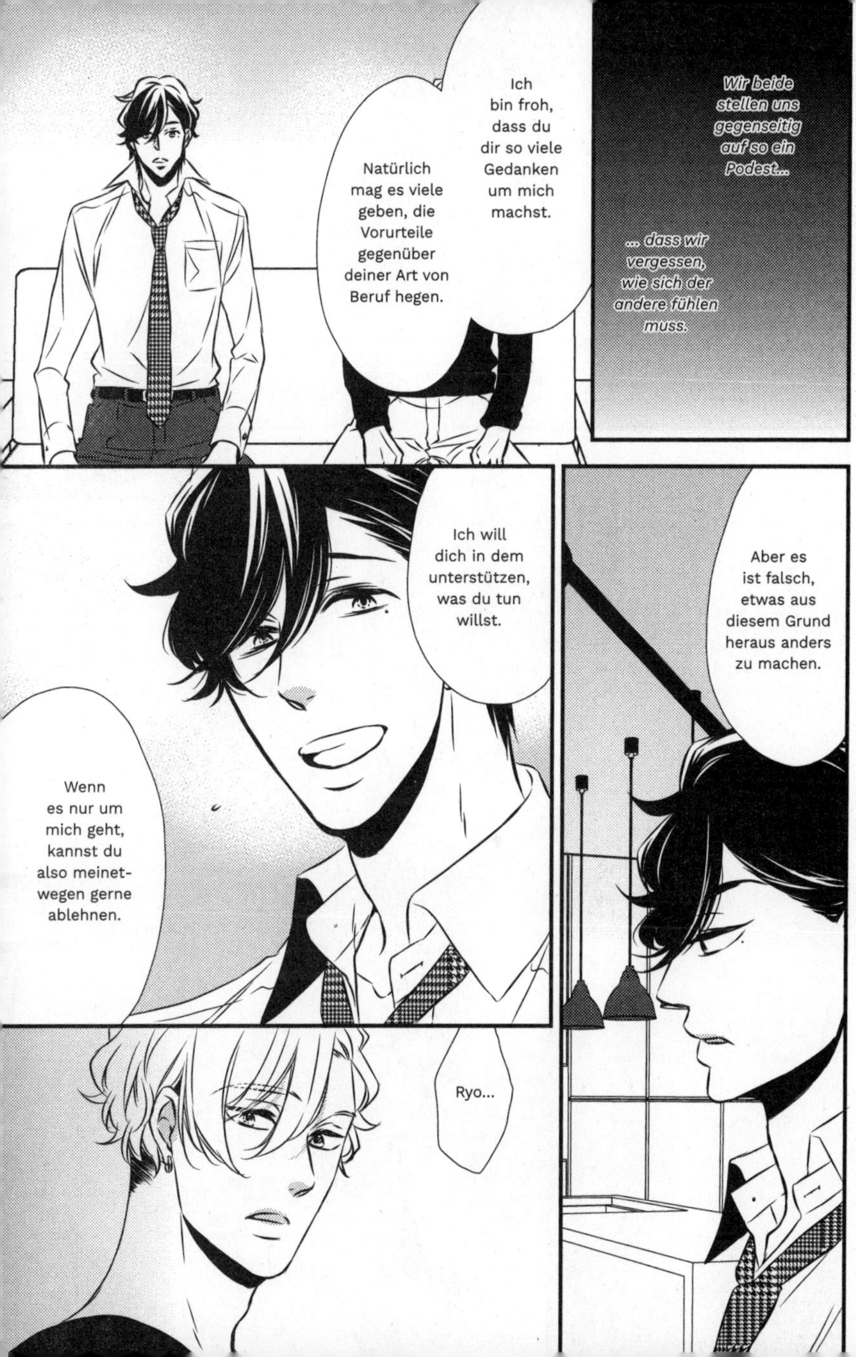
Wir beide stellen uns gegenseitig auf so ein Podest…
… dass wir vergessen, wie sich der andere fühlen muss.
Ich bin froh, dass du dir so viele Gedanken um mich machst.
Natürlich mag es viele geben, die Vorurteile gegenüber deiner Art von Beruf hegen.
Aber es ist falsch, etwas aus diesem Grund heraus anders zu machen.
Ich will dich in dem unterstützen, was du tun willst.
Wenn es nur um mich geht, kannst du also meinet-wegen gerne ablehnen.
Ryo…

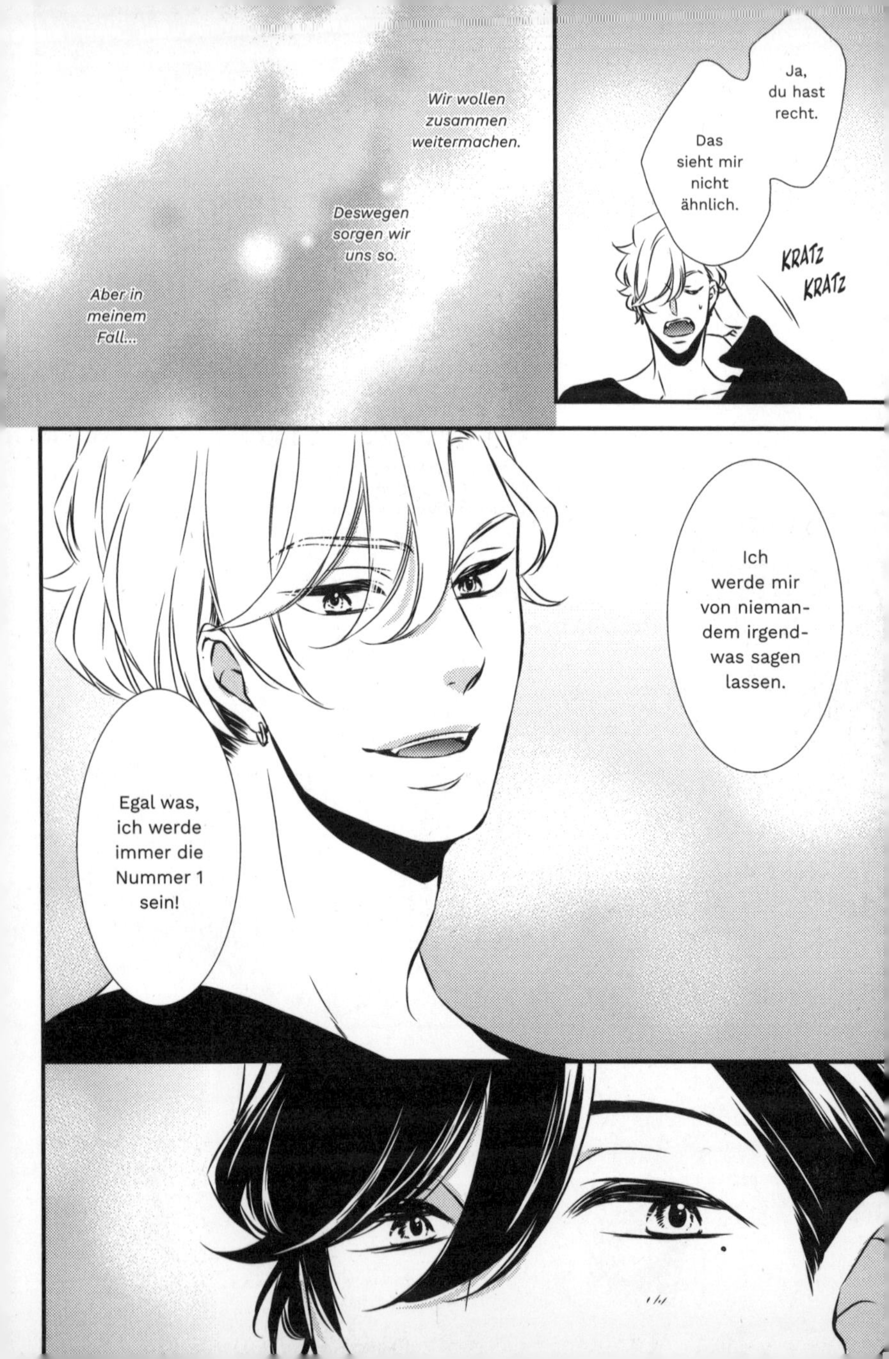

Ja, du hast recht.
Das sieht mir nicht ähnlich.
KRATZ KRATZ
Wir wollen zusammen weitermachen.
Deswegen sorgen wir uns so.
Aber in meinem Fall...
Ich werde mir von nieman-dem irgend-was sagen lassen.
Egal was, ich werde immer die Nummer 1 sein!

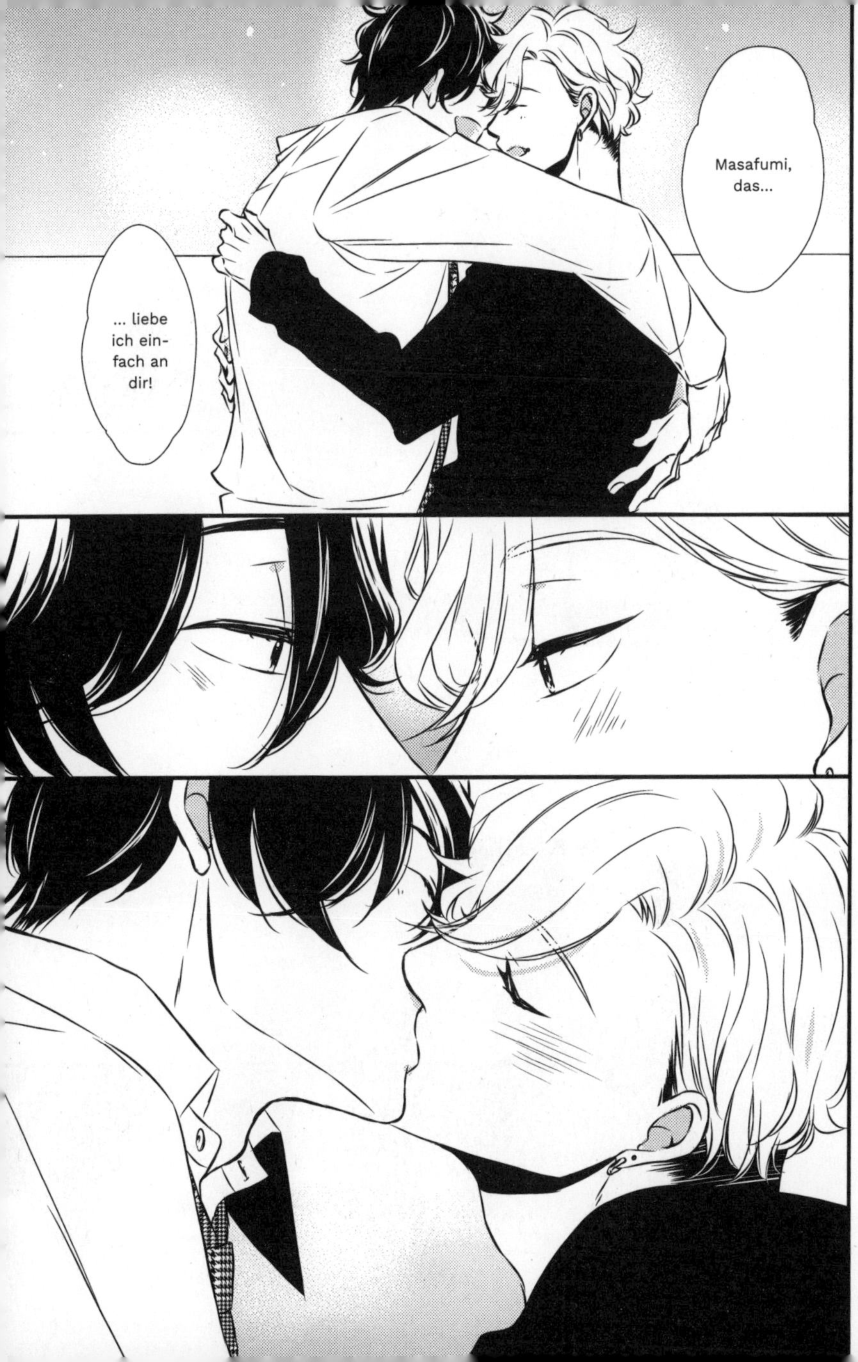
Masafumi, das...
... liebe ich ein-fach an dir!

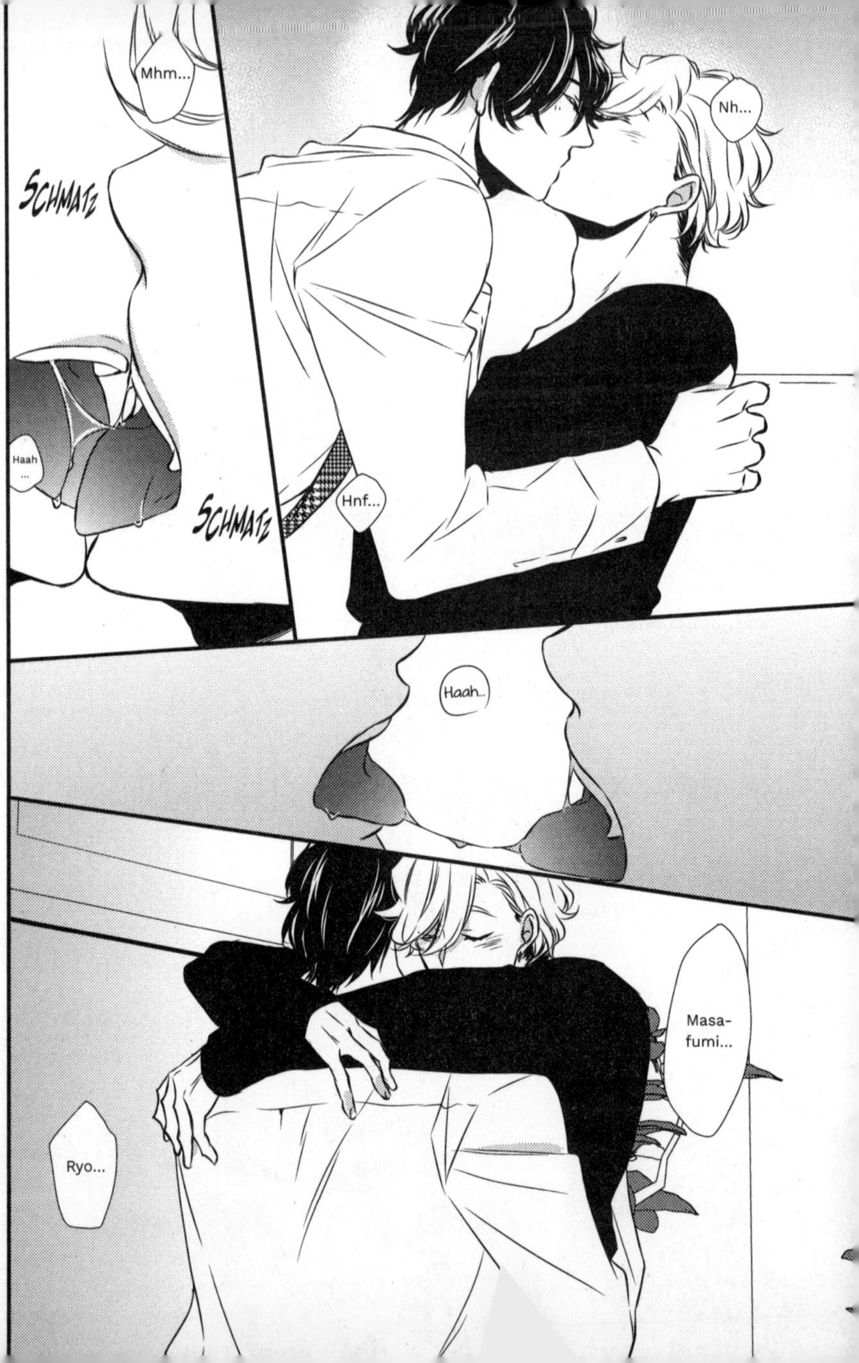
Nh...
Hnf...
Mhm...
SCHMATZ
Haah ...
SCHMATZ
Haah...
Masa-fumi...
Ryo...

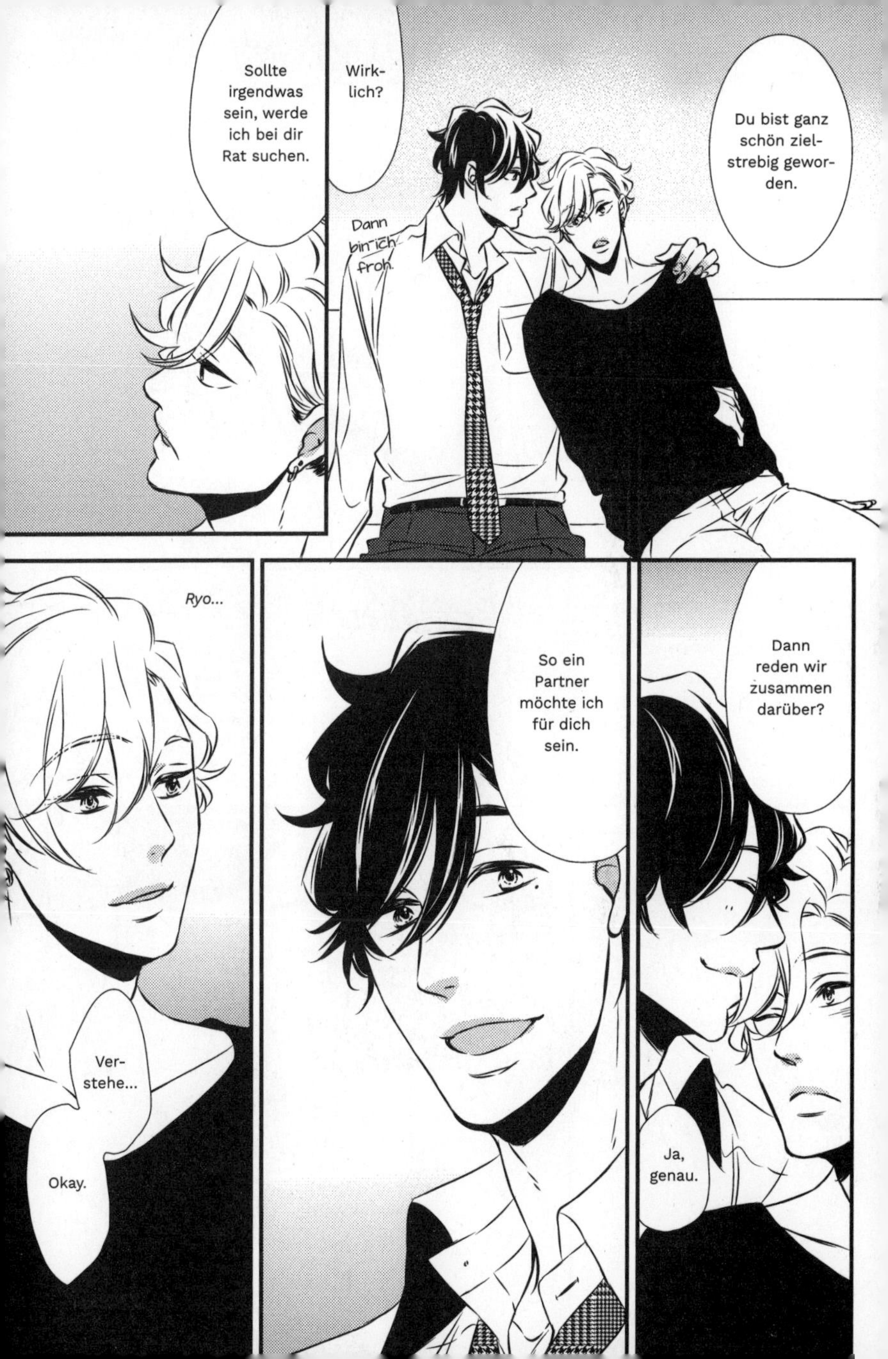
Du bist ganz schön ziel-strebig geworden.
Wirk-lich?
Dann bin ich froh.
Sollte irgendwas sein, werde ich bei dir Rat suchen.
Dann reden wir zusammen darüber?
Ja, genau.
So ein Partner möchte ich für dich sein.
Ryo...
Ver-stehe...
Okay.

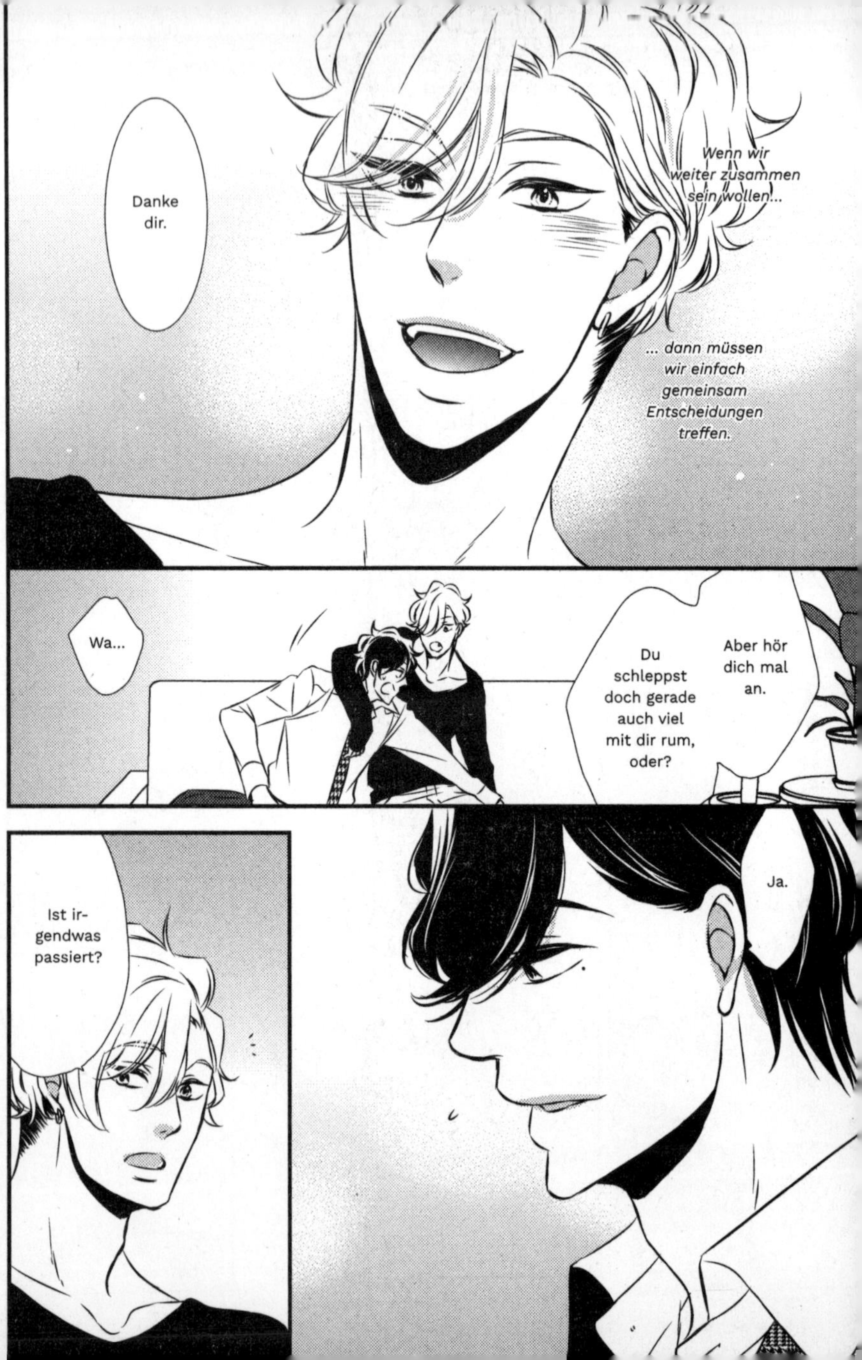

Wenn wir weiter zusammen sein wollen...
... dann müssen wir einfach gemeinsam Entscheidungen treffen.
Danke dir.
Aber hör dich mal an.
Du schleppst doch gerade auch viel mit dir rum, oder?
Wa...
Ja.
Ist ir-gendwas passiert?

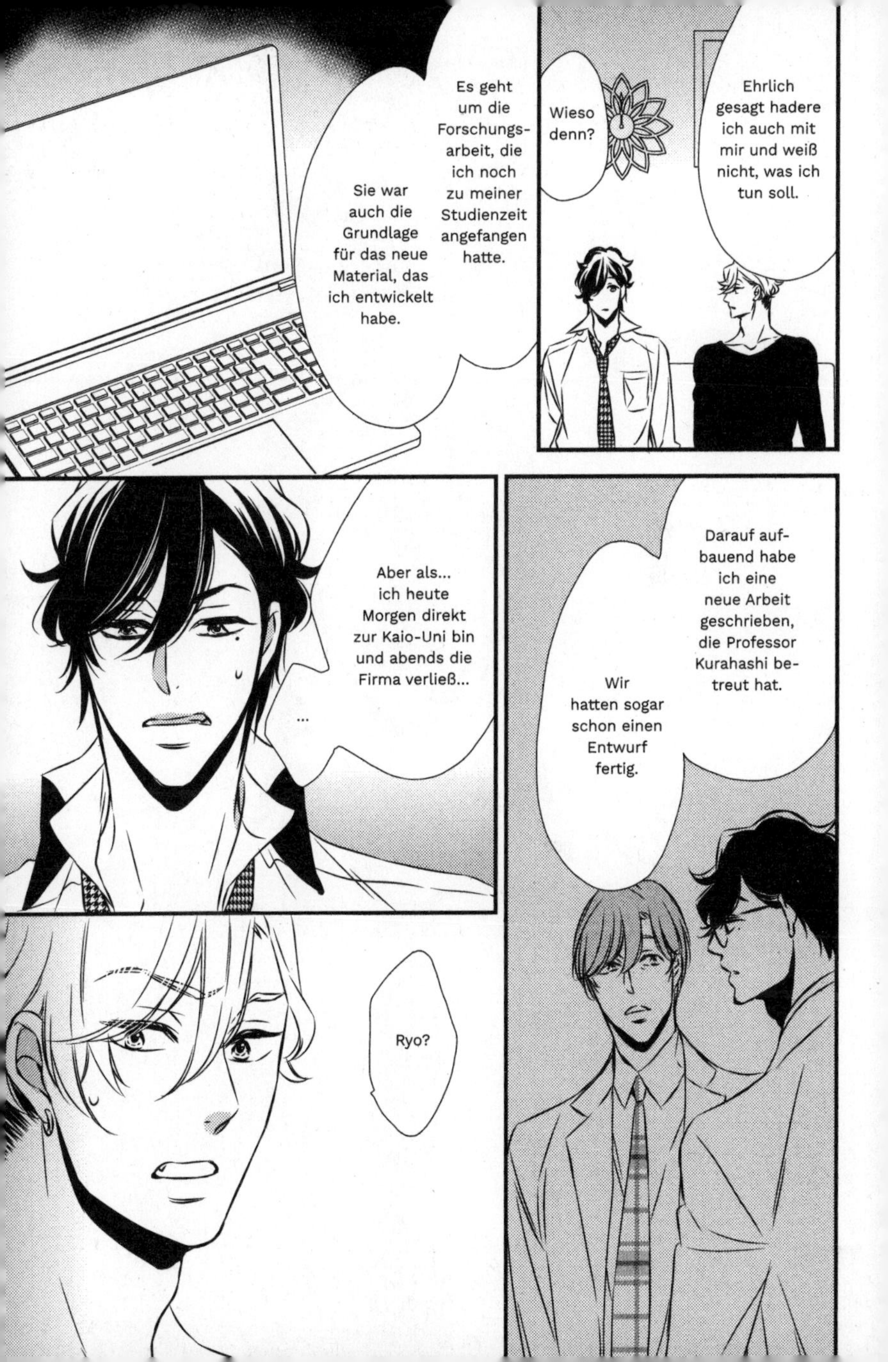
Ehrlich gesagt hadere ich auch mit mir und weiß nicht, was ich tun soll.
Wieso denn?
Es geht um die Forschungsarbeit, die ich noch zu meiner Studienzeit angefangen hatte.
Sie war auch die Grundlage für das neue Material, das ich entwickelt habe.
Darauf aufbauend habe ich eine neue Arbeit geschrieben, die Professor Kurahashi betreut hat.
Wir hatten sogar schon einen Entwurf fertig.
Aber als... ich heute Morgen direkt zur Kaio-Uni bin und abends die Firma verließ...
...
Ryo?

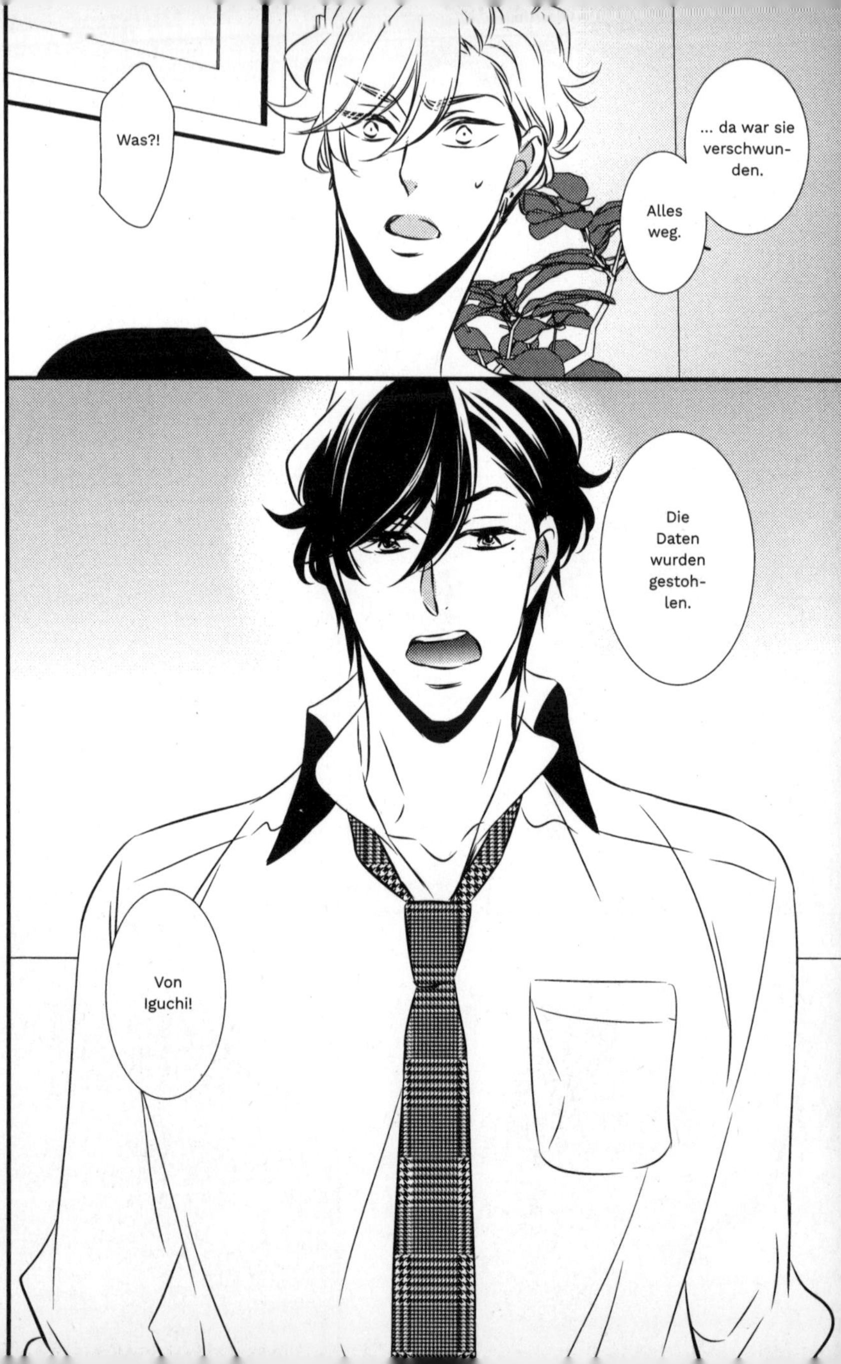
... da war sie verschwunden.
Alles weg.
Was?!
Die Daten wurden gestohlen.
Von Iguchi!

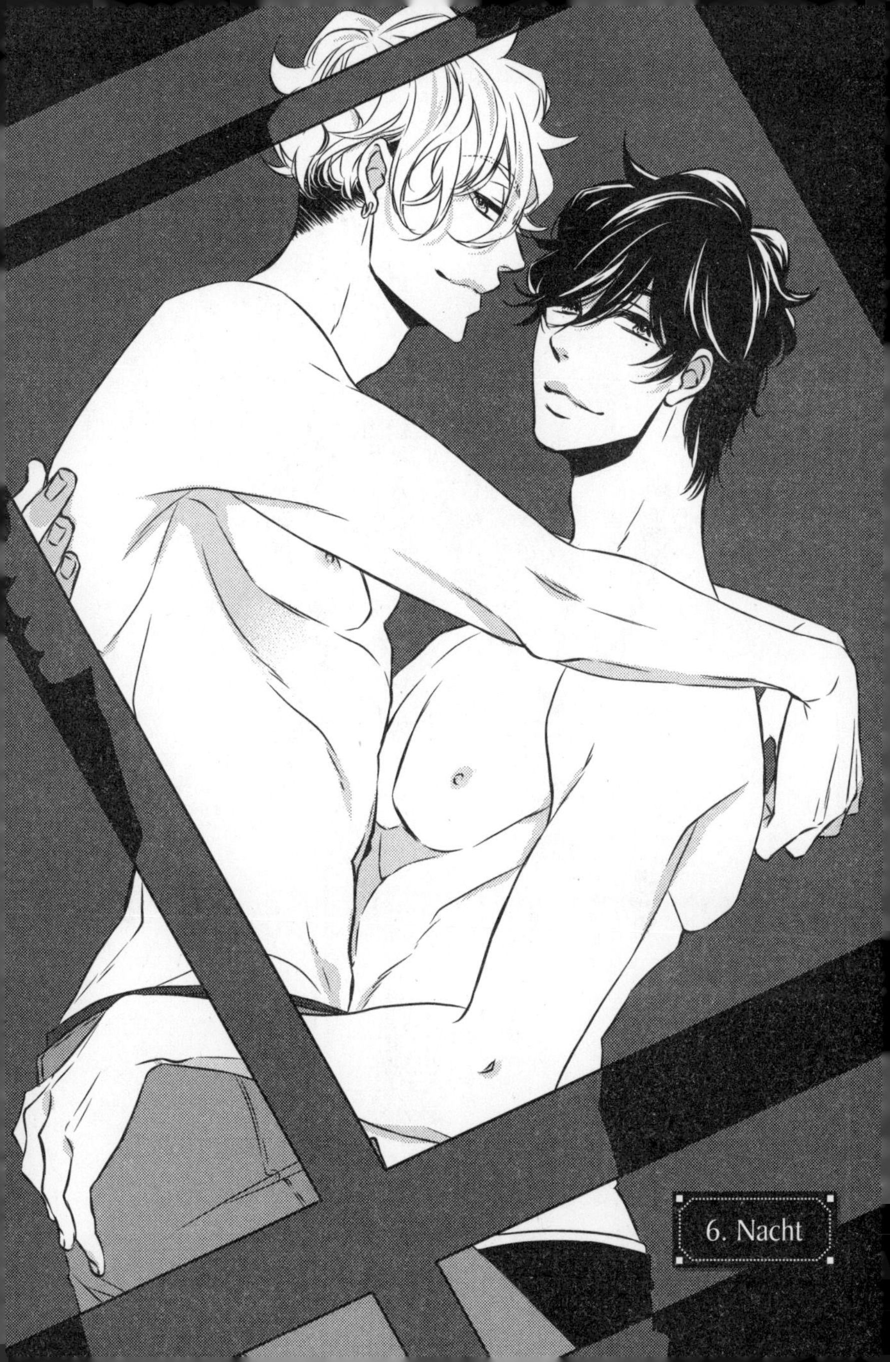
6. Nacht

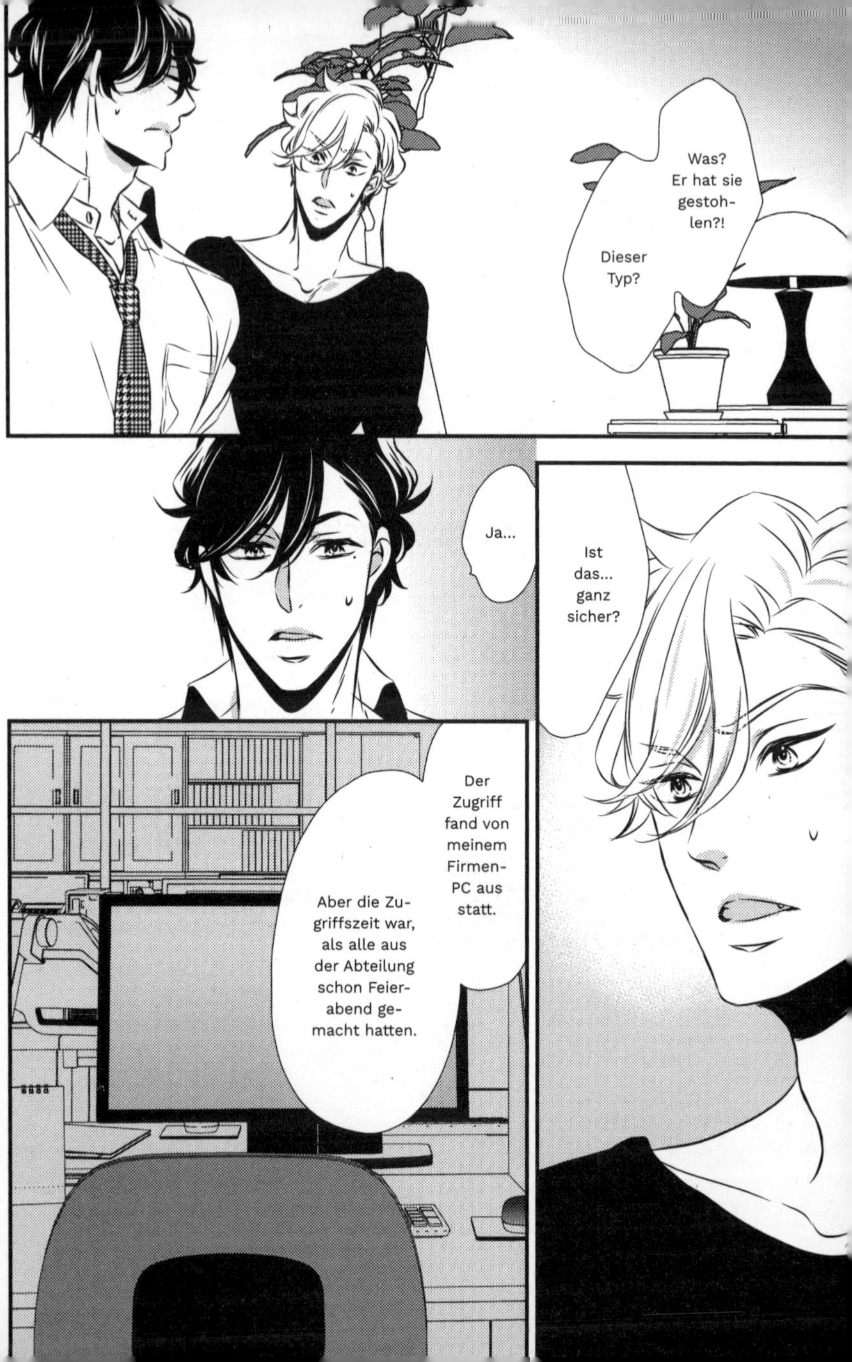
Was? Er hat sie gestoh-len?!
Dieser Typ?
Ist das... ganz sicher?
Ja...
Der Zugriff fand von meinem Firmen-PC aus statt.
Aber die Zugriffszeit war, als alle aus der Abteilung schon Feier-abend gemacht hatten.

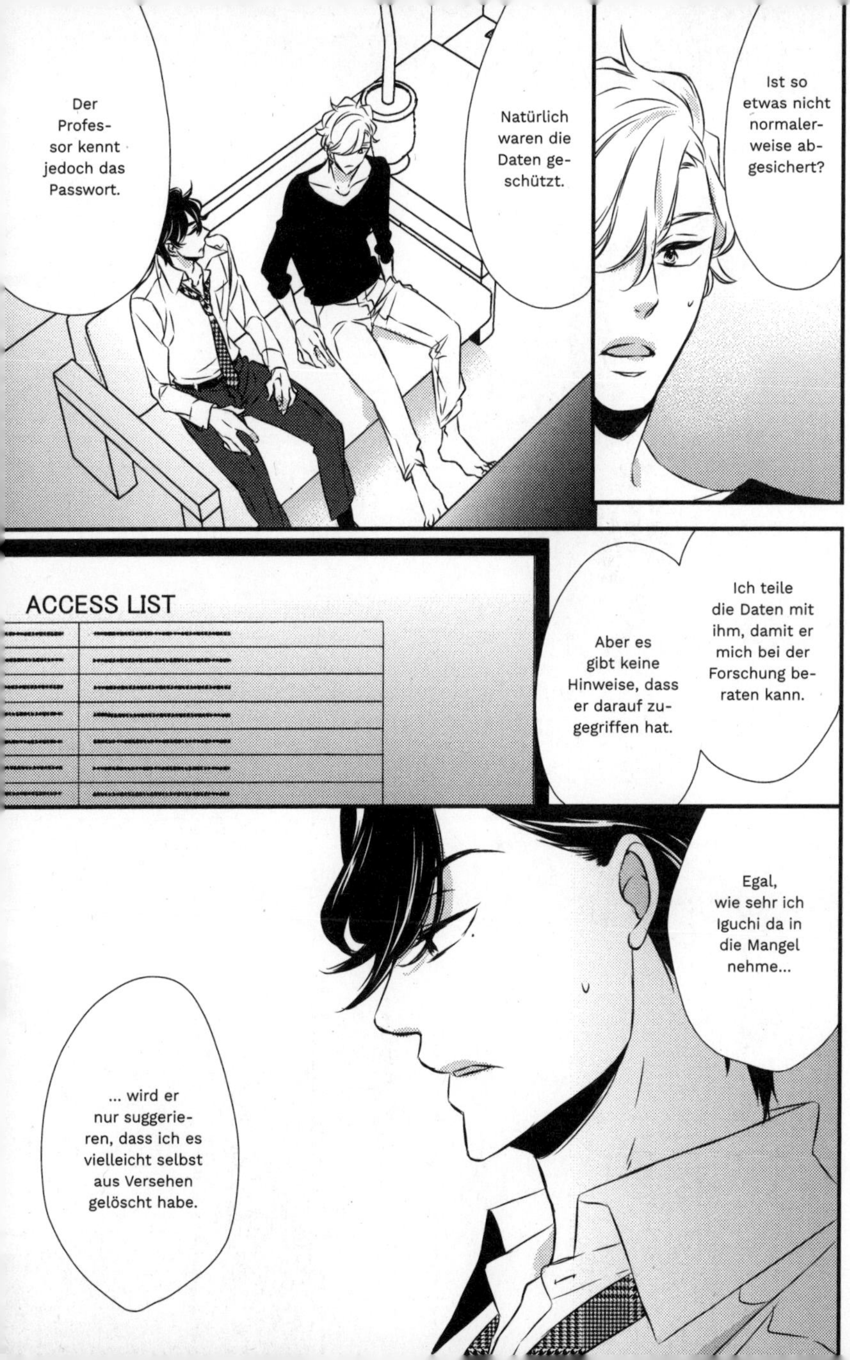

Ist so etwas nicht normalerweise abgesichert?
Natürlich waren die Daten geschützt.
Der Professor kennt jedoch das Passwort.
Ich teile die Daten mit ihm, damit er mich bei der Forschung beraten kann.
Aber es gibt keine Hinweise, dass er darauf zugegriffen hat.
ACCESS LIST
Egal, wie sehr ich Iguchi da in die Mangel nehme...
... wird er nur suggerieren, dass ich es vielleicht selbst aus Versehen gelöscht habe.

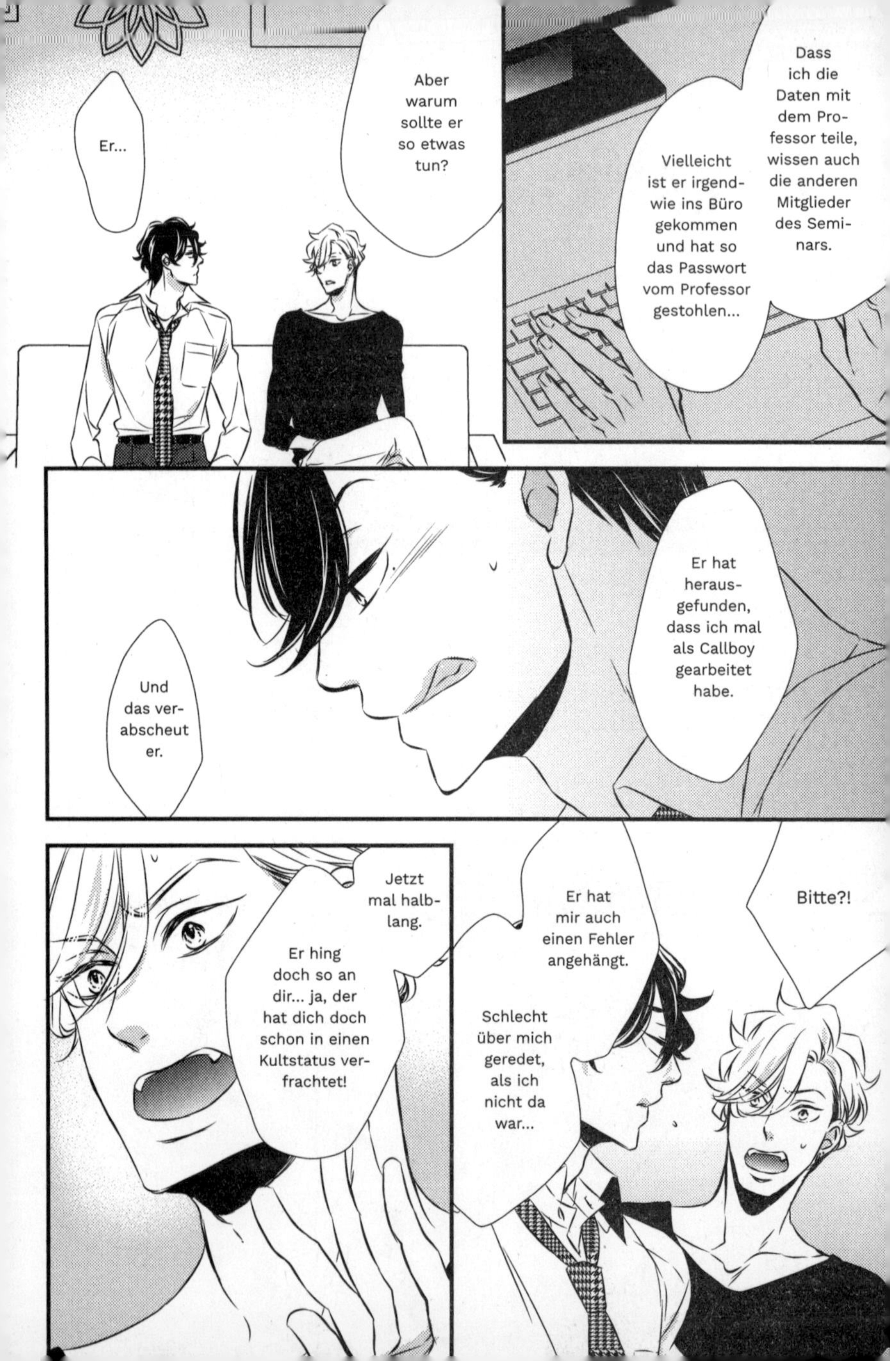

Dass ich die Daten mit dem Professor teile, wissen auch die anderen Mitglieder des Seminars.
Vielleicht ist er irgendwie ins Büro gekommen und hat so das Passwort vom Professor gestohlen...
Aber warum sollte er so etwas tun?
Er...
Er hat herausgefunden, dass ich mal als Callboy gearbeitet habe.
Und das verabscheut er.
Bitte?!
Er hat mir auch einen Fehler angehängt.
Schlecht über mich geredet, als ich nicht da war...
Jetzt mal halblang.
Er hing doch so an dir... ja, der hat dich doch schon in einen Kultstatus verfrachtet!

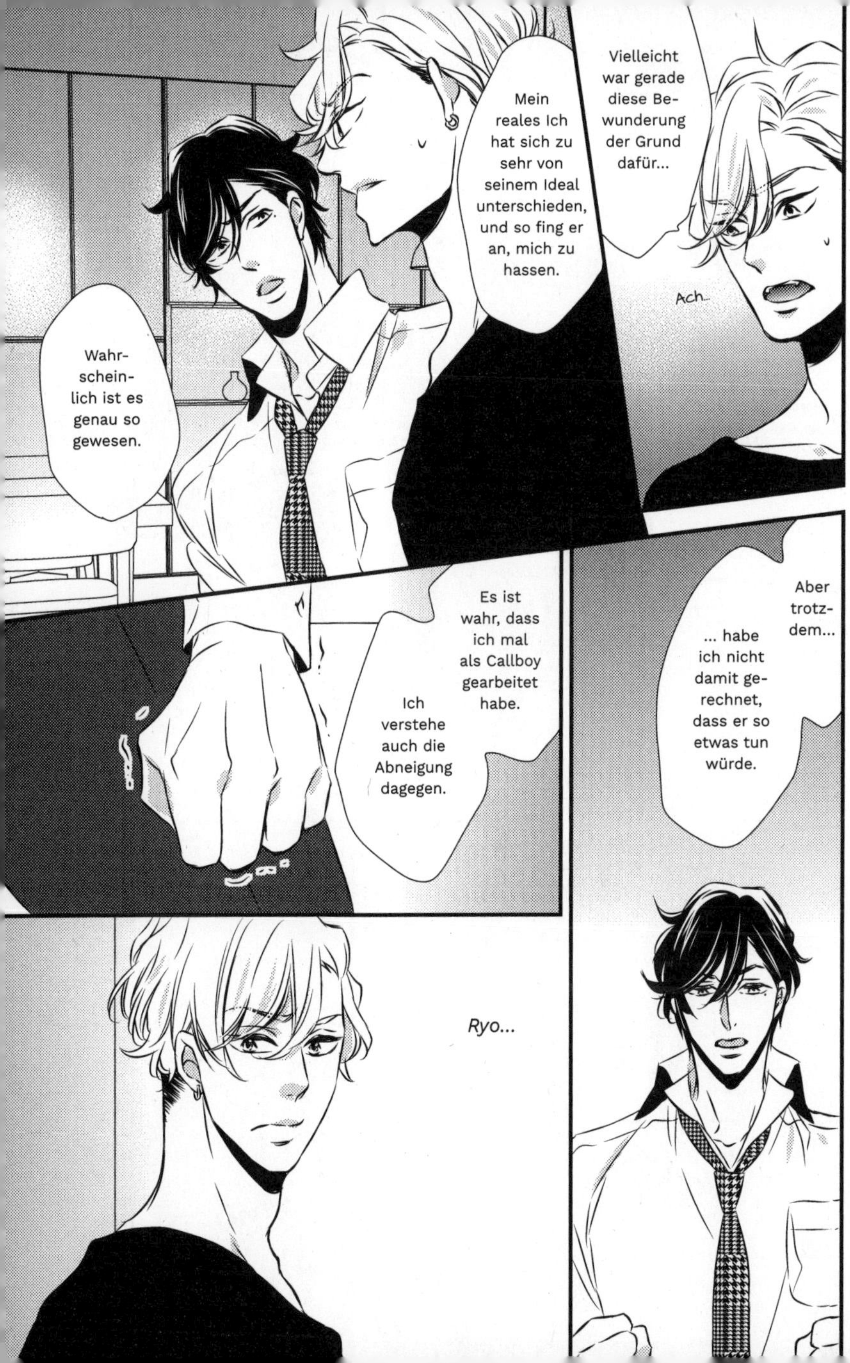
Vielleicht war gerade diese Bewunderung der Grund dafür…
Ach..
Mein reales Ich hat sich zu sehr von seinem Ideal unterschieden, und so fing er an, mich zu hassen.
Wahrscheinlich ist es genau so gewesen.
Aber trotzdem…
… habe ich nicht damit gerechnet, dass er so etwas tun würde.
Es ist wahr, dass ich mal als Callboy gearbeitet habe.
Ich verstehe auch die Abneigung dagegen.
Ryo…

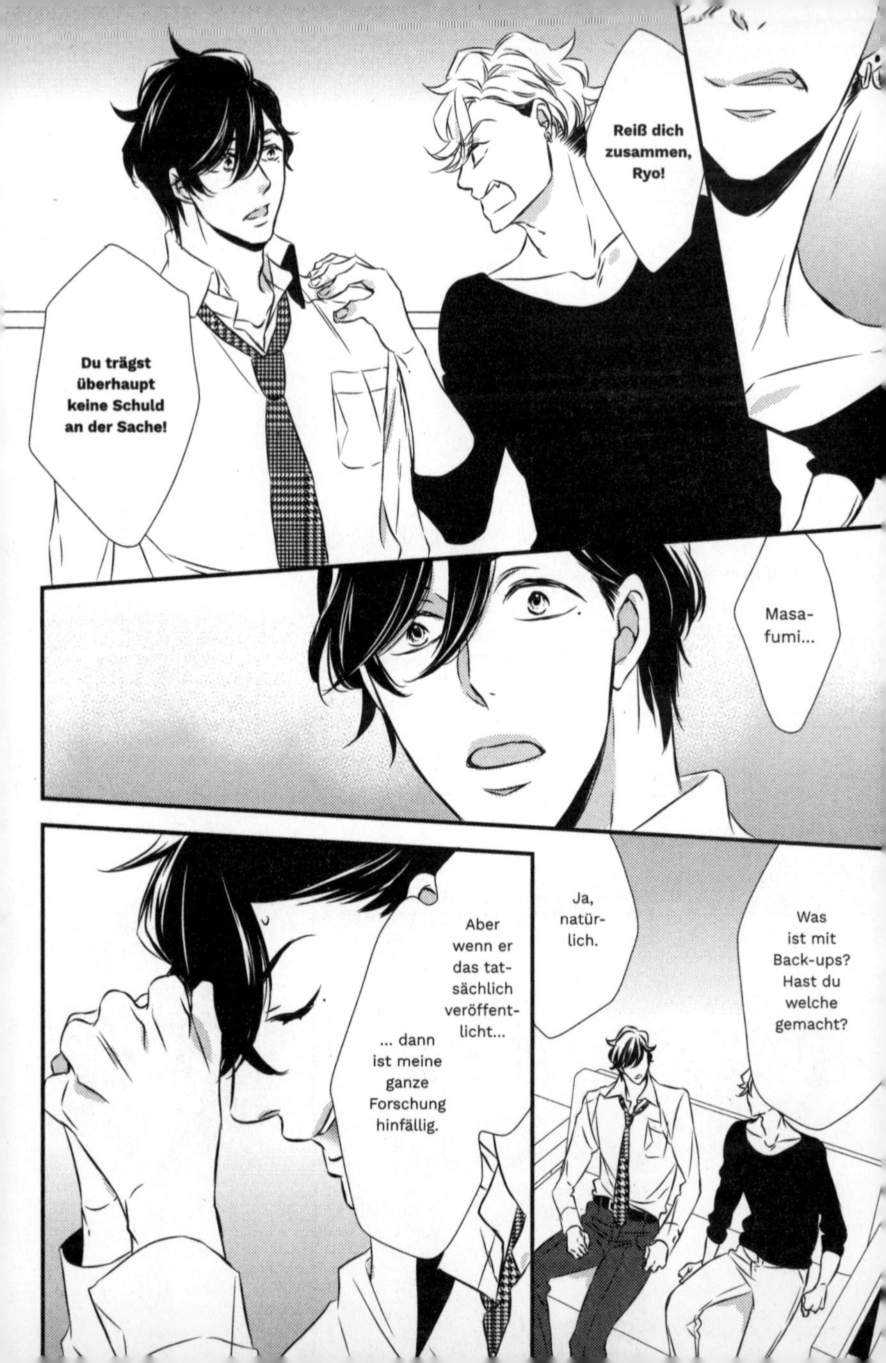
Reiß dich zusammen, Ryo!
Du trägst überhaupt keine Schuld an der Sache!
Masafumi...
Was ist mit Back-ups? Hast du welche gemacht?
Ja, natürlich.
Aber wenn er das tatsächlich veröffentlicht...
... dann ist meine ganze Forschung hinfällig.

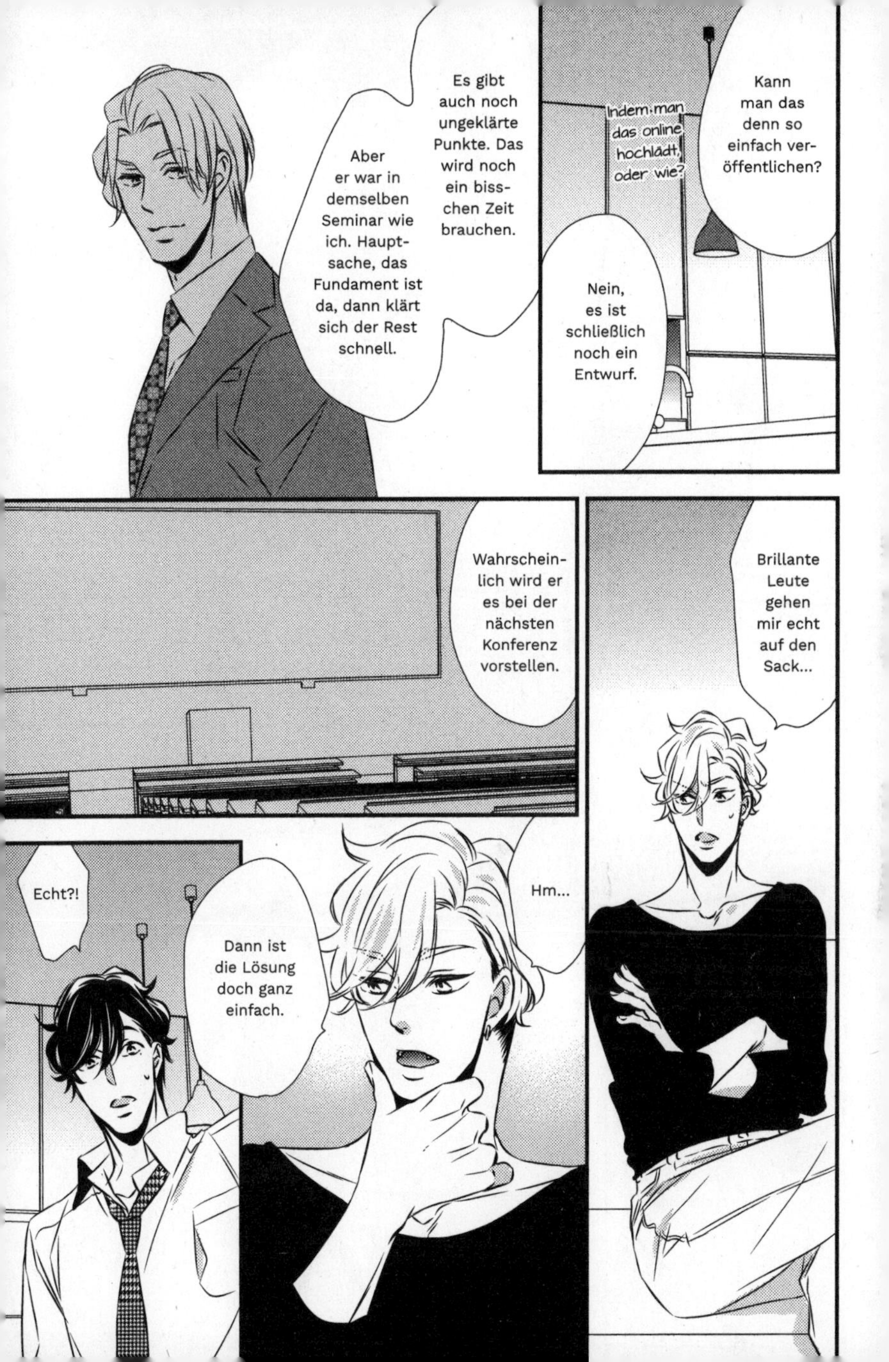
Kann man das denn so einfach veröffentlichen?
Indem man das online hochlädt, oder wie?
Nein, es ist schließlich noch ein Entwurf.
Es gibt auch noch ungeklärte Punkte. Das wird noch ein bisschen Zeit brauchen.
Aber er war in demselben Seminar wie ich. Hauptsache, das Fundament ist da, dann klärt sich der Rest schnell.
Brillante Leute gehen mir echt auf den Sack...
Wahrscheinlich wird er es bei der nächsten Konferenz vorstellen.
Hm...
Dann ist die Lösung doch ganz einfach.
Echt?!

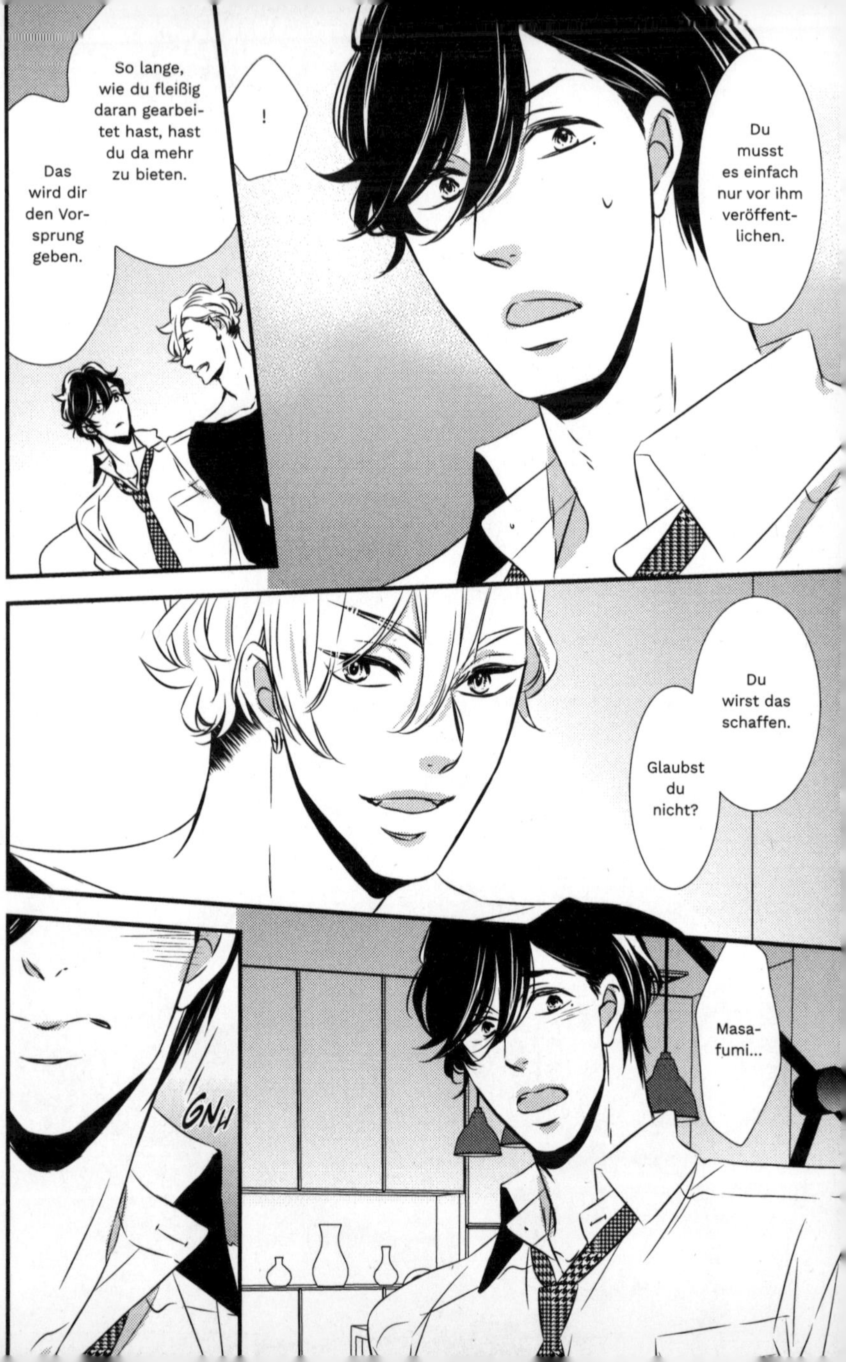
Du musst es einfach nur vor ihm veröffent-lichen.
!
So lange, wie du fleißig daran gearbei-tet hast, hast du da mehr zu bieten.
Das wird dir den Vor-sprung geben.
Du wirst das schaffen.
Glaubst du nicht?
Masa-fumi...
GNH

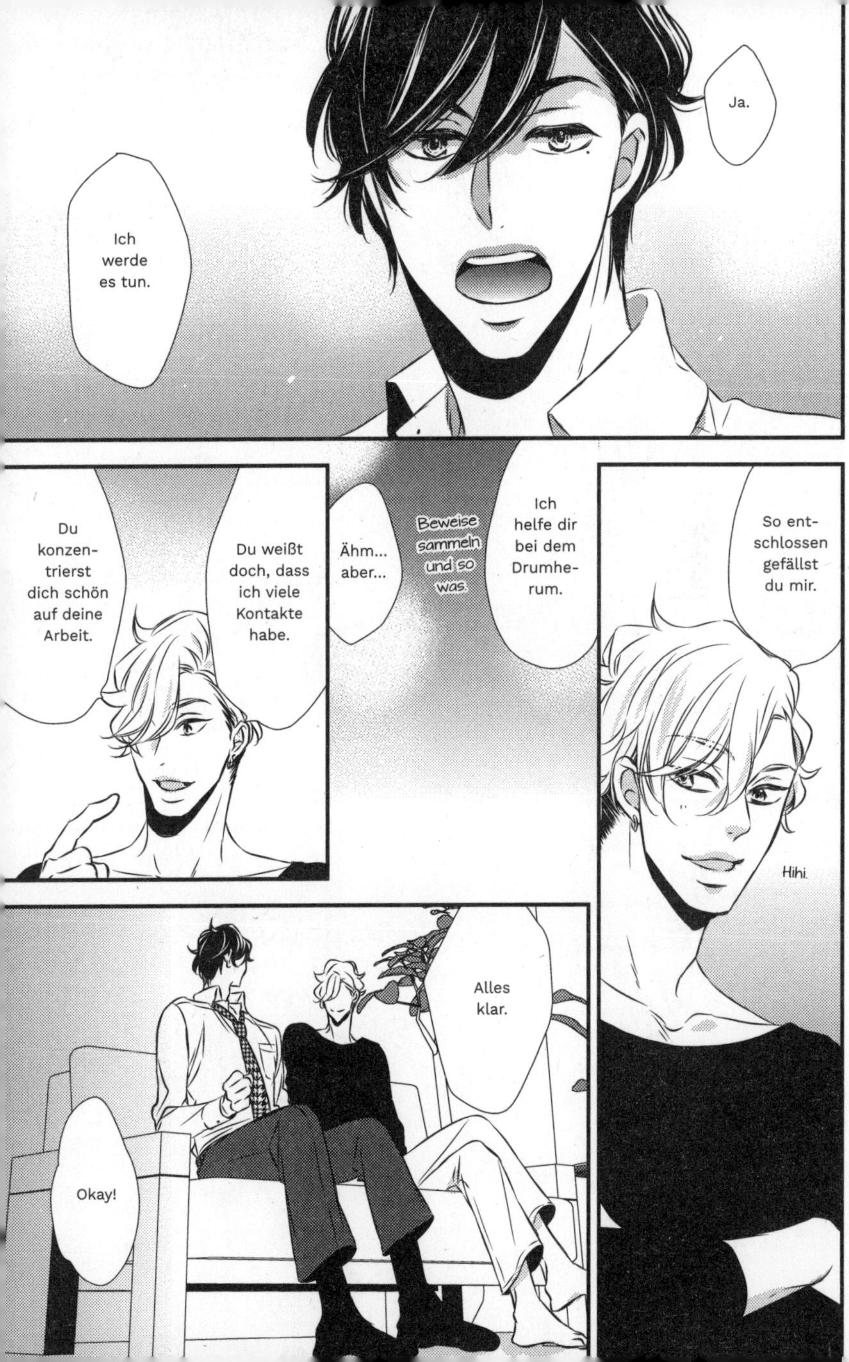
Ja.
Ich werde es tun.
So entschlossen gefällst du mir.
Hihi.
Ich helfe dir bei dem Drumherum.
Beweise sammeln und so was.
Ähm... aber...
Du weißt doch, dass ich viele Kontakte habe.
Du konzentrierst dich schön auf deine Arbeit.
Alles klar.
Okay!

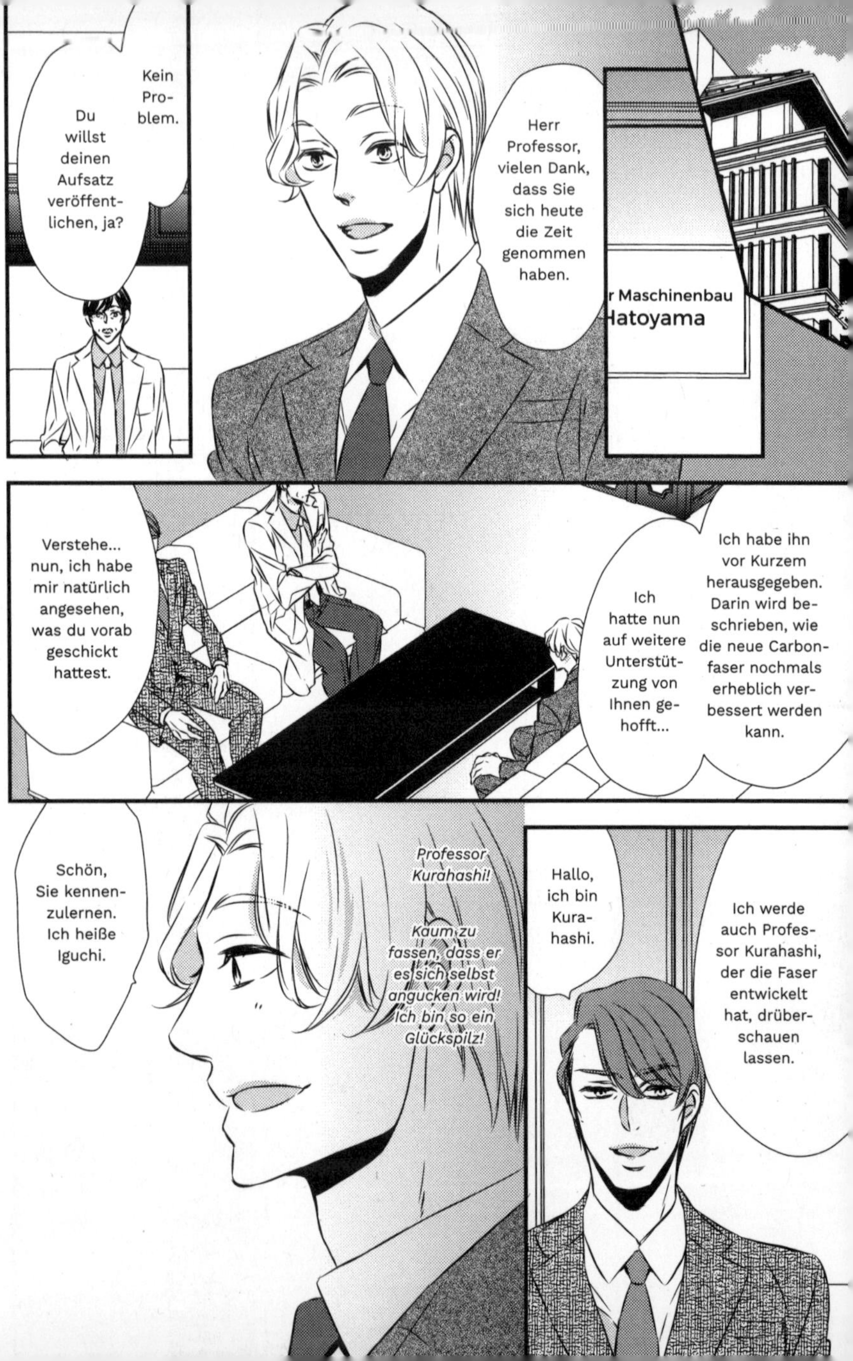
r Maschinenbau
Hatoyama
Herr Professor, vielen Dank, dass Sie sich heute die Zeit genommen haben.
Kein Problem.
Du willst deinen Aufsatz veröffentlichen, ja?
Ich habe ihn vor Kurzem herausgegeben. Darin wird beschrieben, wie die neue Carbonfaser nochmals erheblich verbessert werden kann.
Ich hatte nun auf weitere Unterstützung von Ihnen gehofft…
Verstehe… nun, ich habe mir natürlich angesehen, was du vorab geschickt hattest.
Ich werde auch Professor Kurahashi, der die Faser entwickelt hat, drüberschauen lassen.
Hallo, ich bin Kurahashi.
Professor Kurahashi!
Kaum zu fassen, dass er es sich selbst angucken wird! Ich bin so ein Glückspilz!
Schön, Sie kennenzulernen. Ich heiße Iguchi.

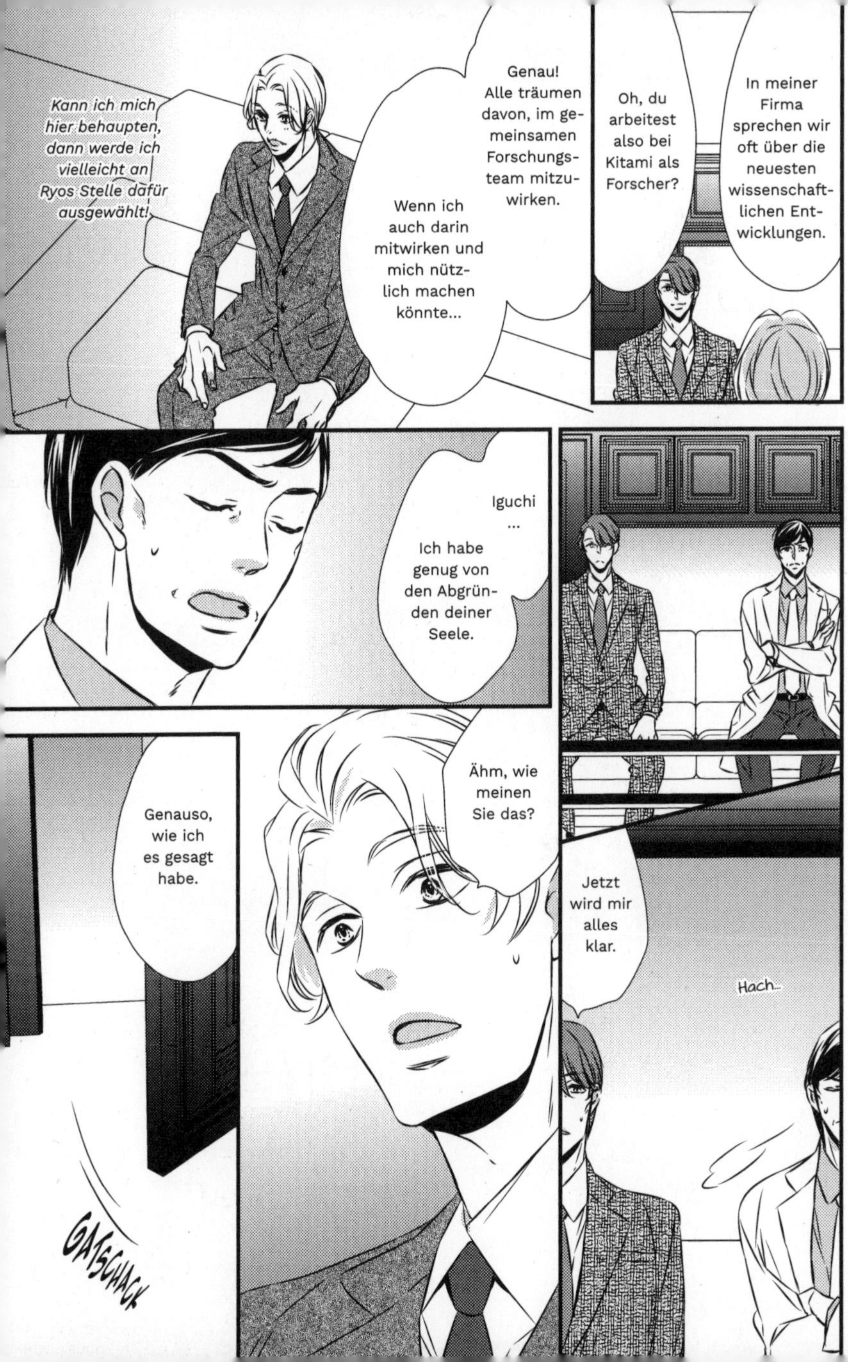
In meiner Firma sprechen wir oft über die neuesten wissenschaftlichen Entwicklungen.
Oh, du arbeitest also bei Kitami als Forscher?
Genau! Alle träumen davon, im gemeinsamen Forschungsteam mitzuwirken.
Wenn ich auch darin mitwirken und mich nützlich machen könnte...
Kann ich mich hier behaupten, dann werde ich vielleicht an Ryos Stelle dafür ausgewählt!
Iguchi ...
Ich habe genug von den Abgründen deiner Seele.
Jetzt wird mir alles klar.
Hach...
Ähm, wie meinen Sie das?
Genauso, wie ich es gesagt habe.
GATSCHACK

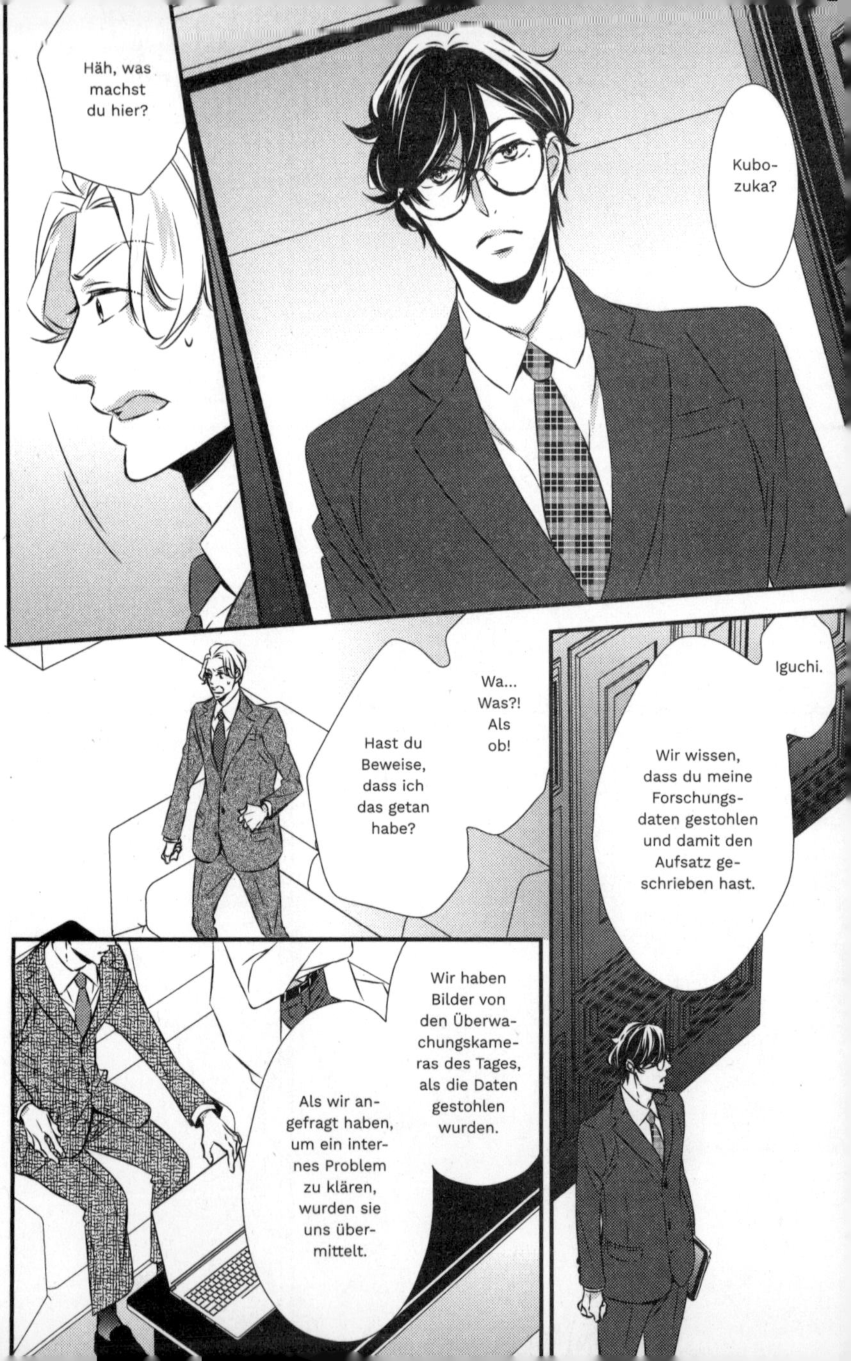
Kubozuka?
Häh, was machst du hier?
Iguchi.
Wir wissen, dass du meine Forschungsdaten gestohlen und damit den Aufsatz geschrieben hast.
Wa... Was?! Als ob!
Hast du Beweise, dass ich das getan habe?
Wir haben Bilder von den Überwachungskameras des Tages, als die Daten gestohlen wurden.
Als wir angefragt haben, um ein internes Problem zu klären, wurden sie uns übermittelt.

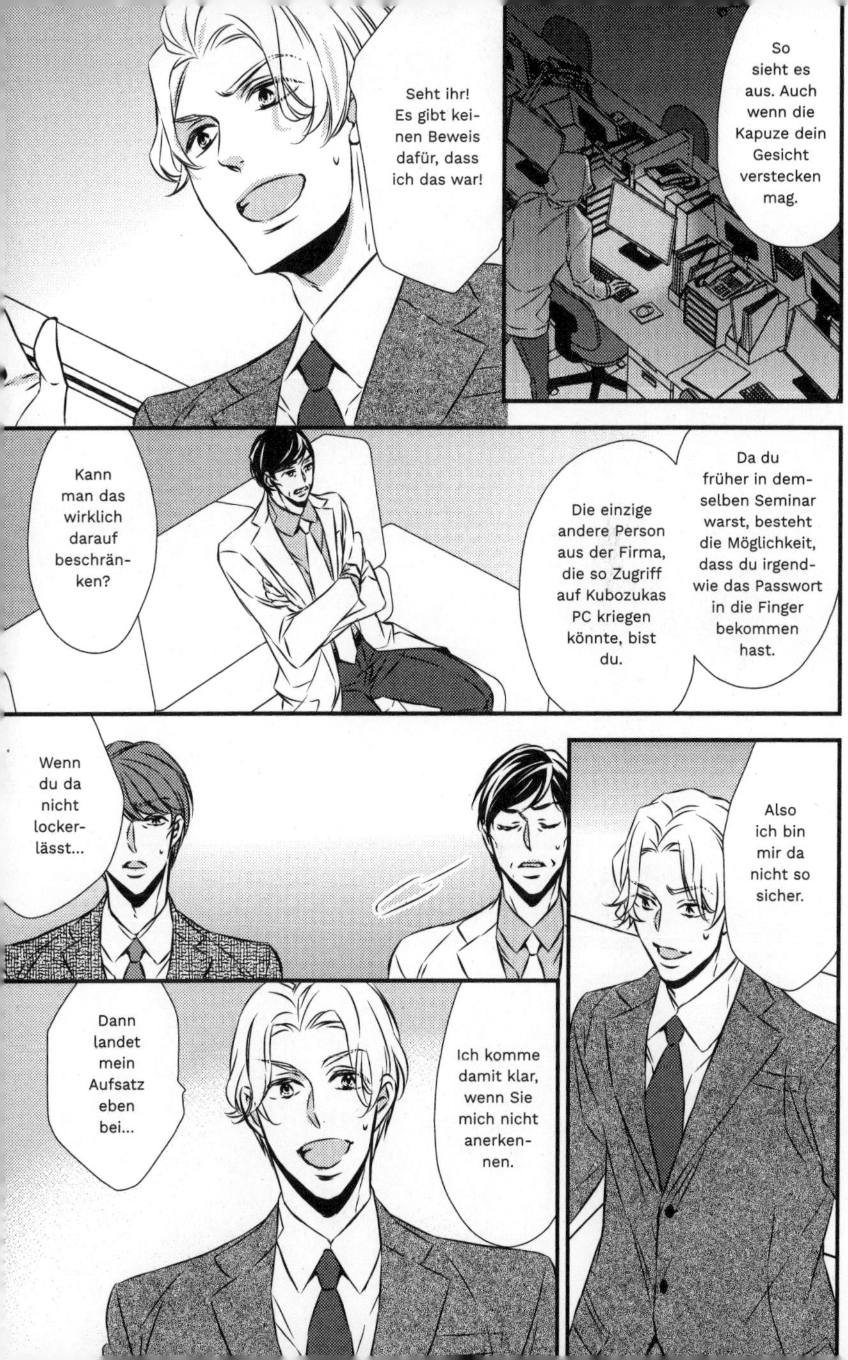

So sieht es aus. Auch wenn die Kapuze dein Gesicht verstecken mag.
Seht ihr! Es gibt keinen Beweis dafür, dass ich das war!
Da du früher in demselben Seminar warst, besteht die Möglichkeit, dass du irgendwie das Passwort in die Finger bekommen hast.
Die einzige andere Person aus der Firma, die so Zugriff auf Kubozukas PC kriegen könnte, bist du.
Kann man das wirklich darauf beschränken?
Also ich bin mir da nicht so sicher.
Wenn du da nicht lockerlässt...
Ich komme damit klar, wenn Sie mich nicht anerkennen.
Dann landet mein Aufsatz eben bei...

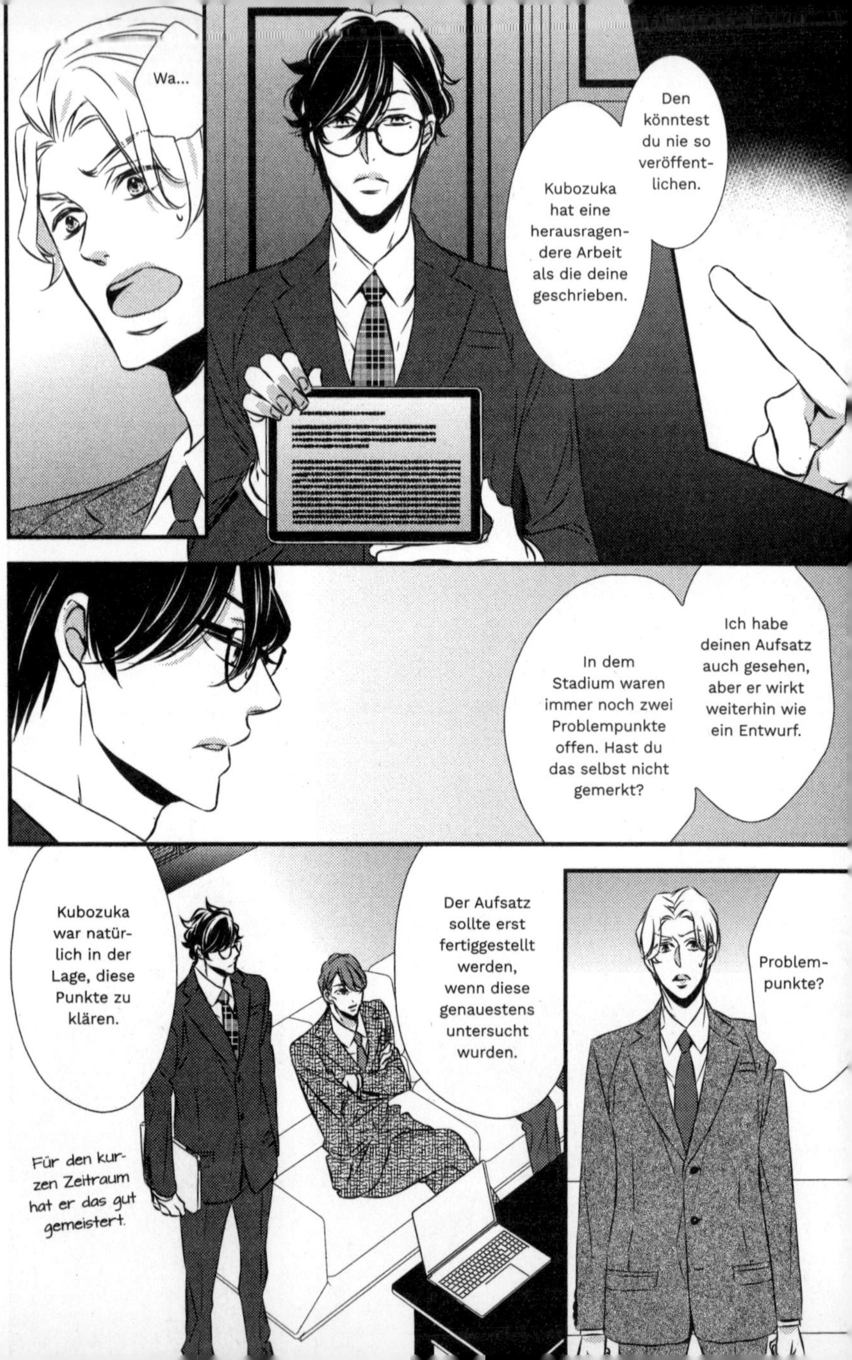
Den könntest du nie so veröffentlichen.
Kubozuka hat eine herausragendere Arbeit als die deine geschrieben.
Wa...
Ich habe deinen Aufsatz auch gesehen, aber er wirkt weiterhin wie ein Entwurf.
In dem Stadium waren immer noch zwei Problempunkte offen. Hast du das selbst nicht gemerkt?
Problempunkte?
Der Aufsatz sollte erst fertiggestellt werden, wenn diese genauestens untersucht wurden.
Kubozuka war natürlich in der Lage, diese Punkte zu klären.
Für den kurzen Zeitraum hat er das gut gemeistert.

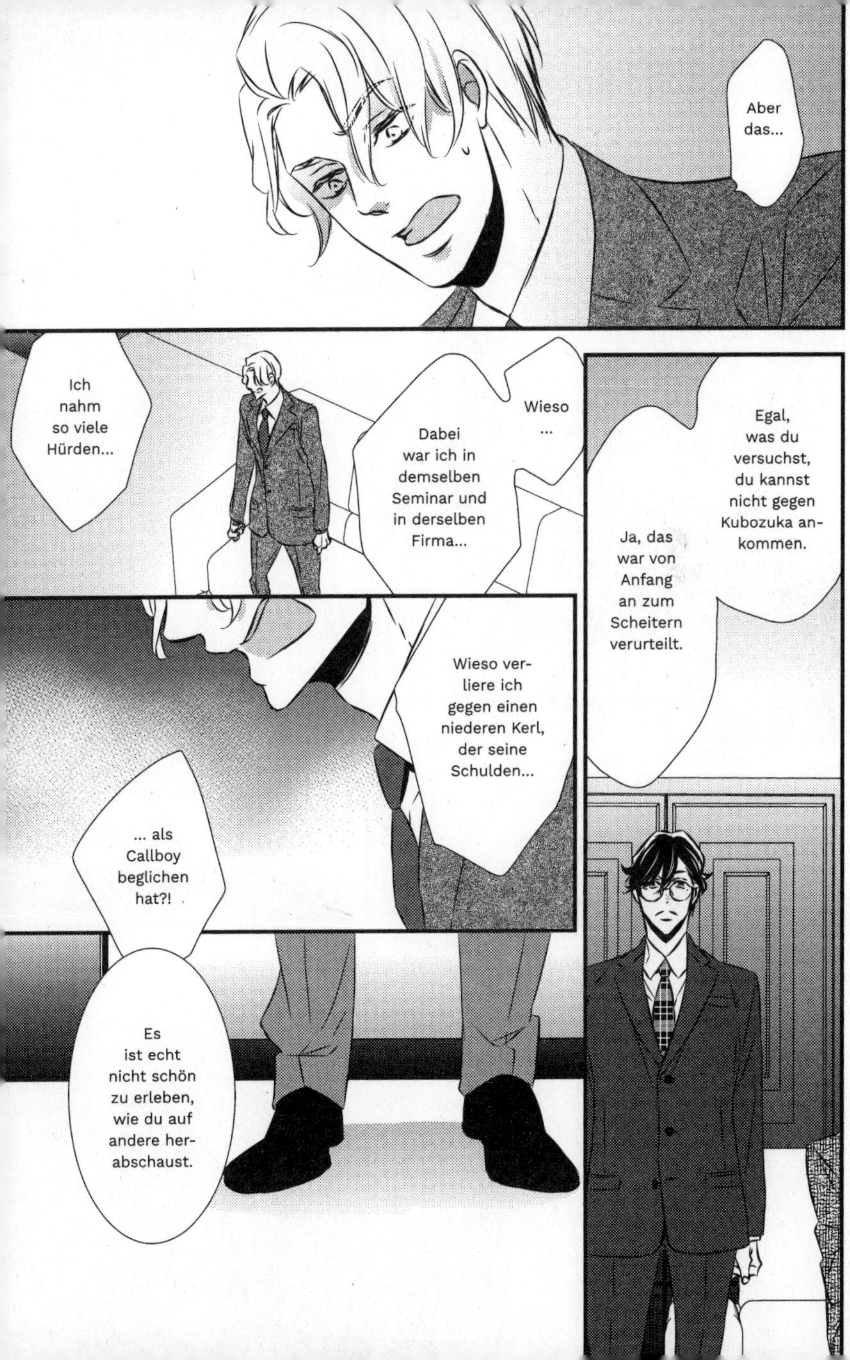
Aber das...
Egal, was du versuchst, du kannst nicht gegen Kubozuka an-kommen.
Ja, das war von Anfang an zum Scheitern verurteilt.
Wieso ...
Dabei war ich in demselben Seminar und in derselben Firma...
Ich nahm so viele Hürden...
Wieso ver-liere ich gegen einen niederen Kerl, der seine Schulden...
... als Callboy beglichen hat?!
Es ist echt nicht schön zu erleben, wie du auf andere her-abschaust.

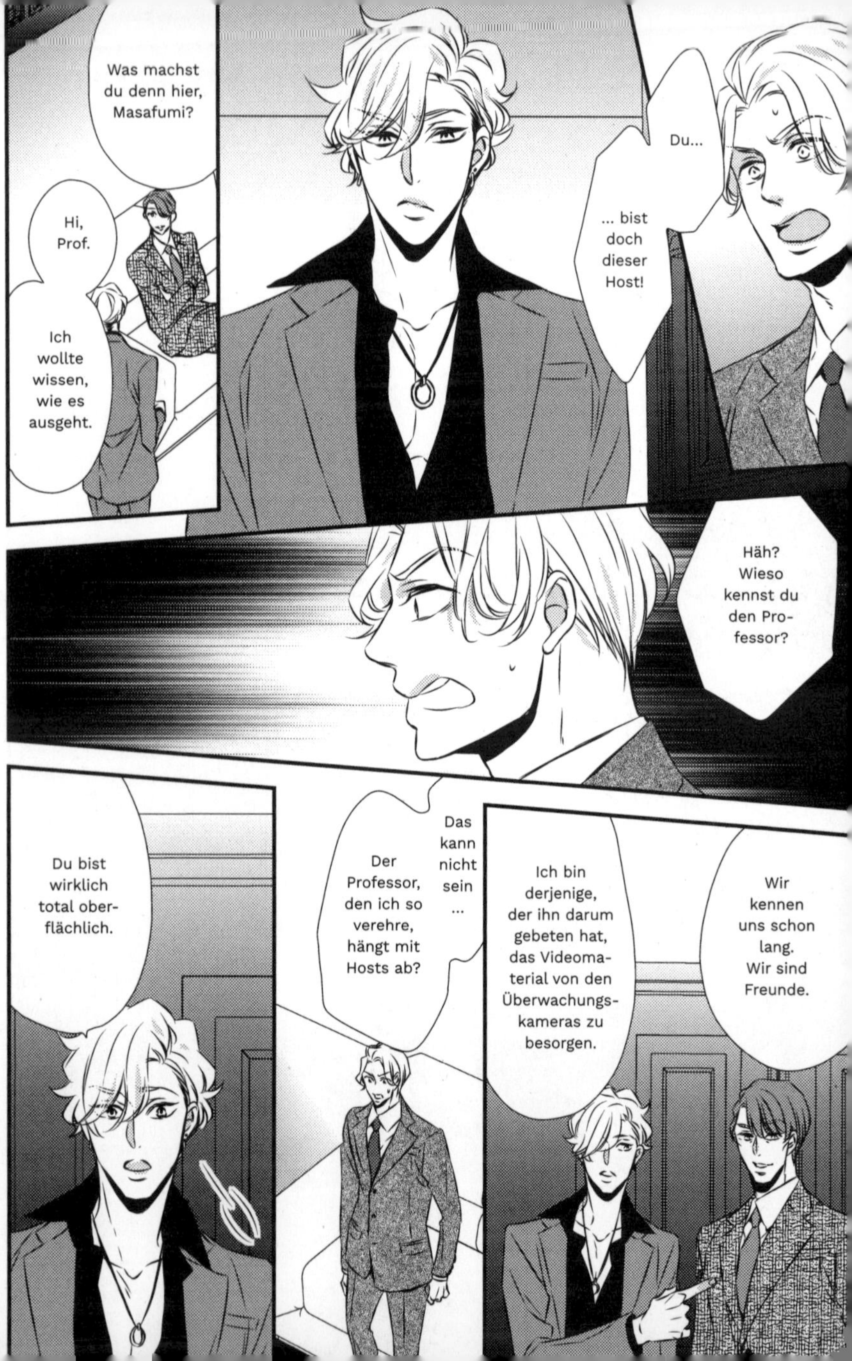
Du...
... bist doch dieser Host!
Was machst du denn hier, Masafumi?
Hi, Prof.
Ich wollte wissen, wie es ausgeht.
Häh? Wieso kennst du den Professor?
Wir kennen uns schon lang. Wir sind Freunde.
Ich bin derjenige, der ihn darum gebeten hat, das Videomaterial von den Überwachungskameras zu besorgen.
Das kann nicht sein ...
Der Professor, den ich so verehre, hängt mit Hosts ab?
Du bist wirklich total oberflächlich.

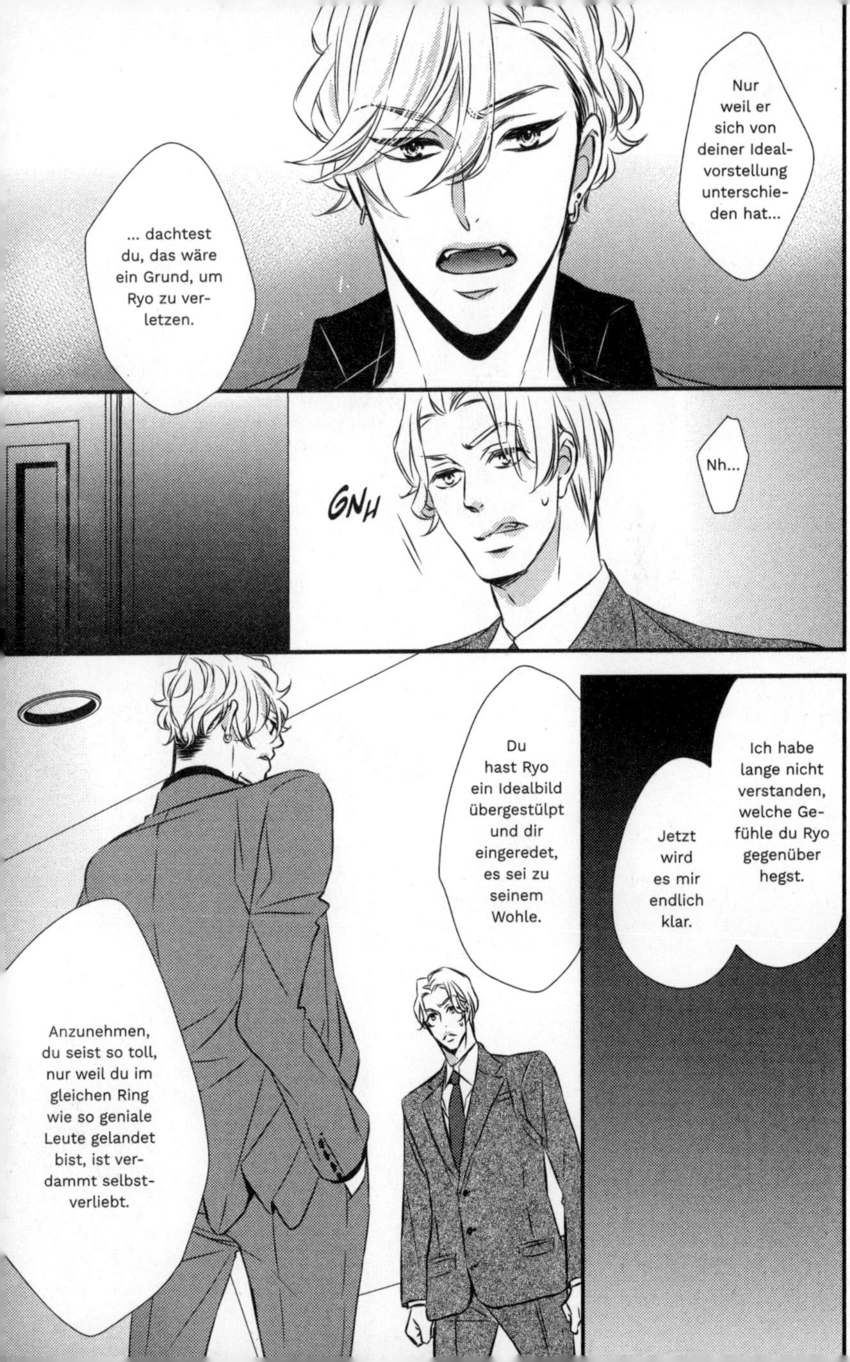
Nur weil er sich von deiner Idealvorstellung unterschieden hat...
... dachtest du, das wäre ein Grund, um Ryo zu verletzen.
Nh...
GNH
Ich habe lange nicht verstanden, welche Gefühle du Ryo gegenüber hegst.
Jetzt wird es mir endlich klar.
Du hast Ryo ein Idealbild übergestülpt und dir eingeredet, es sei zu seinem Wohle.
Anzunehmen, du seist so toll, nur weil du im gleichen Ring wie so geniale Leute gelandet bist, ist verdammt selbstverliebt.

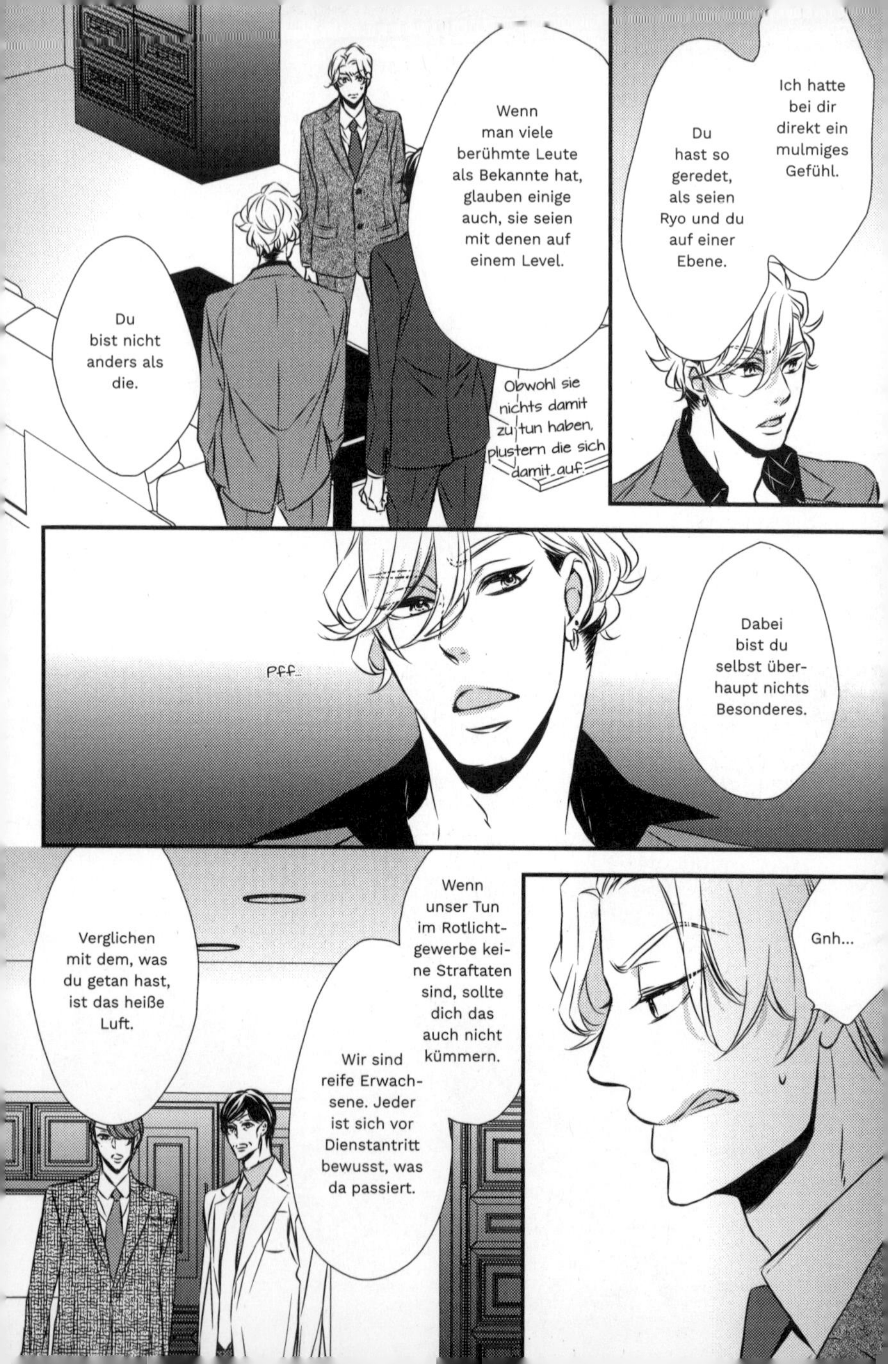
Ich hatte bei dir direkt ein mulmiges Gefühl.
Du hast so geredet, als seien Ryo und du auf einer Ebene.
Wenn man viele berühmte Leute als Bekannte hat, glauben einige auch, sie seien mit denen auf einem Level.
Obwohl sie nichts damit zu tun haben, plustern die sich damit auf.
Du bist nicht anders als die.
Dabei bist du selbst überhaupt nichts Besonderes.
Pff...
Gnh...
Wenn unser Tun im Rotlichtgewerbe keine Straftaten sind, sollte dich das auch nicht kümmern.
Wir sind reife Erwachsene. Jeder ist sich vor Dienstantritt bewusst, was da passiert.
Verglichen mit dem, was du getan hast, ist das heiße Luft.

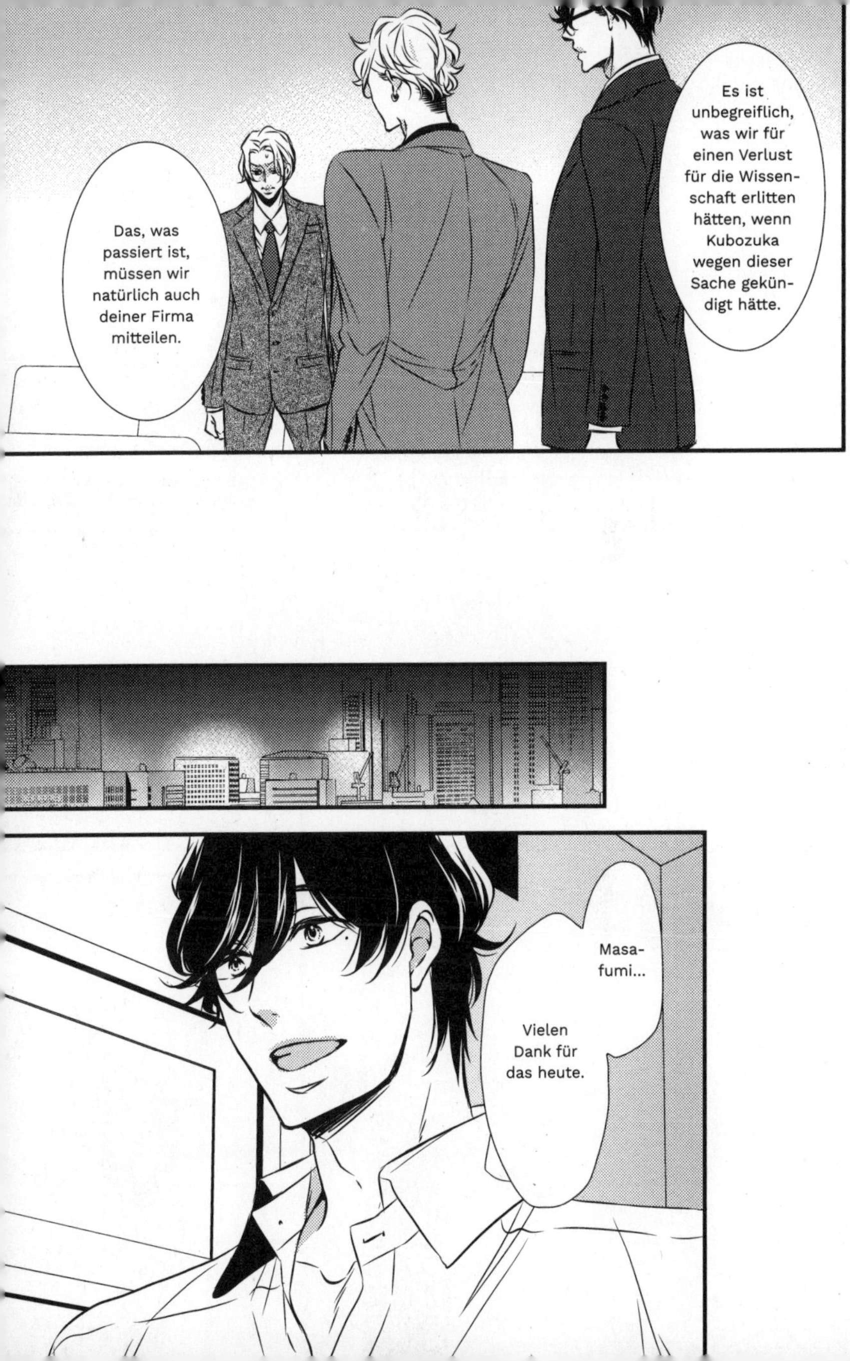
Es ist unbegreiflich, was wir für einen Verlust für die Wissenschaft erlitten hätten, wenn Kubozuka wegen dieser Sache gekündigt hätte.
Das, was passiert ist, müssen wir natürlich auch deiner Firma mitteilen.
Masafumi...
Vielen Dank für das heute.

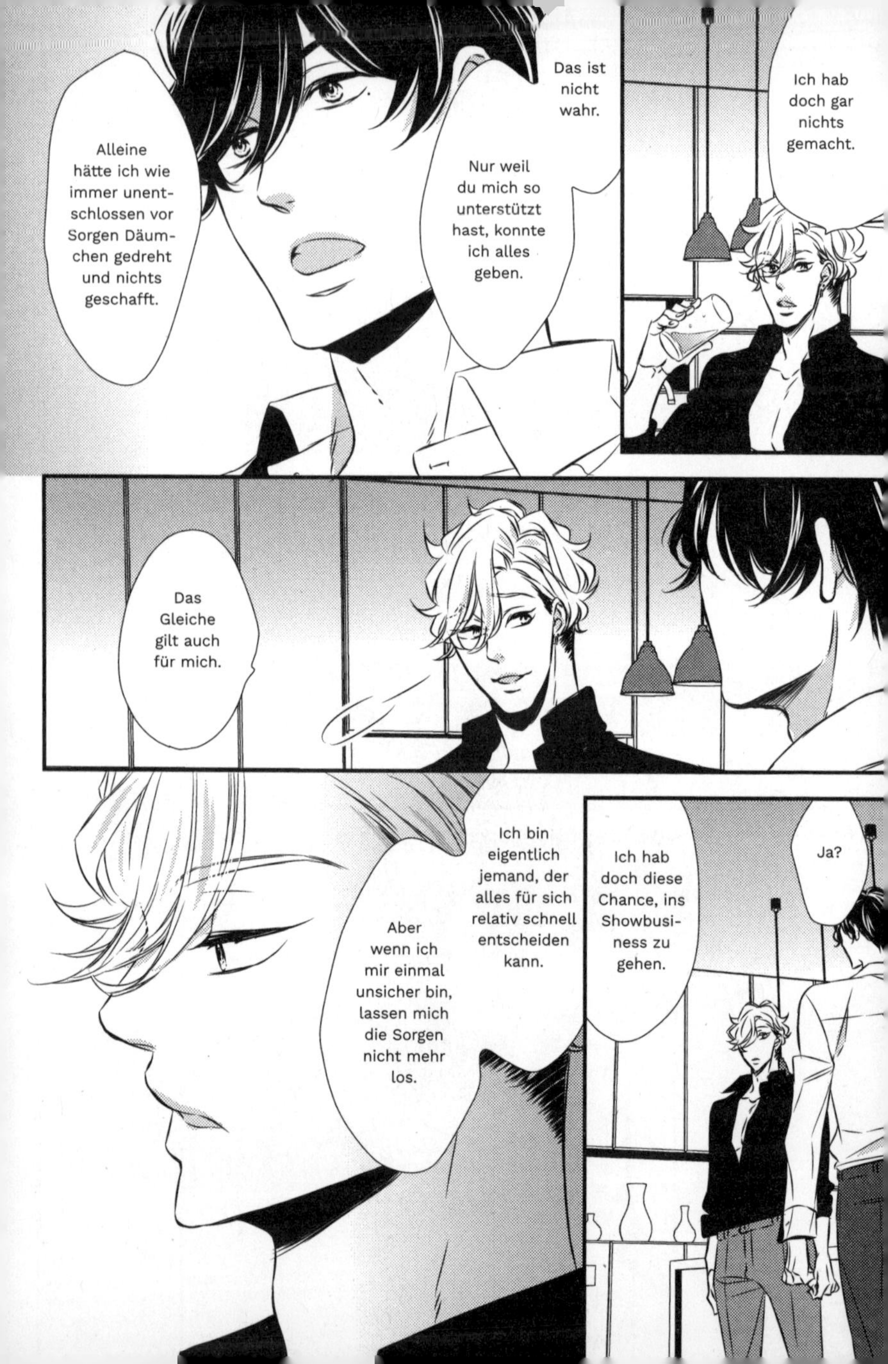
Ich hab doch gar nichts gemacht.
Das ist nicht wahr.
Nur weil du mich so unterstützt hast, konnte ich alles geben.
Alleine hätte ich wie immer unentschlossen vor Sorgen Däumchen gedreht und nichts geschafft.
Das Gleiche gilt auch für mich.
Ja?
Ich hab doch diese Chance, ins Showbusiness zu gehen.
Ich bin eigentlich jemand, der alles für sich relativ schnell entscheiden kann.
Aber wenn ich mir einmal unsicher bin, lassen mich die Sorgen nicht mehr los.

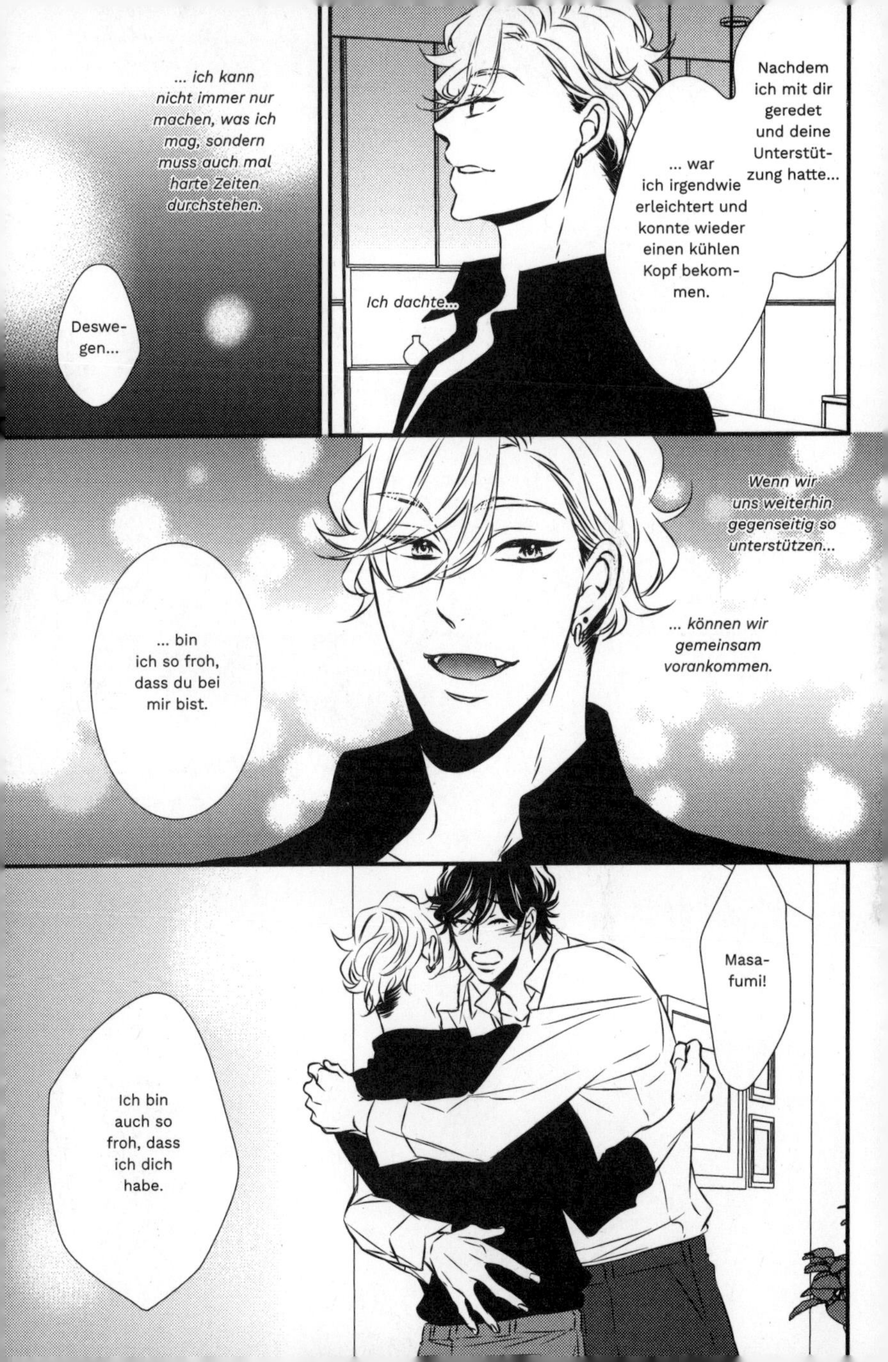
Nachdem ich mit dir geredet und deine Unterstützung hatte...
... war ich irgendwie erleichtert und konnte wieder einen kühlen Kopf bekommen.
Ich dachte...
... ich kann nicht immer nur machen, was ich mag, sondern muss auch mal harte Zeiten durchstehen.
Deswegen...
Wenn wir uns weiterhin gegenseitig so unterstützen...
... können wir gemeinsam vorankommen.
... bin ich so froh, dass du bei mir bist.
Masafumi!
Ich bin auch so froh, dass ich dich habe.

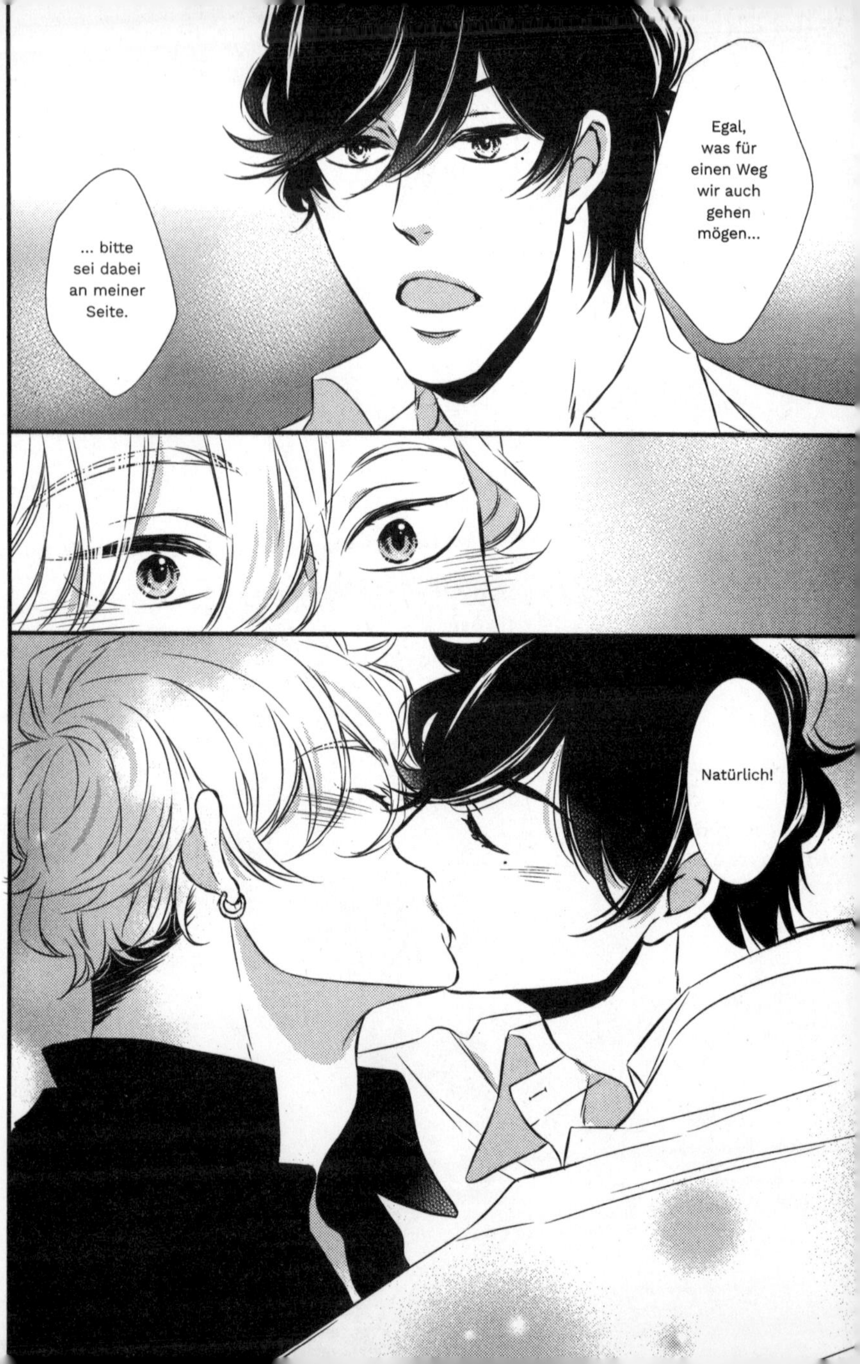

Egal, was für einen Weg wir auch gehen mögen...
... bitte sei dabei an meiner Seite.
Natürlich!

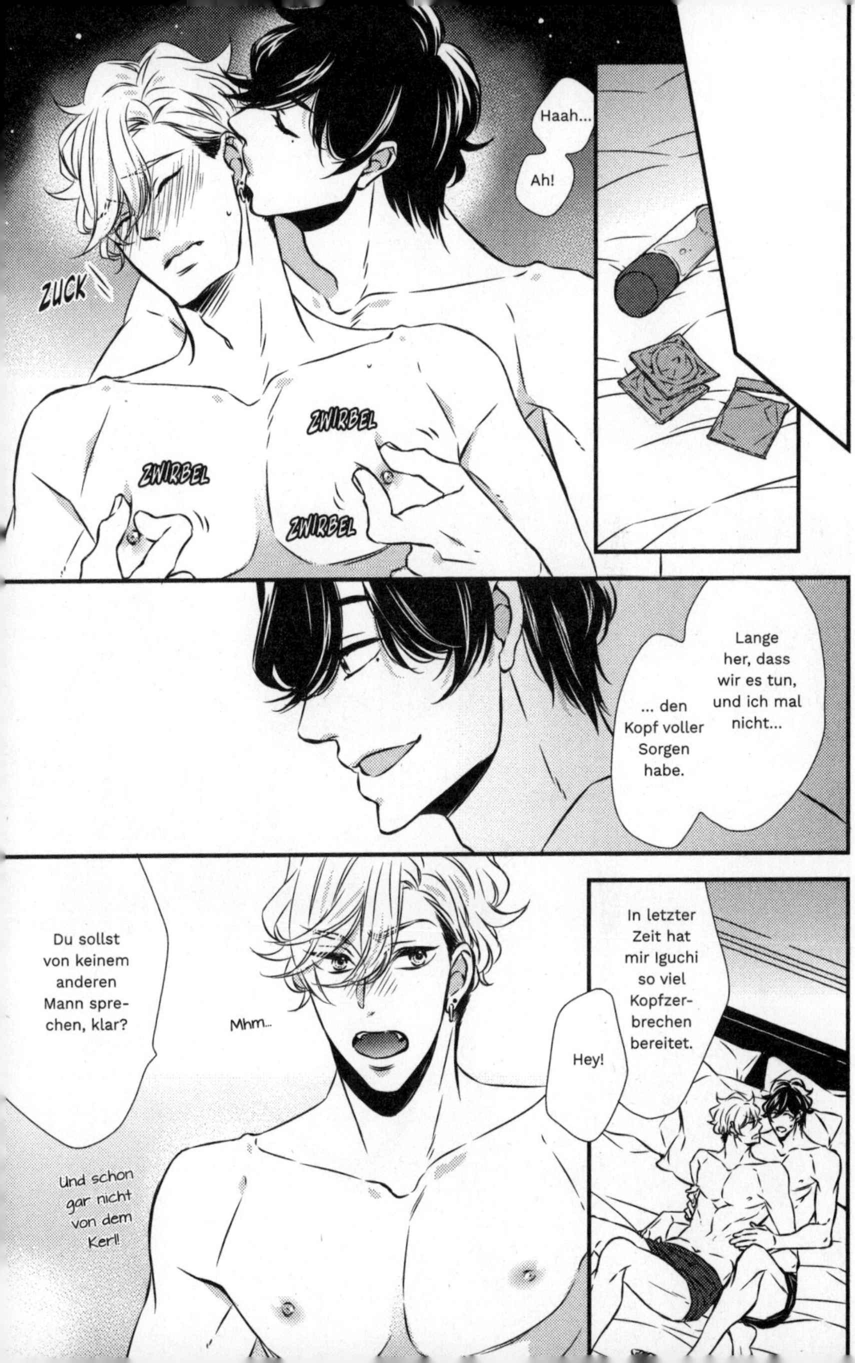
Haah...
Ah!
ZUCK
ZWIRBEL
ZWIRBEL
ZWIRBEL
Lange her, dass wir es tun, und ich mal nicht...
... den Kopf voller Sorgen habe.
In letzter Zeit hat mir Iguchi so viel Kopfzerbrechen bereitet.
Hey!
Mhm...
Du sollst von keinem anderen Mann sprechen, klar?
Und schon gar nicht von dem Kerl!

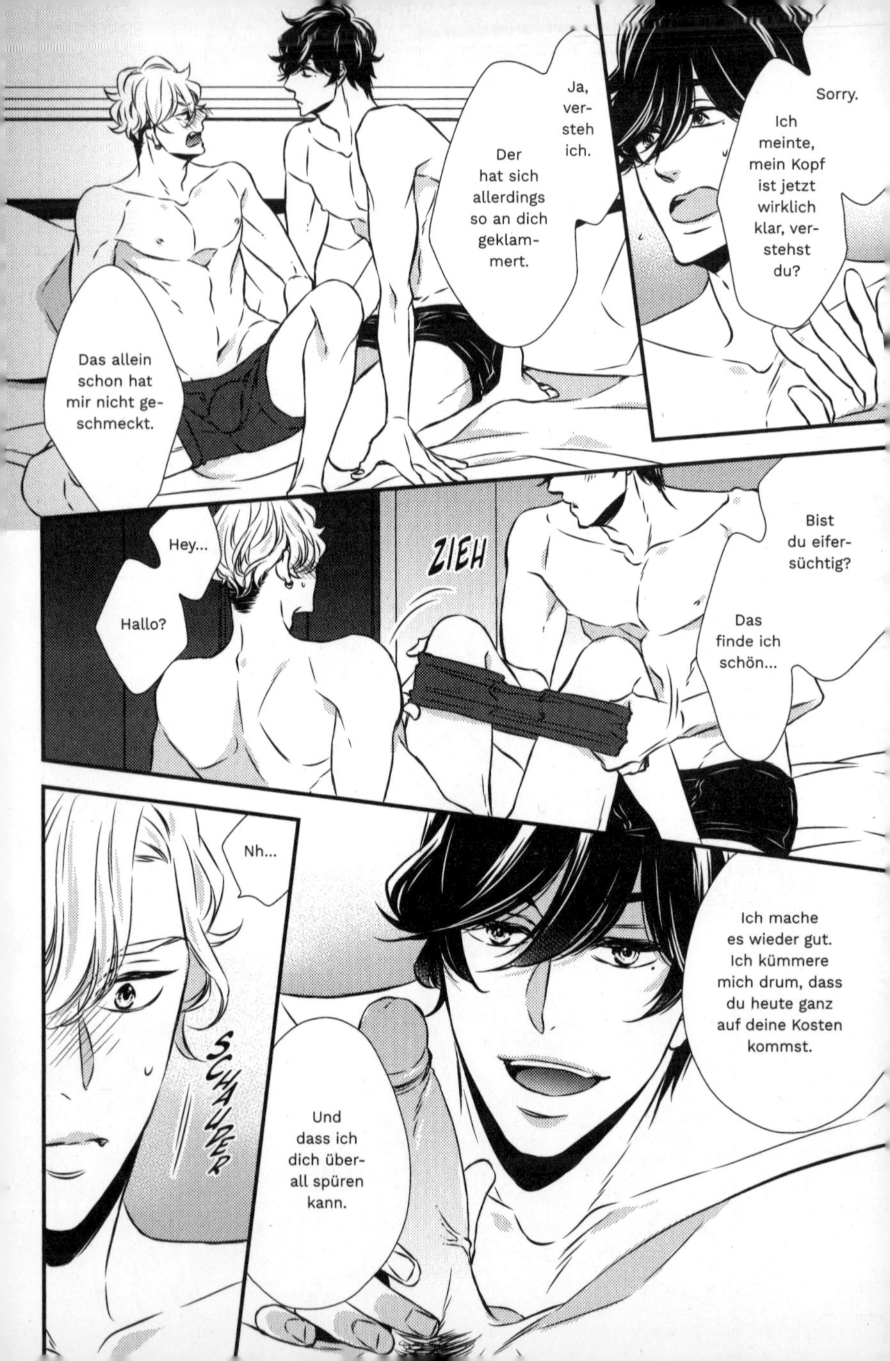
Sorry.
Ich meinte, mein Kopf ist jetzt wirklich klar, verstehst du?
Ja, versteh ich.
Der hat sich allerdings so an dich geklammert.
Das allein schon hat mir nicht geschmeckt.
Bist du eifersüchtig?
Das finde ich schön...
ZIEH
Hey...
Hallo?
Ich mache es wieder gut. Ich kümmere mich drum, dass du heute ganz auf deine Kosten kommst.
Nh...
SCHAUDER
Und dass ich dich überall spüren kann.

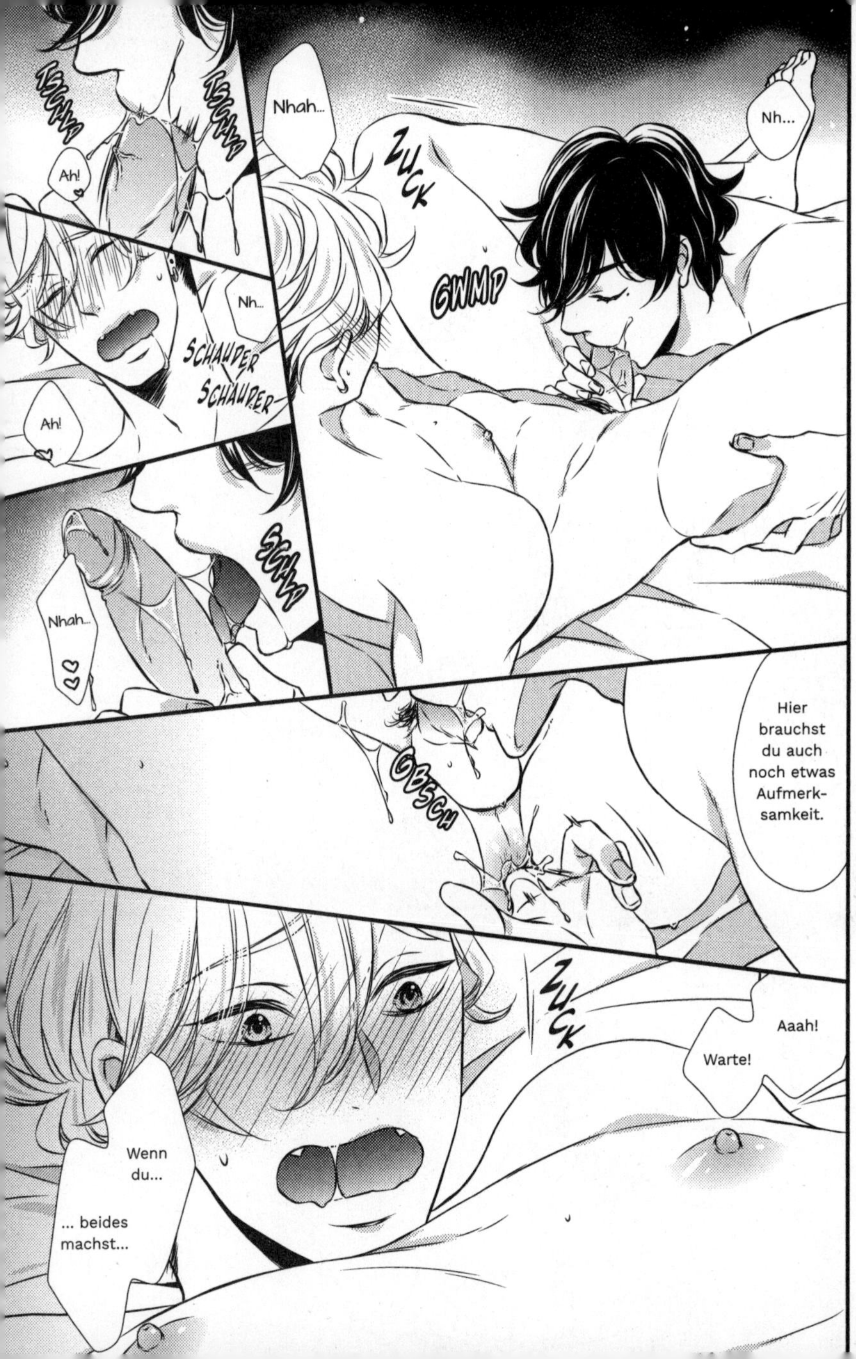
Nh...
ZUCK
GWMP
Nhah...
Ah!
Nh...
SCHAUDER
SCHAUDER
Ah!
Nhah...
Hier brauchst du auch noch etwas Aufmerksamkeit.
ZUCK
Aaah!
Warte!
Wenn du...
... beides machst...

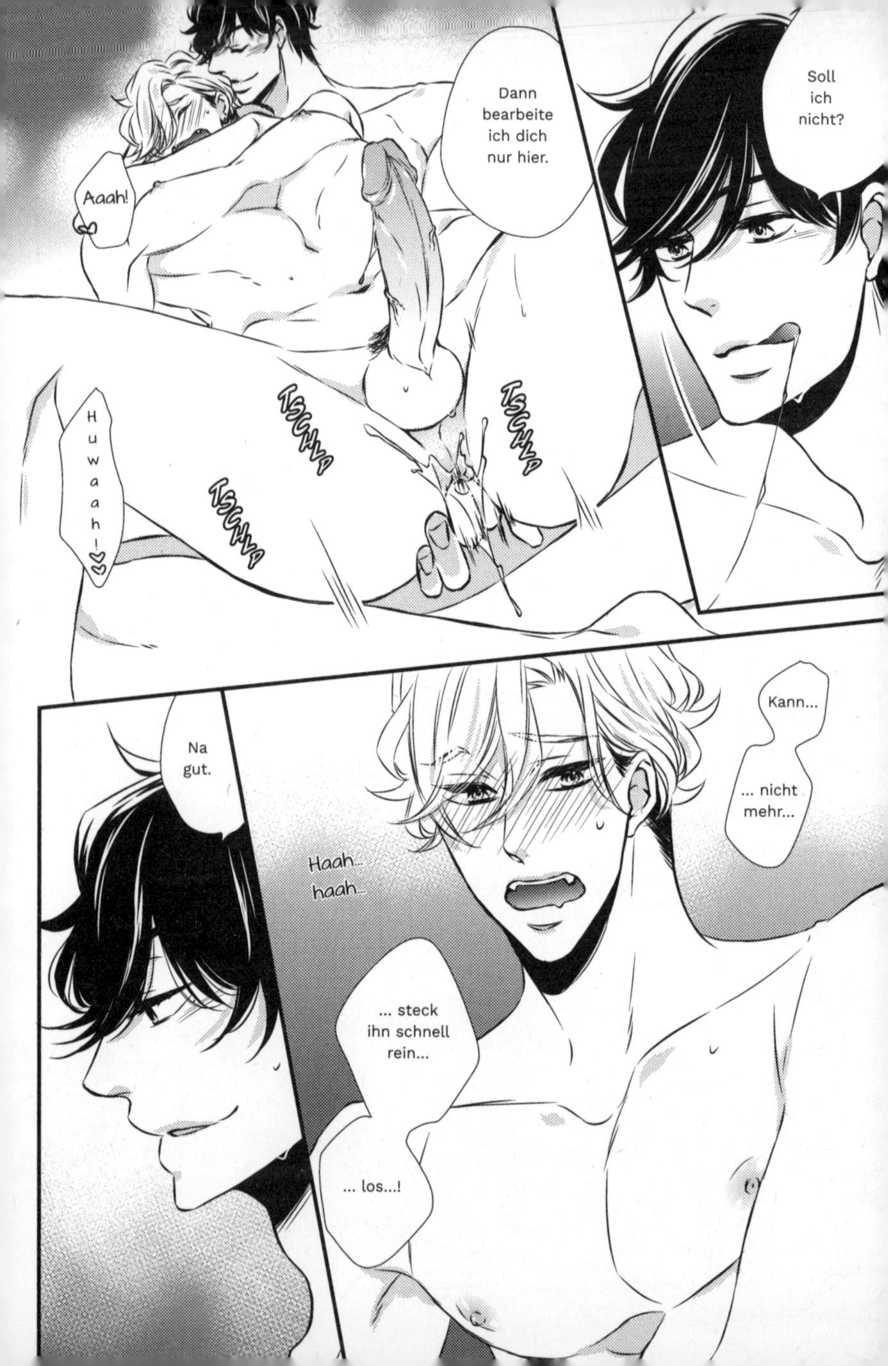

Soll ich nicht?
Dann bearbeite ich dich nur hier.
Aaah!
TSCHAP
TSCHAP
TSCHAP
Huwaaah!♡
Kann...
... nicht mehr...
Haah... haah...
Na gut.
... steck ihn schnell rein...
... los...!

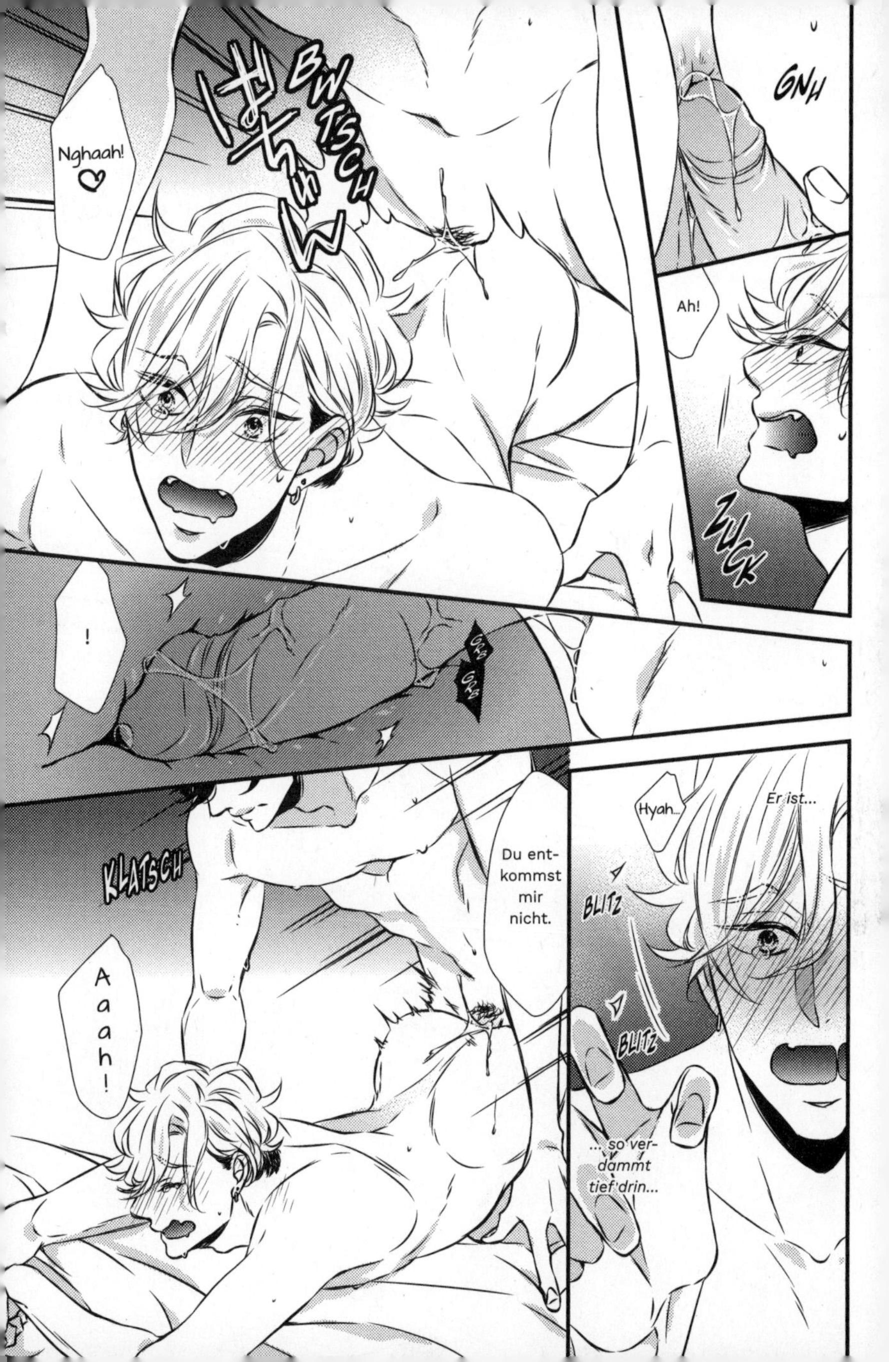
GNH
Ah!
ZUCK
BWTSCH
Nghaah! ♡
!
Hyah...
Er ist...
BLITZ
BLITZ
... so ver-dammt tief drin...
Du ent-kommst mir nicht.
KLATSCH
Aaah!

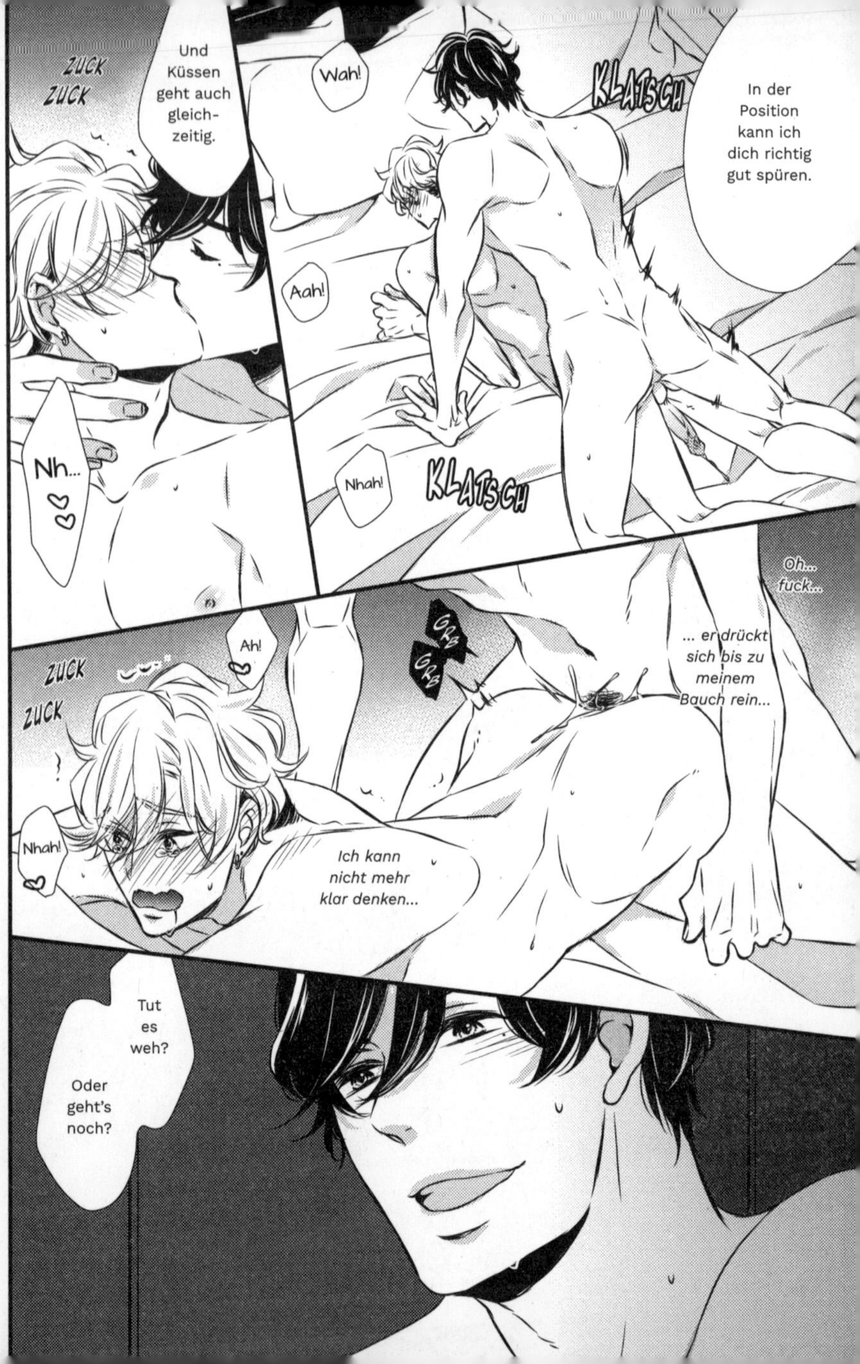
KLATSCH
In der Position kann ich dich richtig gut spüren.
Wah!
Aah!
Nhah!
KLATSCH
ZUCK ZUCK
Und Küssen geht auch gleichzeitig.
Nh... ♡♡
Oh... fuck...
... er drückt sich bis zu meinem Bauch rein...
GRB GRB
Ah! ♡
ZUCK ZUCK
Nhah! ♡
Ich kann nicht mehr klar denken...
Tut es weh?
Oder geht's noch?

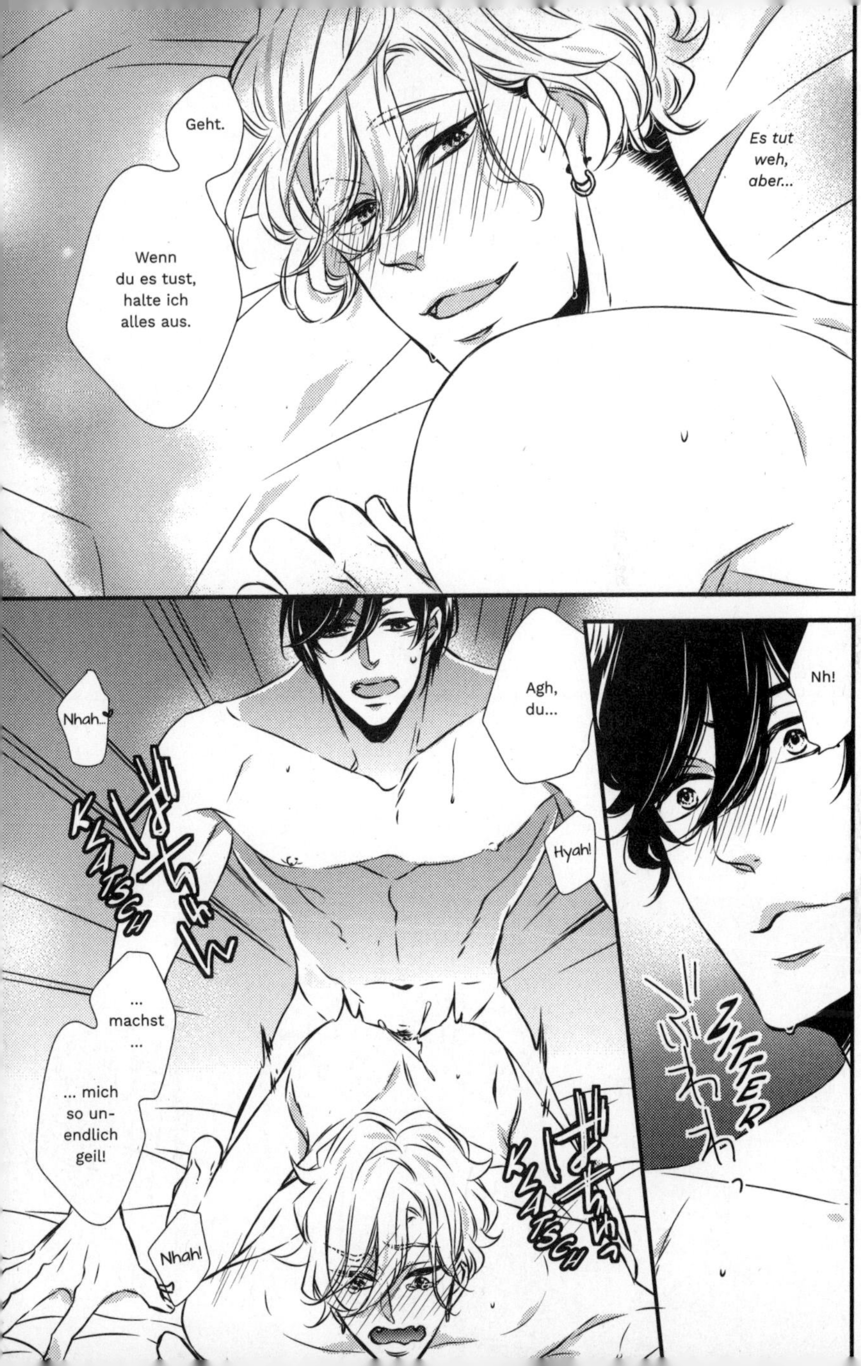
Es tut weh, aber...
Geht.
Wenn du es tust, halte ich alles aus.
Nh!
ZITTER
Agh, du...
Hyah!
Nhah...
KLATSCH
... machst ...
... mich so unendlich geil!
Nhah!
KLATSCH

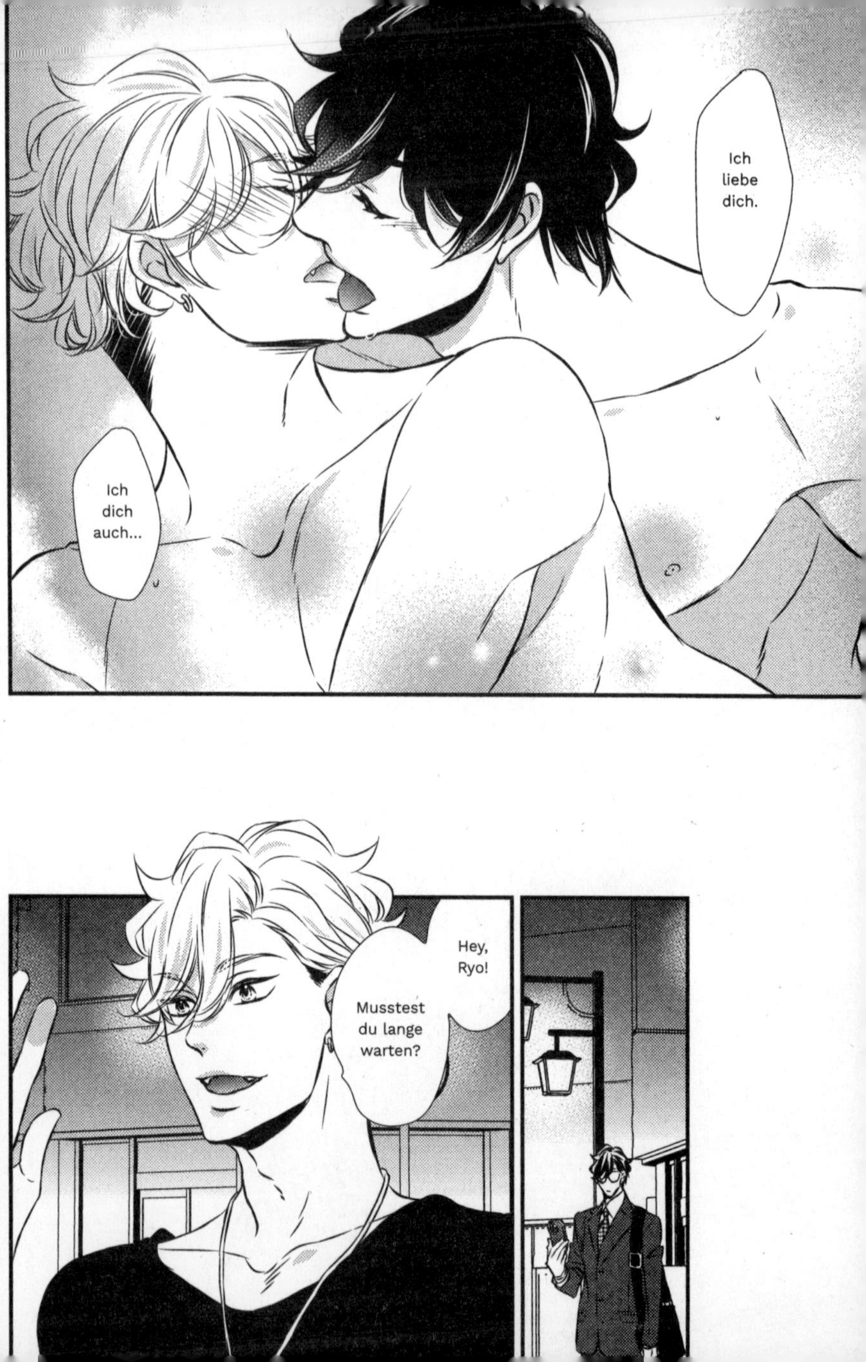
Ich liebe dich.
Ich dich auch...
Hey, Ryo!
Musstest du lange warten?

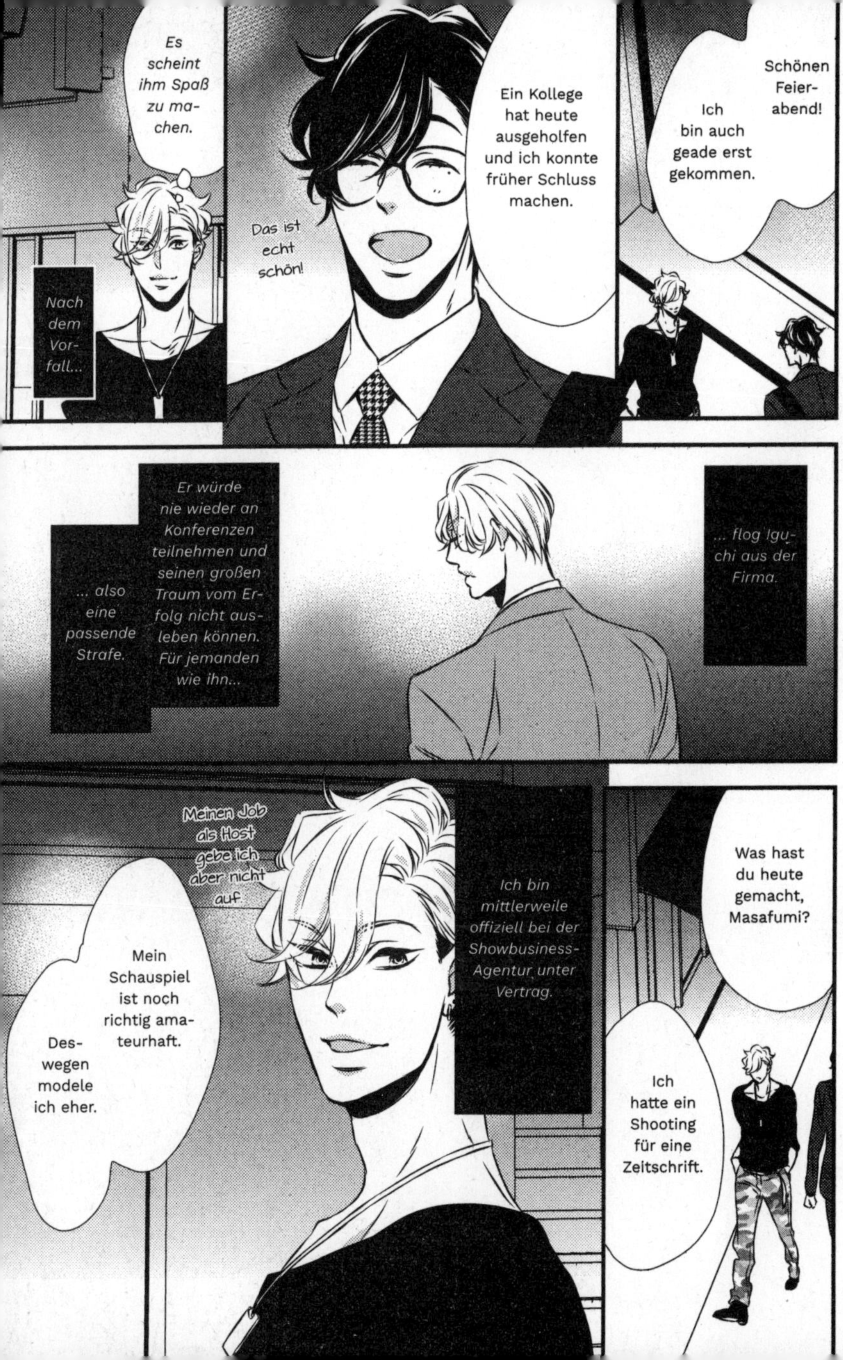

Schönen Feierabend!
Ich bin auch geade erst gekommen.
Ein Kollege hat heute ausgeholfen und ich konnte früher Schluss machen.
Das ist echt schön!
Es scheint ihm Spaß zu machen.
Nach dem Vorfall...
... flog Iguchi aus der Firma.
Er würde nie wieder an Konferenzen teilnehmen und seinen großen Traum vom Erfolg nicht ausleben können. Für jemanden wie ihn...
... also eine passende Strafe.
Was hast du heute gemacht, Masafumi?
Ich hatte ein Shooting für eine Zeitschrift.
Ich bin mittlerweile offiziell bei der Showbusiness-Agentur unter Vertrag.
Meinen Job als Host gebe ich aber nicht auf.
Mein Schauspiel ist noch richtig amateurhaft.
Deswegen modele ich eher.

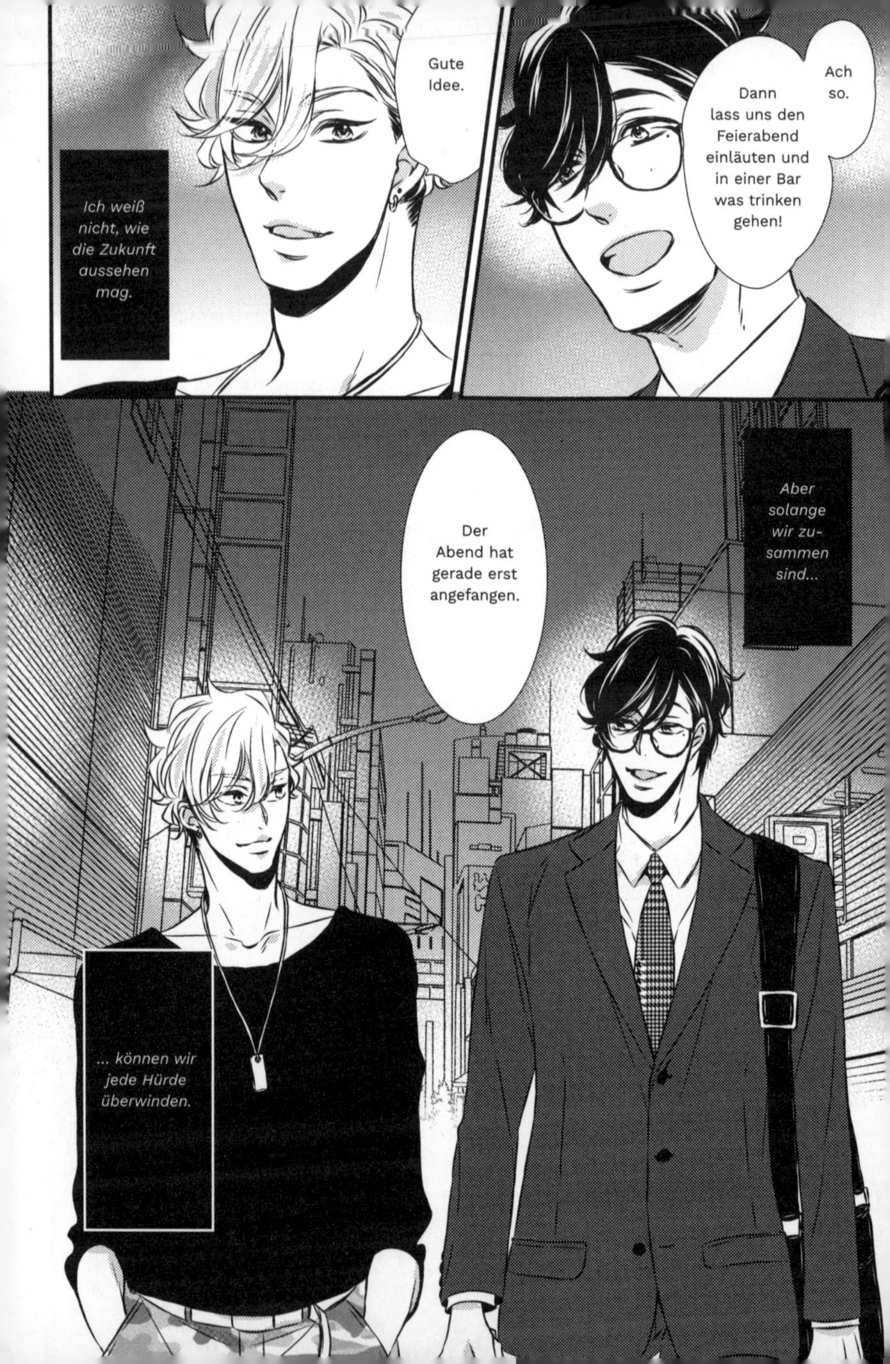
Ach so.
Dann lass uns den Feierabend einläuten und in einer Bar was trinken gehen!
Gute Idee.
Ich weiß nicht, wie die Zukunft aussehen mag.
Aber solange wir zusammen sind...
Der Abend hat gerade erst angefangen.
... können wir jede Hürde überwinden.

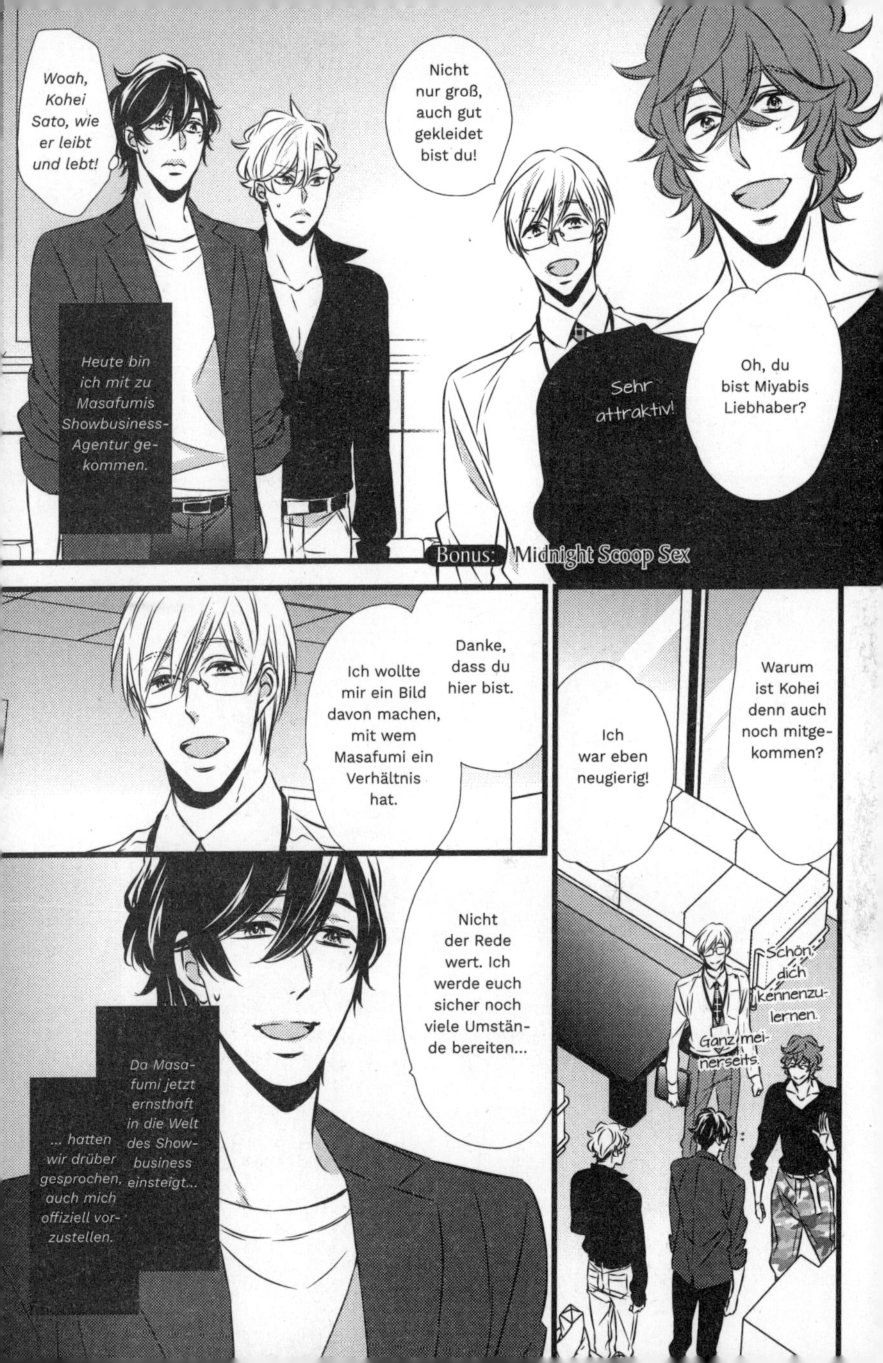
Bonus: Midnight Scoop Sex
Oh, du bist Miyabis Liebhaber?
Sehr attraktiv!
Nicht nur groß, auch gut gekleidet bist du!
Woah, Kohei Sato, wie er leibt und lebt!
Heute bin ich mit zu Masafumis Showbusiness-Agentur gekommen.
Warum ist Kohei denn auch noch mitgekommen?
Ich war eben neugierig!
Schön, dich kennenzulernen.
Ganz meinerseits.
Danke, dass du hier bist.
Ich wollte mir ein Bild davon machen, mit wem Masafumi ein Verhältnis hat.
Nicht der Rede wert. Ich werde euch sicher noch viele Umstände bereiten…
Da Masafumi jetzt ernsthaft in die Welt des Showbusiness einsteigt…
… hatten wir drüber gesprochen, auch mich offiziell vorzustellen.

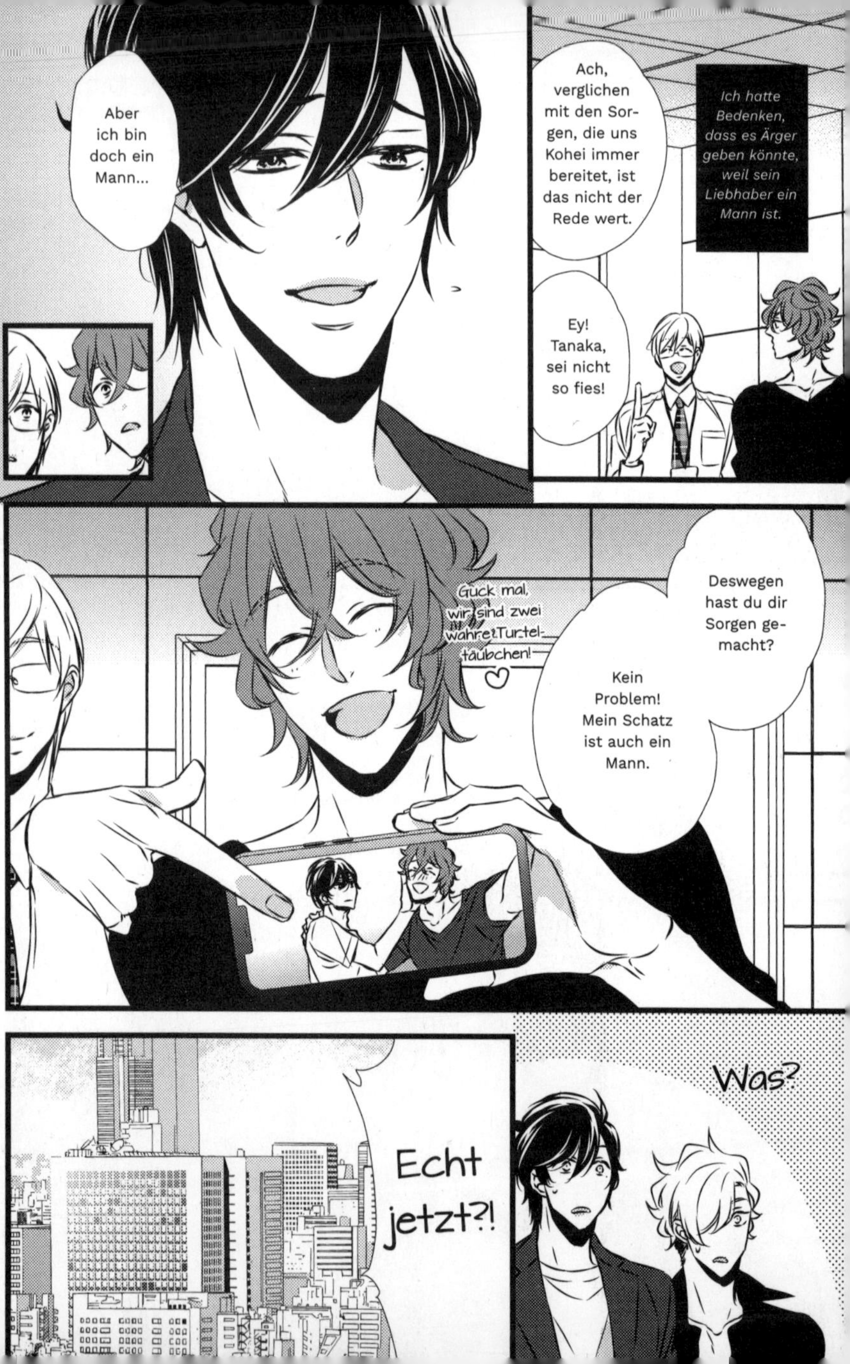

Ich hatte Bedenken, dass es Ärger geben könnte, weil sein Liebhaber ein Mann ist.
Ach, verglichen mit den Sorgen, die uns Kohei immer bereitet, ist das nicht der Rede wert.
Ey! Tanaka, sei nicht so fies!
Aber ich bin doch ein Mann...
Deswegen hast du dir Sorgen gemacht?
Kein Problem! Mein Schatz ist auch ein Mann.
Guck mal, wir sind zwei wahre Turteltäubchen!
Was?
Echt jetzt?!

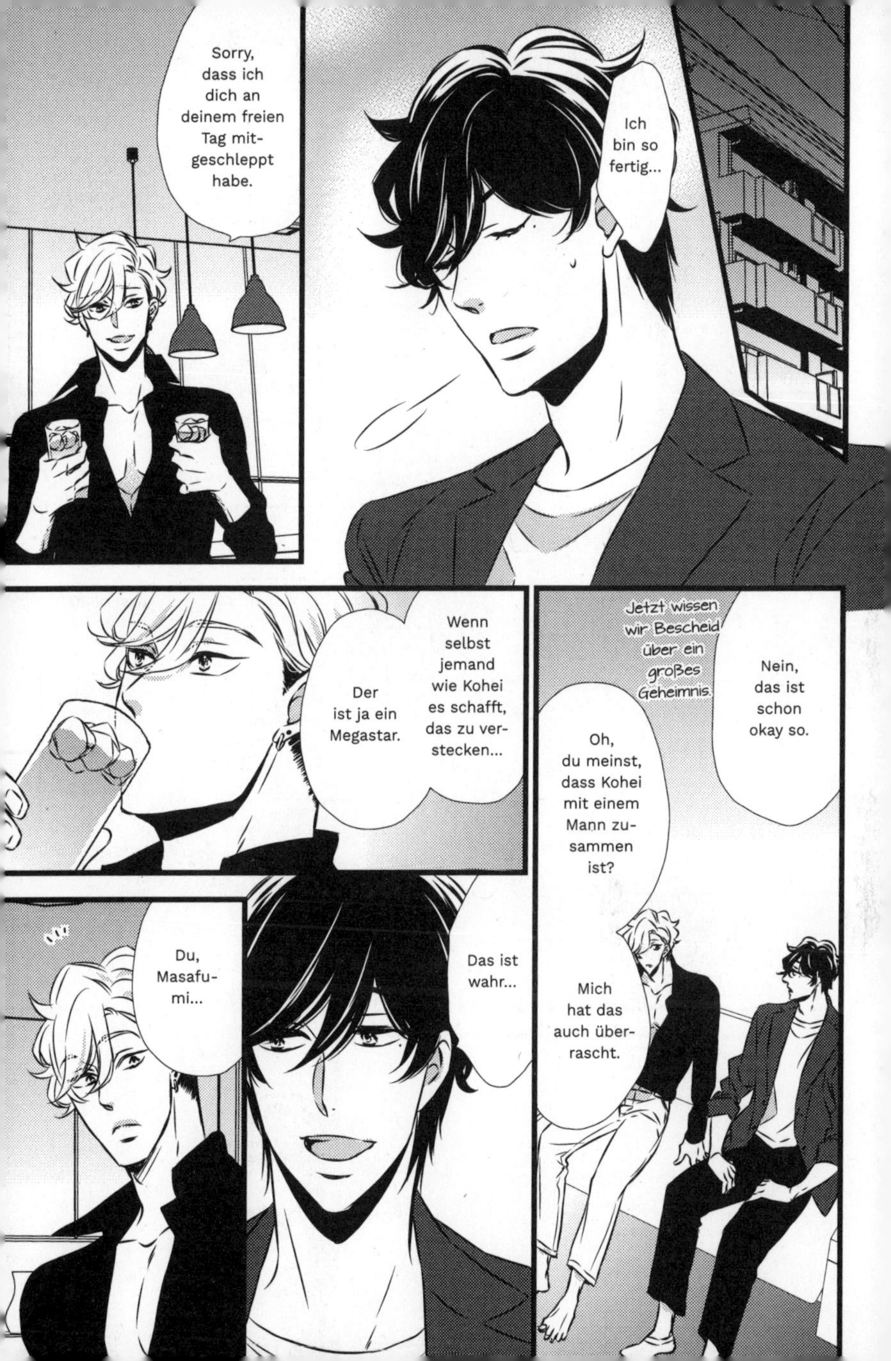
Ich bin so fertig...
Sorry, dass ich dich an deinem freien Tag mitgeschleppt habe.
Jetzt wissen wir Bescheid über ein großes Geheimnis.
Nein, das ist schon okay so.
Oh, du meinst, dass Kohei mit einem Mann zusammen ist?
Mich hat das auch überrascht.
Wenn selbst jemand wie Kohei es schafft, das zu verstecken...
Der ist ja ein Megastar.
Das ist wahr...
Du, Masafumi...

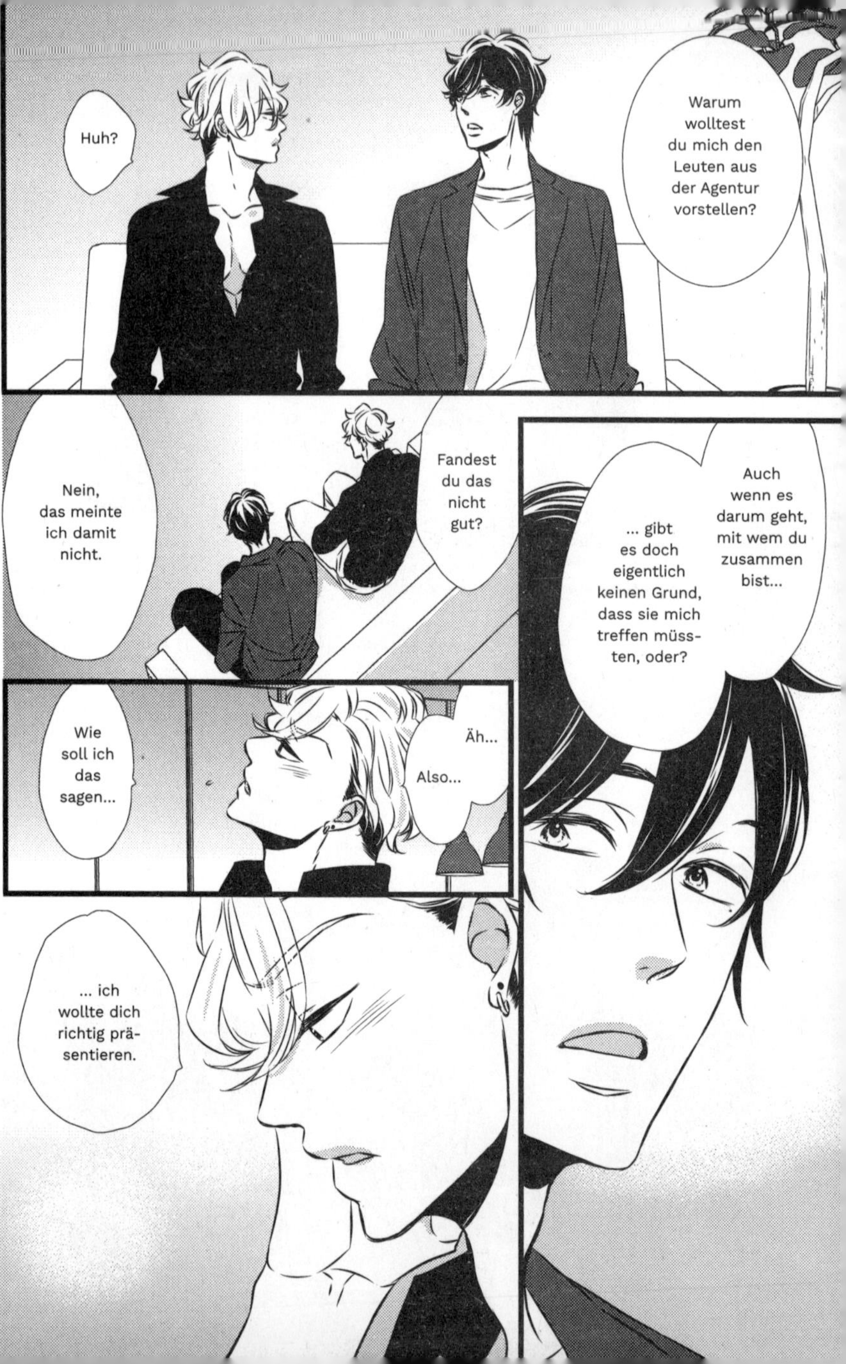
Warum wolltest du mich den Leuten aus der Agentur vorstellen?
Huh?
Auch wenn es darum geht, mit wem du zusammen bist...
... gibt es doch eigentlich keinen Grund, dass sie mich treffen müssten, oder?
Fandest du das nicht gut?
Nein, das meinte ich damit nicht.
Äh...
Also...
Wie soll ich das sagen...
... ich wollte dich richtig präsentieren.

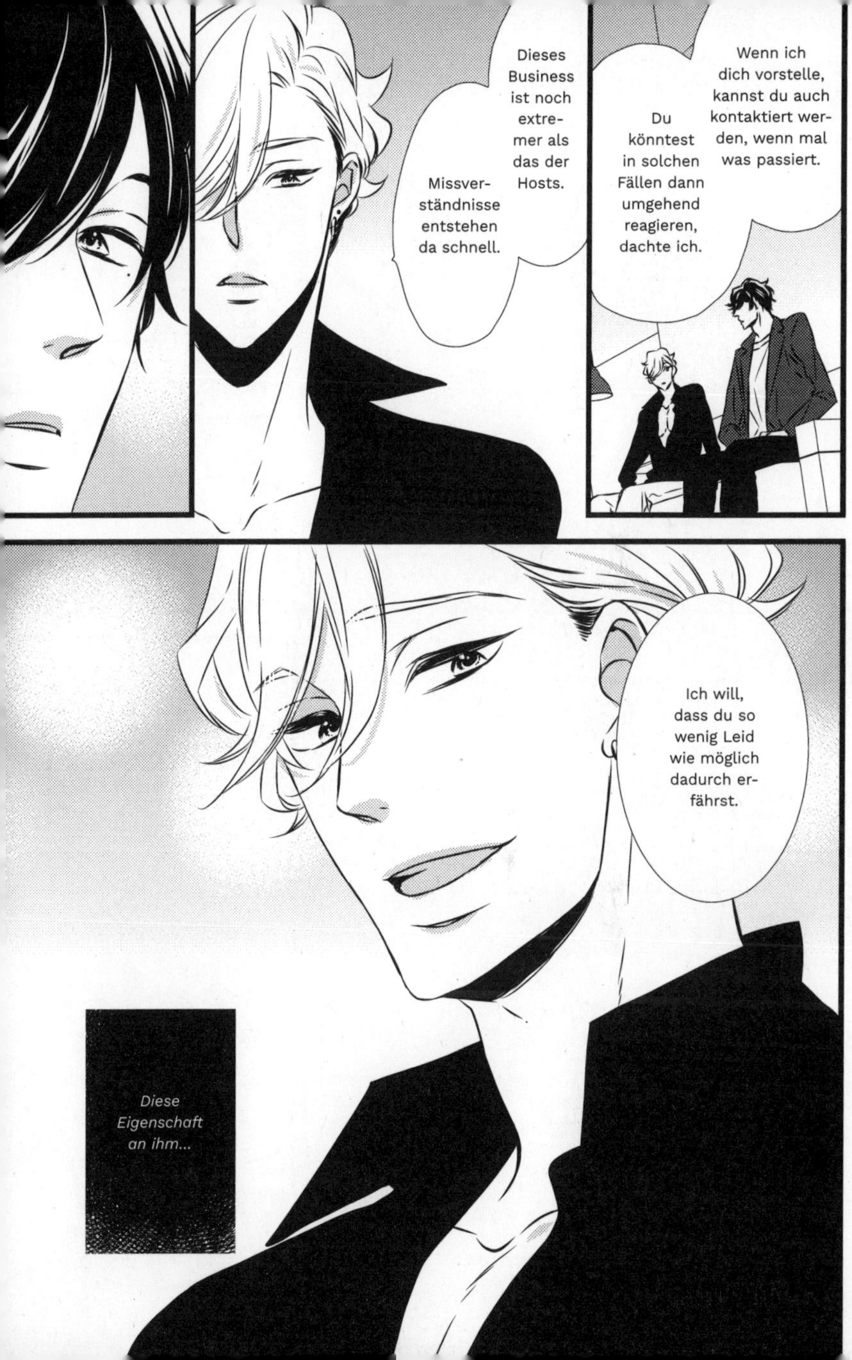
Wenn ich dich vorstelle, kannst du auch kontaktiert werden, wenn mal was passiert.
Du könntest in solchen Fällen dann umgehend reagieren, dachte ich.
Dieses Business ist noch extremer als das der Hosts.
Missverständnisse entstehen da schnell.
Ich will, dass du so wenig Leid wie möglich dadurch erfährst.
Diese Eigenschaft an ihm...

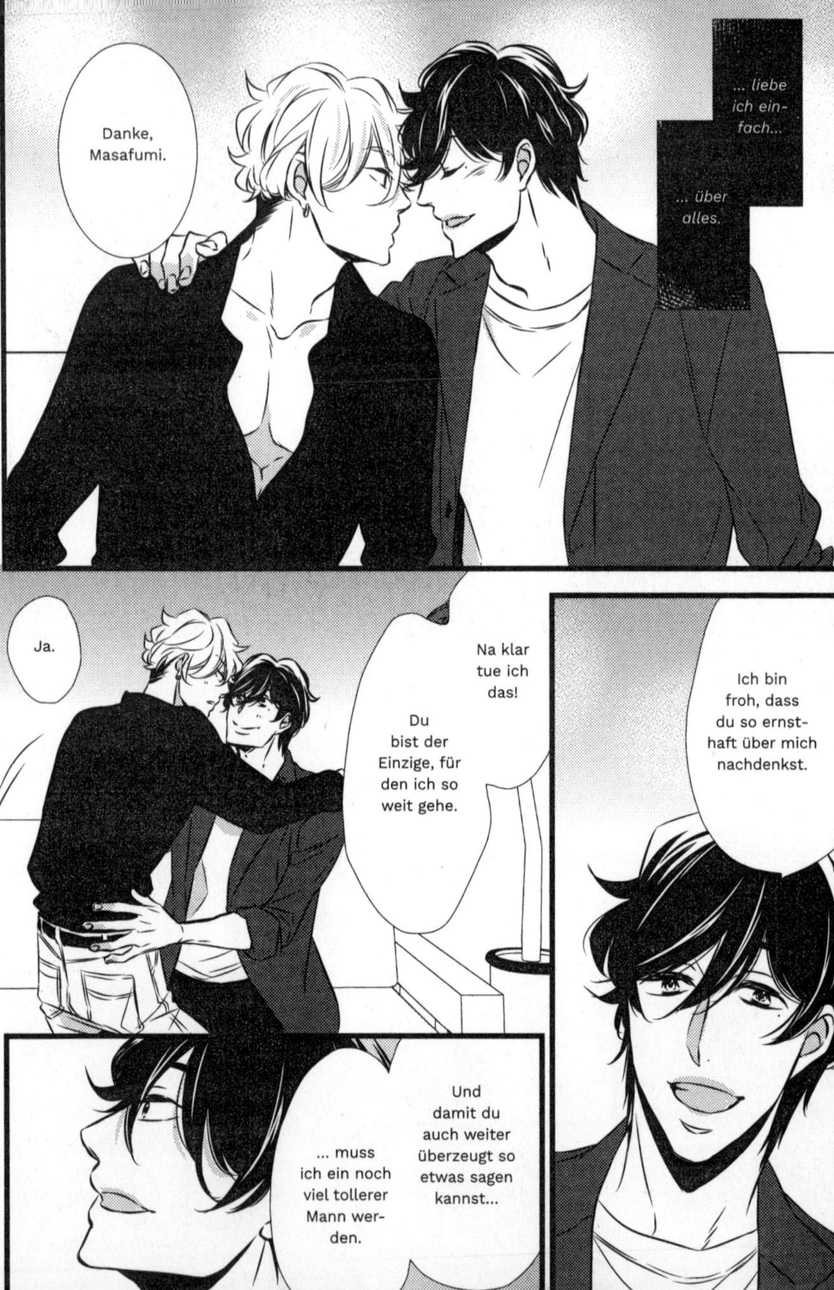

... liebe ich einfach...
... über alles.
Danke, Masafumi.
Ich bin froh, dass du so ernsthaft über mich nachdenkst.
Na klar tue ich das!
Du bist der Einzige, für den ich so weit gehe.
Ja.
Und damit du auch weiter überzeugt so etwas sagen kannst...
... muss ich ein noch viel tollerer Mann werden.

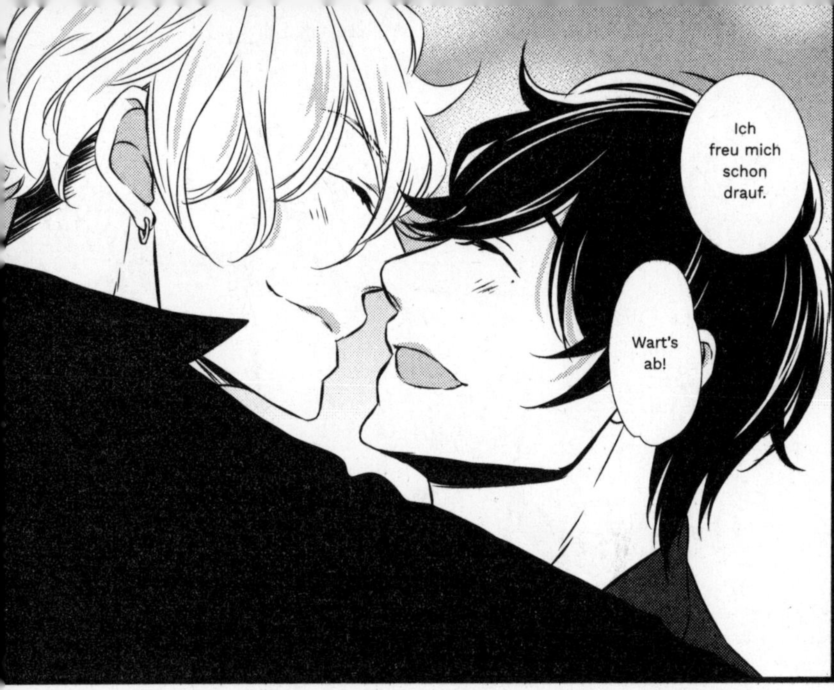
Ich freu mich schon drauf.
Wart's ab!

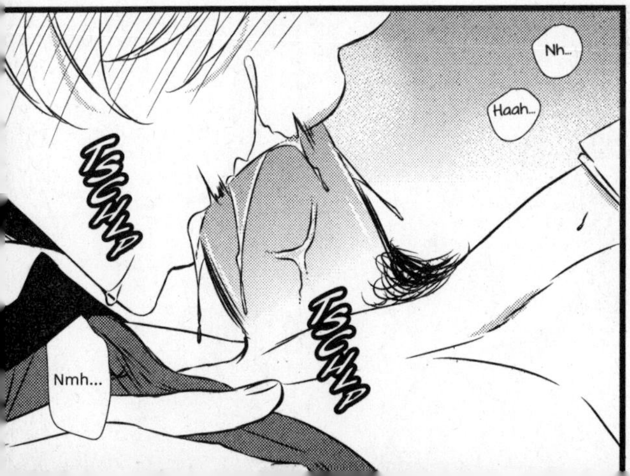
Nh...
Haah...
Nmh...

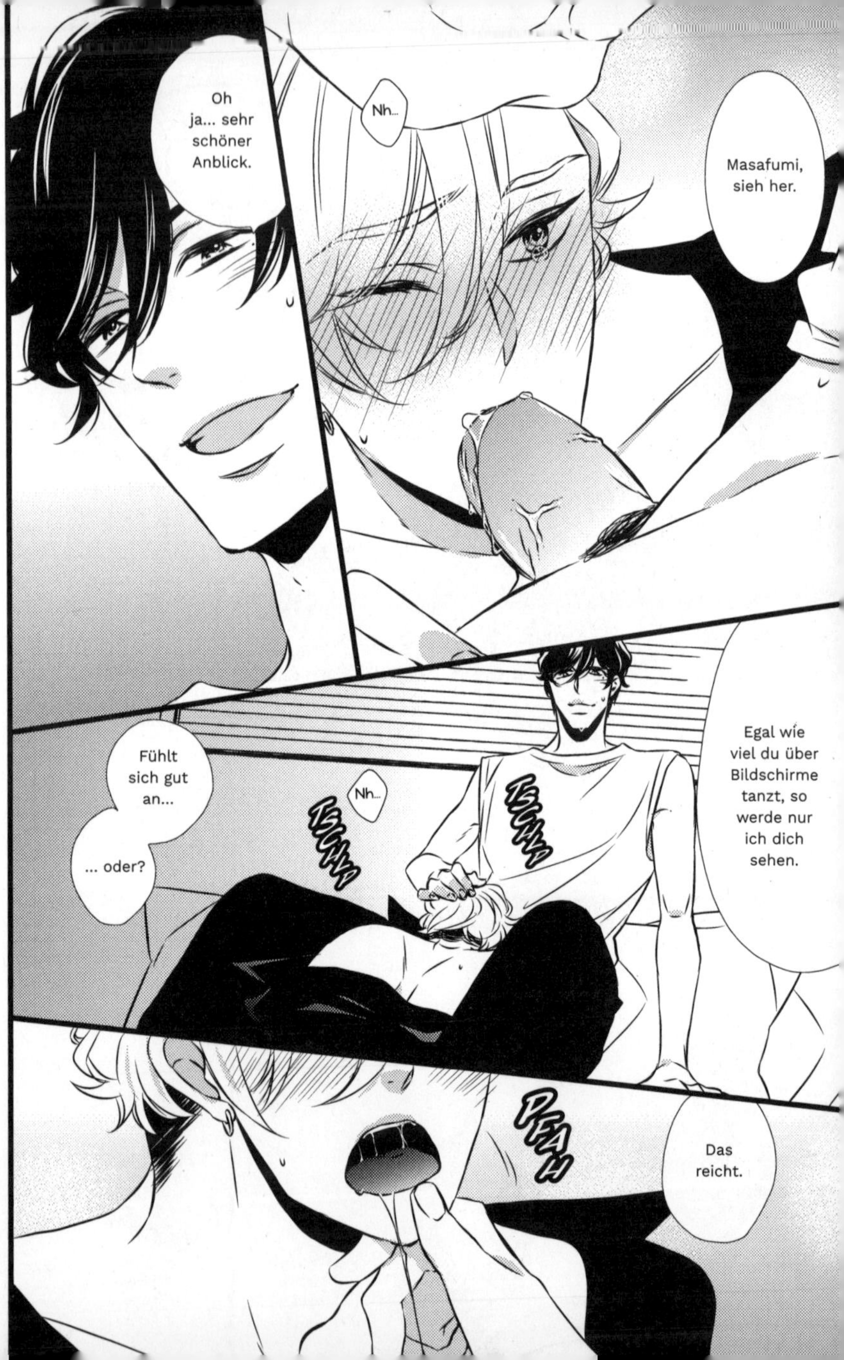
Masafumi, sieh her.
Nh...
Oh ja... sehr schöner Anblick.
Egal wie viel du über Bildschirme tanzt, so werde nur ich dich sehen.
Nh...
Fühlt sich gut an...
... oder?
Das reicht.

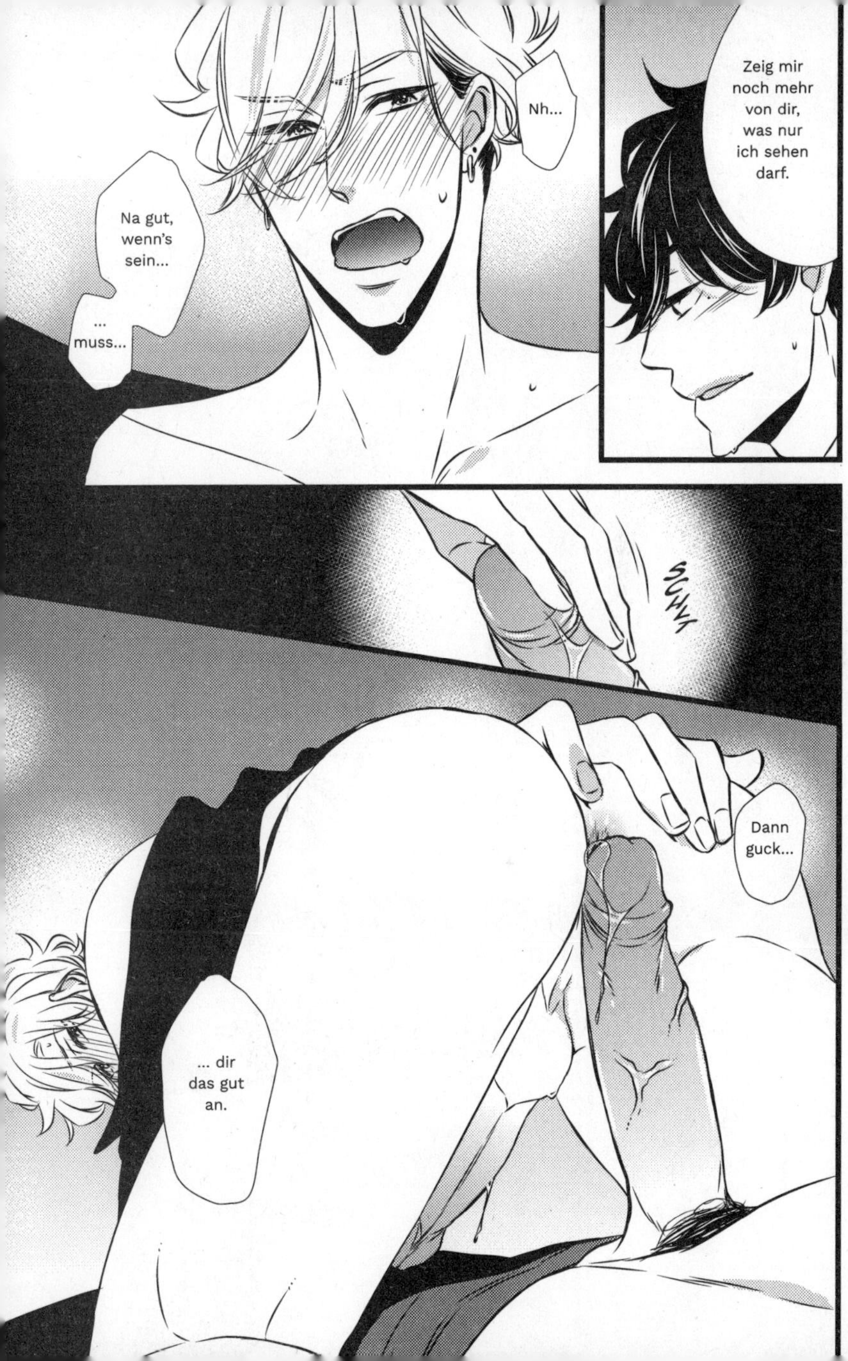
Zeig mir noch mehr von dir, was nur ich sehen darf.
Nh...
Na gut, wenn's sein...
... muss...
Dann guck...
... dir das gut an.

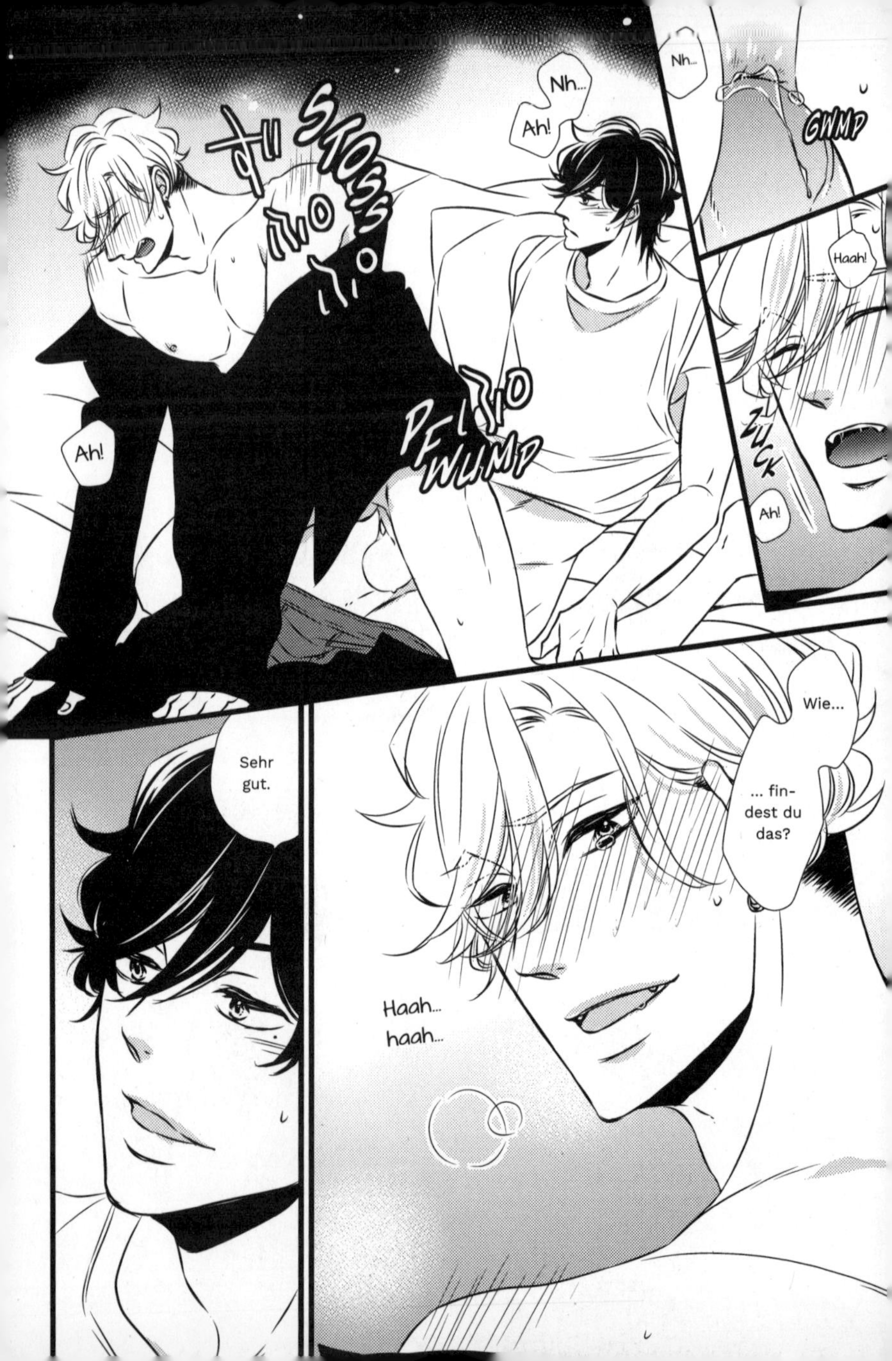
Nh...
GWMP
Haah!
ZUCK
Ah!
Nh...
Ah!
STOSS
Ah!
PFWUMP
Wie...
... fin-
dest du
das?
Sehr
gut.
Haah...
haah...

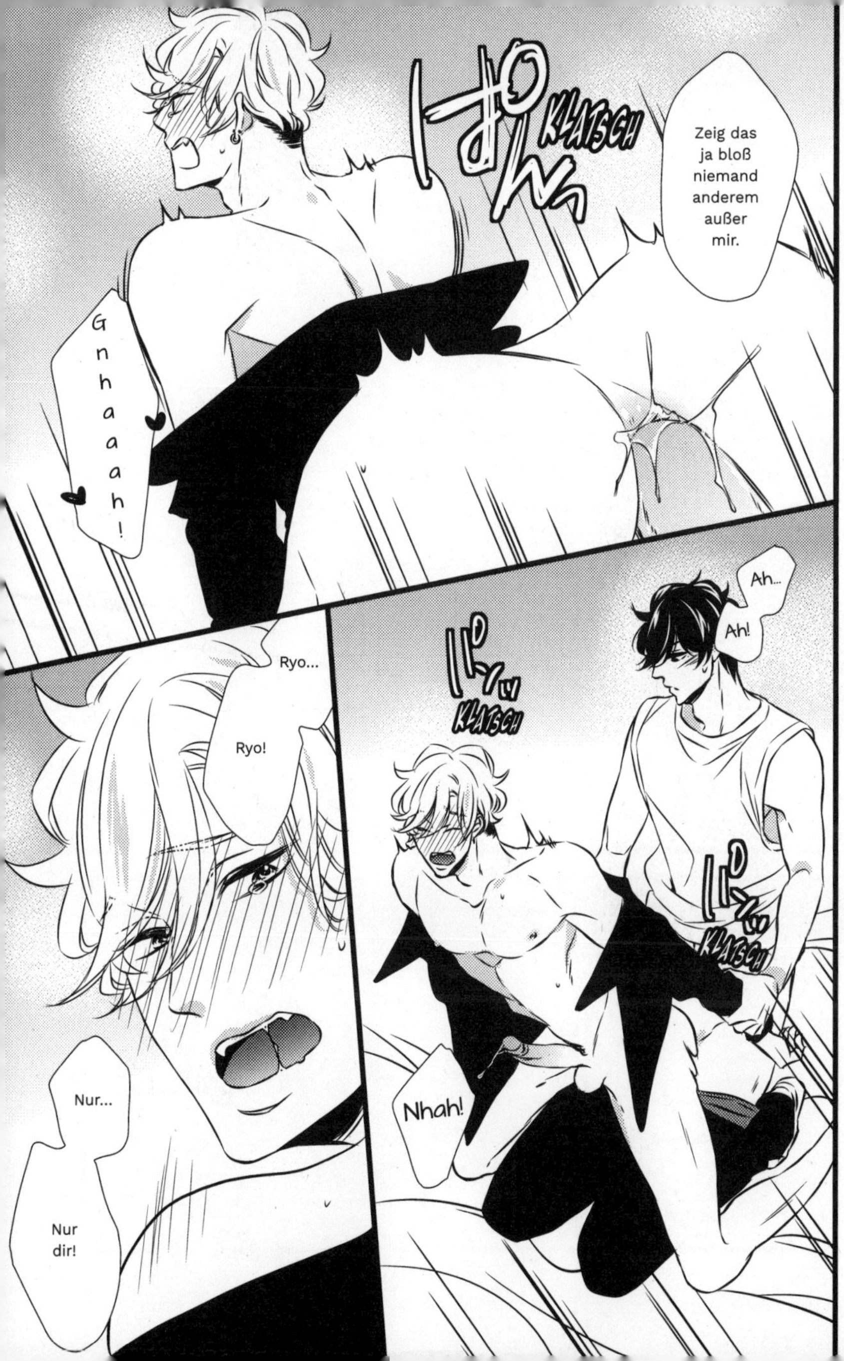

Zeig das ja bloß niemand anderem außer mir.
KLATSCH
Gnhaaaah!
Ah...
Ah!
KLATSCH
KLATSCH
Nhah!
Ryo...
Ryo!
Nur...
Nur dir!

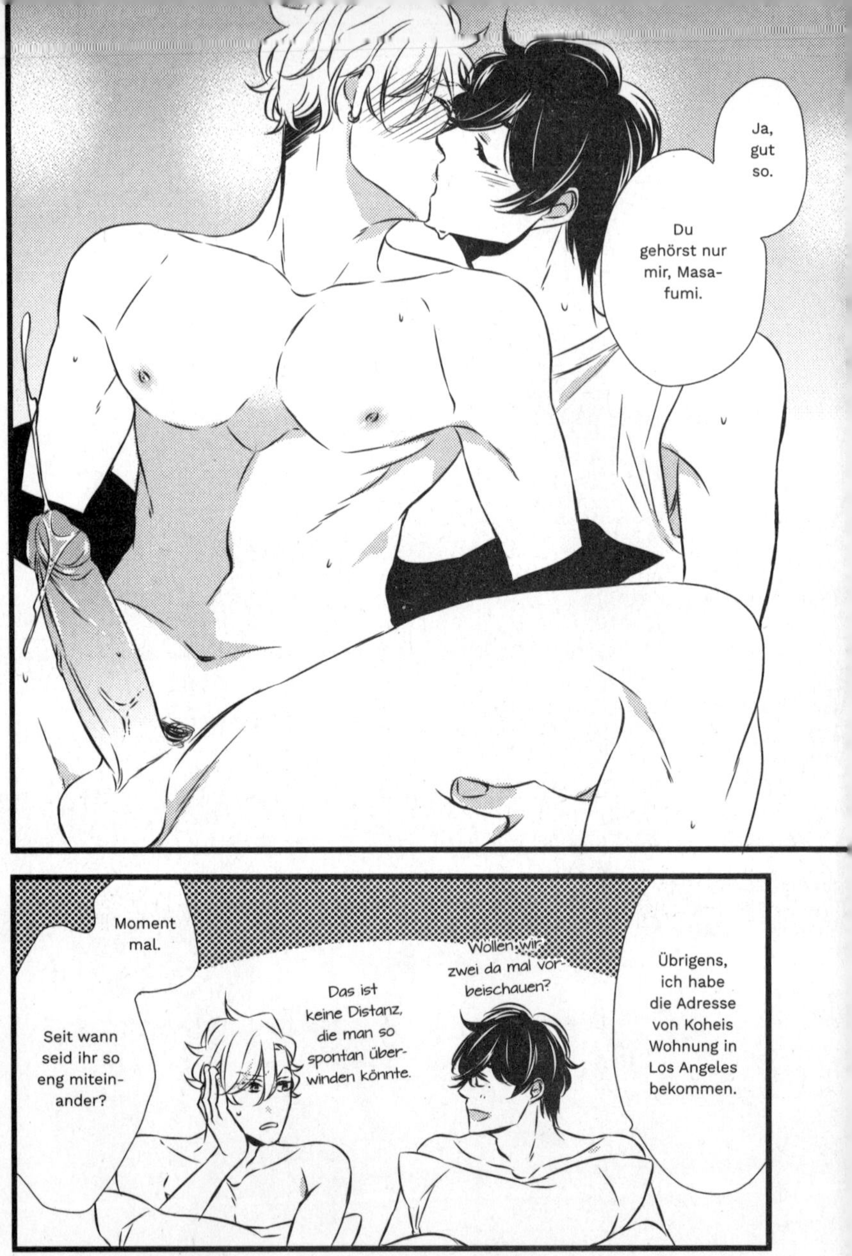
Ja, gut so.
Du gehörst nur mir, Masa-fumi.
Übrigens, ich habe die Adresse von Koheis Wohnung in Los Angeles bekommen.
Wollen wir zwei da mal vorbeischauen?
Das ist keine Distanz, die man so spontan überwinden könnte.
Moment mal.
Seit wann seid ihr so eng miteinander?

Ende

MIDNIGHT

Scandal

Sex

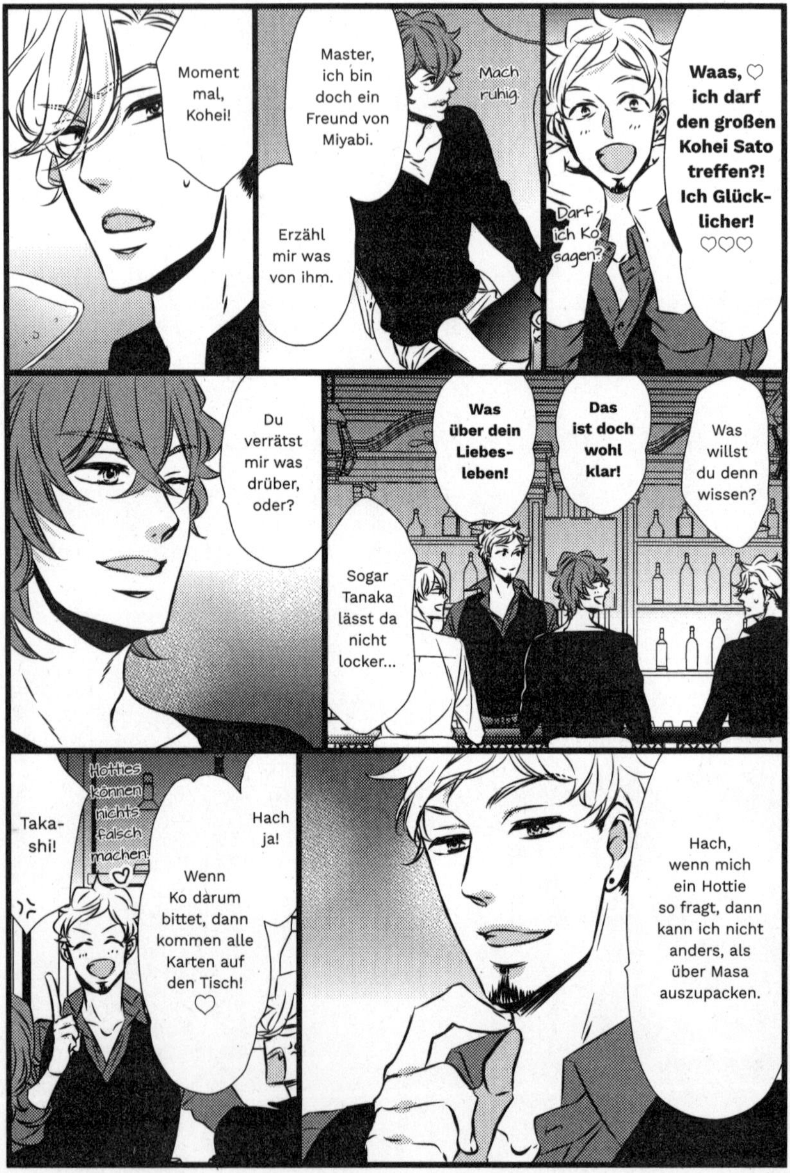
Waas, ♡ ich darf den großen Kohei Sato treffen?! Ich Glücklicher! ♡♡♡
Darf ich Ko sagen?
Mach ruhig.
Master, ich bin doch ein Freund von Miyabi.
Erzähl mir was von ihm.
Moment mal, Kohei!
Was willst du denn wissen?
Das ist doch wohl klar!
Was über dein Liebesleben!
Sogar Tanaka lässt da nicht locker...
Du verrätst mir was drüber, oder?
Hach, wenn mich ein Hottie so fragt, dann kann ich nicht anders, als über Masa auszupacken.
Hach ja!
Wenn Ko darum bittet, dann kommen alle Karten auf den Tisch! ♡
Hotties können nichts falsch machen! ♡
Taka-shi!

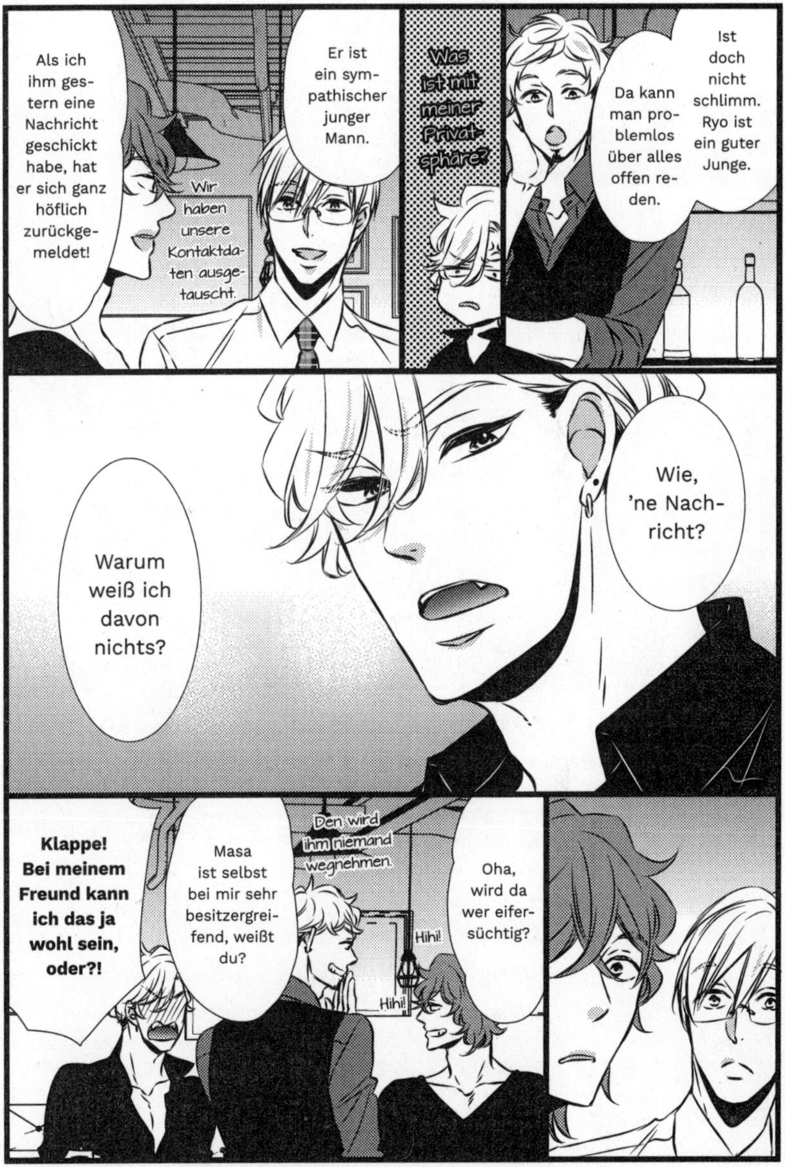
Ist doch nicht schlimm. Ryo ist ein guter Junge.
Da kann man problemlos über alles offen reden.
Was ist mit meiner Privatsphäre?
Er ist ein sympathischer junger Mann.
Wir haben unsere Kontaktdaten ausgetauscht.
Als ich ihm gestern eine Nachricht geschickt habe, hat er sich ganz höflich zurückgemeldet!
Wie, 'ne Nachricht?
Warum weiß ich davon nichts?
Oha, wird da wer eifersüchtig?
Hihi!
Hihi!
Den wird ihm niemand wegnehmen.
Masa ist selbst bei mir sehr besitzergreifend, weißt du?
Klappe! Bei meinem Freund kann ich das ja wohl sein, oder?!

MIDNIGHT Sex BEI HAYABUSA

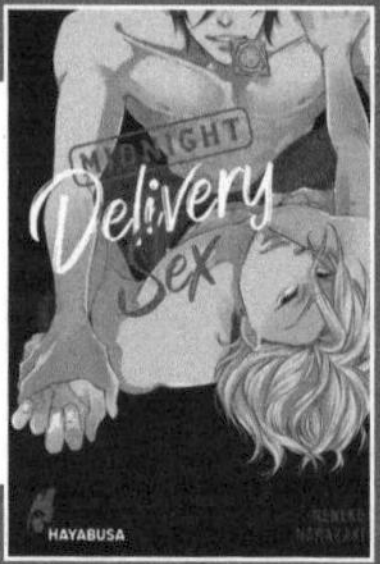

Midnight Delivery Sex *von Neneko Narazaki*

Als begehrtester Host seines Clubs kann sich Masafumi über Frauenmangel nicht beklagen, hat jedoch immer weniger Spaß an den vielen Bettgeschichten. Ein befreundeter Barkeeper bestellt für ihn den Nummer 1 Callboy Ryo. Masafumi, der dachte, schon alles erlebt zu haben, lernt eine ganz neue Art von Lust kennen...

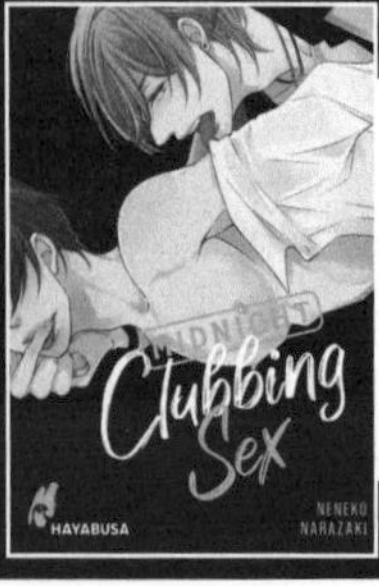

Midnight Clubbing Sex *von Neneko Narazaki*

Shota ist neu im Host-Business und rückt dank seines guten Aussehens schnell in die Top 10 des Clubs auf. Doch er hat ein peinliches Geheimnis: Er kommt viel zu schnell! Eines Abends trifft er auf den Chef eines Callboy-Businesses, der ihm verspricht, ihm ein paar Techniken zu zeigen, um seinen Höhepunkt weiter hinauszuzögern...

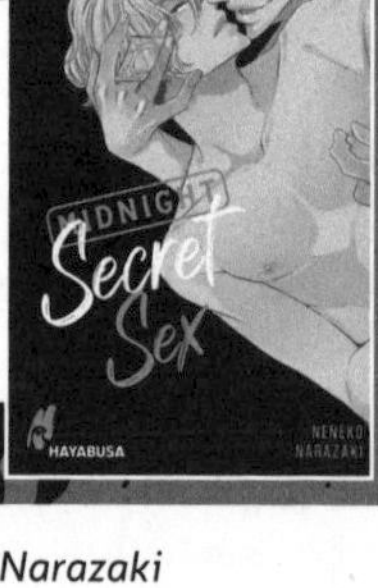

Midnight Secret Sex *von Neneko Narazaki*

Der begehrte Host Masafumi unterhält eine leidenschaftliche sexuelle Beziehung zu dem hochrangigen Callboy Ryo. Dieser gesteht ihm sogar seine Liebe, doch Masafumi weiß nicht, wie er reagieren soll. Und dann ist da noch der aufstrebende Star am Host-Himmel Kotetsu, der früher Ryos Kunde war und sich ihm gefährlich nähert...

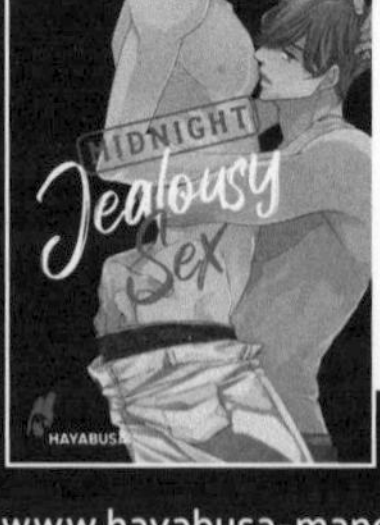

Midnight Jealousy Sex *von Neneko Narazaki*

Masafumi und Ryo leben glücklich als Paar zusammen. Ryo hat seinen Job als Callboy aufgegeben und arbeitet nun an der Uni. Als Masafumi ihn dort abholt, wird Ryos Vorgesetzer auf ihn aufmerksam. Er hatte schon früher ein Auge auf den Host geworfen, und jetzt ist sein Jagdinstinkt geweckt...

www.hayabusa-manga.de hayabusa_manga HayabusaTweets

HINAKO

Fuck Buddy

VON DEN GEFÜHLEN ÜBERMANNT

Ryo und Akanishi sind hungrig nach schnellem Sex und tigern gemeinsam Nacht für Nacht durch die Bars der Stadt, immer auf der Suche nach einer willigen Gespielin. Eines Tages läuft bei einem solchem Dreier etwas schief – und für die beiden abgebrühten »Fuck Buddies« beginnt eine Phase, in der es nicht mehr ausreicht, jedes Gefühl mit billigem Sex zu überschminken.

Eine Boys-Love-Geschichte, die sich als deutlich tiefgründiger und facettenreicher entpuppt, als es der Titel erahnen lässt.

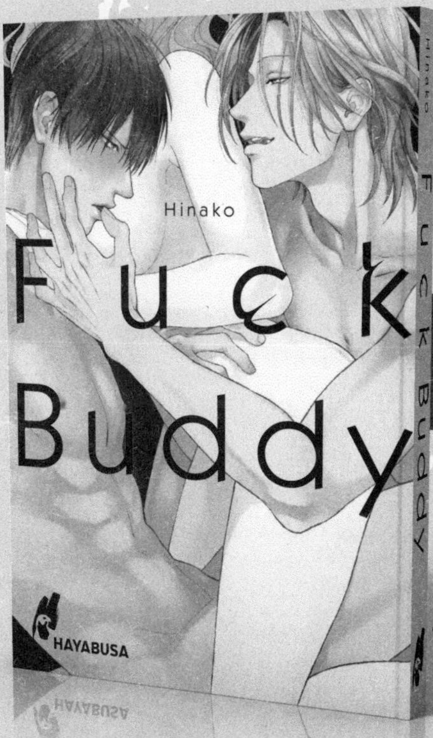

vorläufiges Cover

© Hinako / FUSION PRODUCT Inc.

MIT EDLER SNS-CARD – nur in der Erstauflage!

Boys Love • ab 18 Jahren
Großtaschenbuch • sw/vierfarbig
176 Seiten • 12,5 x 18 cm
Einzelband

HAYABUSA
www.hayabusa-manga.de
hayabusa_manga HayabusaTweets

RANMARU ZARIYA

Birds of Shangri-La

VERLIEBEN VERBOTEN!

Apollo ist heterosexuell und befindet sich mitten im Scheidungsprozess. Zeit für Veränderung! Die bekommt er durch einen neuen Job in einem Bordell namens Shangri-La. Der Liebestempel steht auf einer paradiesischen Insel und beschäftigt ausschließlich Männer. Apollo soll die männlichen Prostituierten in Stimmung bringen, bevor diese ihre Kunden bedienen. Apollo bekommt den begehrtesten Callboy der Insel zur Seite gestellt, der ihn auf seine neue Rolle vorbereiten soll. Und natürlich gilt bei einem professionellen Arbeitsverhältnis: Verlieben verboten!

Eine erotische Boys-Love-Serie von der »Coyote«-Autorin!

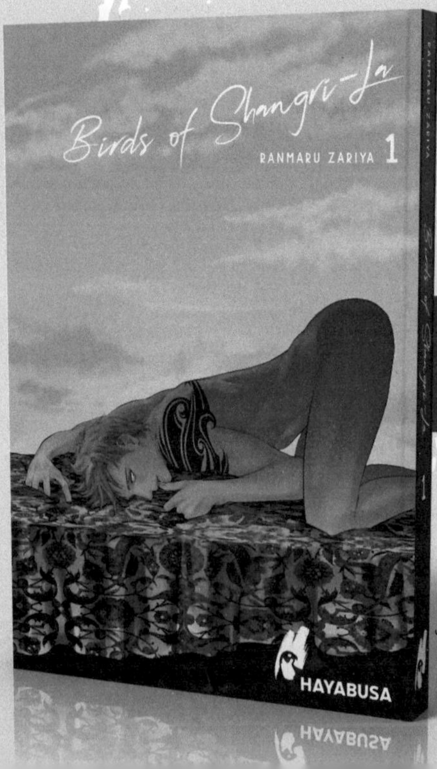

vorläufiges Cover

BAND 1 MIT EDLER SNS-CARD – nur in der Erstauflage!

Boys Love • ab 18 Jahren
Großtaschenbuch • sw/vierfarbig
ca. 192 Seiten • 12,5 x 18 cm

HAYABUSA
www.hayabusa-manga.de

hayabusa_manga HayabusaTweets

© Ranmaru Zariya / FRANCE SHOIN Inc.

REIBUN IKE

DICK FIGHT ISLAND

EN GARDE!

Alle vier Jahre kämpfen acht Inselstaaten um die Krone und damit um die Herrschaft über das gesamte Inselreich. Dafür entsendet jeder Clan seinen mächtigsten Krieger, um den erbitterten Wettkampf für sich zu entscheiden. Die Regeln des außergewöhnlichen Ausdauerwettkampfes sind denkbar einfach – wer zuerst kommt, hat verloren! Um ein frühes Ausscheiden zu vermeiden, schützen die Krieger ihre »Schwerter« mit mächtigen Rüstungen, die im Laufe der Zeit immer aufwendiger und größer wurden. Doch ein Krieger ist mit einer geheimen und sehr effizienten Technik aus dem Ausland zurückgekehrt...

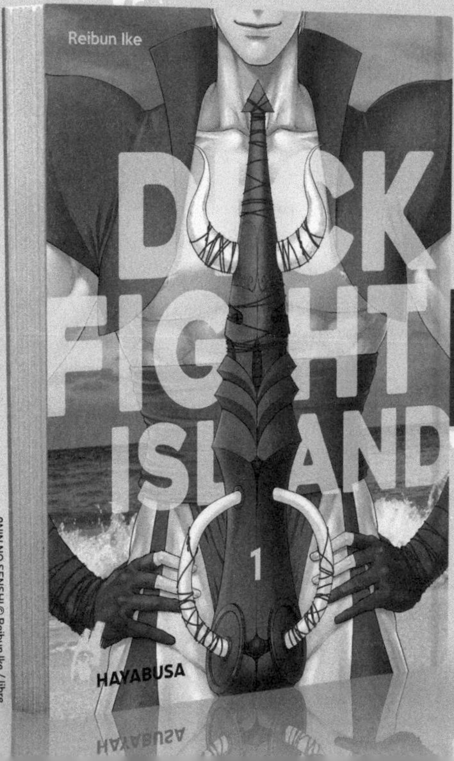

BAND 1 MIT EXKLUSIVER SNS CARD – nur in der Erstauflage!

Boys Love • ab 18 Jahren
Softcover • schwarz-weiß/farbig
ca. 194 Seiten • 12,5 x 18 cm

8NIN NO SENSHI © Reibun Ike / libre

HAYABUSA
www.hayabusa-manga.de

hayabusa_manga HayabusaTweets

MITSURI SI

MEGUMI & TSUGUMI

ALPHATIER VS. HITZKOPF

IST LIEBE WIRKLICH GRENZENLOS...?!

Tsugumi, ein Omega, hasst alle Alphas. Er glaubt, dass sie Omegas unterdrücken und ausnutzen. Deshalb verpasst er ihnen Abreibungen, wo er nur kann. Bei einer solchen steht er plötzlich dem Alpha Megumi gegenüber, der die anderen Alphas beschützen will. Megumi scheint anders zu sein als andere Alphas – und Tsugumi ist verwirrt. Er findet sich schnell zwischen seinem Hass und einem neuen Gefühl der Sehnsucht wieder...

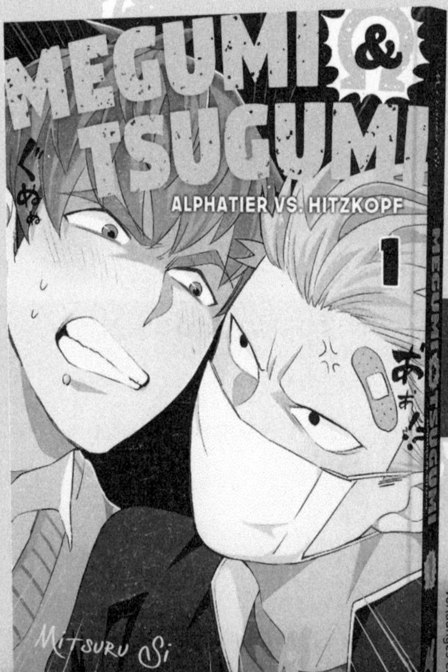

vorläufiges Cover

© Mitsuri Si / TAKESHOBO

BAND 1 MIT EDLER SNS-CARD – nur in der Erstauflage!

OMEGAVERSE

Boys Love • ab 18 Jahren
Großtaschenbuch • sw/vierfarbig
ca. 242 Seiten • 12,5 x 18 cm

HAYABUSA
www.hayabusa-manga.de

hayabusa_manga   HayabusaTweets

SAI ASAI

FROM TOP TO BOTTOM

AKTIV ODER PASSIV?!

Naoto scheint der perfekte Liebhaber zu sein – er sieht unfassbar gut aus, besitzt den Körper einer griechischen Statue und ist auch untenrum bestens ausgestattet. Alles Gründe, warum er die letzten Jahre immer die aktive Rolle übernommen hat. Yugo durchschaut den sehnlichen Wunsch Naotos, endlich auch mal selbst flachgelegt zu werden...

Ein erotischer Einzelband der Zeichnerin von LOVE AND LET DIE!

8-NEN BURI NI DAKAREMASU © 2021 SAI ASAI / KAIOHSHA PUBLISHING

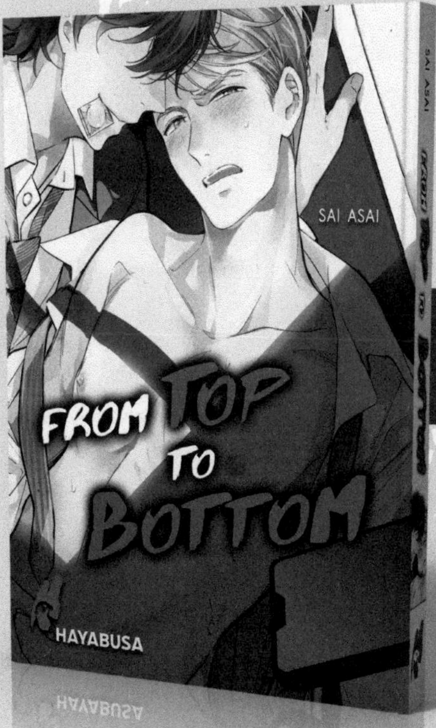

Boys Love • ab 18 Jahren
Paperback • schwarz-weiß/farbig
178 Seiten • 12,5 x 18 cm
Einzelband

HAYABUSA
www.hayabusa-manga.de

hayabusa_manga HayabusaTweets

ATAMI MICHINOKU

Die Rippe des Adam

DREIER MIT EINER MULTIPLEN PERSÖNLICHKEIT

Yuma arbeitet in einem Vergnügungspark. Sein neuer Mitbewohner im Wohnheim der Angestellten hat eine multiple Persönlichkeitsstörung. Während der Draufgänger Rei in der Nacht Yuma verführt, weiß der höfliche Kazuha am nächsten Tag nichts davon...

Ein psychologischer und hoch erotischer Boys Love Manga von der Autorin von »Sayonara Red Beryl« – abgeschlossen in 2 Bänden!

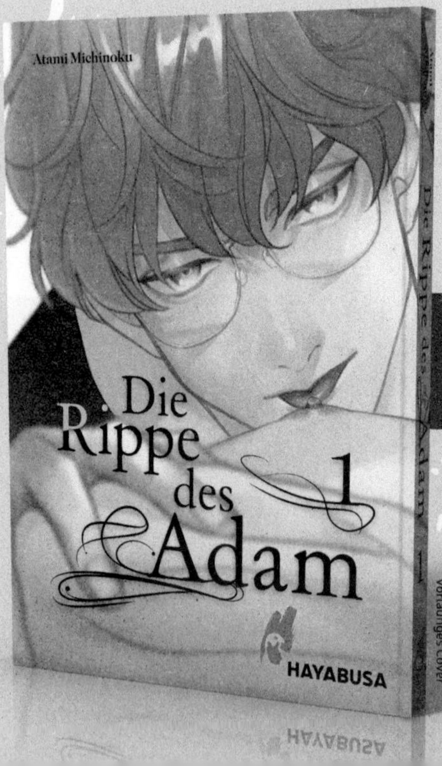

BAND 1 MIT EDLER SNS-CARD – nur in der Erstauflage!

Boys Love • ab 18 Jahren
Großtaschenbuch • sw/vierfarbig
ca. 242 Seiten • 12,5 x 18 cm

© Atami Michinoku / TAIYOH TOSHO

HAYABUSA
www.hayabusa-manga.de

hayabusa_manga HayabusaTweets

BILLY BALIBALLY

FANGS

DIE HEISSESTEN VAMPIRE, SEIT ES BOYS LOVE GIBT!

En wird von Vampiren gebissen und zurückgelassen. Ichii, ein Vampir der Organisation »FANGS«, findet ihn und nimmt ihn erst mal unter seine Fittiche. »FANGS« sorgt dafür, dass sich Vampire als Paare zusammentun, um sich gegenseitig zu unterstützen. Als sich En bei seiner ersten »Pairing«-Party vor möglichen Paar-Kandidaten kaum retten kann, erklärt er Ichii und sich kurzerhand als Paar... allerdings ohne seinen Retter vorher zu fragen.

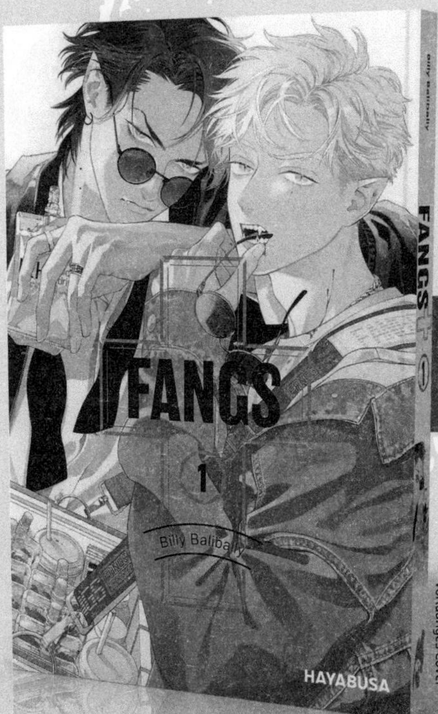

vorläufiges Cover

FANGS © BILLY BALIBALLY/GENTOSHA COMICS Inc.

BAND 1 MIT EDLER SNS-CARD – nur in der Erstauflage!

Boys Love • ab 18 Jahren
Großtaschenbuch • sw/vierfarbig
ca. 226 Seiten • 12,5 x 18 cm

HAYABUSA
www.hayabusa-manga.de

hayabusa_manga HayabusaTweets

ROU NISHIMOTO

Two sides of the same coin

ZWEI SEELEN, EIN SCHMERZ...

Archäologiestudent Yuji lernt den Boxer Kou kennen und sie beginnen eine heiße Affäre. Beide haben ein Scheißleben und mit Kindheitstraumata und allerlei psychischem und finanziellem Druck zu kämpfen. Es entwickelt sich eine Liebe, wie sie beide noch nie zuvor kannten – eine Liebe wie eine rettende Insel in einem Meer voller Abgründe. Mitten in diese Hoffnung stößt wie ein kalter Dolch eine unfassbare Nachricht, die alles zu zerstören droht...

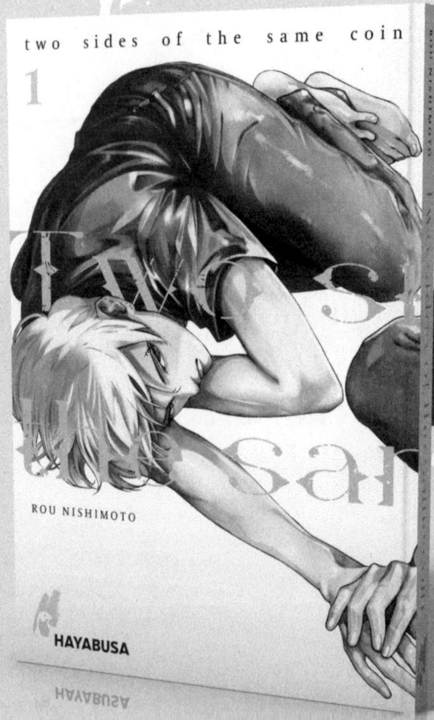

vorläufiges Cover

TWO SIDES OF THE SAME COIN by Rou Nishimoto © 2020 Rou Nishimoto / FRANCE SHOIN Inc.

BAND 1 MIT EDLER SNS-CARD – nur in der Erstauflage!

Boys Love • ab 18 Jahren
Softcover • sw/vierfarbig
ca. 178 Seiten • 14,5 x 21 cm

HAYABUSA
www.hayabusa-manga.de

hayabusa_manga HayabusaTweets

EVY

THE PAWN'S REVENGE

RACHE IST NICHT WIRKLICH SÜSS…

Je-oh arbeitet als Prostituierter. Eines Tages wird er zusammen mit seinem skrupellosen Zuhälter von einem geheimnisvollen Typen entführt. Er setzt alles ein, um irgendwie aus seinem Gefängnis zu fliehen – er versucht sogar, seinen Peiniger zu verführen. Doch dieser lässt sich nicht so einfach täuschen. Trotzdem schafft er es, dass sich Seong-rok etwas öffnet und Licht in die ganze Sache kommt.

Ein düsteres Psycho-Drama voller Intrigen, Rachegelüsten und heftigem Sex nimmt seinen Lauf…

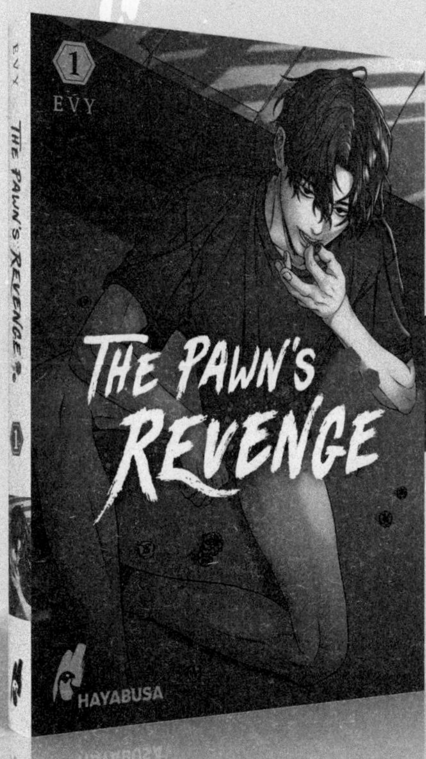

THE PAWN'S REVENGE © 2021. EVY, LEZHIN ENTERTAINMENT, INC.

Boys Love • ab 18 Jahren
Paperback • farbig
ca. 224 Seiten • 14,5 x 21 cm

HAYABUSA
www.hayabusa-manga.de

hayabusa_manga HayabusaTweets

PLUTO

DEAR·DOOR

DÄMONISCH HEISSE BOYS LOVE!

Nach dem Tod seiner Freundin möchte der Polizist Kyungjoon einfach nur in Ruhe seine Zimmerpflanzen gießen und Verbrecher jagen. Doch als die polizeilichen Ermittlungen gegen eine mysteriöse Sekte übernatürliche Ausmaße annehmen, findet sich Kyungjoon unversehens in einer Welt voller Dämonen und Monster wieder. Der Schlimmste von ihnen ist der Dämonenkönig, der sich selbst Lord Cain nennt. Wie sich herausstellt, ist Cain zum Überleben auf Mana angewiesen, das nur durch ein »Portal« in Kyungjoon zugänglich ist. Doch wie öffnet er dieses Portal?

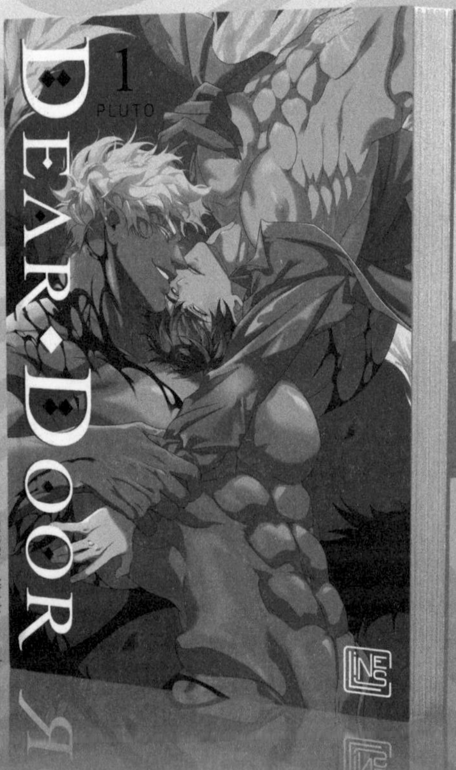

Dear.Door © 2018 Pluto. All rights reserved.

Mit exklusiver Photocard in jedem Band
– nur in der Erstauflage!

Boys Love • ab 18 Jahren
Softcover • farbig
ca. 288 Seiten • 14,5 x 21 cm

LINES

www.carlsen.de/webtoons

hayabusa_manga carlsen_manga

Adaption & Art: **Aeju** | Story: **Chepali**

The WORDS in YOUR SNARE

WAGHALSIGE GEDANKENSPIELE...

Jooin Lee hat eine außergewöhnliche Fähigkeit: Er kann die Gedanken seiner Mitmenschen wie geschriebene Worte lesen – was dazu geführt hat, dass er gesprochenen Worten nicht mehr vertraut.
Er hat das turbulente Stadtleben Seouls hinter sich gelassen und auf dem Land ein beschauliches neues Leben als Cafébetreiber begonnen. Eines Tages lernt er Mookya kennen, der eine hohe Position in einer berüchtigten Gang innehat. Jooin ist direkt von dem geheimnisvollen Fremden fasziniert – allem voran davon, dass er dessen Gedanken nicht sehen kann. Zwischen den beiden entbrennt eine turbulente Beziehung, die nicht ungefährlich ist...

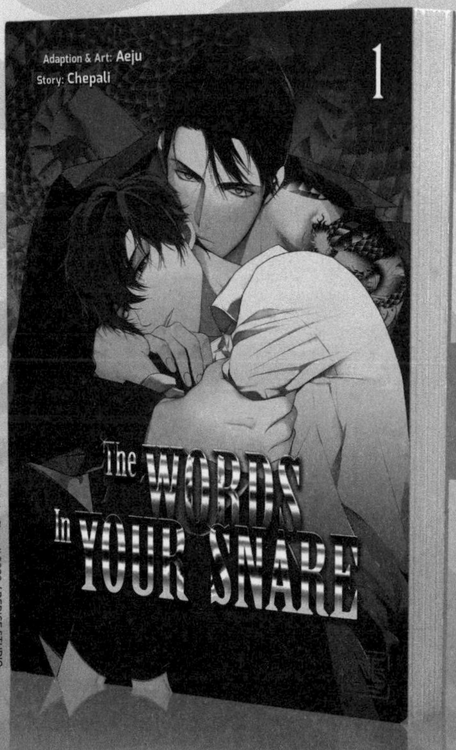

© Aeju, Chepali 2020 / REDICE STUDIO

Mit exklusiver Photocard in jedem Band
– nur in der Erstauflage!

Boys Love • ab 18 Jahren
Softcover • farbig
ca. 304 Seiten • 14,5 x 21 cm

LINES

www.carlsen.de/webtoons

hayabusa_manga carlsen_manga

DAISUKE HIYAMA

PETER GRILL

AND THE PHILOSOPHER'S TIME

DIE »CREME DE LA CREME« DES HAREM-GENRES

Um seine große Liebe zu beeindrucken, nimmt Peter Grill am wichtigsten Kampfturnier des Landes teil... und gewinnt! Doch der damit verbundene Ruhm rückt den frisch gekrönten »stärksten Kämpfer der Welt« in den Fokus der gesamten Damenwelt. Peter steht von nun an zwischen den Fronten: Auf der einen Seite wartet seine Verlobte Luvelia, die immer noch annimmt, Babys würden von Störchen gebracht, auf der anderen Seite machen sich unzählige Monstermädchen auf den Weg, alle mit derselben Hoffnung – durch Peter besonders starken Nachwuchs zu bekommen.

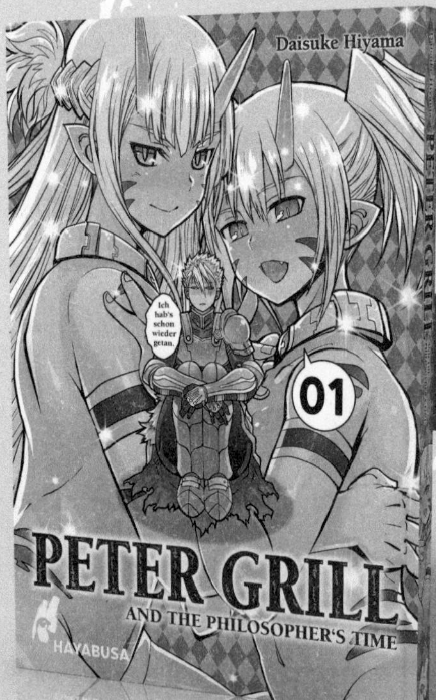

Die MANGA-VORLAGE zum gleichnamigen ANIME!

Comedy · ab 16 Jahren
Großtaschenbuch · sw
176 Seiten · 12,5 x 18 cm

PETER GRILL TO KENJA NO JIKAN © Daisuke Hiyama / Futabasha

HAYABUSA
www.hayabusa-manga.de

hayabusa_manga · HayabusaTweets

HAYABUSA
2024 Carlsen Verlag GmbH · Völckersstraße 14-20 · 22765 Hamburg
Aus dem Japanischen von Lina Ballhus
MIDNIGHT SCANDAL SEX
© NENEKO NARAZAKI 2023
First published in Japan in 2023 by KAIOHSHA PUBLISHING Co. Ltd.
German translation rights arranged with KAIOHSHA PUBLISHING Co. Ltd.
through Tuttle-Mori Agency, Inc, Tokyo.
Redaktion: Julia Liebetraut
Herstellung: Lena Voigt
Alle deutschen Rechte vorbehalten.
Wir behalten uns die Nutzung unserer Inhalte für Text- und Data-Mining
im Sinne von § 44b UrhG ausdrücklich vor.
ISBN: 978-3-551-62117-7

MEET THE FALCON AT MIDNIGHT
www.hayabusa-manga.de
www.carlsen.de
hayabusa_manga
HayabusaTweets

Wir produzieren nachhaltig
- Klimaneutrales Produkt
- Papiere aus nachhaltigen und kontrollierten Quellen
- Hergestellt in Europa

FSC www.fsc.org
MIX
Papier | Fördert gute Waldnutzung
FSC® C083411

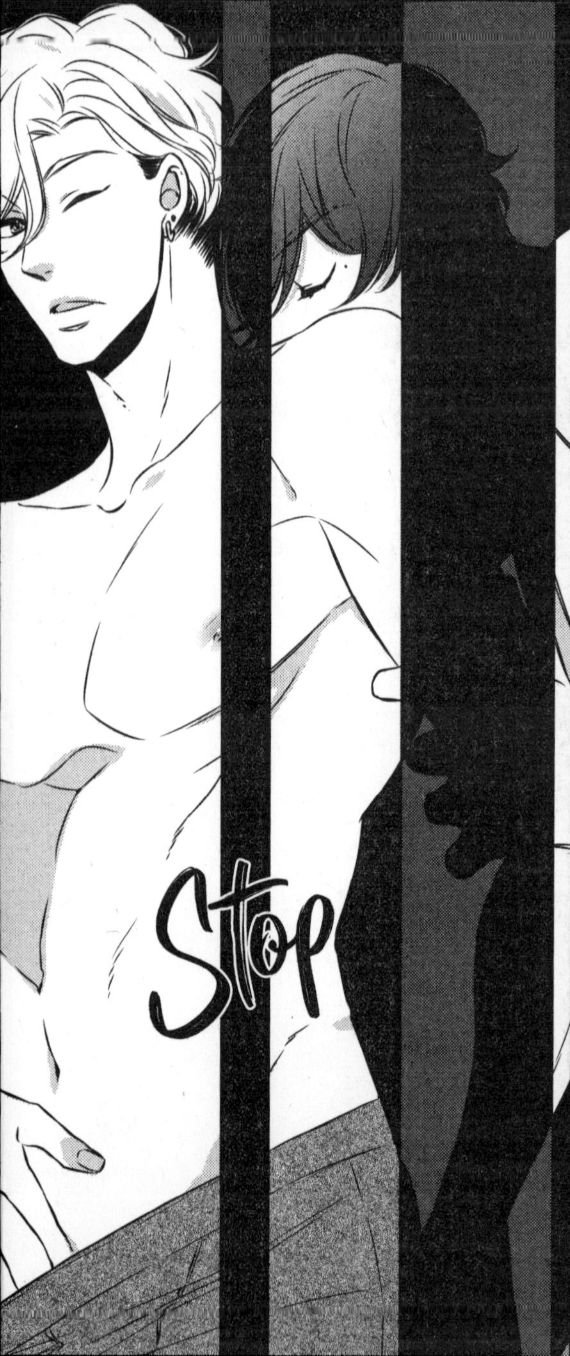

MIDNIGHT Scandal Sex

ist ein japanischer Manga, der originalgetreu von »hinten« nach »vorne« und von rechts nach links gelesen wird! Schlagt das Buch also »hinten« auf und blättert Seite für Seite nach »vorne« weiter! Auch die Bilder und Sprechblasen werden von rechts oben nach links unten gelesen, wie es in der Grafik gezeigt wird! HAYABUSA wünscht gute Unterhaltung!

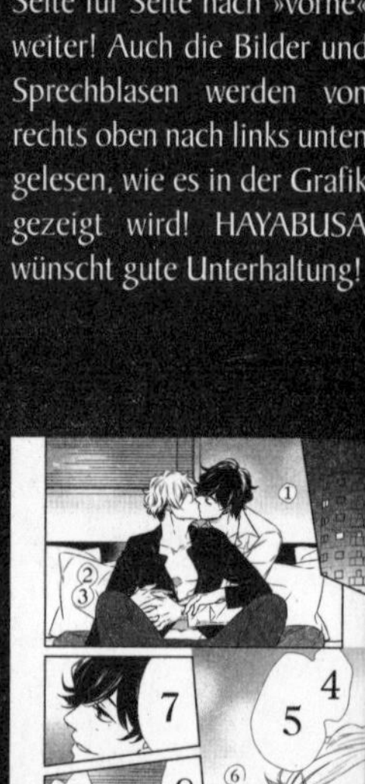